徳富蘇峰　終戦後日記

『頑蘇夢物語』

徳富蘇峰

講談社学術文庫

刊行にあたって

終戦の詔勅を拝した蘇峰はまず事志と反し、言論界の最長老としての責任を取るべく切腹を思いたった。武士の家を継ぐ者として当然である。然《しか》し更に熟考し、何《いず》れ近い中《うち》に戦争犯罪人として法廷に立つ身になろうから、その時我が国の立場を米国側によく聞かせ、然る後あの世に旅立っても遅くないと思い直した。

そしてまずあらゆる公職——貴族院議員、学士院会員、芸術院会員、毎日新聞社社賓等を辞し、文化勲章始め総ての栄典を返却し、自らの一生を回顧して「百敗院泡沫頑蘇居士」と戒名を定め、謹慎の生活に入った。

米軍の来訪を待っていたが、米軍軍医は蘇峰の老齢と日々猛烈な痛さに攻められている三叉神経痛のため巣鴨行きを免じ、蘇峰は自宅幽居とされた。また戦犯容疑の内容を調査に来た米軍調査官も、元来言論自由の米国的観念よりすれば、問題とせず、蘇峰始め言論界の戦犯容疑者はやがて総て釈放された。

しかしこれを不満とする蘇峰は、宣誓供述書を作成、大戦の由《よっ》て来る経過を述べ法廷に提出したが、東京裁判当局は感情的文書であるとして却下した。この文書は現在でも講談社学術文庫の一冊『東京裁判・日本の弁明』中の一文として掲載され、多数の読者の注目を集めている。

晩年の蘇峰は熱海晩晴草堂《ばんせいそうどう》に起居し、持病と戦いながらも毎日読書、著作に励み、昭和三十二年、数え年九十五歳をもって逝去した。

最晩年の数年、家を継ぐ立場にあった私は、毎月一回は逗子から熱海の祖父蘇峰を訪問するよう定められていた。

祖父が語る話の内容は色々あったが、それらは省略し、ここでは自分（蘇峰）の死後について私に対し真剣に注文をつけた二項目について述べる。

第一は「俺は何十年も常に天下の半分を敵として戦って来た。従って誰から何と言われようとも些《いささ》かも動ずることはない。ただし、最近少数ではあるが蘇峰はケチであると語る者が居る事を知り、これだけは許すことは出来ない。仍《よっ》て俺の死後、是非全資産を天下に公表してもらいたい」と。

私の体験と私の知る範囲では、祖父の日々の生活は質素ではあるが、ケチ呼ばわりされる事実は、思い出すことは出来なかったが、折角《せっかく》の祖父の言葉であり、希望であるので承知の旨答えた。

幼時に父を失い、私共五人の孫達は父代りとなった祖父から毎週土曜日の夕刻、大森山王《さんのう》草堂《そうどう》の一室に集合を命ぜられ、明治的寺子屋式教育を受けること約十年。当初は逗子で生れ育った我々悪童共に毎回「叱諭《しつゆ》」（蘇峰日記中の語）するのが常であったが、孫共が成長するに従い、時局の話なども聞かされることが多くなった。その頃、時局対策を述べた蘇峰の著作が熱狂的に売れたことがあった。この時祖父は我々に、「この本の利益を将来お前達の学資にしようと思ったが、軍需産業で儲《もう》けた連中と、徳富蘇峰と一緒にされたくないから、この本の利益一切を公共に寄附する」と語り、そのように処理された。また祖父死去前一、二年の間に、多くもない祖父所有の不動産一切は売却され、これも遺言により、総て公共に寄附され、または長年世話になった人々に配分された。これでは資産を公表しようにも既に皆無となり、祖父の言葉も実行する必要はなくなった。

次に祖父の重大発言の第二項は出版問題である。祖父曰く「戦中戦後書いたり口述した原稿は相当数に上る。これを総てお前に渡す。ただし今はどの出版社も相手にしないだろうから、お前は定年まで会社で働き、定年後これらの原稿を整理して、出版すべきものは出版せよ」とのことであった。

私共遺族が祖父蘇峰の没後最も負担に感じたのは、諸原稿の中でも最も重要な、蘇峰畢生《ひっせい》の著作『近世日本国民史』百巻中、未発行二十四冊の原稿が日の目を見るまで、如何にして不慮の災害から護るかの一事であった。そして最後の手段としては私が会社定年退職時、退職金等をもって自費出版する他あるまいと覚悟をきめていた。

然るに不思議と言うか、驚くべきことと言うか、祖父死後二年にして当時の熊本日日新聞社小崎社長の発言をきっかけに、多数の人びとの賛同と協力のもと、時事通信社から未刊行二十四巻を含む全百巻が予定通り一回の滞りもなく昭和四十年までに出版が完結したことは、感謝に堪《た》えざることであった。

次は『弟　徳冨蘆花』の発行である。蘇峰・蘆花兄弟の確執は世間に余りにも有名であり、昭和二年九月蘆花死去直前に和解したものの、兄蘇峰は弟の葬儀に於《お》いて述べたこと以外、蘆花に関する文章は書かず、世間では兄弟和解後も蘆花ファンの蘇峰攻撃は続いていた。そこで蘇峰は戦後弟に関する一文を後世の為に口述筆記した旨、筆記者の藤谷みさを女史から私は聞いてはいたが、その原稿の行方が不明であった。ところが平成九年に至り偶然の機会にその原稿が私の手に戻ったので、早速、中央公論社に持参したところ、同社は即座に出版を応諾してくれた。この文章は雑誌『中央公論』に掲載され、また『弟　徳冨蘆花』と題して単行本にも文庫本にもなった。この一件の反響は大きく、マスコミにも取上げられ、私としても一安心した次第である。

前置きが長くなり恐縮するが、最後に述べるのが今般出版される本書に関することである。前述の通り戦後蘇峰は「百敗院泡沫頑蘇居士」と自ら戒名を定め、多磨墓地の墓石にも自ら書いた戒名を刻ませ、更に墓の中央に「待五百年之後」と大書して刻ませている。「五百年」の出典には諸説があり、ここでは論じない。要は知己を後世に求めるという意味である。

戒名の百敗院は自責でも自嘲でもなく、正に当時の蘇峰に対する世間一般の評価であった。

さて、本書に対し蘇峰自身の命名は『頑蘇夢物語』である。出典は申すまでもなく前述の戒名より取ったものである。然《しか》し出版に当り「夢物語」では余りにも漠然としているので、出版社の意見もあり『徳富蘇峰　終戦後日記』と改めた。

ただし、日記と申しても本書は世間一般の概念による日記と異なり、昭和の大戦を中心に、わが生涯の信条と行動に関し、百年の後の人々に訴えんとして、中島司《つかさ》秘書に口述筆記させ、さらに和紙に墨書清書せしめ、百年以上の保存に堪える配慮まで行った原稿である。終戦後三日目より約二年間、毎日襲い来る三叉神経痛の痛みに堪えながら口述したことから考えれば、広い意味において終戦日記と称しても差支《さしつか》えないと思う。

その内容は日々急激に変化する占領下の我が国の状況を始め、蘇峰が最も信頼していた我が陸海軍及び我が国各層の予想に反した真相を知り、幻滅を感じ、彼を知らず己を知らざりしわが不明を述べ、さらに自分の一生を回顧してその感想を綴ったのがこの書である。

ただし、これは六十年前の文章で、しかも終戦直後の事であり、新聞、ラジオ、来簡《きた》、及び極めて少数の来訪者から得た、限られた資料や情報に、六十年の言論人として歩み来ったわが体験を加えて草せられたものである。

故に読者各位の中には、本文中、不思議不可解に感ぜられる個所もあると思われる。然《しか》しこれは前述の通り、百年後の人々を対象にすべてを率直に述べたもので、昭和の大戦の原因と敗因をはじめ、明治以来昭和の戦中までの日本国の歩みを知る生きた教材として残したいのが著者蘇峰の志であると思う。四百巻に近い蘇峰数十年間の著作中、「わが不明」を述べた書籍は唯《ただ》この書のみであることは特記すべき事項であろう。

この原稿を草した頃が、日本国としても、また国と盛衰を共にした蘇峰の人生にとってもドン底の時代であった。

読者に戦後百年前後の人々を想定したことは本書の文中にも記されている。また戦後「千年前の日本に還った。百年後の復興も難しいが必ず復興するであろう」と私に語ったことによっても想定される。

ただし、愈々《いよいよ》出版するとなると、なかなか難事で熟考数年、たまたま、昨年の終戦六十年、明年の蘇峰没後五十年の節目を期して出版せざれば永久に出版不可能の虞《おそれ》ありと感じ、曾《かつ》て国民史文庫版出版にあたりお世話になった講談社学術文庫出版部の池永陽一元部長（後に野間教育研究所常務理事）に相談したところ、講談社の鈴木一守氏を紹介していただき、出版の運びとなった次第である。

話は前後するが、終戦二、三年後、蘇峰は庭前の朴《ほお》の木が枯れんとして、再び繁茂する様を見て、我が国の再興もそれ程遠くないと思うようになり、また朝鮮戦争が始まり、自分の予言の間違いないことを悟り、頑蘇の字に示す如く頑張って蘇り、未完の「国民史」最後の二冊半を藤谷女史に口述して完成せしめ、更に少なからざる後世に残す著作を書き始めたが、その根本となったのが、終戦後最初の著作であり今回出版されるこの書である。

講談社初代社長・野間清治氏は蘇峰と極めて親しい仲であった。その伝統はこの社に引き継がれ、昭和二十年代、蘇峰の評判最悪の時代に『読書九十年』ほか数冊の蘇峰の著作を出版され、また昭和五十年以降は学術文庫で『近世日本国民史』の文庫版を出版していただいた。

今般本書の出版をもって蘇峰の遺命の大部分が達成されることとなり、老病の身である私にとってこの上なき感謝感激である。

出版元講談社の前記池永陽一氏、編集担当の鈴木一守氏を始め関係各位、御多忙中御解説を賜わった御厨貴先生に心から御礼申し上げる。

追　記

㈠　拙文中、戦争裁判に於《おい》て言論界の人々に対する米国の対応が重からざることを述べたが、日本に於ては明治以来言論及び言論人に対する一般国民の関心と責任追及は強く厳しいものがあったと思う。

日露戦争終結にあたり、ポーツマス条約を支持する蘇峰が主宰する国民新聞が一般民衆の強烈なる反駁を買い、焼打事件となり社員一同決死奮闘をしたのもその一例である。

昭和の大戦後も有名学者の著書中、明確に蘇峰の名を出し、また出さなくとも一読蘇峰と判る蘇峰に対する戦争責任追及文は多く私の目にふれた。それが少数ではあるが、戦後六十年を経た今日でも跡を絶たない。

㈡　然《しか》し不思議なことに日本人の習性中、全く右と反対の慣行もあり、昭和四十年以降蘇峰ゆかりの地数ヵ所に蘇峰記念館が建設された。これはその土地の人々の烈々たる情熱が市区町村当局を動かし、有志の人々の醵金《きょきん》もあり記念館となったものである。

私はこれらの記念館は蘇峰の頌徳館ではなく、あくまで蘇峰が活動した明治から昭和に至る歴史を研究し、これからの我国発展の教訓を見出す為に建てられた学習館と認識し、出来得る限りの遺品や資料を提供致している。

㈢　昭和二十五年、蘇峰米寿の賀会が有志の人々の主催により熱海で行われた。出席した有力者の殆《ほとん》どが当時追放中の身である為、黙して語らず。ただ蘇峰の親戚であり、敗戦により図らずも活動の舞台が回って来た湯浅八郎氏（国際基督教大学初代学長）、久布白落実《くぶしろおちみ》女史（自由党婦人部長）の両氏が交々《こもごも》立ち、「蘇峰は真の愛国者であり」「そして希《まれ》に見る勉強家、努力家である」と語った。この言葉は多数の参会者に強い印象を与えたことと思う。

㈣　本書の中には昭和天皇やその側近の人々を御批判申し上げている部分もあるが、蘇峰は勿論《もちろん》わが皇室のいやさかを常に祈り奉っていた。そして戦後の新時代にわが皇室に対し御参考になると思われる愛蔵の英国の王室に関する英書五冊を昭和二十四年に昭和天皇に献上し奉った。天皇は御手ずから献納の本をお抜きになり、書中に挿《さしはさ》んだ西洋新聞雑誌の切抜、または書中にアンダーラインを引いたものなどを御覧遊ばされ、「徳富もよく勉強している」と仰せられたと云うことである。

徳富敬太郎

二〇〇六年四月五日

目次

徳富蘇峰　終戦後日記

刊行にあたって……………………徳富敬太郎……3

『頑蘇夢物語』一巻……………………………………20

一　敗戦空気濃化と予　20　二　陛下の玉音を謹聴して　24　三　敗戦論者の筋書　29　四　万世太平の真諦　33　五　毎日社長と会見　38　六　皇室を戦争に超然たらしむ　40　七　自ら吾が愚に驚く㈠　44　八　自ら吾が愚に驚く㈡　47　九　毎日新聞引退完了　51　一〇　敗戦の原因㈠　58　一一　敗戦の原因㈡　60　一二　敗戦の原因㈢　65　一三　敗戦の原因㈣　69　一四　敗戦の原因㈤　73　一五　敗戦の原因㈥　81　一六　敗戦の原因㈦　87　一七　敗戦の原因㈧　90　一八　敗戦の原因㈨　93　一九　敗戦の原因㈩　97　二〇　敗戦の原因㈡　103

『頑蘇夢物語』二巻……………………………………108

二一　戦争犯罪者と戦争挑発者　108　●駐日米国大使と会見の顚末　112
二二　和平工作と鈴木前首相　119　二三　盗人猛々し侵略国呼ばわり

126　二四　日本は侵略国に非ず　129　二五　日本の地理的条件　135　二六　自嘲　139　二七　朝鮮及び台湾との別離　145　二八　看板の塗替　149　二九　日本の心的去勢　154　三〇　勝つべき戦争に自ら敗る　156　三一　天皇尊厳の冒瀆と支配階級の幇間化　160　三二　軍官を糾弾す　165　三三　官界の流弊を抉る　169　三四　統制経済の失敗と食糧政策の貧弱　174

『頑蘇夢物語』三巻……………………182

三五　日本軍人と降伏　182　三六　陛下のマ元帥御訪問まで　185　三七　真の自由主義、首相宮とマ元帥　191　三八　東久邇内閣打倒の二勢力　196　三九　日本敗因の一　201　四〇　陸海将官の瀆職、下級軍人の貪欲　205　四一　ミルトンと予　210　四二　驚くべき日本上下の急豹変　216　四三　外人の見たる日本の国民性　221　四四　御退位問題、神社と国民　227　四五　米国、神道の廃絶を期す　232　四六『此頃十首』とニミッツ元帥の日本海軍批判　237　四七　ミッドウェイ敗戦の因　242　●メアリ・デントン老女史への返翰　244　四八『後此頃十首』と君側の姦　246　四九　対米従属の日本政府　250　●鳩山一郎氏宛書簡　252

『頑蘇夢物語』四巻……254
五〇　更にまた『此頃十首』 254
五一　マッカーサーの手、宮内省に及ぶ 259
五二　日本精神の一大消耗破壊 263
五三　皇室中心か議会中心か 267
五四　マッカーサー部下の新聞折檻 272
五五　一切の悪事、軍閥に帰す 276
五六　軍人の火事場泥坊 280
五七　軍人精神の堕落 291
五八　対米開戦、果して無名の戦争か 298
五九　予の一大懺悔 302
六〇　近衛公に対する期待と失望 307
六一　明治節に暗涙禁ぜず 316
六二　痛感する「幻滅」の二字 320
六三　近衛に大責任ある所以 324
六四　日本人たるを恥じる 329
六五　東條の人物 332
六六　政府の大東亜戦争調査会に思う 338
六七　国民は軍を買い被る 341
六八　皇室観念の大変動 345
●読売報知社長に就任せる馬場恒吾氏宛の書状 349
六九　山下大将に死刑宣告 350
七〇　皇軍を愛せる予の幻滅 358
七一　近衛公の服毒死に思う 371
七二　マッカーサー風、伊勢神宮に及ぶ 374
七三　戦争犯罪人としての予 378
『頑蘇夢物語』五巻……381

七四　首相東條と予㈠　381　七五　首相東條と予㈡　386　●戦争犯罪容疑者裁判において弁護人たるべく牧野良三氏に依嘱せるについて松山常次郎氏に宛てたる書翰　388　七六　大正天皇祭とクリスマス　390　七七　力即正義か　394　七八　日本の国宝皇室　397　七九　戦争に於ける皇室の御態度　400

年表・徳富蘇峰の生涯……404

解　説……御厨　貴……418

凡例

一、本書は、徳富蘇峰が終戦後の昭和二十年八月より二十二年七月まで口述筆記させた日記『頑蘇夢物語』（全十四巻）の一巻から五巻まで（昭和二十一年一月まで）の内容を小社編集部で選択、収録したものである。

一、原則として旧字は新字にし、適宜ルビを振り、旧仮名遣いを新仮名遣いに改めた。また改行を増やし、見出しを加筆するなど、読みやすくした。

一、原本に添付された当時の新聞記事は、編集部で取捨選択し、出典がわかるものは明示してある。

一、日記本文中の〔　〕内は、編集部で人名など説明を補ったものである。

一、漢詩の書き下し文と注は、近藤光男・お茶の水女子大学名誉教授による。

一、人権上問題と思われる表現もあるが、著者が故人であること、差別を助長する意図がないことなどから、そのままとした。

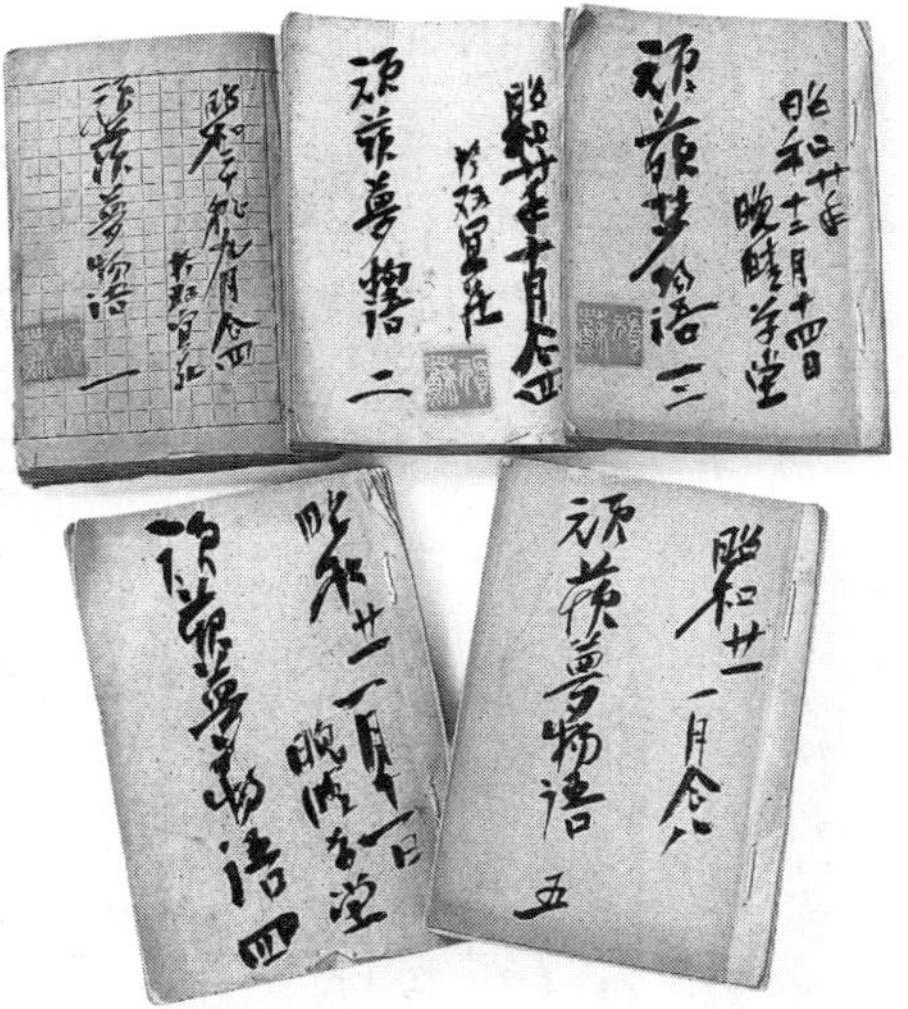

上は『頑蘇夢物語』一巻から五巻まで。次頁は一巻二「陛下の玉音を謹聴して」原文より。

縄を見す々々米国に渡した上は、ソ聯も必ずやつて来るに相違あるまい。然しそれには尚ほ打つ手がないとは云はれないと云ふ事を、松井大将と相語つた事は、八月の六日であつた。然るに八月九日、田中少将の宅に、炭焼きの練習に出かけ、午頃帰宅した所、東京から電話にて、既にソ聯越境を報じて来てゐた。依て其旨を松井大将にも告げ、重ねて松井大将の来話に接して、予の意見を述べた。それは事茲に到つては、極めて面倒である。然し満洲軍に三ヶ月間時を稼がせ、其の間に海陸両軍に於て蓄へ置きたる總ての力を、一度に出して、勝敗を決すべきである

徳富蘇峰　終戦後日記

『頑蘇夢物語』一巻

一　敗戦空気濃化と予

昭和二十年八月十八日、即ち、今上天皇御放送の後三日目の朝書き始む。これは順序もなく、次第もなく、ただ予が現在の心境に徂来《そらい》する事を、そのまま書き綴ることとする。

予は沖縄防攻戦に最も重きを措《お》き、その為めにあらゆる努力をした。しかるに当局は不幸にして、予の言を容《い》れず。遂《つい》に玉砕した。予はここに於《おい》て万事休すと考えた。そこで予はむしろこの際、自殺して、当局に対する一大抗議を示し、一大反省を促がさんかと考えた。実は沖縄以前にも、予は自殺について、屢々《しばしば》考えた。実は、主上に対し奉りて、恐れながら軍国の大事につき、意見を龍顔《りゅうがん》に咫尺《しせき》して、奏上せんと試み、百方その途《みち》を尽したが、東條内閣以来最近に至るまで、遂にその目的を達することを得ず。よって已《や》むを得ず、その一斑《いっぱん》を、内大臣府を経て上奏した。しかもそれが、何等の効果をも見るを得ず。果してそれが、御手許に達したるや否やさえも、確実に知ることは出来なかった。率直に言えば、恐れながら至尊《しそん》に対し奉りて、御諫争《かんそう》申上げたい事も山々あった。よって一死を以《もっ》てこれを試みんと考えたことも数回あった。彼《か》れや是《こ》れやで、自殺の念は、昨年来往々往来し、実行の方法についても、彼れや是れやと考えて見た。老人のことだから、間違って死損なっては、大恥を掻《か》く事となる。さりとて首を縊《くく》るとか、毒を嚥《の》むとか、鉄道往生とか、海へ飛込むとかいう事は、物笑いの種である。せめて立派な介錯の漢《おとこ》が欲しいと思って、物色したが、遂に心当りの者も見当らず、彼れ是れ思案しているうちに、また考え直した。それは命が惜しい事でもなければ、死が恐わい事でもない。この際死んだとて、それを諫争の為めと受け取る者もなければ、抗議と受け取る者もなく、勿論《もちろん》反省を促がすと受け取る者はあるまい。ある者は徳富老人が前非を悔悟して、その罪を謝せんが為めに、自殺したのであろう、あるいはその必勝論が必敗の事実に対し申訳なく、慚愧《ざんき》の余り、自殺したのであろう。あるいはアメリカに、戦争犯罪人として引っ張らるることを憂慮の余り、気が狂うて自殺したのであろう。その他ろくでもない、思いもよらぬ沙語《さご》流言の材料を、世の軽薄子に向かって、提供するの外はあるまいと考え、今ではこの際は恥を忍び恥を裹《つつ》み、自分の意見を書き遺《のこ》して、天下後世の公論を俟《ま》つこととしようと考え、ここに自殺の念を翻えしたのは、沖縄陥落後余り久しき後ではなかった。

正直のところ予はあくまで沖縄ならば、戦い抜くことが出来るが、本土決戦では、それは覚束ない、しかし敵に大出血、大打撃、大頓挫《とんざ》を与うるだけの事は、努力の如何においては、為し得られぬことはないと考えた。是にも非にも、今や択《えら》ぶ途《みち》はそれより外になかった。それにしては、至尊躬《みず》から御出馬あらせられ、軍機も政事も御自身に御統帥御親裁《ごとうすいごしんさい》あらせらるるより外に、途はないと考え、とてもそれが実行出来るや否やは、保証し難きが、本土決戦の目的を達する為めには、それより外に道はないと考え、当局に向っても、国民に向っても、その事を力説した。

しかるに小磯内閣以来、敗戦空気は、最も上層のある部分に濃厚であり、否応無しに、早く戦争を切り上げねば、国が潰るるなどと言い触らし、勝つ見込のない戦争を、何時迄《まで》続けても、続けるだけが駄目であるという意見で、旺《さか》んに外交工作を行る可《や》し《べ》という傾向を生じて来た。予は予《かね》て外交工作は、勝った上の事である、負けていて外交工作をするという事は、降伏より外に手段はない。降伏が嫌《い》やならば、勝つ工夫をせなければならぬ。勝つ工夫は、いろいろの方策もあるが、根本的方策は唯だ一つ、即ち前申す通り、至尊が神武天皇や明治天皇の御懿範《ごいはん》に御則り遊ばされて、恐れながら御躬《おんみずか》ら大元帥の実を表現遊ばされ、万機《ばんき》親裁の実を表現遊ばさるる外はないという事に帰着する事を力説した。しかし同時にこの敗戦空気を退治するの必要を痛切に感じ、その為めには屢々《しばしば》当局にも意見を提出し、また論策を新聞にも掲げた。なお三月には『頑張讀本』なる一冊を著わして、詳しく勝つ方法は頑張りであり、頑張りは合理的に頑張らねばならぬ。而《しか》して合理的に頑張るという事には、かくかくの方法があると、その方法について論述した。不幸にしてこれは予の手を四月三日には離れたが、今日——八月十八日——までその一行も世の中に出ることは出来なかった。話元に戻る。余りに敗戦の気分が漂うたから、予は『呑敵《どんてき》の気魄《きはく》』の必要なることを痛論したが、それは昨年の秋と憶えている。しかし本年にかけては、それが愈々熾《いよいよさか》んになり、鈴木内閣などは、全く人によっては、バドリオ内閣であるということを語っていた。即ち降参準備の為めの内閣でなければ、降参の為めの内閣であるという事を言う者があった。

自分は鈴木首相とは、直接何等の交渉はなかったが、自分に内閣顧問を委嘱し来たったから、それを謝絶する為めに、親しく東京に赴き面会した。これが後にも先にも、本年東京に赴きたる事で、それも日帰りした。鈴木首相に面会して「予が屍を乗り越えて進め」などと言われたことが、衷心《ちゅうしん》より出でたる言葉でありと信じ、この内閣は兎《と》も角《かく》も、この人だけは我等の同志であると、実は頼もしく信じ、その後も直接間接意見を申し送った。しかし敗戦気分は愈々濃厚となって来たから、今は座視すべき事でないと考え、予自ら日比谷の公会堂に出掛け、所信を披瀝《ひれき》せんと決心し、一書を言論報国会幹事長鹿子木《かのこぎ》博士及本多熊太郎《ほんだくまたろう》翁に飛ばし、その賛同を求めた。勿体《もったい》をつくるではないが、予は汽車に乗ることが、最近非常に苦痛である。演説をすることは勿論苦痛の甚《はなは》だしきものである。恐らくはこれが為めに、昨今漸《よう》やく鎮静したる三叉神経も、再発するであろうと思わぬでもなかったが、この際は何物をも犠牲として、この敗戦空気を打破せねばならぬという事を考え、かく決心したのである。

同時にポツダム会議の結果とし、日本に向かって勧降文を寄せ来《き》たったるに関《かか》わらず、政府が先《ま》ずこれを黙殺し、また新聞がこれに対して、何等の意見をも吐露せざるを怪しみ、これには何か魂胆があるではないかと心配し、愈々《いよいよ》講演の必要を感じ、同時に演説ばかりでは、力が足らぬと考え、八月七日『米国伐謀論』の長篇、およそ新聞に毎日五段三回分を綴り、これを登載せんとした。しかるに形勢急転し、その翌八日はソ聯の開戦通告となり、九日にはソ聯の兵が、国境を越えて来寇した。それで『伐謀論』は掲載を見合わする事となった。しかし日比谷公会堂の講演は、二十日に開催する事となり、その旨八月十二日付にて、東京言論報国会本部から、申し来《き》たったから、予は承諾の旨を即答した。而《しか》して愈々当日は、予も最善の努力を以て、予の主張を貫通せん事を期した。

（昭和二十年八月十八日午前、双宜荘にて）

二　陛下の玉音を謹聴して

予は初めから、日本が愈々《いよいよ》駄目とならば、ソ聯は必ず出《い》で来《きた》ることと確信していた。それで沖縄で米国を撃ち攘《はら》えば、ソ聯も必ず急に日本に出かけて来ることはあるまい。むしろ沖縄でアメリカを撃ち攘った後には、此方《こちら》から先手を打ってソ聯に交渉し、何とかその間に外交的調略の出来る余地があろうと考えていた。しかるに沖縄をみすみす米国に渡した上は、ソ聯も必ずやって来るに相違あるまい。しかしそれには尚《な》お打つ手がないとはいわれないという事を、松井〔石根《いわね》〕大将と相語った事は、八月の六日であった。しかるに八月九日、田中〔隆吉《りゅうきち》〕少将の宅に炭焼きの練習に出かけ、午頃《ひる》帰宅したところ、東京から電話にて既にソ聯越境を報じて来ていた。よってその旨を松井大将にも告げ、重ねて松井大将の来話に接して、予の意見を述べた。それは事ここに到っては、極めて面倒である。しかし満洲軍に三ヵ月間時を稼がせ、その間に海陸両軍に於《おい》て蓄え置きたる総《すべ》ての力を、一度に出して、勝敗を決すべきである。その以上の事はその後の成行《なりゆき》に任かせ、兎《と》も角《かく》も彼れに一大出血を与うべきである。彼れが出血を恐るる事と、速かに戦争を切り上げげんとする事とは、我れが最も乗ずべき彼れの弱点である。兎も角も我等は戦わねばならぬ。戦う以外に国運好転の途はない。万一戦い利あらずとするも、頑張るだけ頑張れば、自らその間に於て行うべき途は開けて来る。敵は戦争を切上ぐる事に踠《もが》いている。その為めにあらゆる手段を用いているのである。手段にのみ恐怖して、踠いている事実を看過《かんか》するは、全く彼れの策に乗るものである。

尚《なお》また六日広島市、(ママ)八日長崎市に使用したる原子爆弾については、我れに取って思い掛けなき大敵ではあるが、敵もこれを焼夷弾や爆撃弾を使用する如《ごと》く、手軽く使用し得るものではない。これが為めに危険率は増加するも、決して日本国土が全滅する如き心配はない。何《いず》れにしても、我が飛行機は、海陸合すれば一万台だけは準備してある筈《はず》である。陸兵の如きは、訓練を経たる者内地に五百万、支那に百万、六百万の兵が厳然として存している。それに加うるに、義勇戦闘隊がある。海軍は既に屢々《しばしば》戦かったが、陸軍は所謂《いわゆる》大仕掛の陸戦なるものは、未だ試みたる事はない。何れも拳《こぶし》を握ってその時機の到来を待っている。即ち今日がその時機である。これ迄《まで》の申し訳には本土決戦の為めに、必要であるから、サイパン島も、硫黄島も、沖縄島さえも、顧《かえりみ》るに遑《いとま》なかったという訳である。今度は実にその決戦を試《ここ》ろむべき時機が到来した事であるから、これを試みるは当然である。予は右の如き意見を松井大将にも語り、大将はその翌日―十日―梨本宮元帥殿下《なしもとのみや》に拝謁し、十一日早朝東京に向って発った。予はその時も一通り右の事を語り、興亜総本部と言論報国会と相合して、一大獅子吼《ししく》を日比谷に試みん事を約してい、松井大将も何れ電報で返事をするという事であった。しかるに翌十二日電報が来たから、予は松井大将との相談の結果であろうと思うていたが、後で聞けば、それは前以て―八月六日―予が鹿子木博士に与えた書簡の結果であった事を知った。松井大将は十六日に東京から帰り、十七日の午前予を訪問して来たが、既に東京に着した十一日は、万事非であったという事である。それはその筈だ。事実は八月九日に既に降伏の内議は、上層部では決していたからである。

予は何れにもせよ、二十日には講演に出掛くる積《つも》りでいた。しかし新聞の調子といい、一般の風説といい、かつ予の友人の、東京の近情を齎《もた》らし来《き》たった者の説といい、何れも不愉快の事のみであったから、衷心頗《すこぶ》る不安の念に駆られていた。ところが十四日の夜は、放送が全く不可能となっていた。どうもラジオの故障でなく、故《ことさ》らに爾《し》かしたものらしく考えられて、何事かあるに相違ないと考えた。その翌早朝、付近の特高巡査は、「昨夜は重大事があるからとの事で、何れも非常準備をしていた」云々と語った。かくてやがて放送によって、正午　聖上の御放送ある旨を知らせて来た。予もこれを聞いて、涙の出るほど有難く感じた。今日では既に遅い。けれども尚《な》お無きに優《まさ》るものがある。よって家人に命じて、お祝いの強飯《こわめし》を炊くべく命じた。実は友人が、若干の小豆と餅米とを提供し、それを大事に蔵《し》まい置き、最も慶《よろ》こぶべき機会に、これを使用すべき積りであったからである。ところが予は再思するに、余りに事が意外である。あるいは恐れながら御放送は、我等の期待する反対の意味ではあるまいかと杞《き》憂《ゆう》した。よって命令を取消し、兎《と》も角《かく》も一応御放送を謹聴し奉りたる後に、再び予の命令を待つべく申付けた。予自らは手洗い漱《くちすす》ぎ、羽織袴を着け、室内には香を炷《た》き、家族一同を招集し、何れも衣服を改め、態度を正し、初めは静座し、君ケ代と同時に起立し、謹聴し参らせた。而《しか》して御放送が終りを告ぐると同時に、予は即時に家族に向って申し聞《つ》けた。承詔必謹《しょうしょうひっきん》は臣道の常である。爾後《じご》和戦の問題については、決して口外する勿《なか》れ。予が新聞記者たる幕は、今日限り閉ざす事となった。予もまた今後は後世子孫を相手に、残年を送るであろうと。而《しか》して直ちに毎日新聞に向って社賓《しゃひん》辞退の電報を発した。その電文は左の如《ごと》し。

本日限リ貴社社賓タルコトヲ辞退ス宜布《よろしく》御諒察ヲ乞《こ》フ同時ニ多年ノ御厚情ヲ感戴《かんたい》ス
徳富猪一郎
高石会長奥村社長宛

しかるに右は発送したところ、途中より通電不可能の旨にて返却し来たった。よって翌日塩崎〔彦市。蘇峰の秘書〕氏を東京に特派し左の書類を本社幹部に手交せしめた。

(辞表) 昭和二十年八月十五日
本日限《かぎり》貴社社賓辞退 仕《つかまつり》度《たく》候《そうろう》 間宜布《よろしく》御承引《しょういん》被下度《くだされたく》候《そうろう》 以上
徳富猪一郎〔徳〕
高石会長
奥村社長　各位
幹部人々御中
(添状) 尚々貴社ノ幸運ヲ祈リ申上候　(以下、省略)

同時に言論報国会、文学報国会にも、会長たる辞表を提出した。而《しか》して言論報国会の幹部には、辞表と同時に、左の一書を与えた。

恭呈
聖上御放送謹《つつし》ンテ敬聴《けいちょう》 此上《このうえ》ハ老生会長辞任当然ノ儀何分ニモ御亮恕《りょうじょ》御承引《しょういん》
奉　願　候《ねがいたてまつりそうろう》
昭和二十年八月十五日　艸々不一
老蘇
鹿子木先生
齋藤先生
頓首

外幹部諸君

かくて予が操觚《そうこ》者たるの六十余年間の幕は、これにて下ろした事となった。

（昭和二十年八月十八日午後、双宜荘にて）

三　敗戦論者の筋書

元来今度の事件は、決して偶発に起こった事ではない。予《あらかじ》め敗戦論者共の陰謀によって仕組まれたる狂言である。彼等は無条件降伏の理由としてソ聯の参戦、原子爆弾の使用を挙げている。しかしソ聯の参戦は、八月八日の通告によって、原子爆弾の使用は、八月六日の広島に於《お》ける投下によって、初めて出来《しゅったい》したるもので、彼等が所謂《いわゆる》和平運動なるものは、恐らくは東條内閣の頃からの出来事で、東條内閣の没落も、恐らくは和平運動者の毒手に罹《か》ったものと思わるる。小磯内閣は、恐らくは和平運動者の手によって出来たもので、鈴木内閣に至っては、内閣それ自身が、全くその為めに出で来《き》たったものと認めらるる。決して原子爆弾とか、ソ聯の参戦とかいう事が、原因でもなければ、動機でもない。動機は正《ま》さしく英米追随である。

殊《こと》に嗤《わら》う可《べ》きは、絶対降伏を発表せざる以前は、原子爆弾は恐るべきであるが、苟《いやし》くもこれを避くべき手段方法さえ講ずれば、決して非常の禍害を蒙《こう》むる事はないというような事を、新聞にも書き立てさした。手短かに言えば、原子爆弾恐るるに足らずという事である。ところが無条件降伏の発表以来は、原子爆弾は実に人類を滅絶するに足る一大威力を持つものであって、人類の福祉、民生の幸運を希《ねが》う為めには、絶対にこれを畏避《いひ》せねばならぬ。即ち原子爆弾の為めには、あらゆる犠牲を払っても、即ち満洲を失うても、朝鮮を失うても、台湾を失うても、樺太を失うても、日本人たる誇りを失うても、面目を失うても、如何なる物を失うても、差支《さしつかえ》なしというような結論を生じ来《き》たった。即ち彼等陰謀者にとっては、正にこれ原子爆弾大明神様々であって、全くこれが為めに降伏したのではなくして、降伏した事実を、これによって申訳を作ったというに過ぎない。初めは、さほど恐るるに足らず、心配にも及ばずとして、その舌が未だ乾《かわ》かざるに、忽《たちま》ちかく言い做《な》したる事を見れば、彼等がこれを以《もつ》て、一種の辞柄《じへい》となしたる事は、間違いもない。ソ聯の一件もまたその通りである。満洲軍の守備は厳然動かないという事は、彼等は屢々《しばしば》明言している。しかるにソ聯の参戦があった為めに、掌《たなごころ》を反すが如く、無条件降伏をせねばならぬ理由はない。これもまた彼等敗戦論者にとっては、好き辞柄であった。彼等は原子爆弾の発明者に向かっても、スターリンに向かっても、彼等の目的を達する良き援助を与えた事を、感謝するの外はあるまい。これは聊《いささ》か皮肉の文句に似ているが、事実を有りのままに語れば、全くこの通りである。

それから殊《こと》に驚ろくべき事は、国体擁護という一件である。実は国体護持《ごじ》という文句が、最近各新聞の第一面に、特筆大書せられているから、これは何かの魂胆《こんたん》であろうと考えさせられた。日本国民が、今日に於《おい》て、改めて国体護持などという事を、仰々しく言い立つべき、必要もなければ、理由もない。しかるにかく藪《やぶ》から棒に、繰り返し巻き返し、書き立てる事は、敗戦論者等が、何か仕組んだ筋書であろうと睨んでいたが、果然《かぜん》その通りであった。即ち敗北論者は、トルーマンに向かって、彼等が日本に降伏を指定したる条件中には、日本主権者の位地については、何等関与する所なきものと、認めて差支なきやと、質問したところ、向うからその通りとの返事を得たとて、宛《あた》かも鬼の首を取ったる如く、これを天下に広告し、無条件降伏をしたればこそ、皇室の御安泰を維持する事が出来たという事を吹聴し、皇室の御安泰を保持する為めには、何物を失うても差支ないという剣幕《けんまく》で、我等こそ日本国家の一大忠臣であると言わんばかりに、手柄顔《てがらがお》に吹聴している。即ち連日新聞に掲げられたる国体云々は、畢竟《ひっきょうじょじょう》如上の筋書によって出来たものである。

しかし我等の考うるに、日本の国体は、日本国民の力によって維持すべきであり、日本の皇室は、日本国民が擁護し奉ることが、当然の務めである。しかるに外国人の許可の下に、恐れながら我が皇室を託し奉り、天皇陛下の主権を存置する事は、洵《まこと》に以《もっ》て恐懼《きょうく》の至りといわねばならぬ。もし外国人が、一旦《いったん》許可したものを、再びこれを取消す時には、何を以て国体を擁護し、何を以て皇室を奉戴《ほうたい》するか。如何に工面工夫を尽しても、如何に千思万考しても、外国人が「イエス」といおうが「ノー」といおうが、日本の国体は日本人によって、日本の皇室は日本臣民によって、擁護するの外はない事は、彼れ敗北論者といえども、今一歩を踏み込んで考慮すれば、豁然《かつぜん》貫通するであろう。

しかるに、唯《た》だ彼等が皇室の存続には干渉しないという事で、宛《あた》かも我が皇室を富嶽《ふがく》の安きに置き奉りたるが如く、手柄顔に吹聴し、これが絶対降伏の一大功徳であるというが如く、吹聴する事は、甚《はなは》だ以《もっ》て片腹《かたはら》痛き次第といわねばならぬ。万一外人が今後とても、皇室の御存続に干渉せずとしても、我等は全く我が皇室を、外国人仁恵《じんけい》の下に措《お》くものであって、実に危険千万であり、実に汚辱至極であり、洵《まこと》に以て天照大神の御神勅に対して申訳なき次第である。彼等はかかる交渉を外人としたその事さえも、全く日本臣民の臣道に違反している。されば彼等はこの一事に於《お》いても、自ら恐懼《きょうく》謹慎すべきに、殊更《ことさら》に手柄顔で、それを吹聴するなどという事は、彼等は日本の国体を何と心得ているか。皇室の尊厳を何と心得ているか。

且《か》つ皇室の存続は彼等が許可するとしても、至尊《しそん》の主権には彼等は容喙《ようかい》せずとしても、日本国は至尊の統治し給う所でなくして、外国兵が屯在し、その総督たるマッカーサーが統治する事であるからして、至尊の主権も、至尊の御位地も、全くマッカーサーの下に置かせ参らする事になっている。主権は認めたというも、その主権自身は、米国の一軍人マッカーサーが、米、英、ソ、支の兵を率いて、日本に屯在し、その男の下に置かるるという事になれば、恐れながら、陛下の主権は、全く紙上の空文であって、実際の主権は、マッカーサーに在りといわねばならぬ。それを以《もっ》て、果して国体の擁護が出来たと言うか。皇室の尊厳が保たれたと言うか。洵《まこと》に以て驚き入《いり》たる次第といわねばならぬ。

それで殊更《ことさら》に国体云々の文句を担《かつ》ぎ出して来たのは、全く原子爆弾同様、ソ聯の参戦同様、彼等が国民の耳目を眩惑《げんわく》せんとする一の手品に過ぎない。則ち国体も皇室も、彼等敗北論者にとっては、彼等の所志を到達する為めの一種の方便、一種の仮託、一種の口実、一種の保護色に過ぎないというも、差支《さしつかえ》あるまいと思う。（以下、省略）

（昭和二十年八月十九日午前、双宜荘にて）

四　万世太平の真諦

根本的の間違いは、皇室、国家、国民この三者を切離して考える事である。外国では、君主は会社の社長や重役の如く、他から聘《まね》うて来たこともあり、選挙することもあり、世襲であっても、勝手に取換えることも出来る。いわば帽子である。また国家と国民も、自ら同一の場合もあれば、同一ならざる場合もある。異りたる民族が集まって、一の国家を作為する場合もあれば、一の民族が他の民族を支配する場合もある。しかるに日本では、絶対にこの三者は切離して考うる事は出来ない。皇室を離れて日本国の存在もなければ、日本国民の存在もない。同時に恐れながら、日本国家を離れ、日本国民を離れて、皇室のみが存在せらる筈《はず》もない。

豊葦原《とよあしはら》ノ千五百秋《ちいほあき》ノ瑞穂ノ国ハ是レ吾カ子孫ノ王タルヘキ地ナリ宜《よろ》シク爾《いまし》皇孫《すめみま》就キテ治《しら》セ行矣《さきくませ》 宝祚《あまのひつぎ》ノ隆《さか》エマサムコト当《まさ》ニ天壌《あめつち》ト与《とも》ニ窮《きわま》リナカルヘシ

この御神勅の意味を奉戴《ほうたい》すれば、皇室が日本国家と日本国民とを離れて、皇室のみとして、御存在のあるべき筈《はず》はない。いわば国も民も、皇室を頭首と戴くものであって、皇室に対する臣民としては、これを国民といい、皇室の統治せらるる地域としては、これを国家というに外ならない。首を戴くは体でなくてはならぬ。体を切離して、首のみが存在する筈はない。しかるにこの国家と、この人民を別にして、皇室を考えるという事は、全く頭首を帽子同様に考えている英米思想の残滓《ざんし》に過ぎない。

従《よっ》て皇室さえ御存在あれば、日本は如何ようになっても、差支《さしつかえ》ないなぞという議論は、日本国民として、苟《いやし》くも我が国体の真相を知る者は、断じて口にすべきものではない。義は君臣、情は父子、皇室と皇民とは、決して切離すべきものではない。皇民の本源に遡《さかのぼ》れば、必ず皇室がその源頭である。大なる家族的国家である日本が、家族は如何になっても、また家は如何になっても、家長さえあれば宜《よ》いではないかという論は成り立たない。しかるに我等は陛下の御主権を、敵国人が容認したから、それで差支なしなどという事は、何たる譫言《たわごと》であるか。首を支うるには飽《あ》く迄《まで》体がなからねばならぬ。体を切離して、首さえあれば差支なしなどという考えは、有り得る筈《はず》はない。日本国民の擁護を離れて、他の力によって皇室を擁護するなどという事は、実に皇室の尊厳を冒瀆《ぼうとく》し奉るの極度である。日本国を辱かしむるという事は、皇室を辱かしむる事であり、忠良なる皇室の臣民たる日本国民を辱かしむる筈《はず》の所以《ゆえん》である。日本皇民は誰れの皇民でもない。天皇の皇民である。苟《いやし》くも尊皇の大義に明かなる者は、この国家とこの国民とを、珍重護持せねばならぬ。しかるに国家や国民は如何ようにもあれ、皇室の主権だけを、外人が容認したから、それで我等は満足であるというような事は、実に皇国と皇民とを侮辱するばかりでなく、恐れながら皇室を侮辱し奉るものといわねばならぬ。

また敵国に降参して、国家万世《ばんせい》の太平を開くというが、万世どころではない、恐らくは三日の太平さえも、維持する事は出来まい。苟《いやし》くも日本国民に国民たる魂がある以上は、外国に降伏し、日本固有の日本精神を抛棄《ほうき》し、その生活も、その思想も、悉《ことごと》く外人の命令通り、誘導通り、強制通り、期待通り、行うべき筈《はず》はない。かくの如くに行うならば、最早や日本国は、物質的にも、精神的にも、滅亡したものといわねばならぬ。それで万世の太平を開くなぞという事は、余りにも事実と掛け離れている。

あるいは曰く、戦争を継続すれば、到底勝ち目がない。勝ち目がない戦争をして、その挙句は、累《るい》を皇室に及ぼす事となる。そこで皇室の御為めを考えて、思い切って恥を忍んで、降伏すべきであると。元来戦争は水物である。相撲が土俵の中に立たぬ前に、勝敗が定まる筈《はず》はない。勝つか負けるか、四つに組んで初めて判《わ》かるのである。日露戦争の時にも、日本は必ず負けるものと、世界は折紙を付けていた。しかるに勝ったではないか。日本では、前にも申した通り、未だ使用せない軍隊が、内地ばかりで五百万ある。支那を合すれば六百万となり、飛行機のみが一万台ある。精々差引いても、八千台は優に、使用が出来る。しかるに是等の物を擁しつつ、負けるから軍《いく》さはせぬという見込みは、余りにも臆病神に取り憑《つ》かれているではないか。万一戦争をして、負けた時には、それは時の運である。その時には、累《るい》を皇室に及ぼすというが、日本国土と日本臣民とを離れて、皇室のみを考えることは出来ぬという前提から見れば、この戦争は皇室御自身の戦争であり、天皇御自身の戦争である。累を及ぼすとか、及ぼさぬとかいう事は、皇室を日本国家と別物としての考えであって、切離すことの出来ぬものに、累を及ぼすとか、及ぼさぬとかいう文句の付くべき筈はない。一家が没落する時には、家長も当然没落せねばならぬ。国民と憂苦《ゆうく》艱難《かんなん》を共にし給《たま》うところに、初めてここに皇室の有難味がある。国民の利害休戚《きゅうせき》は、一切度外視《どがいし》して、皇室さえ安泰であれば、それで宜《よろ》しいという事は、日本の国体には有り得べき事ではない。それは独逸《ドイツ》のホーヘンツォルレン家の最後の皇帝、ウィルヘルム二世の如きが、それである。国が如何になっても自分さえ安全ならば宜《よ》いというので、一番先に遁《に》げ出したのが、それである。身を以て国難に代らせ給う如き、亀山《かめやま》天皇の思召《おぼしめし》の如きは、独逸の君主などの、夢にも領解するところではない。しかし、それが日本の国体の有難きところである。あるいは曰《いわ》く、戦争して敗北すれば、何もかも失うではないか。それよりも大概の所で見切りを付けて、降参するが上分別であると。それが全たく我等の平生《へいぜい》排斥する功利論である。仮りに戦争に負けたとしても、また敵が原子爆弾を濫用したとしても、その為めに我が大和民族が一人も残らず滅亡する心配はない。純粋なる大和民族と称すべきものは、現在八千万内外であろう。その八千万内外の者を、一人も残らず殺し尽すという事は、到底出来得べき事ではない。支那の歴史にも『楚《そ》三戸と雖《いえど》も、秦を亡ぼすものは必ず楚ならん』という文句がある。即ち楚の国が三軒残っても、必ず復讐して秦国を亡ぼすであろうという事である。苟《いやし》くも日本国民が仮りにその半数である四千万となっても、皇室は厳として日本国民の上に、君臨し給う事は確実である。しかるにその君臨は、外国の容認の下でもなければ、仁恵《じんけい》の下でもなく、監視の下でもなければ、監督の下でもない。天照大神以来の御神勅によりての天皇である統治権を知ろしめす訳である。かくてこそ日本は、再興の機会もあれば、復讐の機会もある。即ちかかる場合に於《おい》ては、戦うという事が、勝つ所以であり、死するという事が生くる所以であり、亡びるという事が、存する所以である。所謂死中活《いわゆるしちゆうかつ》を求むるとはこの事である。これだけの一大決意をなし、一大飛躍をなして、初めてここに日本民族の光を千古に放つことが出来、所謂万世太平の基を開く事が出来るのである。降参して万世の太平を開くなど、飛んでもない間違いである。降参の道は堕落の道であり、屈従の道であり、地獄に向かっての急行列車に乗るも同様である。

（昭和二十年八月十九日午後、双宜荘にて）

五　毎日社長と会見

十九日午前九時頃、毎日新聞社長奥村信太郎《おくむらしんたろう》氏、社員井上小松及阿部甲府支局長を帯同し来た。前日より予報あっての事で、定めて予が社賓辞退の件についてであろうと考えていたが、果してその通りであった。手短かに言えば、重役一同を代表し、再考を求むるという事であったが、予は曰《いわ》く、『別に貴社に対して不満があるでもなく、また新聞に愛想を尽かしたという訳でもない。本来ならば、行くべきだけの道は、貴社の論壇に立って、任務を果したいと考えて居たが、今日では既に行くべき道は、予にとっては全く杜絶した。予の意見を立て徹さんとすれば、正《ま》さしく勅語違背《ちょくごいはい》の罪人とならねばならぬ。さりとて予は、千思万考しても、降伏は今日に於《お》いて承知が出来ない。まさか良心に咎《とが》める事を、世間体を繕《つくろ》うて曲学阿世《あせい》の真似をする事も出来ない。よってここが操觚者《そうこ》の切り上げ時と考えて、十五日　聖上御放送了《おわ》ると同時に、電報を貴社に発したが、途中より送電不可能との事で、返却し来たから、特に塩崎氏を以《もっ》て申し向けたる次第である。従来ならば、不肖予の如《ごと》きも、貴社にとって若干有益の存在であったかも知れぬ。しかし今日となりては、貴社にとっての予は、啻《ただ》に無用の存在であるばかりでなく、恐らくは有害の存在であろう。さればこの際予が去るは、予にとっても、貴社にとっても、当然過ぎる事であるから、枉《ま》げて予の存意を遂げさせられたし』と言い、且《か》つその事を貴紙の一端にも掲載願うと言った。奥村社長曰く『しからば先生自ら筆を執らるるか如何』との事であったから、『予を社賓として迎えたる文も、貴下が草せられたりという事であったから、その因縁を以て、貴下が自ら書いて呉《く》れられたらば、予にとっては、本懐である。但《ただ》し自分は、決して自責の念に駆られて罷《や》めた訳でもなければ、唯《た》だ感ずる所ありという意味にて、簡短にあっさりと願いたきものである』と言った。なお多年の友誼に報いる為めに、予の身辺に使用したる文具を、社長及び一行に分贈した。以上にて予の毎日社との関係も結了し、同時に六十余年の新聞界との関係も結了した。

甚《はなは》だ恐れ入《いり》たる事であるが、余りに意外であるから、ここに特筆して置く。十九日の午後のラジオにも、また二十日の朝のラジオにも、聖上は総理大臣東久邇宮《ひがしくにのみや》殿下に、この際灯火管制などは速かに全廃し、且《か》つ娯楽館なども速かに開放し、なるべく国民をして、明朗なる生活を遂げしむべしとの御沙汰あらせられたる由にて、それを殿下より閣議の席上に於《おい》て、披露あらせられ、閣議も愈々《いよいよ》その通りに実行するに決した。洵《まこと》に感激に堪《た》えぬ次第であるという事を、繰返し巻返し放送している。成程《なるほど》、主上《しゅじょう》に於《お》かせられては、我等臣民に対して、有難き御心より仰せ出だされたる事に相違なきが、恐れながら我等臣民の気持ちは、全くこれに反している。実は　主上より、この上は臥薪嘗胆《がしんしょうたん》、一同大いにその力を内に養えという御沙汰を期待したるものであって、今更《いまさら》この場合娯楽なぞの御沙汰を承るなどという事は、思いも寄らぬ事である。あるいはこれは世間の伝説通り、大石内蔵助が、吉良家を欺く為めに、故《ことさ》らに遊蕩を事としたという意味と同一であり、いわば敵側の猜疑心を予防する為めの思召《おぼしめし》であると、解釈する事も、満更《まんざ》ら不可能ではあるまいが、それにしても、別段かかる御沙汰は無くもがなと思う。況《いわ》んや御沙汰通りの思召でありとすれば、尚更《なおさら》恐れ入《いり》たる事ではあるが、国民の期待とは、全く相反している。この調子では、我が皇国も、やがては戦争以前のフィリッピン同様となる事は、間違いあるまいと思う。洵《まこと》に以て遺憾千万の事である。

かく申せば、我等は思召に反対する不忠不義の徒である如く申す者もあるであろうが、和気清麿《わけのきよまろ》といい、菅原道真《すがわらのみちざね》といい、楠木正成《くすのきまさしげ》といい、また近くは伊藤〔博文〕、山縣〔有朋〕などに於《おい》ても、屢々《しばしば》至尊《しそん》の思召に反対して、御諫争《かんそう》申上げた事は、隠れもない事である。我等唯《た》だ皇室の御為めと考え、皇室中心主義を以て始終する者として、かく申上げるのである。恨むらくは、我等の位地が江湖《こうこ》の遠きに在りて、親しく御諫争申上げる事が、不可能である事である。よってここにその一端を書き留めて置く。

（昭和二十年八月二十日午前、双宜荘にて）

六　皇室を戦争に超然たらしむ

これは議論でない。事実である。どうも上層の人々は、皇室と国家もしくは国民とを別物と考えているようだ。それで戦争中も、相成《あいなる》べくは皇室を、戦争の外に超然として、立たせ給《たま》うように、取計《とりはから》うていた。皇室といえば、その中心たる天皇陛下については、尚更《なおさら》の事である。予は当初からの持論の通り、皇室が国家的大運動の原動力であらせ給うべく、ついては大東亜征戦に於《おい》ても、主上《しゅじょう》御自ら神武天皇、明治天皇の御先例に則らせ給わん事を、願望し奉った。ある時某海軍将校で、某直宮《じきみや》に昵近《じっきん》している人の訪問に接し、予は懇々《こんこん》その事を語り、これを直宮殿下に申上げては如何と相談した。その後某将校の語るところによれば、申上げたところ、それでは主上を戦争の渦中に捲き込むの畏《おそ》れがありというような思召《おぼしめし》にて、御取り上げなかったという事である。これは某直宮様に限った事ではない。上層に於《お》ける一般の空気がそれである。そこを敵もよく認めて、雲の上だけは、全く別物に取扱っていた。それを良《い》い気にして、上層では、成《なる》べく成べく戦争以外に、超然の態度を執《と》らせ給うような方に、持って行いた事は、決して予が邪推ではなかった。

しかるに敵でも、従来の態度は甘ま過ぎると考え、むしろ威嚇するに若《し》くなしと、その態度を一変し、伊勢の神宮、熱田神宮、明治神宮などに爆弾を投じ、大宮御所、各宮殿下の御邸、やがては宮城までも、あるいは全焼、あるいは半焼せしむるに至り、而《しか》して日本抹殺論を極端まで主張した。予はかえって、これで幾らか上層側の迷夢も、醒《さ》め来たったであろうと考えていたが、成程《なるほど》これではやり切れぬ。むしろ国民と休戚《きゅうせき》を共にし給うの外はないという方角に、持って行くと思いの外、かえってそれが為めに、総《すべ》てとは言わぬが、上層のある部分には、降参の推進力となった事は、是非もなき次第であった。しかしこれは国民一般にとっては、敵愾心《てきがいしん》に非常なる油を加え来たった為めに、日本抹殺論などは、皇室中心主義国たる日本に対しては、かえって逆効果を来たすものとなる。むしろこれで日本国民を威嚇するよりも、日本国民の反抗心を強固ならしむる所以となる。よってこの辺は改めて斟酌《しんしゃく》を加うべしとの論が出で来たった事は、今日より余り遠からぬ事であり、殊《こと》に沖縄防攻戦前後から、米国ではその論が著しく抬頭して来た。それらの意見によれば、日本に対して、独逸《ドイツ》以上に寛典を加うる必要以上に、日本人の敵愾心を挑発し、最後の一人までも戦うというような気分を増長せしむるは、愚の骨頂である。よって日本人が何よりも大切と思う皇室などの問題には、余り触れない方が宜《よ》かろうという事となり、それが敵米の当局者にも、漸く容《い》れられんとする事になって来た。いわば最初の通りに、皇室は国民国家と区別して取扱うという事であり、そこで上層では尚更《なおさら》その気分に感応し、有条件であろうが、無条件であろうが、皇室抹殺さえ免《まぬ》かるれば、如何ようにも向うの申す通りで、早く戦争を片付けんと焦り出した。

戦争を片付けんと焦り出した事は、日本よりも敵側が甚《はなは》だしかったが、その敵側の弱点を知るや知らずや、それに頓着《とんちゃく》なく、お先真っ暗に降伏を取り急ぎたるは、如何にも笑止千万の事であった。ここに改めて断わって置くが、これは決して主上《しゅじょう》の思召とは信ぜられない。

主上御自身には、素《もと》より宣戦の詔勅《しょうちょく》も発し給い、またその他議会開会に際しても、また将兵に対しても、その他時々刻々戦争について、御関心の浅からぬ事を、我々草莽《そうもう》の野人《やじん》も、江湖《こうこ》の遠きに在りて、敬承し奉っているが、恐れながらこれは聖上《せいじょう》御一己《いっこ》の事で、上層の雰囲気は、全くそれとは同一とは、考えられなかった。彼等は出来得る限り、聖上を戦争の外にといわんか、もしくは上にといわんか、超然たらしむる事を以て、皇室の御安泰を確保する所以であり、従《よっ》て皇室に忠勤を励む所以であると考えていた。

自分は議論をするではない。唯《た》だ事実を語るのである。想像を逞《たくましゅ》うするではない。唯だ事相を語るのである。彼等は対外戦争と対内政争との相違を認めなかった。例えば、政友会と民政党との葛藤《かっとう》についても、皇室が超然たらしめ給う事は、当然の事である。何となれば、何れの党派も皆な陛下の皇民であって、何れの党派も、皆な陛下に向かって、忠貞を効《いた》さんとする者である。至尊《しそん》御自身の思召は、何れを好み、何れを好ませ給わぬにせよ、その際に於《おい》て超然として、国論の嚮《むか》う所を見て、御統裁遊ばさるるが当然である。明治天皇の如きも、天皇御自身には、必ずしも無色透明と申上ぐる訳でなく、確乎《かっこ》たる御政見もあらせられたに相違はないが、しかし国論の嚮う所には、深く聖意を留めさせ給い、決して御自身の好悪によりて、何れに向かっても、偏頗《へんぱ》の御沙汰はなかった。しかしこれは対内的の政争であって、対外的には、陛下が自ら、所謂《いわゆる》現在の言葉で言えば、陣頭指揮を遊ばされたる事は、予の呶々《どど》を費やす迄《まで》もない。しかるに現在の上層の雰囲気は、対内政争には動《やや》もすれば皇室を捲込まんとする傾向あるに拘《かか》わらず、対外戦争には、全く超然たる態度を執《と》るに至ったのは、洵《まこと》に言語道断の至りといわねばならぬ。この上層者というは、宮内官吏、所謂《いわゆる》元老重臣、華族もしくは富豪等、所謂支配者階級のある部分を称するものにして、それ等の中には、若干《じゃっかん》の除外例はあるが、先《ま》ず概括してかくいう事が出来ると思う。

（昭和二十年八月二十日午後、双宜荘にて）

七　自ら吾が愚に驚く　㈠

耳を弇《おお》うて鈴を盗むという諺があるが、今日の事は、全くその通りである。国体擁護と降伏とを、全く交換条件として、国体の為めには、降伏などは決して高価ではない。むしろ降伏で国体擁護を贏《か》ち得たのは、大なる手際であるかの如く吹聴《ふいちょう》しているが、安《いず》くんぞ知らん、降伏そのものが、既に日本国体を破壊し去ったものであって、降伏で国体を全うするなどという事の在り得る筈《はず》はない。第一、天皇の主権は認めたと言うけれども、その主権は敵国の監視統制の下で認めたものであって、条件付の主権である。天皇御自身が既にその神聖の位地を失い給い、無上絶対の位地を失い給うた事になっている。第二は思想の自由という事を言い、また民主化という事を言っているが、それでは教育勅語は、全く廃止同様になり了《おわ》る。言い換《か》うれば、尊皇愛国の教育思想に代うるに、何を以てするかといえば、ソ聯の共産主義か、米国の民主主義か、二者であろう。共産主義と民主主義が、我が国体と両立するや否やという事は、今更《いまさら》議論をする余地はない。即ち国体の本質たる天皇政治を破壊して、何を以て国体を全うする事が出来るか。以上は唯《た》だ大綱について語った迄《まで》であるが、今度の降伏については、最近聞くところによれば、小磯内閣、鈴木内閣の二内閣を通じて、盛んにその言が行われ、雲の上人と称する者や、所謂る敗戦思想者の巨魁《きょかい》ともいうべき者共が、青山の某所に毎々集会して、種々の陰謀を企らみ、恐らくは短波電波を以て、敵国とも彼是れ内通したではあるまいかという噂も聞いている。またソ聯の越境なども、あるいは八百長ではなかったかという説もある。予はこれを信ずる者ではない。如何に敗戦思想が充満しても、かかる叛逆的行為さえも、敢《あえ》てする如《ごと》き事は、なかったであろうと思うが、かかる説さえも生ぜしむるに至りたる事は、如何に彼等が、九天の上九地の下、この事に努力したかが判知《わか》る。

およそ世の中に莫迦者《ばかもの》がありとすれば、その最も大なる莫迦者の一人は、恐らくは予であろうと思う。予は大東亜征戦の目的を完遂するの絶対必要よりして、天皇が国民に直接に接触遊ばされ、天皇親征の実を顕現《けんげん》あらせられ給わん事を、あらゆる機会に論述し、切願し、上奏までも敢てしたのである。而《しか》して思いきや、その事が実施の日は、即ち降伏の聖詔《せいしょう》を、主上《しゅじょう》御自身に御放送遊ばされ、且《か》つ御親裁《しんさい》の下に、その聖詔を奉行する後継内閣は出来《しゅったい》した。要するに予が戦争完遂の最大要件として提唱したるものは、戦争打切の武器として使用せられた。しかも戦争完遂を主張する者は、その為めに詔勅違反とならざるを得ず。その為めに一切の主戦論者は、悉《ことごと》く封じ込まれ、降服論者が錦旗を掲げて、主戦論者を全く屏息《へいそく》せしむるに至った。予自身から言えば、恰《あた》かも反対者に向かって、最高の利器を提供した者といわねばならぬ。今更自ら顧みて苦笑の極みである。

予はまた鈴木老人より全く一杯喰わされた感がある。予は鈴木老人を深く知る者ではなかった。いわば面識位に過ぎなかった。しかし去年の暮か本年の初めか、確《し》かと記憶せぬが、ある人来《きた》りて、鈴木老人予を訪問して、供に国事を談じたいというが、差支《さしつかえ》あるまいか、という事であったから、固《もと》より差支あるべき筈《はず》はない。よって予は承諾した。予は鈴木老人とは、前に申す通り、面識に過ぎなかったけれども、予の友人岩村海軍中将と鈴木老人とは、別懇の間柄であった。岩村團次郎─後に俊武と改む─鈴木貫太郎、佐藤鐵太郎、（外に今一人居たが、その人は中途から海軍を去ったから、今その名を記憶しない）この三人は團貫鐵といって、同級生中の親友であり、現に岩村翁の喜寿の宴には、予と鈴木老人とは、顔を合せた事がある。鈴木内閣の出で来るや否や、世間ではバドリオ内閣という評判があったが、当時予に内閣顧問の内談があったから、予は固くこれを辞《こと》わり、強いて勧められたから、この上は自ら出掛けて辞わる外はないと思い、親しく首相官邸に出掛けて、老人と面談した。その時にも予は種々の意見を申述べたが、鈴木翁は最初から、戦争一本で遣り抜くと言い、天下に向かっては『予の屍を乗り越えて進め』と言い、武田徳川三方ケ原の戦争を例にとって、『日本が頑張りさえすれば、負ける気遣いはない』と言った。それも一度や二度の事ではなかった。それで予は閣僚の誰れ彼れは姑《しばら》く措《お》き、老人だけは誠実なる征戦完遂者でありと、最後迄《まで》確信していたが、その豹変の余りに鮮かなるを見て、漸《ようや》く彼れも亦《ま》た陰謀団の仲間でありという事に、気が付いた。しかし気が付いた時には既に遅かった。予は蔭《かげ》ながら、鈴木内閣といわず、鈴木首相には同情を表し、及ばずながら予も微力を尽して、援助する積りであった。而《しか》して心腹を披いて、言葉を以て、人を以て、書類を以て、屢々《しばしば》意見を具申した。今から考えて見れば、予は全く古狸に誑《ば》かされていたものであって、今更《いまさら》予が大莫迦者であるに気付き、自ら苦笑せざるを得ないのである。

（昭和二十年八月二十一日午前、双宜荘にて）

八　自ら吾が愚に驚く　㈡

いまその証拠として左の一通を掲ぐる。

（鈴木首相ニ与フルノ書）

鈴木首相閣下

日夕御尽瘁《じんすい》真ニ感佩《かんぱい》ニ勝《た》ヘス。迂《う》生《せい》モ年齢ニ於《おい》テハ閣下ニ一日ノ長アリ、仍《よっ》テ老人ノ心理情態ハ聊《いささ》カ能《よ》ク之《これ》ヲ知ル。閣下ニ対スル同情ノ深厚ナルハ当然ニ候《そうろう》。天下ノ大勢岌《きゅうきゅう》々乎弊船《へいせん》ニ坐シテ大瀑布ヲ下ラントスルニ似タリ。之《これ》ヲ救済スルノ道只《た》タ一。天《あま》ノ岩戸《いわと》ヲ押シ開ラキ　至尊《しそん》御出現一君万民ノ実ヲ御挙行アラセラルルコト是《こ》レノミ。

今ヤ日本国ノ病ハ骨髄ニアリ。若《も》シ今日ノ機ヲ誤《あやま》ラハ独乙《ドイツ》ノ覆轍《ふくてつ》ヲ履《ふ》ムモ未《いま》タ知ルヘカラス。迂生《うせい》ハ決シテ危言激語以テ閣下ヲ竦刺聳動《しょうどう》セントスルニアラス。惟《おも》フニ世上ノ嘉言善行美事快業所謂《いわゆる》光明ノ半面ハ閣下ノ熟知スルトコロ迂生ノ呶々《どど》ヲ須《ま》タス。サレトソノ半面ハ奈何《いかん》。迂生ハ独自《ひとり》ラ慚愧《ざんき》ニ禁ヘス。国家危急存亡ノ刹那ニ際シ惰気満々《だきまんまん》敗戦思想ハ社会ノ公私上中下ノ各層ニ滲透《しんとう》充実ス。閣下若《も》シ彼等カ仮面ヲ脱《だっ》シソノ本音ヲ吐《は》クヲ聞カンニハ愕然《がくぜん》自失スルモノアラン。今ヤ国民義勇隊ナト出来《しゅったい》セントスルモコノ儘《まま》ナラハ若干ノ除外例ハアリトスルモ恐ラクハ烏合《うごう》ノ衆《しゅう》ナランノミ。今真ニ国民ヲ覚醒《かくせい》シ国民ヲ蘇生《そせい》シ国民ヲ清新活溌ニシ護国ノ勇気凛烈《りんれつ》タラシムルノ道ハ至尊《しそん》自ラ大号令ヲ渙発《かんぱつ》シ玉《たま》フノ一アルノミ。如何ニ閣下カ千言万語シテモ今日ノ官吏ハ閣下ノ思フ様《よう》ニハ動カス官吏尚然《なおしか》リ況《いわ》ンヤ国民ヲヤ。

政府ノ信ヲ国民ニ失フヤ決シテ一日ニアラス。政府ト云《い》ヘハ文武ヲ合シテ同様ナリ。特ニ昨今配給一割減ノ如キ前農相之《これ》ヲ保証後農相之ヲ覆《くつが》ヘス転瞬ノ間　掌《たなごころ》ヲ反《か》ヘスカ如《ごと》シ天王山ノ文句モ亦《また》同様ナリ。惟《おも》フニ何人カ政府ニ立ツモ到底此《こ》ノ国民ノ心ヲ新タニシコノ国民ノ心ヲ一ニスルコトハ至難ナラン。然《しか》モ天日一照乾坤頓《けんこんとみ》ニ光輝ヲ生ス。多言ヲ俟《ま》タサルナリ。迂生《うせい》ハ元来対米英戦争ノ熱心ナル主張者タル程ノ力ナキモソノ賛成者ニ相違ナシ。自ラ責任ヲ感スル重且緊若《じゅうかつきんも》シ独乙ノ覆轍《ふくてつ》ヲ履《ふ》ムカ如キアラハ万死余罪アリ。故ニ身草沢《そうたく》ニ在《あ》ルモ其《そ》ノ深憂遠慮《しんゆうえんりよ》ハ決シテ台閣《たいかく》ノ諸公ニ譲《ゆず》ラス是《これ》ヲ以テ叨《みだ》リニ僭越《せんえつ》ヲ顧《かえり》ミス誨《おしえ》ヲ閣下ノ左右ニ請フ区々《くく》微衷《びちゆう》御亮察《りようさつ》アラハ幸甚《こうじん》。

昭和二十年七月十六

徳富猪一郎

鈴木首相閣下

これは昭和二十年七月十六日付にて、鈴木首相に与えたる一書である。当時の時局が余りに切迫していたから、予は堪《た》まりかね、自ら出でて卑見《ひけん》を述べんと欲したが、病の為めに果さず。よって専价《せんかい》を以てこれを手交せしめたものである。当時予の使者は鈴木翁に手渡しせんとしたが、翁は多忙であったという事で、鈴木秘書官にその旨を通じて渡した。而《しか》してその返事を待っていたところ、鈴木首相よりは、有難く拝見した、御趣意はよく分かったという事で、引きとったという事を、今も猶《な》お記憶している。もっともこれは初めて鈴木首相に申込んだのではなくして、組閣当時より繰返したものである。初めからバドリオ内閣の首班という事に気付いたら、かかる余計な事は、行《や》らなかったであろう。今更《いまさら》愚痴を言うではないが、我れ自ら我が愚に驚ろくのみだ。

予が新聞記者として最後の文は、昭和二十年八月七日の『米国伐謀論』である。この事は既に前に記している。それよりも更に最後というべきは、八月十一日「公論」の記者に向って『天皇親政論』を口授した事である。該雑誌の記者上村氏兄弟―兄哲彌、弟勝彌、口授は哲彌氏へ―は、松岡〔洋右《ようすけ》〕前外相の門下生であって、従前から予と松岡氏との間に、双方の連絡係というような役目を勤めていた。予は哲彌氏の顔を見るなり、同人に向かって、松岡翁の消息を問うたところ、翁も今度こそは、真に快復の状態であると言い、なお翁の意見を質したところ、翁は相変らず戦争一本で直進する論である。過日も現内閣の最大有力者が、何か外交の手を打つ方法はないかという事を聞いて来たから、今日は戦争以外に何物もないと答えた。而《しか》して松岡氏が曰《いわ》く、予は必勝を確信する。その理由は三つある。第一は日本の国体である。必ず神佑天助《しんゆうてんじょ》あらん。第二は予の直感がかく予を信ぜしむる。第三は予が今日迄《まで》学び、且《か》つ経験し、それによって充分なる考慮の結果、その結論としてここに到達する。以上の三箇の理由によって、予は必勝を確信する者である、と語ったという事を、上村氏は伝えた。而《しか》して彼―松岡翁―は過日御礼として、宮中及び大宮御所、各宮家にも罷《まか》り出《い》で、宮中では木戸内府《ないふ》とも相語り、また大宮御所では、皇太后陛下に拝謁し、東久邇宮殿下には、稍々《やや》長時間に亘《わた》って拝謁を遂げたという事を伝え、且《か》つ予には天皇親政論について教えを乞うという事であったから、殆《ほとん》ど大体の趣意に於《おい》ては、鈴木首相に与えたと同様の意味を、歴史的事実に照らして口述した。これも果して誌上に出ずるか否やは覚束《おぼつか》ない。何となれば、それは前にも申す通り、八月十一日の事で、もはや万事休したる後であった。かくて予は上村氏に、松岡前外相宛ての一書を認《した》ため渡し、成《なる》べく急に達せん事を申添えた。右の一書は上村氏にも一読の上封緘せよと、開封のまま渡した。これも要するに、予の宿論を述べて、松岡前外相と、希《ねがわ》くば力を戮《あわ》せ、この目的に到達せん事を、期待したものに外ならなかった。

（昭和二十年八月二十一日午後、双宜荘にて）

九　毎日新聞引退完了

さきに毎日新聞との関係を結了したと書いたが、それは自分側の考えで、相手側では、そう箇略に行かず。尚《な》お重役会議を開き、その決議を齎《もた》らし、高石会長が、八月二十六日大雨を冒し、阿部賢一重役及び小松秘書を帯同し来た。予は当初何の為めに来たかを知らず。高石氏に向って、小話の末、何ぞ御用談があるかと言ったところ、高石氏は、「実は本日重役会議の決議を齎《もた》らして、罷《まか》り出た次第である。社賓《しゃひん》御辞退の事情は、先生としては、誠に御《ご》尤《もっとも》千万と存ずるから、御希望に任かすることと致すが、さりとて社賓の事にて、辞令を差出す訳には参らず。よって不束《ふつつか》ながら、この文を差出すこととした」と、一通の書付と、別に一包を取出し、予に与えた。披《ひら》いてこれを見れば、

謹啓　八月十五日附芳翰《ほうかん》拝承　仕　候《つかまつりそうろう》　先生には聖上御放送を御敬聴なされたる後この上は言論人としては告終を御自覚なされ候由御衷情《ちゅうじょう》の程《ほど》恐察《きょうさつ》　仕　候《つかまつりそうら》えども敢て非礼を顧みず奥村社長参趨親しく御高見を拝聴するに至て生等愈々《いよいよ》御辞意の固き所以を熟解《じゅくかい》仕り茲《ここ》

に謹《つつしみ》て貴意に副《そ》い奉る事に本日重役会にて決議仕候。

顧みれば昭和四年先生が社賓として弊社の為に其《そ》の御健筆《けんぴつ》を揮《ふる》うに至られてより、本紙の論壇に陸離《りくり》たる光彩を加えたるは申す迄《まで》も無之《これなく》先生の御励精御勉強に至ては単《ひと》り世人を駭《がい》目《もく》せしめたるのみならず、内弊社同人を鼓舞せる先生の御意識なされざる功徳に至ては生等の常に感銘措《お》かざる所に御座《ござ》候《そうろう》　今先生の去らるるに際会し生等何の辞を以て先生に感謝の意を致すべきやを知らず　茲《ここ》に一書を呈する所以は唯《ただ》芳翰に答え奉り涙を揮て先生の辞意を謹諾《きんだく》するの已むを得ざることを御報告申上げんとするに外ならず　希《ねがわ》くば生等の微《び》衷《ちゅう》を容《い》れられんことを。敬白

昭和二十年八月二十四日

毎日新聞社
高石眞五郎
奥村信太郎

徳富蘇峰先生

他の一包は本社より予に対する謝意を表するものにして、これは昭和四年予と毎日社との間の契約書に明記せられたる所を、実行したるものに外ならず。よって予は高石氏に向って、その好意を謝し、予が愛玩《あいがん》したる文房具佐渡赤玉石を以て特に甲府の名工に嘱して製作せしめたる文鎮一対記念品として贈った。かくて愈々《いよいよ》本式に予と毎日新聞社との関係は絶っ

た。予と毎日社との関係は、当初社よりの申し出には、別に年限を定めなかったが、予は聊《いささ》か考うるところあって、予の方から五年の年限を付することを申し出で、その通りにした。しかるにそれが積もり積もって今日に至り、尚《な》お昨十九年三月十一日鹿倉専務小松秘書を帯同し、契約延期の書類を持参し、最初五年の期を二十年に延長することとした。当時の期限は昭和二十一年春にて結了すべきであったが、これによって更に昭和二十四年春に及んだ。即ち二十年八月限りとすれば、約束期限が尚《な》お足かけ五年、正味三年九ヵ月を剰すことになっている。しかし社の方では、年限などは全く問題とせず、何時迄《まで》も願い上げたしと、高石、奥村氏初め予に屢々《しばしば》語ったことを記憶している。

予はこの際首尾よく毎日社との関係を終了したることを、衷心《ちゅうしん》満足に思う。実は予も屢々《しばしば》毎日新聞を辞めんと思いたることがあった。遂には罷《や》めたる後の生活の準備として、予の所有したる土地とか、書籍とか、家屋とか、苟《いやし》くも徒食の費を支《ささ》うるに足るだけのものは、殆《ほとん》ど処分し尽していた。これは背水の陣を張って、何時でも罷めて差支《さしつかえ》なき為めの用意であった。今日毎日新聞社には、殆ど予を迎えたる時の首脳者は存在しない。社長本山、副社長岡、専務高木などは、何れも死した。而《しか》して最も予を迎うることに熱心であった城戸、松内、吉武等の諸重役は、何れも社を去った。その他予の同郷人として懇親であった重役の岡崎は去り、また他日は予の後継者ともなるであろうと思った同郷の平川は死んだ。顧《かえりみ》れば予は極めて心淋しく感ぜざるを得なかった。しかも予を識《し》らざる者は、つまらぬ陰口をきくやら、若《も》くは予の原稿に対して、極めて不親切なる取扱をなすやら、将《ま》た予の歴史について、条約の明文を蹂躙《じゅうりん》し、勝手の取扱をなすやら、相当予の自尊心を傷つけたることもあった。予も当初から、本山社長と同等同格の、いわば両敬の間柄として迎えられたるものであるのに、何やら厄介者視せらるるに至っては、頗《すこぶ》る不愉快千万であった。しかし予が根津〔嘉一郎〕と喧嘩をして、国民新聞を去り、今また毎日新聞の重役と喧嘩して、毎日新聞を去るということは、余りにも辛抱力が不足するかの如く思われ、適当の機会を待っていた。しかるに戦局は愈々《いよいよ》逆運に迫り、予も必死の努力を以て、これを挽回せんと試み、その為には毎日新聞もまた予に取っては欠く可《べか》らざる機関であった。同時にこれが為に、新聞の声価威信を、中外に発揚し得たることは、いうまでもあるまい。その為めに少くとも最近一ヵ年は、毎日新聞社に於《お》ても、最も予を有用の社賓と評価し、予もまた毎日新聞を最も有用の機関と考定し、相互極めて親密の連絡を保ちつつある刹那《せつな》に於《お》て、この機会に遭遇したことは、予に取て洵《まこと》にその時を得たものといわねばならぬ。要するに毎日新聞を引っ張って、昭和六年満洲事変以来、今日に至らしめたるは、もしこれを罪とすれば、予は罪魁《ざいかい》の一人であり、これを功とすれば、あるいは殊勲者の一人に数えられなければなるまい。今日から考えて見れば、予が社賓として毎日新聞社に於《お》ける功過表は、予自からこれを定むべきではないが、しかし予は決して無用無為の閑日月《かんじつげつ》を送った者でない事だけは、確実である。尚《な》お偶然手許に左の書付を発見したから、今ここに存して置く。これを見れば、大東亜征戦以前に於ける、予と本社との関係が、如何なるものであったかを、知るに足らん。

昭和十六年八月七日

於双宜荘

東日《とうにち》堤為章氏本社の命を奉じ来る対話

堤氏曰《いわ》く

紙欠乏の為め夕刊一週二回二頁にすることとなった。よってその際は、国民史掲載を止めたし。右御諒承を乞う。

予曰く

自分も定めて左様な用件であろうと推していた。貴兄の使命に対して、予は快くこれを承引す。

堤氏曰く

誠に有難し。

予更に語を次《つい》で曰く

本来貴兄等は御承知あるまいが、予が入社せんとするや本社は予に向って、予の日本国民史編集を助成し、その為め編集局を社内に設けて、あらゆる援助を与うべし云々とのことにて、国民史が予の入社の主なる条件の一であった。しかるにそれが愈々《いよいよ》本紙掲載不可能になるに於《おい》ては、予が本社に存在するの理由は、殆《ほと》んど消滅したといわねばならぬ。よって今後もし左様な御相談あるに於ては、予め予に辞職を勧告するものと同一の意味であることを御含みの上願いたし。如何に考えても、予は歴史が東日大毎に掲載されずとなれば、予は一日たりとも本社に籍を置くべき理由は無い。

堤氏曰く

委細承知した。

余談

予の観《み》るところでは、本社の幹部は、未だ如何に本社が、危窮の状態にあるかを、自覚せざるものの如し、今や強敵はその鋒先を連ねて、本社及び朝日を目標として進撃しつつあり。本社は決して油断すべき時でない。予の如き老輩は、あるいは本社では厄介者と思わるるかも知れぬが、世間では決して左様に受け取らぬ。もしこの際予が本社を退くことあらば、多少の欠陥は必ず生じ、その欠陥には必ず乗ずるものがあろう。故に本社から観《み》れば、今日は予を退社せしむる好時機では無い。何れその時機も早晩来るであろうが、今当分のところは予が本社に居る方が、本社の為めに若干の強味を加うるであろう。これは予が野心あって言うのでは無い。第三者としての立場から観ても、その通りであると思う。一例を挙ぐれば、正力氏などは、予の入院中親しく存問を怠り無かった。しかるに本社の両巨頭は、秘書課長を代理として送った以外には、全く没交渉であった。予は別に個人として、それを何とか思うものではない。けれども本社の為めを思えば、今少し人を大切にすることが必要である。露骨にいえば、徳富翁などを今少し大切に持ち上げ、担ぎ上げ、同人が喜んで本社の為に働く様に仕向くる方法があるかも知れぬ。しかしこれは両巨頭に注文するものでは無い。ただ一例を挙げた迄《まで》である。本社の高等幹部は高等政策なるものが無いではないかと心配する為に、貴兄を友人として申述べた迄である。

また曰く

本社では我等の書いたものを、無用の長物として居るかも知れぬが、予は今日といえども世間に相当愛読者を持って居る。若《も》し一度び東京を一歩踏み出せば、その証拠と事実は、必らず明白するであろう。云々

また曰く

予は今日でも理窟をいえばいうだけのものは有る。夕刊に載せずとも、朝刊に載せても良い筈《はず》である。紙幅が不足ならば、小説を止めても良い筈である。しかし今日は本社も多事の時であるから、左様な理窟は捏《こ》ねない。ただこれを最後として、この上かれこれの注文が出で来《きた》らば、予は一考せねばならぬ。予にして若し邪推すれば、朝刊から夕刊に移したのも、その夕刊から削って、また掲載を減じたのも、本社が予に敬意を表したものとは考えられない。いわば出て行けがしに為したるものと邪推することも出来る。予はしかし編集の消息にも通じている。予は決してかかる邪推をする必要を認めない。ただ今後の為にかく申し述べて置く。

（昭和二十年九月一日午前、双宜荘にて）

一〇　敗戦の原因　㈠

今更《いまさら》敗戦の理由なぞということを詮議《せんぎ》しても、死児の齢を数うると同様で、一寸考うれば、無益のようだ。しかし若《も》し日本国民が往生《おうじよう》寂滅《じやくめつ》せず、短かき時間であるか、長き時間であるか、後には敢て大東亜征戦頃といわざる迄《まで》も、せめて明治中期頃の日本に立ち還り、若《も》しくは立ち還らんとする希望が、全く消滅せざるに於《おい》ては、この詮議ほど大切なるものはない。殊《こと》に不肖《ふしよう》予の如きは、この戦争の楽屋に在ったとはいわぬが、同時にまた聾桟敷の看客でもなかった。されば予が所謂《いわゆ》る敗戦の原因につき見聞し、観察し、感想し、研究し、且《か》つ推測したる所を、忌憚《きたん》なく語り置くことは、啻《ただ》に満腔《まんこう》の鬱憤《うつぷん》を、この際吐き散らすというばかりでなく、また後昆《こうこん》に向って、大なる遺物を残す所以《ゆえん》であろうと信ずる。「大なる」というは、予自からの期待したる所であって、その実は、それ程役に立たぬかも知れない。しかしこれを役に立つるも、将《ま》た立たせないも、我等の子孫たるものの、精神気魄の如何に因《よ》る。言い換うれば、彼等が日本精神さえ堅持《けんじ》して、失うなきに於《おい》ては、必ず大なる遺物として、彼等は受け取ってくれるであろうと信ずる。

近頃最も予の耳に響きたる戦敗の原因論としては、第一、東久邇《ひがしくに》首相宮が、戦敗の責は日本総国民が負うべきものである。よって今日は総国民一大反省し、一大懺悔《ざんげ》し、生れ変らねばならぬという御意見である。次には、陸軍中将石原莞爾《いしはらかんじ》氏が、敗戦は畢竟《ひっきょう》日本総体の道徳が低下したる結果である。よって今日は禊《みそ》ぎし、一切の旧染を洗い浄《きよ》めて、新規蒔《ま》き直しをやらねばならぬと、言うた事である。首相の宮としては、今日の御立場として、かく申さるる外はなく、また政策的にも、かく申さるることが、極めて賢明であるかも知れぬ。また石原将軍は、聞く所によれば、満洲事変の唯一の張本人ではないけれども、当時最もその事変の作者の一人というべく、唯一とはいわぬが、主なる張本人の一たることは、間違いあるまい。それが、自然といわんか、必然といわんか、その勢の推移するところ、今日に至ったことは、皆な人の認むるところ。但《た》だ石原将軍は、支那事変の頃から、軍そのものと意見を異にし、当初は冷淡な協力者であり、中頃は傍観者となり、やがては痛烈なる批判者となった人であると聞く。その人がかかる意見を吐くのも、不思議ではあるまいが、予としては聊《いささ》かそのまま受け取りにくきものがあると思う。

　要するに両説共に、負けたのが悪いでなくして、悪いから負けたという点は、一致している。しかもその悪いのは、軍官民総てが悪いので、殆《ほとん》ど誰れ彼れの差別はないという点が、一致している。かくいえばいわれないこともあるまい。しかしそれは、いわば一種の観念説であって、机上の空論たるに過ぎず。後世子孫にとっては、何等裨益《ひえき》する所はあるまいと思う。あるいは全く無いとはいわれまいが、それに幾《ち》かいと思う。語を換えていえば、失策をした時に、馬鹿とか鈍間《のろま》とか叱られたとて、何処が馬鹿であるか、何が鈍間であるかという事を、丁寧深切《ていねいしんせつ》に語り聞かせねば、何の役にも立たず、かえって反抗することになり、逆効果を来たす恐れがないとも限らぬ。今少しく病源に立入り、打診をし、何故にこの病気は発生したか、如何にすればこの病気を全快することが出来るか、というような方面について、考察もし、研究もし、将《ま》た説明もする必要があろうと思う。予は決して自分の責任は棚に上げて、他を攻撃する積りではない。自から原告となって訴えんとするものでもなければ、被告となって弁ぜんとする者でもない。克《あた》うべくんば公正なる審判官の位地に立って、何故に敗戦したるかについて、一通り意見を陳述して見たいと思う。しかしそれには、科学的に秩序整然と語らんとするものではない。むしろ断片的に、思い出し引き出し語る積りであるから、これを物にするも、物にしないのも、聴く人の気持ち如何にあるということを、ここに断わって置く。

(以下、省略)

(昭和二十年九月一日午後、双宜荘にて)

一一　敗戦の原因 (二)

昭和二十年九月二日、今日は愈々《いよいよ》米国戦艦ミズーリ号上にて、聯合軍と日本代表者との降伏調印の日である。これを前にして、重光外相は、懇々切々《こんこんせつせつ》日本国民が、敗戦国民である事実を自覚せんことを要望している。これは今度に限ったことでもなく、曩《さき》にも重光外相は、同様の言《げん》を為し、その為めに米国側では、流石《さすが》に重光外相だと、讃辞を呈している。だが、我等はこれを聴いて、異様に感ずる。第一は、日本国民の女子供の末までも、苟《いやし》くも心ある者は、降伏の事実を自覚せぬ者はない。これは日本国民に向って告ぐる必要ないのみならず、むしろその見当が間違っていると思う。世の中には何事も罪は国民に在りとして、総ての罪を、何も知らぬ、また何も知らせない国民に被《かぶ》せて、己れ一人涼《すず》しき顔をして居り、中には降伏を以て一種の勝利の如く心得、どうだ、乃公《だいこう》がいった通り、その通りになったではないかなどと、恰《あた》かも予言者顔をして威張り返っている者もある。彼等にとっては、日本の敗北は即ち自己の勝利であって、むしろ今日を以て祝日としているかも知れぬ。かかる者に向ってこそ重光外相の説法も無用ではあるまいと思う。且《かつ》また今日の降伏に日本を導き来たった者の中には、慥《たし》かに重光外相もその一人でないということは出来まい。外相は東條内閣、小磯内閣の外相であった。而《しか》してその以前に、大使として英国に在《あ》り、活躍している。若《も》し外交上に欠陥がありとしたならば、獅子の分け前は、むしろ何人よりも重光氏が負うべきではあるまいかと思う。それを自覚しているや否やは、我等の知る所ではないが、他所《よそ》事の如く、頻《しき》りに国民を相手に説法していることは、如何にも片腹痛き仕打ちである。しかし何は兎《と》もあれ、今日の屈辱日である事だけは、我等も重光外相とともに、これを認むるに吝《やぶさ》かでない。但《た》だかかる屈辱日を、我が三千年の歴史に、初めて印し来たったことを、我等は甚《はなは》だ情けなき事と思う。同時に我等は飽《あ》く迄《まで》もその責任者について、反省を促がしたいと思う。

　さて、愈々《いよいよ》敗戦の原因に立入りて吟味せんに、数《かぞ》え上ぐれば山ほどある。しかしその主となる一は、戦争に一貫したる意思の無きことである。言い換うれば、全く統帥力無きことである。これでは如何に奮闘勇戦しても、如何に特攻隊が出で来《きた》っても、勝つべき道理が無い。早き話が、この戦時中は、敵米に於《おい》ては、政務も軍機も、一切悉《ことごと》くこれをルーズベルトの手に集中していた。英国ではチャーチルの手に集中していた。ルーズベルトは途中で斃《たお》れたが、しかもその時は既に戦争の峠を越していた。チャーチルはポツダム会議まで居て、日本に対する降参勧告の文書には、親しく署名している。支那に於《おい》ては、重慶政府の一切万事悉く蔣介石の手に在り。ソ聯に於ては、一から十迄《まで》、十から百迄、悉くこれをスターリンの手に収め、今尚《な》お収めていることはいう迄もない。しかるに我国に於ては、一切軍国の機務は誰れの手に掌握したるか。申す迄もなく、明治二十七、八年戦役〔日清戦争〕に於《おい》ても、三十七、八年戦役〔日露戦争〕に於ても、全く明治天皇の親裁《しんさい》し給う所であった。勿論《もちろん》日清戦争に於ては、内外の政務は伊藤これに当り、軍機は山縣、大山、西郷を擁し、陸軍には川上あり、児玉あり。海軍には伊集院あり、山本権兵衛あり。日露戦争の時には、政務は桂これに当り、陸軍は児玉、寺内、海軍は山本、東郷など、各々その責任者があり、しかも首相桂は、宛《あた》かも幹事長の役目を勤めて、一切の取纏《とりまと》めをしていた。これを以て政治と軍機とも足並を揃えることが出来た。戦争と外交とも協調を保つことが出来た。陸海軍共に鳥の双翼、車の両輪たる働きをした。しかも当時の日本で、苟《いやし》くも智勇弁力の士は、その朝に在ると、野に在るとを問わず、何れもその力を効《いた》さざる者は無かった。これは明治三十七、八年役に於《おい》て、最も然《しか》りとする所で、かく言う予の如きは、眇《びょう》たる一新聞記者ではあったが、聊《いささ》かその消息を知っていると自から信じている。しかるに、我が大東亜戦争は、誰れが主宰したか。それは申す迄もなく、大元帥陛下であることは多言を俟《ま》たぬ。しかも恐れながら今上陛下の御親裁と、明治天皇の御親裁とは、名に於て一であるが、実に於ては全く別物である。明治天皇は、単《ひと》りその職域に在る者ばかりでなく、例えば野に在る、若《も》しくは政治の中枢以外に在る、松方、井上の如き者さえも、御諮詢《しじゅん》あらせられ、彼等をして、その最善の力を効《いた》さしめ給うた。而《しか》して細大洩《も》らさずというが、中にも大事に至っては、群議を尽して、悉《ことごと》くその行く可き所に行き、止まる可き所に止まらせ給うた。これは申す迄もなく、悉く皆な聖断に依《よ》った。固《もと》より日清日露の両役でも、人と人との関係、官と官との関係に於て、多少の軋轢《あつれき》、摩擦《まさつ》、扞格《かんかく》のあったことは、見遁《みのが》すことは出来ぬ。しかも大体に於ては、今申す通り、一切の献立が出来、一切の筋書が出来、その通りに行われていたのである。しかるに我が大東亜戦争は如何。固より天皇の統帥権を干犯《かんぱん》したる者もなければ、せんとする者もなかったであろう。また今上陛下の励精で在らせ給うことは、隠れなき事であり、軍務にも政務にも勤しみ給うことについては、我々はむしろ感激している次第である。しかし明治天皇の御親裁という意味に於ける御親裁は、遂に現代に於ては見出すことが出来なかった事は、誠に恐れ多き事ながら、遺憾千万である。

元来この大東亜戦争は、満洲事変に遡《さかのぼ》らなければならぬ。歴史的にいえば、尚《な》お遠く遡らねばならぬが、姑《しばら》く満洲事変を目標として置かんに、抑《そもそ》も満洲事変は如何にして出で来りたるか。支那側の方は姑く措いて、日本側に於ては、当時の政府は素《もと》より関知していなかった。当時の陸軍省、参謀本部はまた関知していなかった。然《しか》らば何人が関知したかといえば、我等よりもむしろ前に掲げた石原将軍の如き人が、極めて能《よ》くその事情を知っているであろうと思う。本庄〔繁《しげる》〕大将の如きは、その功によって男爵となり、固よりそれは相当であろうと信ずるが、しかし決して本庄大将は当時の関東軍の司令長官として、当初からこの事に関与した人ではなかったことは、いう迄《まで》もない。極めて露骨にいえば、この事変に関係したる人々は、将官といわんよりも、佐官級の若干士官であったと思う。彼等は事が出来れば、その勲功は上司に帰し、出来なければ、自から責任を執る積りであったと思う。しかるに一点の火は宛《あた》かも疾風《しっぷう》の枯葉を捲くが如く、大火事となり、ここに満洲事変として発展して来た。これからは人が勢を制するではなくして、勢が人を制し、次から次に発展して来たのである。いわば関東軍は局部局部の人によって動かされ、陸軍省は関東軍その他出先将校によって動かされ、内閣は陸軍省によって動かされ、かくの如くにして、首相も何事たるや知らず。陸軍大臣、参謀総長も、半分位は知っていても、他の半分は知らず。現地の主将も、三分の二は知っていても、他の一は知らず。つまり事件が人を支配して、人は唯だ事件の跡を追っかけて行くというに過ぎなかった。かくの如くにして、宛《あた》かも藪《やぶ》から飛び出した兎を追いまくり、何処迄《まで》も兎の跡を付けて追って行く内に、自からその身が何処に在るやも、判らなくなったような次第である。

（昭和二十年九月二日午前、双宜荘にて）

一二　敗戦の原因　(三)

話は少し前に遡るが、満洲事変は、竹藪《たけやぶ》から出た筍《たけのこ》ではなくして、縁の下から畳を持上げて、座敷の真ん中に飛び出したる筍のようなものだ。物事が筋道が通って、当り前に運べば、陸軍の数名の佐官級の将校が、これ程の大事を仕出かす筈《はず》はない。しかるに無理に無理を加え、圧迫に圧迫を重ねた結果、勢の激する所、ここに到ったのである。それは大正から昭和の初期に至る迄《まで》の日本の政治が、余りにも乱脈であった為めである。乱脈ばかりでなく、同時に余りにも無能であった為めである。大正の初期から昭和の初期まで二十余年間、政党内閣と官僚内閣の、盥廻《たらいまわ》しといわんよりも、チャンポン内閣であって、殊《こと》にその間政党横暴の時代であり、これを矯《た》むる為めに、また官僚横暴の時代を来《きた》し、国家の経綸などは、全く棚の上にあげて、唯《た》だ党利党益をこれ事とした。政党ばかりが党であるばかりでなく、官僚もまた一種の党である。その為めに、あるいはそれに対する一大抗議として、満洲事変は出で来たったということも出来よう。今更その職域に在らざる者が、上司を凌《しの》いで、勝手の振舞をしたとて、それを咎《とが》め立てする訳にも行くまい。しかしその以来軍が政治を引摺《ひきず》り、また軍のある部分の人達が、軍を引摺り、政権は在る可き所に在らずして、在る可からざる所に在ったような傾向であって、誰れ一人それを怪しむ者は無かった。ところが、その惰力が転々して、大東亜戦争となり、爰《ここ》で聖詔渙発《せいしょうかんぱつ》して、明治の御代に還元すべき筈であったが、不幸にして、それが行われず、遂にかかる驚天動地の大事件、振古未曾有《みぞう》の大難題を、殆《ほとん》ど充分の仕度もなく、準備もなく、用意もなく、引き負うてしまったのである。軽率といえば軽率であるが、実をいえば、この戦争は日本が始めたのでなく、全く米英、殊《こと》にその七、八分迄《まで》は米国が主力となって、日本に喧嘩を仕掛けて来たのである。日本も売られた喧嘩、致し方はない。このまま泣き寝入りとなれば、立つ瀬は無い。そこで乾坤一擲《けんこんいってき》の場面に乗り出したのである。いわば乗り出さざるを得なかったのである。満洲事変以来、概ね仕事は出先きの者共が勝手に行い、中央では受け身となって、後《あ》とからそれを承認し、自分達の無為無能無力を飾る為めに、それをそのまま承認していたのである。中央政府がその通りであれば、恐れながら主上《しゅじょう》に於《お》かせられても、またその中央政府の承認したる所を、承認する外はなかったのである。いわば満洲事変から大東亜戦争まで、下剋上で持ち切ったのである。従《よっ》てその仕事が成功すれば、仕事に直接関係の無い人までが、初めから関係したような顔をして、その恩典に与かり、若《も》しくは恩典を我が物とし、万一それが間違えば、誰れ一人その責を負う者はないという事になる。それでその結果は、賞有って罰無き、即ち濫賞無罰《らんしょうむばつ》という政治が行わるるようになって来たが、それも亦《ま》た大袈裟に、大東亜戦争まで持込んで来たのである。

仮りに明治天皇の御代であったとしたならば、満洲事変の如きは、断じて起らず。また起る必要もなかったであろう。明治天皇の時代でも、内閣首班者として、相当の「へま」をやった者もいる。取返しの付かぬ失策を仕出かした者もある。しかし下剋上の政治は、何処を見ても行われなかった。いま一例を挙ぐれば、台湾総督児玉伯は、後藤民政長官と計って、厦門《アモイ》を占領すべく、既にその準備に着手した。しかるにそれは越権の処置であるということで、既に船に乗込ませた兵を、また引戻して中止せしめた。そこで児玉伯は納まらず、辞職の上位記爵位《いきしゃくい》を返上し、一平民となるべく決心した。ところが主上より、米田侍従を勅使として、有難き御沙汰を齎《もた》らして、台湾まで御差遣になり、そこで剛情の児玉伯も、恩命の渥《あつ》きに感激して、思い止《とど》まった。陸軍の児玉、台湾の児玉といえば、飛ぶ鳥落とす有力者である。しかるに中央政府の手は、かくの如く厳しく彼れの運動を制し、同時にまた彼をしてその面目を失わざらしむる様の手配を主上は執らせ給うた。これが所謂恩威《おんい》並び到るという事であろう。かかる事は、残念ながら、明治の御代にのみ見る事であって、以後の御代には、それに比較すべきものさえも見られない。

若《も》し大東亜征戦の当初に於《おい》て、当局者にその人あったならば、これ迄《まで》の変則を一切建て直して、正々堂々たる陣容を構う可きであった。苟《いやし》くも従来の変則政治を建て直すには、唯《た》だこの時をしかりとした。しかるに当局者の誰れ彼れ、重臣元老の誰れ彼れ、何人もそれに気づく者は無く、ずるずるべったり、従来の慣行のまま流れ込んで行った。これが全く戦争に、中心点を失うたというよりも、中心が当初から無かった所以である。いわば喧嘩仕掛けられたから、余儀なく喧嘩となったという如く、総べてこの方が当初から受け身であったのである。但《た》だ当時は真珠湾の襲撃、マライ沖の奇勲、香港陥落、マニラ占領、シンガポール攻略など、矢継早やに功を奏した為めに、誰れ一人根本的に、如何に薄弱であったかという事に、気付かなかったのである。ところが陸軍も海軍も、最初の一撃だけは、多年錬りに錬って来た、所謂《いわゆ》る十年一剣を磨し来《きた》ったものであるから、巧《う》まく図に当ったが、蓄えたる智慧はそれ限《き》りであって、それから先は智慧も分別も出ず、何も彼も種切れとなったのである。その種切れとなったのに、我が国民は気付かず、また気付かざるように仕向けて、緒戦同様、百戦百勝であると、大早計に思い込み、また思い込ませられて、やがて目が醒めた時には、最早や取返しのつかぬ場合となって来た。

所謂る陣容を建て直すには、至《し》尊躬《そんみずか》ら軍国の万機《ばんき》を、明治天皇同様御親裁《しんさい》遊ばさるることが、第一義である。しかるに開戦の当時、何人もそれに気が付く者も無く、当局者さえも、この際こそ明治の古《いにし》えに還元す可きである好機会を逸し去って、例によって例の如く、別段御前会議を奏請するでもなければ、大本営会議に御親臨を仰ぐでもなく、殆《ほとん》ど従前通りの仕組を、事実に於《お》ては、そのままやって行いたのみで、ただ異なる所は、人と物とが膨大になって来たという過ぎなかった。その膨大になって来た事は、却《かえっ》て仕事の上には、従前に比して、大なる摩擦、衝突、扞格《かんかく》を誘起し、韓信《かんしん》の所謂る多々益々弁ずるではなくして、多々益々混乱状態に陥り、一切の秩序、整調、諧和、統一、所謂る総力の発揮を妨ぐることとなって来たのは、洵《まこと》に遺憾の次第である。場面が狭く、仕事が単純であれば、変則でも無則でも、やって行けないこともないが、大仕掛けの仕事では、中央の統制力が強大であり、その力が末梢神経まで行き渡り、一切万事一の大なる意思の下に活動せしむるに非ざるよりは、到底その功を奏することは出来ない。しかるに今迄述べた通り、我国では、時としては手が頭の代りを為し、時としては足が頭の代りを為し、その主動の力は、常に局部に偏在して、これを総括的に統帥する力が、皆無といわざる迄《まで》も、極めて薄弱であったことは、実に今日の敗北を招来したるに於て、決して不思議ではないと思う。

（昭和二十年九月二日午後、双宜荘にて）

一三　敗戦の原因　㈣

極めて端的に申上ぐれば、今上陛下は、戦争の上に超然として在《い》ました事が、明治天皇の御実践遊ばされた御先例と、異なりたる道を、御執り遊ばされたる事が、この戦争の中心点を欠いた主なる原因であったと拝察する。これについては輔弼《ほひつ》の臣僚たる者共が、最も重大なる責任があることと信じている。恐れながら、予は客観的に、歴史家として、今上陛下について一言を試みて見たいと思う。決して尊厳を冒瀆《ぼうとく》し奉る訳ではない。従来の歴史家が為したる通り、即ち勤皇の歴史家水戸光圀や、頼襄《のぼる》〔山陽〕などが、当然使用したる同様の史筆を以て、ここにこの事を開陳する。

およそ個人としても、今上天皇ほど立派なる紳士は、臣下の中には見出すことは出来ぬ。

喫煙し給わず、飲酒し給わず、殊《こと》に異性に対しては、極めて純潔、しかも衣食にも別段御嗜みなきのみならず、御食膳などは、半搗《はんつ》きとか、七分搗きとかということを承わる程で、全くピュリタン的の御生活である。ピュリタンさえも、とても及ばぬ程である。この一点から申上ぐれば、聖人と申上げても、過言ではあるまい。また御自身に田植を遊ばすとか、あるいは貝殻の御研究とか、粘菌《ねんきん》の御研究とか、博物的の御趣味もあり、その辺の御造詣も少なくないと承っている。また賢に任じて疑わずと申すか、当局者以外であれば、何人の献言も御採り上げなく、総て当局者に御一任遊ばされている事などは、当局者としては、誰れしも感激していたことであろうと信ずる。しかしながら、翻《ひるがえっ》て考うるに、殊《こと》に日本の天皇としての、天皇学については、御幼少の時より、誰しも御教育進《まい》らせたる者が無かったと覚えて、この点については、御曾祖父の孝明天皇や、殊に御祖父の明治天皇とは、頗《すこぶ》る趣を異にしていらせらるる様に拝察するは、我等の洵《まこと》に痛嘆に勝《た》えざる所である。御輔導係として、東郷元帥や、または近代の近江聖人と呼ばれたる杉浦重剛《すぎうらじゅうごう》先生などが、何事を御輔導進らせたかということを考えて、甚《はなは》だ遺憾に堪《た》えないものがある。明治天皇は、天資《てんし》御英邁《えいまい》であらせられたが、天皇としての所謂る皇徳を玉成し進らするには、三條、岩倉、西郷、木戸、大久保などは勿論、延《ひ》いて伊藤、山縣の人々の外に、特に元田永孚《もとだながざね》先生が、畢生《ひっせい》の汗血《かんけつ》を絞って、御輔導申上げたることは、予の著述したる『元田先生進講録』を見ても、その一斑《いっぱん》を察することが出来る。かくの如くにして、初めて明治天皇は、前にも後にも、殆《ほとん》どその例を見ざる、維新中興の大業を大成し給うたる天皇として、その皇徳を発揮し給うたのである。しかるにこの点に於《おい》ては、今上天皇には、固《もと》より元田も居なければ、上記の諸臣も無い。折角《せっかく》皇太子として御洋行遊ばされても、単に英国流の紳士としての磨きをかけさせ給うたに過ぎない。英人リデル卿が回顧録を読めば、日本の皇太子に陪して、ある塔に上った所、その下が墓地であった。その時皇太子は予に向って、グレー云々の御話をせられたから、多分外務大臣グレー〔エドワード・グレイ　Edward Grey〕の事であろうと考えていたところ、豈《あに》料《はか》らんや、それは田舎寺の墓地を詠じたる詩人グレー〔トーマス・グレイ　Thomas Gray, "An Elegy Written in a Country Church－yard"〕の事であったと、不思議そうに書いているのを見たことがある。されば陛下の御智識は、詩人グレーの墓地の詩に迄及んでいるが、しかし英国の政治の真髄、即ちヴィクトリア女皇もしくはエドワード七世などが、君主は垂拱《すいきょう》して政治に関与せずという法語あるに拘《かかわ》らず、どしどし自己の所信を首相に訓諭し、殆《ほとん》ど首相をして悩殺し、忙殺し、困殺せしむるに至ったような事には、御見聞が及ばず、また輔導の面々も、かかる事については、何も申上げなかったと思う。

陛下の御学問の筋は、如何なる方向であったかは知らぬが、清水澄博士などが、行政法の講義を申上げたということを聞いているから、それは恰《あた》かも明治天皇に、加藤弘之《かとうひろゆき》博士がブルンチュリーの「国法汎論」を御講義申上げたと同様の訳であって、それが直ちに天皇学というようなものではあるまいと思っている。ある時熊本県同人の会に、当時の内務大臣安達《あだち》謙蔵《けんぞう》氏が臨席し、最近静岡の行幸に陪した際、主上が伊豆天城の某所で、粘菌《ねんきん》を御採訪あり、親しく木に御攀《はん》じ遊ばされて、これを御採集遊ばされたなどと、恰《あた》かもそれを御聖徳として、我等に吹聴していたから、予はその談話の済むや否や、直ちに起《た》って、只今安達君の御話を承れば、誠に感銘に堪えぬ至りであるが、但《た》だ予自身としては、内務大臣たる安達君は、主上が親しく人民の疾苦《しっく》を知ろし召され、地方の民情を御採訪遊ばさるる事についての、話を承らんと期待したるに、粘菌御採訪の話では、全く驚き入るの外はない。内務大臣として御啓沃《けいよく》申上ぐる事は、別に重大なるものがあるべき筈《はず》だ、といったところ、座中の文学博士宇野哲人《うのてつと》氏が、一人手を叩いて、予の意見に賛成した。これは単に安達氏に限った事ではない。海軍などでも、主上の御研究の資料として、航海毎に珍らしき貝藻などを梱載し来《きた》ることが、殆《ほとん》ど常例であるという事も聞いていた。主上が博物学を御研究遊ばさるる事も、フレデリッキ大王が、詩を作るやら、笛を吹くやらの事を嗜《たしな》んだと同様、何等我等が彼是れ申す可きではない。むしろ御道楽としては、極めて健全、極めて高尚、かつあるいは若干有益であるかも知れない。しかし天皇としての御研究、御学問、御嗜好は、決してこれらのものに限ったものではなく、またこれらのものではない。必ず他に存するものがあるべきだ。しかるに何人もこの方面について、啓沃し奉る者もなく、輔導し奉るものもなく、恐れながら只《た》だ一個の善良なる紳士的の教養のみを以て、足れりとしたことは、当初の御輔導係は勿論、輔弼《ほひつ》の臣僚大官の罪は、万死に当るといっても、決して過当ではあるまいと思う。

主上の御教養の結果は、日本的ではなく、むしろ外国的であり、恐らくは最も英国的であり、殊《こと》に英国政体上の智識を、皮相的に注入申上げ、立憲君主とは、全く実際の政治には頓《とん》着《じゃく》なく、高処の見物をし、当局者に御一任遊ばされ、当局者の申請する所によって、これを裁可遊ばされる事が、天皇の御本務であるというように、思し召されたものであろう。これらの御教育が、最も御聡明なる御天稟《てんぴん》をして、全く明治天皇とは対蹠的の御人格を陶冶《とうや》し参らすることに至ったものと思う。これは決して至尊に対して、彼是れ申上ぐる訳ではない。只《た》だ御輔導の人々、輔弼の臣僚に向って、我等が満腔《まんこう》の不満を、ここに言明して置く次第である。

（昭和二十年九月三日午前、双宜荘にて）

一四　敗戦の原因 ㈤

本日（九月三日）棚の上の古い箱を引出して見たところ、十九年の七月頃、当所―双宜荘―に滞在したる頃の若干の書類がはいっていた。いま試みにその中の一、二をここに掲げて置く。

自分と東條前首相との関係については、別に語る所があるが、昨年七月一日、家族は熱海の晩晴草堂より沼津を廻って、御殿場で予を待ち受けしめ、予は塩崎秘書を伴い東京に赴き、東條首相に面会し、それより御殿場にて家族と落合い、当所へ来る事とした。予が殊更《ことさら》に足を枉《ま》げて、東京に赴いたのは、当時の戦局が甚だ面白くなく、しかも人心が如何にもそれに対応する程の元気が無く、是《これ》ではとてもいかぬと心配して、東條首相の一大果断を促がす為めであった。予《かね》て打合せて置いたから、東條首相も首相官邸の日本間に待ち合せ、そこで面会した。その時に例のサイパン問題も持ち出したが、またその他宮中方面の覚醒についても進言した。殊《こと》にその際、この状勢を一新するには、大号令の渙発《かんぱつ》より外はないと考え、甚《はなは》だ僭越《せんえつ》ではあるが、自から起草して、その案文を首相に手交した。ところがその草稿を偶然にもいま見出した。よってこれをここに掲げて置く。

案文

朕惟《ちんおも》フニ米英二国ノ帝国ニ対スル暴戻《ぼうれい》非道ノ圧迫ハ遂ニ朕ヲシテ已ムヲ得ス二国ニ向テ戦ヲ宣スルニ至ラシメタリ。爾来《じらい》二季有半朕カ陸海将兵ノ精忠勇烈ト汝等有衆ノ勤倹自粛殉《じゅん》公捨私《こうしゃし》ノ忠貞ニ頼リ業ニ既ニ曠古《こうこ》無比ノ効果ヲ挙ケタリ。然モ敵国ノ頑冥《がんめい》執拗ナル凶謀《きょうぼう》逆企《ぎゃくと》底止スル所ヲ知ラス更ニ物量ノ富庶《ふしょ》ヲ恃《たのみ》トシテ敢テ我ニ向テ反撃ノ抗戦ヲ逞《たくまし》フシ其勢猖獗《しょうけつ》戦機方《ま》サニ熾烈ヲ極ム朕ハ我カ金甌無欠《きんおうむけつ》ノ帝国カ煌々赫々《こうこうかくかく》タル祖宗ノ遺烈ヲ更張シ遠猷《えんゆう》ヲ恢宏《かいこう》ニシ必ラス宣戦ノ目的ヲ完遂スルノ期実《じつ》ニ今日ニ在ルコトヲ確認ス。朕カ陸海軍ノ将兵朕カ百僚有司朕カ有衆須《すべか》ラク此ノ非常ノ時局ヲ看取シ渾然《こんぜん》一体トナリ一致協戮踴躍奨順以テ最善ノ報効ヲ励マンコトヲ希《ねが》フ。

若夫《もしそ》レ軍国ノ機務《きむ》ニ就《つい》テハ朕親《みずか》ラ之《これ》ヲ裁シ当局ノ臣僚《しんりょう》ヲ督シテ対応ノ道ヲ罄《つき》サシム可《べ》シ朕ハ汝等億兆《おくちょう》ノ忠勇ニ深ク倚信《いしん》シ爰《ここ》ニ其ノ適従ノ道ヲ暁諭《ぎょうゆ》ス。

しかるに是は全く闇から闇に葬られて、遂にそのままとなって来た。

尚《な》おまたここに六月二十五日附の『軍官民各位に告ぐ』と題する、予が自筆の草稿があった。これは毎日新聞で活字となし、それが検閲の末、遂に全部闇から闇に葬むられたものである。手許に原稿と校正刷とがある。今ここにその校正刷を掲げて置く。

いまこれを一読して見れば、如何にも戦々兢々《せんせんきょうきょう》として、薄氷を履《ふ》むが如き気持ちで書いていることが判かる。それにも拘《かかわ》らず、この全文が発行を見るに至らなかった事を見れば、

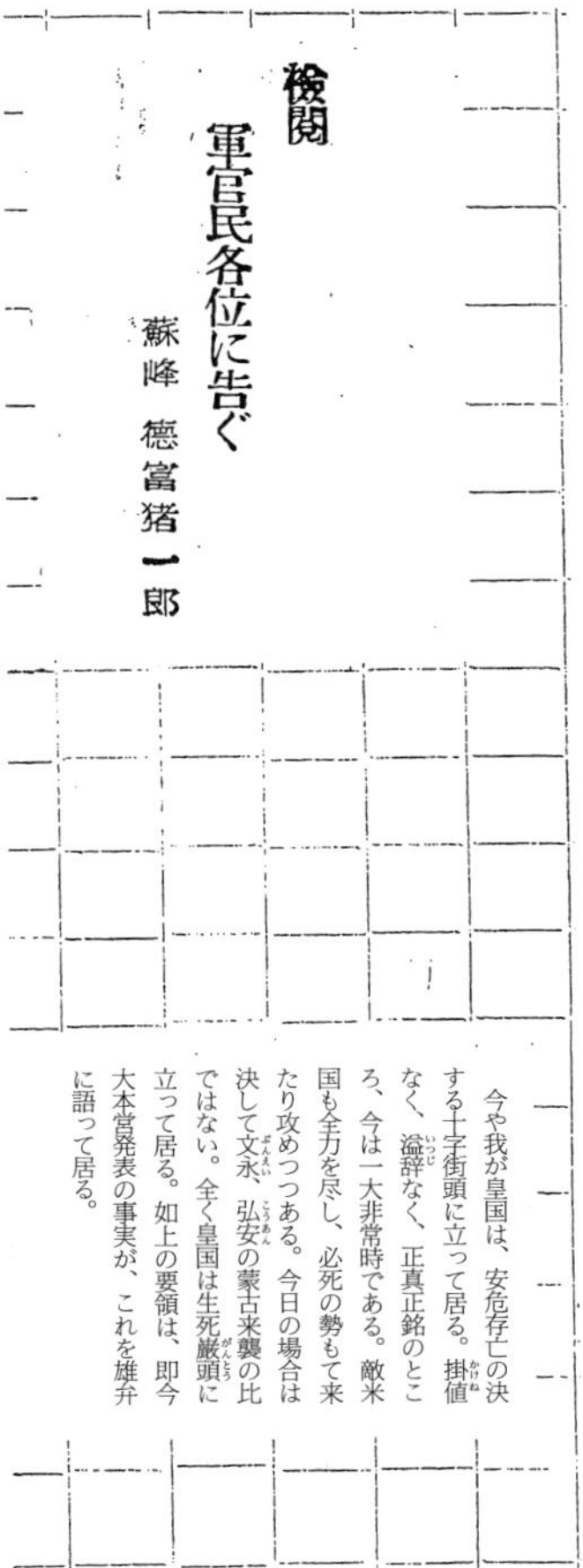
検閲

軍官民各位に告ぐ

蘇峰　徳富猪一郎

今や我が皇国は、安危存亡の決する十字街頭に立って居る。掛値《かけね》なく、溢辞《いつじ》なく、正真正銘のところ、今は一大非常時である。敵米国も全力を尽し、必死の勢もて来たり攻めつつある。今日の場合は決して文永《ぶんえい》、弘安《こうあん》の蒙古来襲の比ではない。全く皇国は生死巌頭《がんとう》に立って居る。如上の要領は、即今大本営発表の事実が、これを雄弁に語って居る。

我が軍官民の三者は、その職域において、各個の立場にあるも、均しく皇国の臣民にして、至尊《しそん》の赤子《せきし》である。今日において我等軍官民が一致戮協《りくきょう》、蹶起《けっき》して、この危急の情勢に善処し
　大元帥陛下の叡慮《えいりょ》を遵行《じゅんこう》し、宸《しん》襟《きん》を安んじ奉り、皇国を富岳《ふがく》の安きに措《お》かずんば、また何の日を期すべきぞ。我等が総蹶起を絶叫するは、決して月並的極り文句を列《なら》ぶるではない。真に衷心よりかく信ずるからだ。

　本文の記者は申す迄《まで》もなく八十二齢の老書生である。進んで第一線に立つべき体力もなければ、内に在りて帷幕《いばく》の謀に参ずる智略《ちりゃく》もない。ただ新聞記者として奉公の他に余念なき老骨である。さればかかる場合に直言して、その所信を天下に訴えざれば、死して余罪あり。故に仮令《たとい》この身は如何なる言禍《げんか》をかうも、敢《あえ》て一言する。たださいわいに言者罪なく聴者戒むるに足るあれば無上の仕合である。

　今日は決して責任を互いに他に推諉《すいい》すべき場合ではない。軍官民皆各々自省、自反、自責、自戒、以てこの危急に最善の努力をいたすべきだ。今は国家が一躍して、旧態を超脱《ちょうだつ》すべき最好の潮合だ。今日軍人に向って一言するは、あたかも虎鬚《とらひげ》をなずるが如きもの。しかも我等は言論人として、敢て陸海軍の諸子に向って所見を開陳《かいちん》するは不可避の義務と信ずる。

　ねがわくは小我を去れ。ねがわくは大我に進め。ねがわくは陸軍に囚われず、海軍に囚われず、ただ　大元帥陛下の醜《しこ》の御楯《みたて》としての本然の姿に立返れよ。

　我等は平生彼等の忠勇に対して満腔《まんこう》の讃嘆《さんたん》をおしまざるもの。しかも陸海両軍の協調に至りては、決して最善の域に達したということは出来ない。何すれぞ今一膜を剝《は》ぎ、今一皮を削り、真に雄渾《ゆうこん》なる大戦略の下に、相戮協するの道を開かざるや。我等は決してかかる言を好んでいうものではない。

ただに言論人として已《や》むを得ざればなりだ。我等は決して軍人に対して彼是れ文句をいうものではない。軍人を愛し、かつ皇国を愛するが故にかくいうのである。

我等は官僚に向って、また軍人同様の言を呈《てい》するを憚《はばか》らない。東條首相をはじめとして大僚《たいりょう》、高官、一切の官公吏《かんこうり》の諸君、何れも皆自ら遺憾《いかん》無きにちかき働きをなしつつあるであろう。しかし国民一般の見る所では、彼等が未だ全く時局に目が醒《さ》めていないのではないかと虞《おそ》るるもの少なくない。彼等は依然《いぜん》縄張り争いをしている。依然割拠《かっきょ》主義を固執《こしつ》している。依然自己の面目、利益、もしくは位置を擁護することに専《もっぱ》らにして、自己本位の桎梏《しっこく》を脱却することは出来ていない。もとより多くの除外例もある。されど除外せられざる例は更により多くある。

特に我が首相その人の如きは、王臣蹇々《けんけん》の節をいたすの点においては衆目の見る所、十指の指さす所、もとより間然なきにちかし。されど真心休々焉として、容るる所あるが如き雅量《がりょう》、宏懐《こうかい》、軍国の賢宰相として衆智《しゅうち》を集め、群材を聚め、天下の人心をして勇躍奮進《ゆうやくふんしん》せしむるの道においては、尚お一段の功夫を要するものなきか。我等は敢て備らんことを賢者に責《もと》むるを以て咎《とが》を被る所なかるべきか。

軍人諸子からも、官僚諸子からも、我が国民は耳にたこの出来るほど説法を聴いている。今更それに添え加うる文句もない。けれども正直のところ我が国民一般も、そのある者を除けば、なお濛々憒《もうもうかい》憒《かい》たるもの決して鮮《すくな》くない。米国の一新聞は、米国民が時局に目醒めざるを見て、せめて日本の飛行機が「シカゴ」の街上に顕れ、爆弾を投下してくれたらばと述懐しているが、これは決して他人の事ではない。我等自身も更に銘々の職域において、また自他の協戮において、誓って至尊《しそん》の聖意に対揚し奉らんことを努めねばならぬ。

要するに我等は決して難きを他に責《もと》むるではない。何よりも自ら責むることが先務である。しかし今日において苦情は概ね弱者に向かって雨下し、強者の方面は、何れも回避している。我等も出来うる限りは回避した。されど今日なお回避せんか、我等言論人は、全くその職責を放擲するの責めに任ぜねばならぬ。これを以て我等は敢えて自ら進んでこの苦言をまず軍、官、民の三者に呈し、特に今日の最強者たる軍人を首としたる所以である。

諛言《ゆげん》は毒也、苦言は薬也。もし我が軍官の諸子が、我等の苦言を薬石としてこれを採納せば、皇国の大幸これに過ぎず。乃ち敵米英を撃滅するにおいて何かあらん。我等は決して敵を恐れず、恐るるはただ味方の足並の揃わぬ一事のみだ。軍官民を挙げて、一億の同胞よ。ねがわくは焦眉の危急に目醒めよ。(昭和十九年六月二十六日)

軍官二止

当時の東條内閣の神経が、如何に過敏であり、如何に中正を失うていたかが判かる。世間では、予を必ずしも東條内閣の御用記者とはいわなかったが、予と東條首相との間には、親密なる関係があることを知っていた。如何なる角度から見ても、東條内閣では、予を倒閣運動者とか、反対者とか見る可き理由は無い。しかるにこの位生温《ぬ》るき文章を、掲ぐることを許さなかった事を見れば、東條内閣の末路の近かったことが判る。それやこれやで、遂に七月一日予自から東條首相に会見して、単刀直入、予の意見を開陳した訳である。

話変ってサイパン島が七月の七日に陥落し、東條内閣が七月の十八日に陥落した。実はその以前に、余りに様子が変であるから、予は塩崎秘書を東京に赴かしめ、東條首相及び赤松秘書官について、その事情を探らしめたが、最後のカンフル注射も、効果を奏せず。宮廷と重臣のある者等との為めに、東條内閣は毒殺せられた。しかしこれは内閣そのものからいっても、自業自得であろう。さてその次に小磯内閣が出で来《きた》った。この内閣が出で来った事情については、今ここに語ることを省くが、予は小磯氏とも相当の関係を持っていた。よって小磯内閣が未だ出来上らない前、十九年七月二十日、特に毎日社員高木徳氏を専价《せんかい》として、左の意見書を送った。高木氏は小磯総督の依頼によって、予は曾《かつ》て京城日報の副社長として送った縁故があるからである。その原稿もいまここに在る。今これを掲ぐることとする。

小磯大将ニ与フルノ書

控　（昭和十九年七月二十日）

謹按今日ノ要ハ宮中府中ヲ戦時体制トナシ神武天皇明治天皇ノ偉躅聖跡《いたくせいせき》ニ卒由シ天皇親征天皇親政ノ実ヲ挙クルヨリ急ナルハナシ。希《ねがわ》クハ日本書紀神武紀ヲ乙夜ノ御覧ニ奉供セラレンコトヲ。

一　飽迄《あくまで》主戦一貫タルヘキ事

一　日独ノ提携ヲ緊密ニスヘキ事

一　海軍ニ活力ヲ輸血スル為メ末次大将ヲ起用スル事

一　宣伝省ヲ新設シ主戦ノ政策ニ一段ノ強味ヲ加フヘキ事

　今日ノ三大機関情報局、放送協会、新聞紙皆半死半生ノ情態ニ在リ。

一　新ニ軍需品製造ニ関スル監査督励機関ヲ設クルコト

　今日依然商売損得主義ヲ以テ軍需品ヲ製造シツヽアリ、コレデハ到底刻下ノ急ニ応セラル可キ理由ナシ

一　官吏ハ依然旧態ヲ株守ス而シテ単ニ人民ノミヲ厳責ス是レ全国ノ一致ヲ欠キ国内ノ不統一ヲ来タス所以ナリ是レ一大刷新ヲ要スル所以ナリ

一　軍官横暴国民ノ怨嗟《えんさ》ヲ培養シ小籌《しょうちゅう》巧策イヨイヨ之ヲ助長シ遂ニ厭戦思想ヲ蔓延普及セシムルニ到ル。其ノ憂《うれい》ハ共産党ノ地下潜行運動ヨリモ甚タシ。徒ニ苛法酷律《かほうこくりつ》ヲ以テ国民ヲ御スルハ最モ憂慮スヘキ事ナリ天時《てんのとき》ハ地利《ちのり》ニ若《し》カス地利ハ人和《ひとのわ》ニ若カス今日欠乏スルハ食料ヨリモ武器ヨリモ人和ニ在リ。人和ヲ失フテ政府ノ孤立ニアリ。

以上

昭和十九年七月念

自分は決して古証文を担ぎ出して、彼是れいう訳ではない。しかし是等の断簡零墨《だんかんれいぼく》を見ても、自分が大東亜戦争に対する態度は、始終一貫していることが分明である。何れにしても、至尊親《しそんみず》から、近くは明治天皇、遠くは神武天皇の如く、統帥の実を表現し給うにあらざるよりは、到底必勝の功を奏することは難いと考えたのである。以上も亦《ま》た予が前に言明したる如く、敗戦の最大原因は何処《いずこ》に在りやということを証明する証拠物件とするに足るものがあろう。

（昭和二十年九月三日午後、双宜荘にて）

一五　敗戦の原因　㈥

甚《はなは》だ恐れ多き言葉ではあるが、主上には殆《ほとん》ど人間として、一点の非難を申上ぐ可き所なき、完全無欠の御人格と申しても差支《さしつかえ》ないが、但《た》だ万世を知ろしめす天皇としての御修養については、頗《すこぶ》る貧弱であらせられたることは、全く輔導《ほどう》者の罪であり、また御成長の上は、輔弼《ほひつ》者の罪でありと申さねばならぬ。不肖《ふしょう》予の如きは、僭越にも、自ら身を挺《てい》して、若《も》し輔弼の臣たる能わずんば、せめては諫争《かんそう》の臣たらんことを期して、その為めには、一命を賭するも、敢《あえ》て吝《おし》む所でないと覚悟したるも、遂にその志は空しくなって、今日を見るに至ったことは、寔《まこと》に痛哭《つうこく》の極みである。元来予は古事記とか、日本書紀とかを読んで、而《しか》して後皇室中心主義を提唱したものではない。むしろ予の史学は、現代より維新に遡《さかのぼ》り、維新より江戸幕府に遡り、延《ひ》いて豊臣、織田、戦国時代より、室町、南北朝、鎌倉、源平、藤原氏の平安朝より、大和時代に及び、而《しか》して後に古事記、日本書紀に及びたるものである。いわば観念的皇室中心主義ではなくして、歴史的事実より帰納して、遂に皇室中心主義に帰着したるものであって、当初より皇室中心主義なる根本主義を以て、一切を判断せんとしたるものとは、均しく皇室中心主義でも、大に趣を異にしている。従《よっ》て予は皇室中心主義を実行するには、君徳の御涵養《かんよう》という事が、最も大切でありと認め、従て屢々《しばしば》この事を機会ある毎《ごと》に開陳した。予の見る所によれば、皇室中心と君徳とは、決して離る可《べか》らざるもので、皇室中心の実は、君徳によって、初めてこれを行い、君徳の光被《こうひ》は、皇室中心主義によって、初めてこれを完全ならしむることを得ると信ずる。即ち二者は二にして一、一にして二、この二者によって初めて日本の国体が、体様兼ね全うすることが出来得ると信じていたのである。この事については、我等の先輩西郷、木戸、大久保、もしくは三條、岩倉の諸卿なども、必ず予と同一意見であったろうと信じている。ところが不幸にして現代の人々には、これが充分領会出来なかった。ある人々は、英国の制度を鵜呑《うのみ》にし、所謂《いわゆ》る議会中心主義であって、畢竟《ひっきょう》日本に皇統が連綿として存続したるは、徳川幕府や、室町鎌倉の幕府があり、また藤原氏の摂関政治があった為めであるといい、皇室を実際政治より敬遠し、これを雲上に祭り上げて置くことが、皇室を存続する所以であるというように考えていた。それで彼等は皇室中心そのものにさえも、口では別に反対もしないが、心では反対していたのであり、とても相手になる訳もなかった。また他の一部の人は、天皇は現津神《あきつかみ》で在《おわ》して、天皇の御命は即ち神の御命である。故に臣道はただ君意に奨順することであって、政治とは即ち祭り事である。我が国体の極意は、祭政一致であって、今更ら我々臣民が、君徳などという事を、問題にすべきものではない。それは現津神たる天皇の神聖を冒瀆し奉るものであるということであって、一方は敬遠主義で雲上に祭り上ぐるものであり、他方はまた天皇を単に現津神としてのみ奉戴《ほうたい》し、現在国家の万機《ばんき》を治攬《ちらん》し給う所の、君主であるという事を、忘却するかの如く、ただ天皇を雲の上に仰ぎ奉ることが、臣民の本職であると考えて居りその動機は双方対蹠的であったとしても、その結果は同一であって、我等の君徳論などは、一方は余計なおせっかいといえば、他方は僭越至極といい、遂に一顧だも与える者は無かったことは、今日に於《おい》て最も予の痛嘆する所である。予は何時頃より君徳ということを、現在の政治論として、陳述したかを記憶しないが、大正の劈頭《へきとう》に著わして、相当に当時の世上に影響を与えたと、一般より認められている『時務一家言』には、確かにその一章が掲げられている。また昭和の御代の劈頭《へきとう》には、『昭和一新論』を著わしたが、その中にも亦《ま》たこの問題に説着し、その為めにある人は、予を不敬罪として、告発した程であった。幸に当時の官憲は、これを取上げずして済んだが、慥《たし》かに世間のある部分では、かく認めたことが判かる。また予が『大正の青年と帝国の前途』なる著作中にも、皇室に関する事を、殊《こと》に孝明天皇に関する事を、相当掲げたが、当時寺内伯の如きは、予の意見については可否を言わざるも、むしろかかる問題には触れずもがなというような文句を洩らした。要するに君徳論は、伊藤、山縣迄《まで》が限度であって、その以後は誰も口にせず、また偶々《たまたま》口にしたる者があっても、これを黙殺することになっていた。しかも世運一転欧米崇拝者が影を潜め、所謂る日本主義者が我物顔に、世の中に振舞うようになった時代に於《お》いても、絶えて君徳を論ずる者はなく、主上は現津神で在《お》わすという事だけで、承詔必謹《しょうしょうひっきん》、臣道実践が通り文句となって来た。若《も》しこの状態を、維新の先輩若《も》しくは元田先生などを、地下より起こして見せしめたら、国家を誤まる者は、欧米崇拝者ばかりでなく、むしろ彼等ならんと、嘆息せしめたかも知れない。現に予が言論報国会長として、会員の賛同を得て、上奏文を奉呈するに際してさえも、会員中殊《こと》に日本主義者として銘打ちたる人々の中に、異議を唱うる者、若干あったということを聞いている。かかる状態であるから、我等は主上が、天皇学について、御修養の出来なかった事を、決して天皇に対し奉りて、彼是れ中上ぐる訳ではない。唯《た》だこれが延《ひ》いて敗戦の一大原因となり、遂に今日の不幸を見るに至りたる事実だけを、有りのままに述べて、天皇の輔導者であった、若《も》しくは輔弼《ほひつ》の臣僚であった人々に対しては、敢《あえ》てその責を問わんと欲する者である。返す返すも主上御自身は親《みず》から最善の努力を遊ばされた御積りであるということを、我等は信じ、これも亦《ま》たかく思わせ給うことも、余儀ない次第であると、観念している。

曾《かつ》て本年の春の末であったと思う。横尾惣三郎、皆川治廣、松永壽雄その他、時局について、小磯内閣に建白する所あり。予にその意見書を認《したた》めんことを求めたから、予はこれに応じたが、とても小磯内閣が相手にならぬから、横尾氏はむしろ上奏しては如何ということを申し来《きた》ったから、予は一議にも及ばず、これを賛成し、横尾氏に向って、『ただ如何に上奏しても、内大臣府で握り殺せば、それ迄《まで》であるから、先《ま》ず木戸内府に確かめて来給え、若《も》し内府がこれを取次ぐという事なら、予は即座に上奏文を認めて、君に渡すであろう』と答え、その後幾《いくばく》もなく、横尾氏は予を訪問し、木戸内府に面会したるところ『固《もと》より上奏文を握り殺すなぞということはない。但《ただ》し君等の小磯内閣に与えたる意見書は、既に予も見ているが、御上《おかみ》は木製飛行機について、頗《すこぶ》る興味を持たせ給うから、その方面の事を、成《な》るべく具体的に、詳しく書いたがよかろう』と言うたと、予に語った。そこで予は聞きも敢《あ》えず、『内府が取次ぐというは洵《まこと》に結構であるが、但し予が起草者たることは、御免を蒙《こうむ》る。今日の重大問題は、決して木製飛行機の事ではない。それも多くの箇条の中に加えてあったが、いわばそれは細条末節である。しかるに主上《しゅじょう》が、その事に御関心あるから、それを詳しく書けなどという事に至っては、沙汰の限りである。木製飛行機の製造方法などは、中島飛行機会社の技師にでも頼んで、書いて貰《もら》ってしかるべし。今日の場合御上の御関心あるべきは、如何にして敵に勝つかという事である。如何にすれば勝つことが出来るかという事である。また木戸内府の如き輔弼の臣たる人は、その点に向って聖明を裨補し奉らねばならぬ。しかるに御上の御趣意に迎合して、予がまたその手先となることは、洵《まこと》に以て当惑千万である。謹《つつしん》で御辞退する』といって、予は謝絶した。その後屢々《しばしば》予に起草を求めたが、予は頑として前言を執て譲らなかったから、他の人の手によって上奏文は提出せられたということを聞いている。一事が万事である。曾《かつ》て元朝の亡びんとする時に、他日明《みん》の佐命《さめい》の元勲となった劉基《りゅうき》は、左の如き詩を作った。

浪動江淮戦血紅
羽書応不達宸聡
紫薇門下逢宣使
新向湖州召画工

浪《なみ》は江淮《こうわい》を動《どよ》もして　戦血《せんけつ》紅《くれない》なり
羽書《うしょ》は応《まさ》に宸聡《しんそう》に達《たっ》せざるべし
紫薇門下《しびもんか》　宣使《せんし》に逢《あ》う
新《あらた》に湖州《こしゅう》に向《むか》って画工《がこう》を召《め》したまうと

注　○劉基　明の太祖に仕えた学者また文人。伝は『明史』巻一二八。この詩は『誠意伯文集』巻十七「有感」。○羽書　戦況報告。○宸聡　天子のお耳。○紫薇　天子の宮殿。○宣使　詔を伝達する使者。○湖州　浙江省呉興県《せっこうしょうごこうけん》。元の画家趙孟頫《ちょうもうふ》及びその甥王蒙《おうもう》の郷里。○画工　画家。

これとは同一ではないが、兎《と》も角《かく》も世の中は、非常時非常時と叫びつつ、君側はむしろ平常時であった事は判かる。

（昭和二十年九月四日午前、双宜荘にて）

一六　敗戦の原因　㈦

今上天皇に於《お》かせられては、むしろ御自身を戦争の外に超然として、戦争そのものは、その当局者に御一任遊ばされることが、立憲君主の本務であると、思し召されたのであろう。しかしこれが全く敗北を招く一大原因となったということについては、恐らくは今日に於《おい》てさえも、御気付きないことと思う。これについて我等は、決して主上に向って彼是れ申上ぐるではないが、かく主上を御導き申上げた人々に対しては、実に国家に対する一大謀叛であったという事を、断言するに憚《はばか》らない。恐れながら主上は英国流の教育を受けさせられ、しかもそれがマンチェスター派であり、マンチェスター派そのものは、実際左様ではないが、世間からは、peace at any price派と呼ばれたる通りの教育を、受け給うたかの如くに拝察せらるる。その為めに陛下は、宣戦の布告はし給うても、敵に対する闘志は極めて淡泊であらせられ、その結果は、所謂《いわゆる》宋襄《そうじょう》の仁《じん》というような事になったのではあるまいかと思う。これも親しく承わった事ではないが、今日重臣の一人となっている或人が、内閣組織の大命を拝するや、同時に親しく当人に向って、成《なる》べく他国と摩擦を生ぜぬ様にせよという勅諚《ちょくじょう》を賜わり、その結果として、日独交渉については、内閣で七十幾回とかの会議を経て、遂に不得要領に了《おわ》ったという事も聞いている。また予の友人に言論情報の局に在る者が、あれでは困るというような思し召が、その上司に伝えられ、遂に彼は退職の已《や》むなきに至ったという事も聞いている。しかるにその男も、何故にかかる思召を蒙《こうむ》らねばならぬように立到ったかといえば、彼は余りに職務に熱心の余り、その職務に忠実の余り、普通の月並役人ばなれのしたる言論をしたのである。即ち尊皇攘夷などという事を強調したのである。しかし戦時中に尊皇攘夷の論を唱うるという事は、我等に取っては、むしろ当然過ぎる程当然で、御叡《えい》感《かん》こそ蒙るべきに、それが為めに彼は失路の人となったという事は、洵《まこと》に意外千万である。

しかし以上の事は、事実であったか否かは知らない。何れにしても、左様な評判を承っている。要するに、こちらの主張を強く言い張るとか、敵に対して強く当るとかいう事は、主上は御好みなく、何事も穏当に事勿《ことなか》れがしで、敵に対してさえも、出来得る限り手柔かにやることを、希望せられたのではないかと思う。これらの点は、敵をも愛するという帝王の大徳とも申すべき訳にもなるが。それも時と場合で、自国が活きるか死ぬるかという場合に、かかる生緩《なまゆ》るき叡慮《えいりよ》では、将兵が如何に奮戦勇闘せんとするも、克《あた》わざるものである。されば陛下に向って、我等が屢々《しばしば》大号令を下し給い、鼓舞《こぶ》激励を与え給い、陛下御自身陣頭指揮の実を挙げさせ給うが、必勝の道であると、中上げても、容易に御聴き容れのあるべきようはなかったであろうが。我等はそこが即ち至尊《しそん》を諫争し、縦令《たとい》厳譴《げんけん》を蒙るとも、至尊の御天職を完うし給わんことに努力するが、所謂る臣道実践であると信じたからこの戦争の始終中を通じて、その事を正言し、直言したのである。

熟々《つらつら》開戦以来の御詔勅を奉読するに、宣戦の大詔にすら、その文句は動《やや》もすれば、中訳的であり、弁疏的であり、従《よつ》て消極的気分が勝っているようだ。況《いわん》やその他に於《おい》てをやで、何れの文書を奉読しても、その御気持ちが、到底最後の、降伏の詔勅を予想し、予定し、前知したるかの如き感想を、起さしむるものあるは、あるいは我等の僻目《ひがめ》かも知らぬが、是非もなき次第である。要するに戦争そのものが、至尊の好ませ給うところでなく、何れにしても、戦争を速かに切り上げる事のみに、軫念《しんねん》あらせ給うたることは、草莽《そうもう》の我等にさえも、拝察し奉ることが出来る訳であって、其処《そこ》を敵は見抜いて、所謂る人を射らば先ず馬を射よ、賊を擒《とりこ》にせば先ず王を擒にせよと、杜甫が言った通りに、敵国は至尊の平和主義に付け込み、至尊と直取引を開始したものとより外には、拝察せらるる道は無い。彼等も最近二十年間、皇室中心主義が、日本に澎湃《ほうはい》として行き渡り、皇室の尊厳は、殆《ほと》ど明治天皇の御時代よりも弥増《いやま》し、弥栄《いやさ》かとなっていることであるから、その皇室を我が物とし、皇室の力によって、一億の国民の首を圧さえる時には、何の苦もなく、何の面倒もなく、その目的が達せらるることを見定め、愈々《いよいよ》其処に手を下したものと察せらるる。

それは今日マッカーサー等が、親しくいうところによっても、その消息を解することが出来る。いわば彼等も、当初は皇室を抹殺せなければ、日本精神は抹殺することは出来ぬと考えて、正面から叩いて来たが、それよりもその皇室を味方に取り込み、これによって日本人を降伏せしめ、而《しか》して後、日本精神を去勢し去る事が、近道であると考え付いて、その手段を択びたるものであろうと思う。而《しか》して恐れながら皇室をその手段に乗らしめたるのは、皇室御自身ではなく、所謂る君側《くんそく》の姦《かん》が、これをここに到らしめたる事は、申す迄《まで》もない事であって、我等は如何なる事が、皇室の名によって行わるとも、決して皇室に対して、彼是れ苦情がましき事を申すではないが、ただその君側の姦に至っては、千載《せんざい》の公論必ず適当の罰を加うるであろうという事を疑わない。

要するに、我等が主張したる必勝の道は、敵に逆用せられて、必敗の道となった。我等は大元帥の御親裁《しんさい》によって、勝利の確実なることを、天下に呼号するばかりでなく、総ての内閣にも進言し、恐れながら上奏さえもしたのであるが。その至尊の御名によって、降伏が放送せられ、降伏の御詔勅が発せられ、滞りなく降伏の文書が調印せられ、目出度し目出度しと、敵国側が、輦轂《れんこく》の下《もと》に乗り込んで、躍舞するを見物せねばならぬ事に到った事は、我等に取ては、洵《まこと》に意外といえば、これ以上の意外は無い。今更ら自ら愚なるに驚くばかりである。

(昭和二十年九月四日午後、双宜荘にて)

一七　敗戦の原因　(八)

近頃は日本の高位大官の人達は、国民に向って、荐《しき》りに日本が戦敗国である事を自覚せよと、国民学校の先生が、生徒に申し聞かせる如く、申し聞かせている。しかしその人々は、これ迄《まで》「勝った勝った」と、国民を長い間引っ張って来た人達である。殊《こと》に本土決戦では、必ず敵を叩き潰すことは、尚《な》お元兵を博多の沖や浜で叩き潰《つぶ》した同様である事を、固く保証していた。しかるに今日になって、手の平を反《か》えす如く、戦敗国たる事を認識せよとか、骨髄まで貫徹せよとかいっても、国民に取っては、洵《まこと》に当惑千万である。固《もと》よりレイテを取られ、サイパンを取られ、硫黄島を取られ、沖縄迄《まで》も取られたる上は、日本軍が負けていたという事だけは、事実が証明している。しかし当局は、九百九十九度敗軍しても、最後の一戦に勝てば、戦争の目的は達するといい、本土決戦が即ちそれであるといっていた。しかるにその本土決戦を試みざる以前に、降参をしたとあっては、国民にとっては、彼等の注文通り、戦敗国であるという事を、素直に合点する訳には参らぬのが当然である。固よりアメリカの方からいえば、爾《そ》ういっても致方ないが、日本人自ら他の日本人に向って、左様な教訓は、如何にも奇怪至極といわねばならぬ。角力《すもう》の勝負というものは、双方土俵の上で決すべきものである。しかるに角力溜りにいて、もう負けたといい、負けたことを自覚せよといっても、それは無理の注文である。日本国民は順良なる国民であるから、如何なる無理無体でも、言えば素直に聴き容れると思うのは、余りに日本国民の忠直を濫用し過ぎるものといわねばならぬ。

この頃当局では、余りに大早計に降参した為めに、所謂《いわゆ》るそのてれかくしにてもあろう、頻《しき》りに降参せねばならぬ理由を説明している。それには、持って来いの原子爆弾を、頻りに鬼の首同様、大切に持ち廻っているが、それでも物足らぬと見えて、彼是れその理由を述べ立てている。今度の第八十八議会は、畢竟《ひっきょう》その申訳をする為めに開いたものといっても、差支《さしつかえ》あるまい。本日首相東久邇宮《ひがしくに》殿下の御演説も、専《もっぱ》らその為めであるということを、ラジオは伝えている。これは未だ拝聴しないから、彼是れ申上ぐることは出来ぬが、ラジオでは、頻《しき》りに議員に向って、飛行機製造の増減高を語り、これ迄《まで》秘密にした資料を、今度議員に夫々《それぞれ》配付したということである。それによれば、昨年の末に比して、今年七月頃は飛行機が月産三割に減じ、発動機が四割に減じたというような事を語って、つまりそれが為めに降伏の已むなきに至ったという、申訳の一とする積りであるように察せらるる。さてその飛行機は、何故に昨年に比して、かく減少したかといえば、それは敵の飛行機の襲撃が、頻繁《ひんぱん》であった為めであることは勿論《もちろん》だ。さてその空襲の頻繁となって来たのは何故であるか。遡《さかのぼっ》てそれを質して見たいのである。当局者は、空襲は決して国を亡ぼすものではない。空襲は多少の損害を与うるも、致命傷を与え得るものではない。それでサイパン取られても構わない。レイテ取られても構わない。硫黄島取られても構わない。沖縄取られても構わない、という事を揚言《ようげん》していた。しかるに我が飛行機や発動機の製造高を、降参せねばならぬ迄に、減少せしめたのは何であるか。敵の空爆である。敵の空爆は何れより来たか。それは前にいう方面から来たのである。果して然《しか》らば敵をかくの如く、彼等のいう通りに、戦争が出来ない迄に至らしめたのは、彼等自身その人々ではないか。今更ら何の面皮ありて、かかる申訳をなすことが出来よう。如何に彼れも一時これも一時とはいいながら、前には飛行機の来襲も恐るるに足らず、飛行機の基地を敵に渡すも恐るるに足らずといいつつ、今は敵の空襲の為めに、我が製造能率を低下せしめたが為めに、戦争は出来なくなって、降伏するの已むなきに至ったという申訳は、自分自から自分を弾劾する以外、何等の効用も無いものといわねばならぬ。如何に理窟は勝手次第に付け得るとしても、かかる理窟は、決して世の中に、通り得べきものではない。

（昭和二十年九月五日午前、双宜荘にて）

一八　敗戦の原因　㈨

只今第八十八臨時議会の開院式に於《お》ける勅語を奉読した。これは平常の勅語に比すれば、極めて意味多きものであるが、その意味について、我等不肖《ふしょう》には、千思万考しても、領会し能《あた》わざる文句がある。この勅語は、当然輔弼《ほひつ》臣僚の手によって、起草せられたるものであろうと思うから、あるいは陛下の思召を、充分我等に領会せしめ得ざる恐れがあるのではないかとも思う。我等は決して勅語に対して、彼是れ非難がましきことを申上ぐる訳ではない。唯《た》だ疑の存する所をここに認《した》ためて、天下の識者の誨《おし》えを、百歳の後に俟《ま》つこととする。――固《もと》より現時に於《おい》ては、かかる文書は、公けにす可《べ》きではないから、敢て百歳の後という て置く。

取敢《とりあえ》ずこの一点だけに縮めて措《お》くが……

『朕ハ終戦ニ伴フ幾多ノ艱苦《かんく》ヲ克服シ国体ノ精華《せいか》ヲ発揮シテ信義ヲ世界ニ布《し》キ平和国家ヲ

確立シテ人類ノ文化ニ寄与セムコトヲ冀《こいねが》ヒ日夜軫念《しんねん》措《お》カズ』と宣《のたま》い給うた。

第一の疑問は、今回の如き無条件降伏によって、果して国体の精華を発揮するや否やという事である。

第二の疑問は、今回の如き無条件降伏によって、信義を世界に布き得るや否やという事である。

また第三の疑問は、今回の如き無条件降伏によって、平和国家を確立し得べきや否やという事である。

国体の精華なるものは、国家が完全なる独立、完全なる自主を全うして、始めてこれを発揮することが出来る。しかるに恐れながら、主上《しゅじょう》を初め奉り、聯合国進駐軍の総帥に、その全権を委ね、その下に立って行動せねばならぬ場合に於《お》て、果してこれを発揮し得べきや否や。一例を挙ぐれば、日本の国体は、皇室中心主義である。故に皇室中心主義によって、思想的にも、実動的にも、日本国民が、その能力を行使し、その国運を進展せしむる事が、即ち国体の精華を発揮する所以であると信ずる。しかるに皇室中心主義を棚の上に押上げ、民主国家を製造し、民主思想を鼓吹《こすい》する場合に於て、果してそれが国体の精華を発揮するという可きや否や。

また信義を世界に布くと仰せられているが、今回の絶対的降伏は、世界は愚か、信義を全国民に失うた事であるは、事実そのものが詳《つまびら》かにこれを語っている。昨日といわず、八月十五日の十一時五十九分迄は、一億玉砕、本土決戦、老若男女を問わず、義勇軍に列して、何れも決死の覚悟をしていたというよりも、むしろ上司から、かくすべしと命ぜられていた。いわば至尊《しそん》の大命を遵奉《じゅんぽう》する政府当局からかく命ぜられていた。しかるに忽《たちま》ちそれが無条件降伏となっては、一億の国民、楽屋裡に在って平和工作に没頭したる、ある部分の者を除くの外は、何れもみな狐に撮《つ》まれた思いをした。我れ自ら我が耳を疑うた程である。更に与国は如何。満洲皇帝などは、予て一徳一心という信条によって、我が皇室に対し、一切の信頼と、一切の愛敬とを全注せしめられた。しかるにその皇帝を置いてきぼりにし、ソ聯に拘留せしむるに至っては、信義何処《いずこ》に在《あ》りや。ビルマのバーモウ、フィリッピンのラウレル、印度のチャンドラ・ボース、その他我等が名を知らぬ幾多の東亜共栄圏内の人々には、果して前以て、日本が絶対的降伏をするという事を通牒して、その同意を得たのであるか。いわば足弱の弟共は虎に食わせ、狼に食わせて、足の達者なる兄貴は、安全地帯に遁《に》げ伸びたというような状態では、果してそれが信義ということが出来るや否や。国民を裏切り、亜細亜共栄圏内の人々を裏切り、而《しか》して信義を世界に布《し》く事が出来得べきや否や。

またこれから平和国家を確立するという意味にて、『平和国家ヲ確立シテ』と仰せられたのであろうが、果して然《しか》らば、これ迄《まで》の日本は、平和国家でなかったか。平和国家でないとすれば侵略国家であったか。それではスターリンが我国を罵って、侵略国家といった事を、正《ま》さしく裏書したものといわねばならぬ。我々の考えでは、日本は開闢《かいびゃく》以来平和国家であり、ただその平和は他力平和でなく、自力平和の国家であった。自力平和の国家であるが為めに、その平和を妨害する、他の侵略者に対しては、これと闘争し来たったのである。

今や日本は、一兵寸鉄も帯びず、全くの丸腰国家となったのである。丸腰国家となった上は、自力ではない。他力である。栄螺《さざえ》や田螺《たにし》でさえも、自己の殻を持っている。しかるに日本は全く宿借蟹《やどかりがに》の如きものであって、我れ自ら我を護る物は何も無い。これで平和とは誠に以て驚き入《いり》たる考えである。我々の見る所によれば、自らの平和を、自らの力を以て保つことなき国家なるものは、未だ曾《かつ》てその存在を見ない。それが在ったとしても、それは決して完全なる国家ではない。属国か、半属国か、あるいは四半属国かに過ぎない。眇《びょう》たる瑞西《スイス》でも、自衛の力だけは持っている。他人の仁恵《じんけい》の下に国家は無いが、民族は存在するものもある。しかし、一億近き七、八千万の寄生虫的国家というものは、恐らくは世界ありて以来、日本が破天荒であろう。かくの如き国家を確立するのが、平和国家を確立するものというべきや否や。またかくの如き寄生虫的国家を以てして、『人類ノ文化ニ寄与』することが、出来得べきや否や。また『道義立国ノ皇謨《こうぼ》ニ則リ』と仰せられたが、これは仰せ迄《まで》もなく、その通りであらねばならぬ。しかしながら、如何なる道義も、これを行い得る実力を伴わざる限りは、空々寂々で、何の役にも立つものではない。日本が他国の仁恵の下に呼吸していながら、道義国家などと、道義立国などと、大きな顔をして、世界に対するは、余りに虫のよき話ではないかと思う。我等は決して侵略主義でもなければ、武力主義でもない。ただ我が善を行い、他の悪を懲《こ》らす為めには、実力の必要なる所以を感ずるものである。陸海軍の如きは、即ちその実力の総てとはいわぬが、全体を代表するものである。

一九　敗戦の原因　(一)

（昭和二十年九月五日午後、双宜荘にて）

去る九月五日東久邇首相宮の、議会に於《お》ける施政方針御演説中に左の一節がある。

『天皇陛下に於かせられましては、大東亜戦争勃発前、我国が和戦を決すべき重大なる御前会議が開かれました時に、世界の大国たる我国と米英とが、戦端を開くが如きこととなりましたならば、世界人類の蒙《こうむ》るべき破壊と混乱は測るべからざるものがあり、世界人類の不幸是《これ》に過《す》ぐることなきことを痛く御軫念《しんねん》あらせられまして、御自ら明治天皇の「よもの海みなはらからと思ふ世になど波風のたちさわくらむ」との御製《ぎょせい》を、高らかに御詠み遊ばされ、如何にしても我国と米英両国との間に蟠《わだか》まる誤解を一掃し、戦争の危機を克服して世界人類の平和を維持せられることを冀《こいねが》われ、政府に対し百方手段を尽して交渉を円満に纏《まと》める様にとの御鞭撻を賜わり、参列の諸員一同、宏大無辺《こうだいむへん》の大御心《おおみごころ》に、粛然として襟を正したということを漏れ承って居ります。この大御心は開戦後と雖《いえど》も終始変らせらるることなく、世界平和の確立に対し、常に海の如く広く深き聖慮を傾けさせられたのであります。この度新たなる事態の出現により、不幸我国は非常の措置を以て、大東亜戦争の局を結ぶこととなったのでありますが、これ亦《また》全く世界の平和の上に深く大御心を留めさせ給う御仁慈の思召《おぼしめし》に出でたるものに外なりませぬ』

これは予が従来語りたるところを、他の角度から裏書させ給うたるところと見ても差支《さしつかえ》あるまい。いわば至尊《しそん》には、戦争の始終から、一貫して、恐らくは一刻たりとも、闘志満々という御気分には、ならせ給う機会がなかったものと拝察する。

この頃東京より二、三の来客あって、種々の談話を聞いた。悉《ことごと》く信ずるには足らざるも、また一概に抹殺し難きものもある。従《よっ》て風聞録として、これを書き留めて置く。

石渡荘太郎氏が宮内大臣となったことは、世間一般では、大蔵畑の人が、今更ら宮内省入りも、意外だという感をしたが、実は大蔵畑の人であるが為めに、宮内省入りをしたのだ。それは予め帝室財産の措置を為し置く為めであった。聞けば帝室財産のある部分は、今日あるを見越して、既に瑞西《スイス》に存在する、国際財産管理部とかいう所に預けてあるということである云々と。予は直ちにこれを信ずる者ではない。但《た》だ石渡氏の就任は、何かこの辺の事情があった為めであろうというだけは、推察せざるを得ない。他国から引っ張って来た、ヨーロッパ諸国の帝王ならば、財産を外国の安全地帯に蔵し置くなどということは、むしろ当り前といってもよかろうが、日本帝国の主で在らせ給う我が皇室に於《おい》て、かかる事のあり得べき筈《はず》はないと、予は飽《あ》く迄《まで》信ぜんと欲する者である。

これに関聯して、松平宮相が、宮城に敵の爆弾が落ちたという事の責任を自覚して、辞任を申出たという事は、その当時から、予にも聊《いささ》か眉唾《まゆつば》ものと考えられた。もし宮内大臣として、責任を自覚せんか、その以前にも辞職を必要とする場合が、決して無いではなかった。しかるに何時も頰被《ほおかぶ》りして過ごした松平宮相が、爆弾一件で辞職などするべき筈はないと考えていた。しかるに今日思い当る事は、彼は宮相を罷め、自由の身となって、専《もっぱ》ら宮中外交の隠れたる当局者となって、即ち影武者として、暗中に飛躍したものであろうと、察することが出来る。

ある人の語るところによれば、東京の青山の某所に、秘密の会所あり。そこで陰謀派は額を鳩《あつ》め、会合して種々評議を凝らしたという。而《しか》して短波を以て直接に、敵国と交渉を続けていたという。その相手の一人は、恐らくは前東京駐劄米国大使、当時外務次官グルーであったと察せらるる。この会合者の中には、恐らくは松平前宮相が、幹事の役を勤めたかも知れぬ。語る人は、予に会合者の人名を挙げなかったが、近衛とか、若干の外交官の古手とか、その他所謂《いわゆ》る重臣中の某々氏とかいうことを暗示していた。

世間では、鈴木内閣は、閣僚概ね敗戦論者であったが、独り老首相鈴木海軍大将のみは、毅然として戦争一本論者であったと、いわれている。しかし事実は鈴木翁その人が、敗戦論者の巨魁《きよかい》であって、『予が屍を乗り越えて進め』とか、『徳川家康の三方ケ原の先例を学べ』とか『戦争一本で建て通せ』とかいうことは、単に世間を欺むく為めの、保護色に過ぎなかった。鈴木内閣の外交は、閣僚の何人も知らず、外務大臣さえも、その手助けの役目を勤めた迄《まで》で、一切の駆引きは、悉《ことごと》く首相の手に握られていたという事は、間違いない事である。首相はまた至尊とは、永き側近者として、極めて御親密を辱《かたじけな》くする一人であり、この君と、この老臣との間には、種々の黙契《もくけい》があったものと察せらるる。それで政府は、既に八月九日ソ聯の参戦の当日、絶対降伏を決心していた。九日の閣議では、鈴木首相と東郷外相とが、閣僚の銘々に対して、誘導的質問を為し、その絶対降伏不可を唱えたる者は、唯だ阿南《あなみ》〔惟幾《これちか》〕陸相一人であった。而《しか》して他には安倍内相が阿南陸相に賛成したということであるが、これは恐らくは申訳だけの賛成であったことと察せらるる。そこで何時まで議論をしても落着を見ないから、最高軍務指導会議にかけることとした。ここには陸海軍大臣、参謀総長、軍令部長、首相が出席することとなり、敗戦論者側では、聊《いささ》か手薄と考え、平生例なきに、平沼〔騏一郎《きいちろう》〕枢密院議長を引っ張て来た。ところが議論の結果、阿南、梅津、それに海軍の豊田が硬派であり、鈴木、米内は軟派であり、老獪《ろうかい》なる平沼は、明かに可否をいわず、二、三質問をしたが、その真相は固《もと》より軟派であり、かくして三対三となった。そこで聖断を仰ぐことになったところ、聖断は直ちに無条件絶対降伏ということになったという。しかるに無条件とはいうものの、かくなる上は第一、主権の問題、第二は外国軍を日本内地に進駐せしめざる事、武装解除は日本軍の手にて行う事、戦争犯罪者は日本の裁判所にて審判する事、その他を陸軍より持出したところ、何れも異議にて、只《た》だ主権という事だけに止まった。さてその問題を申入れたところ、向う側では、進駐軍総司令官の監督命令の下に云々という、いわば山といえば川と答うる如き、こちらの質問には直接答えずして、向うの言いたい事をいって来た。そこで閣議でも、これでは困るという事になり、陸軍などでは、無論この回答の為めに、談判は破裂するものと、考えていたようだ。しかるに閣議の多数は、これでも致し方はあるまいという事になり、更に最高会議を開いたが、主上はこれにて差支なしと宣《のたま》い、また自ら差支なしと認むる確信を持っているとさえ宣うたということで、陸軍大臣なども、絶対降伏は、決して予の所謂る君側《くんそく》の奸《かん》などが、企てた事ではなく、主上御自身の御考によって、御宸断《しんだん》あらせられたることを知ったということである。これは阿南陸相と極めて懇意の間柄であった、陸相側近者の語るところとして、更にそれを予にある人は語った。以上によって考うれば、内閣の外交以外に、若《も》しくは以上に、宮廷外交なるものが、行われていた事が判かる。これはイタリアのバドリオ内閣の絶対降伏の当時にも、亦《ま》た当時イタリアの王室サヴォイ家と交戦国との間に、宮廷外交が行われていた先例に徴《ちょう》しても、推定することが出来る。

且《かつ》また米国側の発表するところによれば、日本から絶対降伏、ポツダム宣言に服従するとの申入れは、八月八日でありという事で、閣議前に既に降伏を申込んでいた事実がある。これは如何に時間を按排《あんばい》して見ても、日本では閣議以前に、既に降参を、相手方には申込んでいたのではあるまいかと思う、という説もある。これ亦《ま》た一考として、聞き置く可きであろう。

尚《なお》また最高指導会議であったか、若《も》しくは重臣会議であったか、その事は明白でないが、敗北派から、軍の代表者阿南、梅津等に向って、果して必勝の見込あるかと質問した時に、軍の方では、『然り』とは答え得なかった。ただここで戦うて、彼等に打撃を与えて置けば、媾和条件に於《おい》て、相当緩和の方便もあろうというだけの返事をした。そこで反対派は、勝つ見込が無ければ、戦わずして降参した方が有利である。敵に叩かれて、しかる後降参するなぞという事は、不利であるという論法で、押し潰《と》したということである。果してしからば、軍も亦《ま》た確信を持っていなかった事が判かる。兎《と》に角《かく》確信の無いと同時に、その返答も極めて拙劣であったといわねばならぬ。何故に、『勝敗は予め知る可らざるも、皇軍の面目を保ち、日本国民の意気を、世界に示すべく、最後の一戦を試みるは、当然である』といわなかったかと思う。

尚《な》お主上は阿南陸相に対し、『陸軍大臣』と宣まわず、『阿南』と宣うて――阿南陸相は曾《かつ》て至尊の側近に奉仕し、最も御親寵《しんちょう》を得たる一人である――切《しき》りに、硬論を抛《なげう》って、絶対降伏に賛成すべく御諭しあり、決して余計な心配をするな、朕は自ら確信を持っていると宣うたということで、阿南陸相も、それを承って、これは余程前からの経緯があった事で、決して一朝一夕の事ではなかったという事に考え付いたと、その側近者に向って語ったという。

(昭和二十年九月十日午前、双宜荘にて)

二〇　敗戦の原因　㈡

予は決して他を咎《とが》むるではない。唯《た》だ自ら不明を愧《は》ずるのみである。何やら一生を顧みて、全く裏切られて、徒《た》だ骨を折ったような気持ちがないでもない。予は官権に対して、民権論者であり、貴族主義に対して、平民主義者であり、藩閥政治に対して、国民政治者であった。しかし藩閥政治が漸く凋落《ちょうらく》して、民権論者が勝ちを制したる暁《あかつき》は、所謂《いわゆ》る政党横暴の時代となった。せめて普通選挙でも行い、政権が国民一般に分布せられたならば、国民の意思が盛り上がる事もあろうと考え、普通選挙を主張したが、その結果は、投票売買の最悪なる買収政治となって来た。官僚政治は、初めから予には禁物であって、虫が好かなかったが、しかも政党横暴の防波堤として、官僚も亦《ま》た積極的には、役に立たぬが、消極的には役に立つべきかと考えたが、それも亦た立派に裏切られた。官僚と政党とは、やがては野合して、何とも名状し難き政治を打出した。これではとても物にはならぬ。最後の望みは、陸海軍と皇室と、而《しか》して政党官僚を除外したる、国民とに於《お》いて、即ち昭和六年満洲事変を切っ掛けに、専《もっぱ》ら軍に最後の望みを繋《つな》ぎ、爾来殆《じらいほとん》ど全力を挙げて、軍を支持し来《きた》った。その結果が即ち現在の大東亜戦争である。若《も》しここ迄《まで》日本を引っ張って来た事が、善い事とすれば、功は軍に在り、悪い事とすれば罪は軍に在る。功罪倶《とも》に軍が任ずべきは当然であって、苟《いやし》くも軍人として、一通りの智能を具《そな》えたる者は、これを自覚すべきである。況《いわん》やその軍の首脳部に於てをやだ。しかるに今回の戦争に於《お》ける、陸海軍の行動は如何。部分的にこれを観察すれば、随分手柄もあったろう。感服すべき事も鮮《すく》なくなかったであろう。しかし総体的にこれをいえば、何れも物にはなっていなかった。無責任で、不統一で、投げ遣《や》りで、不能率で、同時に不熱心で、不誠意で、凡《およ》そ有らゆる「不」の字を付け加えても、尚《な》お足らぬ程である。

予は今ここに、大東亜戦争について、その戦略を論ずる者ではない。また戦術を批評する者ではない。それは軍事評論家に姑《しばら》く任かせて置く。但《た》だ彼等が、国民を裏切った事について、ここに一言已《や》むを得ざるものがある。最近十五年間、即ち昭和六年から昭和二十年迄、軍が殆ど日本の、指導権ばかりでなく、支配権を握っていた。国民は皆な軍に追随して来た。彼等は、我等と同じく、政党に失望した。また官僚に失望した。いざという時に、政党も官僚も、何等頼みになるものはなかった。彼等に任かせて置けば、国運は日々に蹙《せ》まり、国勢は日々に衰微し、国民生活さえも脅威せらるるに至る恐れがあった。折角《せっかく》明治天皇の御《み》稜威《いつ》によって獲得したるものも、意気地無く政党や官僚の手で、殆《ほとん》ど他より奪い返されんとした。満洲でも、支那でも、太平洋の向う岸は固《もと》よりの事、朝鮮さえも、屢々《しばしば》問題を起していた。かかる場合に頼りとなるのは、軍ばかりであった。それで国民は軍に縋《すが》り、軍を信じ、国家の運命を担うものは軍であると、軍を見込んで、自から軍を支持するばかりでなく、何事も軍のいうままに一任した。世界ではこれを軍閥が日本を誤まったと称するも、それは間違った観察である。誤まったのではない。日本を救済したのである。少くとも日本国民はかく信じたのである。その為めに軍のいう通りに、殆ど白紙で軍に一任した。されば軍としては、これだけの信頼に対して、充分の応酬をなさねばならぬ。しかるに彼等はこの大戦争に於《おい》て、即ち国家の浮沈、生死存亡の瀬戸際に於て、果して国民の信頼を裏切る所はなかったか。国民は決して口上のみで信頼したのではない。軍がかかる内閣が必要であるといえば、国民はそれを容認した。軍がかかる予算が必要であるといえば、国民はまた一銭一厘も削減せずして、それを承諾した。軍の為す所は、時として目に余る事があっても、見ぬ振りをして看過した。これは軍を怖れている為めではない。軍によって日本の国運を進展せんとした為めである。

これ程まで絶対無条件的の信頼を受けたる軍は、果して国民を裏切る所がなかったか。海軍に於ては、山本聯合艦隊司令長官の如きは、死して元帥となり、その郷里では、神様として祀られている。されど海軍の破綻は、実に彼がミッドウェイ島作戦の一大失策が、その根本であるといっても、間違いあるまい。彼が死んだのは仕合せであった。もし彼が生きていたならば、彼は東條同様に、国民の怨府《えんぷ》となったかも知れぬ。曾《かつ》て東條は、山本の死んだ時、山本は仕合せ者だといった。今にして思えば、全くその通りである。

陸軍と海軍とは、日本のあらゆる富を分け取りして、殆《ほとん》ど国家の資源の、総てといわざる迄《まで》も、その大部分を銘々の持ち物としていた。また彼等の望む所欲する所は、政府に於ても民間に於ても、何一つこれを、その意のままに通さない物はなかった。しかるに彼等は未だ曾《かつ》て自己反省をしたことがなく、一切の責任を国民に帰していた。例えば飛行機が足らぬという。しかも彼等は飛行機を造る人的物的あらゆる資源を、彼等の手の中に持っている。もし足らぬといえば、彼等の力が足らぬのである。しかるにこれを、自分の事は棚に上げて、一切これを国民の不熱心、不能率、不協力、不愛国に帰している。一事が万事、皆なその通りである。而《しか》して絶体絶命進退《しんたい》惟《こ》れ谷《きわ》まる瀬戸際まで、勝利勝利で国民を欺むき、引っ張って来た。而して愈々《いよいよ》駄目という時になっては、一番に弱音を吹いたのは、彼等である。而して国力が足らぬから、是非もないというた。もし初めから、国力が足らぬから是非もないといえば、何故に彼等は戦争を開始したか。それは敵から挑発したと答うるであろうが、敵が挑発しても、負けるという事を知っていたら、戦争を避ける方法も、あったかも知れぬ。勝つ時には、調子に乗って、陸海互に分捕功名《ぶんどりこうみょう》の競争をなし、負けた時には、その責任を、陸軍は海軍になすりつけ、海軍は陸軍になすりつけ、それでも足らずに、総ての事を国民になすりつけるという事は、実に厚顔無恥《こうがんむち》の極といわねばならぬ。

愈々《いよいよ》絶対降伏となったならば、せめては平家の知盛《とももり》、教経《のりつね》位の覚悟は、あっても然《しか》るべきであるが、それは愚《お》ろか、総てが皆な宗盛《むねもり》や維盛《これもり》であっては、沙汰の限りである。せめて元帥とか大将とかいう連中には、恥を知る者があったら、皺腹でも掻切《かききつ》て死す可きであるが、陸軍で将官以上の自決者は、阿南大将外数名、海軍では大将級は一人も無く、大西中将外数名を数うるに止まっているのは、寔《まこと》に意外千万といわねばならぬ。

（昭和二十年九月十日午後、双宜荘にて）

『頑蘇夢物語』 二巻

二一　戦争犯罪者と戦争挑発者

ある人曰く、貴君はやがて戦争犯罪者として、米国側より引っぱらるるという評判だが、貴君の覚悟如何。予曰く、予は何等この戦争について、公私何れの方面から見ても、罪を犯したる覚えがない。しかしもし彼等が戦勝国の威力を以て引っぱるとせば、逃げもせず、匿《かく》れもせず、立つ可き処に立って、言う可き事を言う積《つも》りである。予としては、この戦争について、予が執りたる一切の行動につき、天地に対して何等疚《やま》しき所はない。疚しき所がなければ、懼《おそ》るる所もなければ、後悔する所もない。自分は今尚《な》お自分の歩いた道を正しき道と考え、為した事を正しき事と考えている。元来戦争は一個人の手で出来たものではない。国家がこれを始めたのである。我等は国家の元首である天皇陛下の詔勅《しょうちょく》を奉じて、最善の努力を為した者である。今更《いまさら》我等が努力をした事に対し、何等愧《は》ずることもなく、悔《く》ゆることもない。従《よっ》て誰に向っても謝まることもない。但《た》だ遺憾であったのは、自分の持っている力を、充分出す機会を持たなかった事である。しかしこれも今となっては、致方《いたしかた》がない。我等は昭和十六年十二月八日の宣戦詔勅の御趣意を奉戴《ほうたい》したる者である。この詔勅は、正《ま》さしく戦争の目的を、世界に明かにしたるもので、畢竟《ひっきょう》この戦争は、日本が自衛の為めに、已むを得ず爰《ここ》に至ったものである事は、中外共にこれを知っている。アメリカの兄弟国である英国の国務大臣リットルトン氏が言った通り、この戦争は、全く米国がこれを挑発したるものという事は、我等今尚《な》お確信するものである。されば天皇の詔勅を奉じて働らいた者が罪人とすれば、日本国民を挙げて罪人とせねばなるまい。固《もと》より予もその中の一人であることは、決して否定せない。我等は皇室中心主義を奉ずる者である。この信条によって、日本国民として行動したる者である。我等が戦争に努力したのは、陛下に忠節を尽す為めに努力したのである。決して我等が自己の利益とか、自己の感情とか、自己の目的とかという為めに動いたものではない。されば昭和二十年八月十五日、陛下の御放送を謹聴し、我等の心には、未だ何故にここに至ったかという、また何故にかくせねばならぬかという理由も、事情も、筋道も、瞭《はっ》きりしなかったに拘《かか》わらず、我等はその場限り、戦争をプッツリ思い止まり、予自身の如きは、言論人としての予は、最早や無用の存在であると諦らめ、直ちに一切の言論関係を絶ち、一個の老書生となった。これは平生《へいぜい》信奉する皇室中心主義を実行したるものである。

あるいはかくいえば、一切の責《せめ》を陛下に帰し奉るではないかという者あるが、責任論は別である。日本憲法に「天皇ハ神聖ニシテ侵スヘカラス」とあるからには、陛下に責任をかけ奉る意思のある可き筈《はず》はない。陛下は現津神《あきつかみ》にして、責任の上に超然として在《おわ》しますことは、単《ひと》り憲法がこれを認めるばかりでなく、日本固有の国体として歴史がこれを認めている。ここに日本の国体というものが、世界の何れの国体とも類を同じくせざるものがある。我等は決して天皇陛下に責を帰し奉る者ではない。同時に我等は陛下の御心を体して、臣民の誠を竭《つく》したるということに過ぎざることは、我等は何人に対してでも、公言して憚《はばか》らざるところである。今日日本は、絶対降伏国である。故に日本人として、我等は極めて不利益なる立場に立っている。従て米国側では、通さんとすれば、如何なる横車でも、通すことが出来よう。しかし我等は、日本国民の殆《ほとん》ど総てが、決して好んで米国と戦争をするものではない、ただ米国が大を恃《たの》み、強を恃み、あらゆる物資万能の力を以て、両米大陸に「モンロー主義」を布《し》くのみならず、東亜までもそれを布かんとする態度を遺憾とし、最初は加州に於《お》ける日本人差別問題より始まり、あらゆる迫害と侮辱を加え、延《ひい》ては A・B・C・D 包囲攻撃を以て、日本を缶詰にせんとする政策を執り、最早や退《の》っ引《ぴ》きならぬ所まで、追い詰められて、万已《ばんや》むを得ず、ここに到ったものと信じている。

序《ついで》ながら一言するが、自分は決して最初からアメリカと戦争を目論んだ者ではない。自分自身が決して好戦論者ではない。自分は本来英国マンチェスター派の意見に興味を持ち、平和的発展を期したものである。それは明治十九年—西紀一八八六年—自分の著述『将来之日本』を見れば明白である。またその以前より米国には頗《すこぶ》る興味を持っていた。自分の少年時代にも、ワシントンの額は、自分の父の書斎に掲げてあった。自分は米国で十年以上教育を受けた新島襄の門下として、少年時代を過ごした。自分は明治十四年―西紀一八八一年―以来米国のニューヨークで発行する『ネーション』誌の愛読者であって、爾後数十年間継続している。また『アウトルック』の愛読者でもあった。殊《こと》にエマーソンなどは、今もなお愛読し、明治三十年―西紀一八九七年―には、態々《わざわざ》コンコードに赴《おもむ》き、エマーソンの墓を弔い、その旧宅を訪ねた程であって、エマーソンの子ドクター・エマーソンとも面会したる事を記憶し、その人から書籍を贈られた事もある。米国の制度については興味を持ち、仏人トクヴィルの『デモクラシー・イン・アメリカ』は、青年時代にこれを愛読し、また英人ブライス卿の『アメリカン・コモンウエルス』は、日本に於《おい》て最初の読者、若《も》しくはその一人であり、これを全訳せしめて、これを自分の社から刊行した程である。尚《な》おテオドール・ルーズベルトの著書は、相当愛読し、所謂《いわゆる》「力の福音」なる言葉は、彼れの論文によって、大いに啓発せられたと思う。自分がマンチェスター派の意見より発展して、今日に至ったるについては、ルーズベルトの著書の、悉《ことごと》くとはいわぬが、与《あず》かりて力ある事は、疑を容れない。しかしながら、それはそれとして、自分は米国が強大を恃《たの》み、飽《あ》くを知らず、自ら日本人を圧迫せんとすることを、甚《はなは》だ意外に感じたものである。

日米の関係がやや切迫に瀕《ひん》した際、自分は殊更《ことさら》にグリュー大使を訪問し、意見を述べていることは、大使も記憶しているであろうが、当時参考人として、予が特に依頼したる竹下

〔勇《いさむ》〕海軍大将も健在であるから、承知のことと信じている。その会話の手控は今尚《な》お予の手許に在る。それは左の通りである。

●駐日米国大使と会見の顚末

昭和十二年十一月四日、予テ米国大使ニ会見ノ申込ヲ、竹下大将ヲ介シテ致シ置キタル所、本日午前九時半ヨリトノ返答ヲ竹下大将ヲ通ジテ得タ。依《よっ》テ先ヅ大将ノ宅ヲ訪ネ、大将ト共ニ霊南坂ナル米国大使館ヲ訪《おとの》ヒ、定刻ヨリ会見シタ。通訳ハ館員米人某氏ニテ、座ニハ予ト大使、別ニ竹下大将ハ「オブザーバー」トシテ列シタ。

最初ニ竹下大将ヨリ極メテ手短ニ、大使ニ予ヲ紹介シ、握手ヲシタ。ソレカラ直チニ談話ニ移ツタ。予ハ最初ニ左ノ通リ言フタ——

「実ハ自分ハ大使ニ会見シタキ用務ガアルカラ、竹下大将ヲ以テ申シ込ミタル所、早速今日ノ仕合セトナリ、誠ニ忝《かたじけ》ナク存ズル。予ハ自カラ紹介スルガ、五十年間新聞記者トシテ、今モ尚《な》ホ大毎、東日ニ毎日筆ヲ執テ居ル。予ノ身分ハ貴族院議員ニシテ、学士院会員デアル。少年ヨリ米人ニ教育ヲ受ケ、又米国ノ書物ヲ多少読ミ来《きた》ツテ居ルカラ、マンザラ米国ノコトヲ知ラヌ者デハナイ。今日会見ノ要領ハ、新聞記者トシテ所謂ル大使ニインターヴューヲスル為メニ来タノデハナク、又大使ヨリ意見ヲ聴カントスル為メニ来タノデモナイ。単ダ予ガ是非大使ニ向カツテ聴イテ貰《もら》ヒタイコトガアルカラ来タノデアル。最初ニ予トアメリカ大使館トノ関係ニ就テイヘバ、今ハ御疎遠デアルガ、昔ハカナリ頻繁ニ交際ヲシテ居タ。コロネル・バックガ日本ニ公使トシテ来ラレタル時ハ、偶然ニモ太平洋ヲ同船シタ。又グリスカム大使ニモ極メテ懇意デアツテ、屢々《しばしば》本館ニ往来シタ。又本館員ミルラー氏ハ、日露戦争ノ時ナドハ、毎日予ガ主宰シタル国民新聞社ニ来ツテ情報ヲ蒐集セラレタ……」

其時大使ハ語ヲ挟ンデ、

「何トカサウ云フ御関係デアレバ、今後モ旧交ヲ恢復《かいふく》セラレタキモノデアル」

ト云フコトデアツタカラ、予ハ更ニ語ヲ継ギ、

「イナトヨ、今日来タノハ、予ニ於テ是非トモ聴イテ貰ヒタイ事ガアツタカラ来タノデアルカラ、今後トテモ屢々御目ニカカルコトモアルマイト思フ。現ニ此処《ここ》ニ居ラレル竹下大将ノ如キ親友サヘモ、年ニ一度カ二度御目ニカカルニ過ギナイ位デアツテ、何方トモ交際ヲ絶ツテ、専ラ修史ノ業ニ従ウテ居ルノデアル。然ルニ左様ナル予ガ、ワザ〳〵大使ニ会見ヲ願ウタノハ、決シテ尋常一様ノコトデハナイト、御察シヲ願ヒタイ。コレヨリ直チニ本題ニ入リマス」

大使ハ日本ノ官吏トハ常ニ接触シ、又《また》同僚タル諸外国大使公使其他《そのた》トモ交際シテ居ラルルカラシテ、其辺《そのへん》ノ意見ハヨク承知シテ居ラルルデアラウト思フガ、所謂日本国民ノ米国

ニ対スル真相即チ国民ノ脈ト云フモノヲ如何ニ取ツテ居ラルルカ、其点ニ就テ申上ゲタイト思フ。大使ハ果シテ日本国民ハ米国ニ対シテ敵意ヲ挟ンデ居ルモノト思フカ、将《ま》タ飽《あ》クマデ友邦トシテ愈々《いよいよ》今後親交ヲ深メテ行クト云フコトヲ希望シテ居ルノデアルカ、其点ニ就テハ定メテ御考ヘモアルデアラウト思フガ、先ヅ第一ニ予自身ノ考ヘヲ申上ゲテ見タイ。次ニ我ガ国民ノ考ヘヲ申上ゲテ見タイ。予自身トシテハ米国ノ仕打ニ就テ可ナリ不平モアリ、不満モアツタガ、然《しか》モ概括的ニ之《これ》ヲ云ヒ、総体的ニ之ヲ断ズレバ、予ハ飽クマデ米国ト親交ヲ結ブヲ希望スル者デアル。日米ノ戦争ハ双方ニ取ツテ百害アツテ一徳ナシ。日米ノ親交ハ双方ニ取ツテ一害ナクシテ百徳アリ。コレ程判リ切ツタルコトハ無イ。ソノ判リ切ツタルコトヲ何故ニ今少シ明白ニ、確実ニ、普遍的ニ行ハナイノデアルカ。コレカラ国民ノ脈ニ就テ申上ゲタイト思フ。予ハ東西南北ノ人デアル。修史ノ余暇ニハ常ニ日本全国ヲ遊歴シテ、或ハ講演ニ、或ハ座談会ニ、其他ノ方法デ、常ニ国民ノ脈ヲトルコトヲ忘レナイ。予ノ足跡ハ弘前、仙台カラ名古屋、京都、大阪、神戸ヨリ中国、九州ニ及ンデ居ル。ソレデ何レノ所ニ於テモ、総《すべ》テノ問題ノ中ニ於《い》テ、米国問題ハ必ズ出テ来ルモノデアル。而《しか》シテソノ米国問題ノ要領ハ、敵カ味方カト云ヘバ、我ガ国民ハ何レモ米国ヲ敵トスルハ甚《はなは》ダ好マシクナイト言ツテ居ル。米国ハ日本ト商売上ノ関係ハ、世界ノ何レノ国トヨリモ、最モ親密ナル国デアルコトハ、単《ひと》リ日本ノ米国ニ対スルバカリデナク、米国ノ日本ニ対スルコトハ、寧《むし》ロヨリ多シト云ツテモ宜《よろ》シイホドデアル。然《しか》ラバ海軍ヲ拡張スルコトハ止メタラ如何ト云フニ、ソレニハ国民ハ承知シナイ。我等ハ米国ト戦フコトヲ欲スルデハナイガ、我等ガ弱キ海軍ヲ持ツテ居テハ、如何ナル無理難題ヲ米国ガ持チカクルカモ知レナイカラ、海軍ハ海軍トシテ、実力ヲ備ヘテ居ルコトガ必要デアルト信ズルモノデアル。然《しか》シ此《こ》ノ海軍ハ日本ヲ護《まも》ル為メノ海軍デアツテ、進ンデ米国ヲ攻ムル為メノ海軍デハナイ。海軍ハ海軍トシテ整備シテ居ナガラ、尚《な》ホ且《か》ツ米国ト親交ヲ続ケテ行キタイト云フノガ我ガ国民ノ真意デアル。今少シク広ク云《い》ヘバ、日本国民ノ考ヘハ、独逸《ドイツ》トハ条約上ニ於テ提携シ、米国トハトテモ条約ハムヅカシイカラ、不文ノ諒解ニ依《より》テ親近シテ行キタイト云フコトデアル。コレガ先ヅ国民ノ現在ノ国策ト認メラレテ然ルベキデアラウト思フ。コレハ外務省ノ意見ヲ申述《もうしの》ベルデハナイ。我ガ国民ノ意見ヲ代表シテ言フノデアル。ケレドモ予ガ大使ニ告ゲントスルハ之《これ》ニ止マラナイ。更ニ第二ノ事ガアル。

今日日本デハ尚《な》ホ英米ト称シテ、先ヅ英国ト米国トヲ同視スル習慣ガアル。コノ習慣ノ為メニ、米国ガ如何ナル損害ヲ多ク蒙《こう》ムツタカハ、殆《ほとん》ド我等ガ予想外デアルト思フ。固《もと》ヨリ今日ノ米国ガ世界ノ大国デアツテ、英国トハ別ノ国デアルコトハ、判《わか》リ切ツタコトデアル。ケレドモ昔カラ日本デハ英米ト云ツテ、英国ノスルコトニハ米国ハ必ズ之《これ》ニ追随スルトシテ居ル。従《よつ》テ英国ノ借金ハ米国ガ之ヲ代ツテ払フ可《べ》キモノト、必ズ断ゼザルマデモ、先ヅソノヤウナ考ヘヲ持ツテ居ル者ガ少ナクナイ。コレハ日本人ガ英国出版ノ書物ヲ余計ニ読ンダ為メデモアラウガ、英米ノ混同ト云フコトハ、識者以外ニハ猶《な》ホ多数デアル。ソレデ此《この》際米国ニ於テハ、飽《あ》クマデ英国ト米国トハ別物デアル、米国ニハ独自一個ノ主義ガアリ、政策ガアリ、方針ガアルト云フコトヲ、今少シ日本国民ノ頭ニ示サレタ方ガ利益デアルマイカト思フ。日本人ハ曾《かつ》テスチムソン事件ナドニ就テハ、誠ニ憤慨ヲシタノデアル。然《しか》シ爾来《じらい》両国ノ関係ハ頗《すこぶ》ル良好デアッテ、今度ノ支那事変ニ就テモ、米国ノ態度ニハ、感謝シテ居ル者モ多イガ、近頃何トナク米国ガ英国ノ捲添《まきぞえ》ニナリツツアルヲ見テ、予ハ遺憾ニ思フ。予ハ更ニ今一言申シテ見タイ。ソレハ何故ニ米国ガ日本ト直接ニ事ヲ相談シナイカ。米国ノ政策ハ、何時モワザ〱大西洋ヲ大廻リニ廻リ、欧羅巴《ヨーロッパ》ヲ経由シテ、日本ト総テノ取リ遣リヲ為シツヽアルカノ如ク思ハルル。従テ其間《そのかん》ニ色々摩擦誤解ガ出来、ソノ為メニ日本ガ当惑スルノミナラズ、米国モ余程損ヲスルト思フ。ソレヨリモ直截簡明《ちょくせつかんめい》ニ、日本ニ向カツテ、太平洋ヲ越エテ真ツ直グニ、ブツカラレタラ、却《かえ》テ物ハ黒白分明ニ裁ケテ行クデハナイカト思フ。予ハ最近ノ事ニ就テ申シテ見タイ。昨日大使館ヨリ遠カラヌ日比谷公会堂ニ於《おい》テ、大講演会ガアリ、予モソノ講演者ノ一人トシテ出席シタ。トコロガソノ一人トシテ知ル所ニヨレバ、聴衆ノ感情ハ、英国ニ対シ甚《はなは》ダ良好デナカツタト見受ケラレタ。予ハ折角《せっかく》日米ノ関係ガ、最近ニ種々ノ誤解ヤ猜疑ヤヲ一掃シツツアル際ニ、米国ガ英国ノ捲添ヘニ遭フヤウナコトガアツテハ、甚ダ遺憾デアルト思ヒ、此《こ》ノ事実ヲ深ク大使ニ向ツテ考慮シテ貰《もら》ヒタイト思フ。ツマリ、カカル心配モ、今少シ英国ハ英国、米国ハ米国ト、二者ノ区別ヲ判然ツケサヘスレバ、無クナルノデアラウト思フ。

「以上ハ甚ダ差シ出ガマシイ事デアツタガ、予ハ聊《いささ》カ感ズル所アツタガ為メ、大使ノ考慮ヲ求メタイト思ウテ、ワザ〳〵之《これ》ヲ申シ述ブベク出カケタノデアル」

大使ハ之《コレ》ニ次デ、

「徳富君ガ米国ノ良友デアルコトハ、今更自分ガ云《い》フ迄《まで》モナイコトデアル」

トテ、予ガ携ヘタル『日米関係』（"Japanese - American Relations"）ノ書ヲトツテ、

「之ヲ見テモ判ルデアラウ。予モ亦《マ》タ曾《カツ》テグリスカム公使ノ時ニ、日本ヲ訪問シタコトガアル。其《ソノ》時ノ公使館ハ多分此《こ》ノ事務所デアツタラウト思フ」

ト云フカラ、予ハ
「然リ」

ト答ヘタ。大使ハ更ニ、

「予自身大使トシテ五ケ年、常ニ日米ノ親近ノ為メニ努力シテ居ル。今徳富君ノ御話ヲ聴イテ、大《おおい》ニ参考トナツタコトヲ感謝スル。但《た》ダ徳富君ハ米国ガ欧羅巴《ヨーロッパ》ヲ通シテ、日本ト交渉スルト云フガ、ソレハ幸ニ事実デナイ。予ハ直接毎日、日本ノ当該官吏ト交渉シテ居ルノデアル。左様ナ心配ハ御無用デアル」

ト云フカラ、予ハ
「ソレハ承知シテ居ル。但ダ日本人ハサウ思ウテ居ナイ。又米国ニ於テモ、ソノ惑ヒヲ解クコトヲ努メラレテ然ルベシト思フ」

ト述ベタ。

（註、案ズルニ、大使ハ自分ノ仕事ヲ言ヒ、予ハ米国国務省ノコトヲ言ウタノデ、国務省

ガ英国ト協同シテ日本ニ臨ミ、事ニ当ルノ政策ヲ言ヒ、独立シテ日本ト事ニ当ラザルヲ諷シ、九国条約ナドニ米国ガ顔ヲ出スコトノ不見識ヲ指摘シタノデアル。知ラズ、大使之《これ》ヲ悟リタルヤ否ヤ。ソノコトハ保証ノ限リデナイ）

以上息ヲモツカズ話ヲシタ。ツマリ目的通リ大使ノ説クデナク、予ノ言ヒタキコトヲ言ウタ。時間ハ午前正九時半ヨリ十時二十分マデ、五十分間デアッタ。

以上

予は如何に考えても、日米戦争の挑発は、日本からでなく、アメリカからであると思う。固《もと》よりアメリカ人は、左様には考えぬであろうが、これは他日公平なる歴史家が、これを判断するであろうと思う。喧嘩というものは、決して弱い者から、仕掛けるものではない。如何に日本人が数字を知らぬといいながらも、日米の勢力の如何に不釣合であったか位は、知っている筈《はず》である。然《しか》るにも関わらず、なお且《か》つ立ちあがらねばならぬ迄《まで》に至らしめたるは、その責任は誰れであるか。これを明らかにしたいものと思う。予も亦《ま》た第一回世界大戦終局当座、大正九年九月『大戦後の世界と日本』と題する一書を著述し、その中にて米国に関する一部は英訳せられて、紐育《ニューヨーク》マクミラン社から出版せられている（“Japanese-American Relations”）。それを見れば、予が米国に対して、如何なる意見を持っていたかという事が判かる。今更予はこの場合に於《おい》て、余計な弁解などをするを屑《いさぎよ》しとする者ではない。しかし真理は真理とし、事実は事実とせねばならぬ。要するに予は、今尚《な》お日本の戦うたることを、義戦と信ずる者である。但《た》だ不幸にして、日本の政治家軍人などが、陛下の御趣意を奉戴《ほうたい》して、最善の努力をなさず、またなすを得なかった事は遺憾千万である。今日は勝者の権によって、如何なる裁きを、我等の身の上に加えられても、何等言う所はない。ただ我等が心事は、今申す通りであって、日本国民中にも、予とこの志を同じゅうする者が、決して少なくなかったであろうと信ずる者である。先《ま》ず予の言わんと欲する所は、概略以上の如きものである。要するに、日本を咎《とが》むる前に、君等は先ず己れを知る必要があるということを、申したいのである。

（昭和二十年九月二十二日午後、双宜荘にて）

二二　和平工作と鈴木前首相

八月十五日以来予の手許に、既知未知の人より、投書少なからず。概して予の同情者が多いようだが、中にはその反対の人も、若干見受けらるる。左に掲ぐるは、何れも葉書であり、且《か》つ従来予と没交渉の人である。今、その標本として掲げて置く。

前略

遂に国家はこんなになつた貴下は如何の感かある未だ一族と共に老腹掻切つた噂もない抑《そもそも》この戦争を献策し賢弟たる健次郎氏屢《しばしば》言はれた「オベンチヤラ」で時の政府に提灯

持ちし遂に亡国に導いた、貴下は新聞人、米国の科学力と精神力をかねて知らなかつたか、上院議員として又歴史家として暴力が、侵略が最後に勝つと思つたか？　汝はその著書を一切絶版して罪を国民に謝し万死も足らぬが戦争犯罪者として敵国の裁《さばき》に立たれよ又自決もよからう　速《すみやか》に処置されよ

九月十五

静岡県浜名郡都田田中某

山梨県山口《(ママ)》湖畔双宜荘徳富蘇峰殿

（消印）20 9・10 田高

憂国警世明治―昭和三代の日本に貢献せる老先生に敗戦の苦杯を捧げんとは嗚呼。軍官界に於ける俗物指導者により光輝ある二千六百年は過去的遺物となれり原因奈辺に在りや挙げて教育に在り願はくば先生「迷へる一億」の為将来生活の指針を御教示賜はらんことを我等今日在るは死より辛きものあり

（三代目横文字で書く売家札）

毎日新聞編輯局

徳富蘇峰先生　　一愛国者

昭和二十年八月

それに又予の友人で有名なる水彩画家某氏（三宅克己《みやけかつみ》）は左の如き一書を送って来た。これ

も参考の為に掲げて置く。

拝啓

先生その後御健在なりや乍蔭《かげながら》御安否御案じ申上居る次第偖《さ》て今日の到来を予期致し居りし私如き者でさへ呆然《ぼうぜん》唖然《あぜん》荘然《そうぜん》何とも言葉無く存候《ぞんじそうろう》何から何迄《まで》征夷大将軍の命令絶対の服従全く独立国の資格無き立派な属国同様これも畢竟《ひっきょう》剣を持て立ち剣にて亡されし日本の真の姿として悔む処《ところ》無く自業自得の応報と諦《あきら》むるより外無くと存候蓋《けだ》し頑冥《がんめい》なる軍閥政治又国民を欺瞞勝なる政府の下に苦しみ居るより、寧《むし》ろ痛快とも相覚え申居候国民として悲嘆限り無き極なれどこれも定まる宿命と諦め申居候

以下知友の戯作御一笑までに

◎鬼の前に土下座して居る桃太郎
◎米足りん飛行機足りん脳足りん
◎丸腰で四《よ》ん等にほり込まれ
◎浮ばれぬ五十六、東郷、乃木、春畝
◎向ふづねをかぢつて見たが歯が立たず
◎日丸を洗ひ落せば白い旗
◎〇〇に『いぬじに』と云ふルビを振り
◎竹槍は束にくつてほり出され

◎子ハ玉砕親ハ都で瓦砕なり
◎帝都へハ一機も入れずは笑ハせる
◎神州は太古に返り穴ずまゐ
◎禁酒禁煙禁糖禁茶次は米
◎世の中ハ地獄の沙汰も米次第
◎世界一日の出る国の座敷牢
◎お茶受けに降伏饅頭などいかゞ
◎あな哀れ紋平五着もてあまし

◎到る所青山あつて家は無し　◎英機は男軍なかばに家を建て
◎伊勢の神も愛想つかして風吹かず　◎雪隠《せっちん》で腹の切り方考へる
◎駅長の弁当白し卵焼
二十年九月十八日　真鶴港　三宅克己拝
蘇峰先生　玉案下

以上は全く標本だけであるが、これにて即今世情の一斑《いっぱん》を察することが出来る。（中略）

近頃意外の感をなすのは、現総理大臣宮を初め、前首相鈴木大将、現海相米内大将、現国務相元首相近衛公爵などの、外国新聞記者に対して告白せられたる新聞の記事である。自分はそれを読んで、洵《まこと》に意外の感をなさざるを得なかった。例えば首相殿下は、自分は初めから大東亜戦争には反対であると言明せられた。当時宮殿下は、陸軍の重要なる位地に居られた御方であり、且《か》つ皇族で、主上に接近の位地に在したることであれば、その時反対の事を言明せられて然《しか》るべきに、その時には沈黙し、若《も》しくは沈黙せざる迄《まで》も、反対を表明する程の事をせず、今日になって斯《か》く申さるることは、如何にも心外千万と思う。近衛公爵の如きも亦《ま》た同様である事を言って居られるが、それに対して、米人ミルラー氏曰《いわ》く、若《も》し近衛及びその仲間が、彼等の言う通りであったならば、何故にその生命を犠牲としても、それに反対し、それを阻止しなかったたか。しかるに彼等が軍閥に引ずられて、ここに至ったるは、即ち彼等も亦た軍閥と共に、戦争犯罪者として、責を分つは当然であると。また近衛公が日本に英国流のデモクラシーを建立するであろうという説に対して、スウィング氏は曰《いわ》く、元来デモクラシーは、天皇や公爵などによって建立すべきものではない。むしろ天皇や公爵より権力を剝奪するところの、人民によって建立すべきが原則である。若《も》し日本がデモクラシーを建立するとせば、日本人民がこれを建立するより外はない。近衛公爵の語るところは、支配階級が依然支配を継続するところの、十年も後れたる事を、今尚《な》お繰返しているに過ぎないと。

これらの評は、必ずしも適中とはいわぬが、当らずと雖《いえど》も遠からざるものがある。予は未だ曾《かつ》て、長き予が文壇の生涯に於《お》て、今日の如く日本を民主国となすなどということを、言ったこともなければ、書いたこともない。予は壮年時代に、最も急進なる民権論者であった。しかし予の民権は、官権に対する民権であって、君権に対する民権ではなかった。予は民主という言葉を決して用いなかった。デモクラシーという文字を翻訳するに付てさえも、民主という言葉は、用うることを慎《つつ》しんだ。予は殊更《ことさら》に「平民」という言葉を使用した。これはデモクラシーの翻訳でもなければ、直訳でもない。民主という言葉は、要するに君主に対する言葉である。君主国に民主があるとすれば、主権は二本建てとなる訳である。所謂《いわゆ》る天に二日《にじつ》ある訳である。故に予は民主などという言葉を、容易に使用することを慎しんだ。予の所謂る「平民主義」は、貴族主義に対する平民主義であって、君主主義に対する平民主義ではない。従《よっ》て予は昭和四年毎日新聞と契約をする時に、「平民主義に依《より》て調節せられたる皇室中心主義を基本として」云々と書いた。これが即ち我が国体の本義と思う。即ち一君万民の制がこれであり、維新の皇謨《こうぼ》がこれであると信ずる。今更《いまさら》今日に於《おい》て、日本に民主主義を行うなぞという事は、飛《とん》でもない間違いであって、かかる事を言えばこそ、今申す如きスウィングの批評も出で来る訳である。

絶対降伏の主唱者達は、自分等の力によって、国体を全うしたというが、日本にアメリカ流の民主主義を植付けて、それで果して国体を全うすることの出来得べきや否や。霜を履《ふみ》て堅氷至るという言葉がある。予は近き将来に、彼等が後悔する日の来るであろう事を懸念せざるを得ない。殿下は兎《と》も角《かく》も、近衛公爵程の人であれば、何故に今少しく、この戦争を挑発したるは、米国であると言わなかったか。それを言うことを憚《はば》かるほどなら、自分が責任を引受けて、自ら挑発者という外はあるまい。アメリカ人が近衛公爵の言に対して、卑怯である、臆病である、責任を軍閥に転嫁するものであるといったのは、相当の理由があるように考えられる。

これと事変って、更に最も驚く可きは、鈴木前首相の外人記者に対しての言明である。彼は組閣の当初から和平工作をやっていたといっている。即ち和平の為めに、内閣を組織したということであるが、これを驚ろかぬ者はあるまい。鈴木首相は天下に向って、戦争一本建てであると宣言し、人々は予が屍を乗り越えて進めと宣言し、また徳川家康の三方ケ原の例を説いて、戦争は決して物量のみで決するものではない。また一時の勝敗で決するものではない。堅忍不抜《けんにんふばつ》の精神で、家康の如く、最後まで頑張る者には、その勝利を得らるるものであると、繰返し説いている。現に七月二十八日には、首相官邸で、内閣記者団と約一時間会見し、必勝の信念を語っている。予自身も亦《ま》た鈴木首相と会見し、親しく首相から、戦争一本建ての意見を聴き、それを実行するについては、予も意見を陳述し、また覚書を呈し、あるいは書簡を呈し、あるいは閣僚左近司《さこんじ》国務相によって、意見を伝達したることもある。予は鈴木首相には多大の同情と信頼とを措《お》いた。殊《こと》に首相が老人である点からして、老人たる予には、深き同情を傾けざるを得なかったのである。あるいは世間を瞞着《まんちゃく》して、言う事は行わず、行う事は言わずという流儀でやったとしても、予の如き、好意を表する者までも、欺《だ》ますようなことはあるまいと考えていたが、正真正銘と天下に銘打ちたる首相が、外人記者に向って言明したるところを聴《きき》て、聊《いささ》か茫然《ぼうぜん》たらざるを得ざるものがある。

予ばかりでなく、本多熊太郎《ほんだくまたろう》翁の如きも、鈴木首相から仮令《たとい》九州の全部を失うても、決して屈服はせぬとまで、明言されたということを聞いているが、それは保証の限りではない。何れにしても、莫迦《ばか》を見たのは、心から鈴木内閣を支持したる、殊《こと》に鈴木首相を支持したる我等である。自らその愚を嗤うの外はない。君子は欺《あざむ》くべく誣《し》うべからずとの言葉を想起して、聊《いささ》か自ら慰むる外はあるまい。

鈴木首相は既に二・二六事件で一命を失うている。今更命の惜《お》しき筈《はず》はない。しかるに彼は国民を詐《あざ》むき、国を売った。売った心根は、国家の為であったとしても、あるいは皇室の為であったとしても、売った張本人であることには間違いは無い。されば辞職と同時に、若《も》しくは新内閣の組織と同時に、若くは絶対降伏書の調印と同時に、必ず自決すべきものと、我も人も思っていたが、尚《な》お外人記者に語るところによれば、前途御奉公をする積りといっている。日本は今後如何なる御奉公を、鈴木前首相に期待するであろうか。我等は実に意外千万に思っている。尚おまた米内海相が、外人記者に語りたるところによれば、彼は実に敗戦論者の真面目《しんめんぼく》を暴露して来た。彼は戦争二年目に、もう駄目と諦めていた。かくの如き人によりて、日本海軍が支配せられ、運用せられたることは、今更ながら日本海軍にとって、非常なる失態であったといわねばならぬ。

（昭和二十年九月二十三日午前、双宜荘にて）

二三　盗人猛々し侵略国呼ばわり

自分は戦争犯罪とか、戦争責任とかいう言葉が、今日通用することについて、聊《いささ》か不審がある。成程《なるほど》捕虜虐待とか、病院船を打沈めたとか、大きくいえば、原子爆弾などを無暗《むやみ》に投下したる者は、戦争犯罪者といっても可《よ》かろう。しかし勝った方から負けた方を吟味して、彼は犯罪者である、これは犯罪者であるなぞという事は、如何なるものであるか。例えば角《すも》力《う》をとるに、勝ち負けの勝負がつけば、それで皃《けり》はついている。勝ち角力が負けた角力に、謝罪状を出させるとか、罰金を取るとかいう事は、未だ曾《かつ》て聞いたことがない。戦勝した上に、償金を取るとか、土地を取るとかいう事さえも、損害賠償という意味に於《おい》てのみ、その理由は成り立つと思うが、個人々々を引っ捕えて、彼は犯罪者とか、これは犯罪者とかいうことは、如何なるものであるか。近く例を取って見れば、日本が、大東亜戦争を、起したとはいわぬが、余儀なく起つに至った所以《ゆえん》のものは、決して一人一個の考えではない。いわば国民的運動であり、国家の大勢である。殆《ほとん》ど自然の力であるといっても宜《よ》い。風の吹く如く、水の流るる如く、潮の差す如く、石の転じる如く、勢い然《しか》らざるを得ずして然るものである。日本などは三百年来、殆ど缶詰にせられていたものであるが、鎖国の夢を米国の為めに破られ、漸く目を醒まして見れば、窮屈で窮屈で、手を伸ばすことも出来ず、足を伸ばすことも出来ず。その為め余儀なく四周に膨脹し来ったものである。その手足となった者を罪人として咎《とが》めた時に、追っ付く話ではない。如何に軍閥などが戦争せんとしても、国民の運動が、それに副《そ》わざる限りは、出来るものではない。戦争の仕方に付ては、軍閥のやり方が、下手とか、上手とかいう論も出来るが、少くとも予が知り得る限り、大東亜戦争は、決して軍閥が製造したものでもなければ、作為したものでもない。恰《あた》かも田舎の水車が、少しずつ水が溜《たま》って、その溜ったる力で、車が回転する如きものである。その力というは、即ち国民的運動力である。国民の志望というてもよく、国民の欲求といってもよい。あるいは国民的本能というても差支《さしつかえ》ない。若《も》し罰せんとすれば、国民的本能その物を、罰するより外に仕方はあるまいと思う。日本が必要もないのに、軍閥という一階級が、殊更《ことさら》に戦争を企らんで、平地に波瀾《はらん》を起したなどと思うことは、余りにも浅薄なる考え方と思う。

スターリンは、日本を侵略的国民というが、これは盗人猛々しといわねばならぬ。侵略国の標本を世界でいえば、ソ聯、英帝国、次に北米合衆国である。彼等は何によって、大を成したかといえば、皆な殆《ほとん》ど侵略によって大を成したのである。その侵略の方法には、あるいは戦争によるものもある。あるいは外交によるものもある。ソ聯の如きは、最も火事場泥坊の名人で、どさくさ紛れに、何時も奇利を専らにしておる。例えば、英仏同盟軍が大沽《ターク－》を陥れ、円明園を焼き、清国皇帝が熱河に蒙塵《もうじん》したるに際し、奇貨《きか》措《お》く可《べ》しとして、イグナチーフ将軍は、支那より黒龍江一帯沿海州を掠奪したではないか。近くは日本が絶対降伏を宣する暁に於《おい》て、殆《ほとん》ど手を濡《ぬら》さずして、満洲のみならず、朝鮮半分を手に入れたではないか。掠奪国とは、かかる国をいうべきものである。英国米国何れもその通りであって、苟《いやし》くも歴史の何頁かを読んだ者は、中学校の子供でも、よくこれを知っている。今更日本を侵略国呼ばわりするなどという事は、余りにも事実を誣《し》うる事の甚《はなはだ》しきものである。また英米諸国は、日本を好戦国などと称しているが、日本の何処を探せば、好戦国たる事実があるか。好戦国という文句は、誰れよりも、英米両国が、自から引受けねばならぬ名称である。日本は島原耶蘇《やそ》の乱以来、戊辰《ぼしん》に到る迄《まで》、殆ど三百年に垂《なん》んとして、一回も戦争らしき戦争をしなかった。勿論《もちろん》百姓一揆とか、竹槍騒動とかは、偶々《たまたま》あったが、それは喧嘩の大なるものであって、戦争と名の付くべきものではなかった。これに反し、平和々々といいながら、英米両国は、殆ど毎年とはいわぬが、矢継早やに、戦争から戦争を継続している。論より証拠、統計をとって見れば、極めて明白な事実である。日本人の性格は、戦国時代日本に宣教の為めに来航したる、ザベリオ師が、よくこれを語っている。日本人は不正を為す者ではない。不義を行う者ではない。但《た》だ極めて面目を重んずる者であるから、その面目を傷つくる者に対しては、必ず報復する、と言っているが、これが最も日本人をよく了解したる者の言と思う。もし日本人が戦うという場合があったらば、報復の為めである。戦わねばならぬ迄《まで》に、仕向けられたる為めである。語を換えていえば、防禦的戦争というの外はあるまい。自分は決して軍閥の味方でもなければ、敵でもない。別に軍閥を庇護《ひご》せんとする者でもなく、また同時に軍閥を罪に陥《お》とさんとする者でもない。戦争の責任を軍閥のみに帰するという事は、全く間違いである。

（以下、省略）

（昭和二十年九月二十三日午後、双宜荘にて）

二四　日本は侵略国に非ず

マッカーサー元帥を初め、アメリカの国論ともいうべきは、何れも日本人に敗戦を自覚せしむるということが大切である、日本人は未だしみじみ、敗戦という事を、自覚していないといい、また我国の当局及び指導階級も頻りに鸚鵡《おうむ》返《がえ》しに、その通りの言を繰返している。しかしこれは無理の話である。日本国民には、初めから終りまで、敗戦という事実は、大本営からも、情報局からも、新聞雑誌の報道班員からも、未だ一回も知らせていない。真珠湾以来沖縄に至るまで、勝った勝ったで四ヵ年過ごして来た。偶《たま》ま撤退する場合には、「転進」という立派な言葉を付け、また全敗したる場合には、「玉砕」という名誉ある文句を用い、国民の眼から、全く敗北という事を、払拭している。かくて最後に、絶対降伏という事が出で来たったから、一般国民にとっては、まるで天地が引くり返ったような気持をした。誰れも彼れも皆な茫然となっていた。狐に欺《だ》まされたのではないかと、我れと我が鼻を抓《つ》まんでみるような状態であった。且《かつ》また鈴木首相を初め、阿南陸相その他、あらゆる軍官の人々は、本土決戦では、必ず敵を遣りつくすといっていた。中にはぼんやりぼかしていうた者もあれば、あるいは瞭《はっ》きり語った者もある。その濃淡深浅は別として、本土決戦には必ず勝つものと、国民の大多数といわんよりは、殆《ほとん》ど九分九厘迄《まで》は、かく感じ、それを最後の頼みとしていたのである。しかもその為めに使用すべき飛行機も使用せず、派遣すべき軍隊も派遣せず。一万二千台の飛行機、五百五十万の兵士は、チャンといざ来たれと待構えいたのである。しかるにそれを使用せずして、即ち本土決戦の真似方さえもせずして、絶対降伏を申し入れたから、日本国民に敗戦を自覚せしむるという事は、到底出来得べきことではない。今尚《な》お国民の大部分は、何故に最後の一戦を試みなかったかという事に、不審を抱いている。この不審が霽《は》れない以上は、到底敗戦を自覚することは出来ない。今日の日本国民は、ただ米国の進駐軍が入来し、日本の軍人や官吏がその手先となって、汗だくだくとなって、使い廻され、追い廻されているのを見て、他覚的に、さては日本も敗北であるかと、気付いたようなものである。アメリカ人が何といおうと、我等は没交渉だ。ただ我国の官吏や軍人等が、国民に向って、敗北の自覚を押売りする事だけは、御免を蒙《こうむ》りたいものと思う。

再び、日本国は侵略国でありや否やという問題に戻る。日本国は侵略国ではない。侵略国というものは、侵略せんが為めに、侵略するものである。即ち泥坊というものは、泥坊せんが為めに泥坊する者を泥坊というのと同様である。日本国と朝鮮とは、むしろ有史以前から、至緊至密の関係があった。その事については別に語る機会もあろうが、例えば神功皇后《じんぐう》の三韓征伐などという事も、決して侵略の意味ではなかった。九州の熊襲《くまそ》の乱に、当時の朝鮮が、宛《あた》かも米英が蔣介石《しょうかいせき》を援助する如く、援助した為めに、余儀なく熊襲の乱を平ぐる為めには、その策源地に向って、手を着くるの外なしという理由からして、神功皇后の遠征は行われたのである。今日の言葉でいえば、全く正当防禦の戦争であって、決して侵略の為めの戦争ではなかった。

また室町時代から戦国時代にかけて、倭寇《わこう》なるものは、朝鮮、支那沿岸、延《ひ》いて南洋のスマトラ方面迄《まで》も進出した。これを以て日本は他国を侵略するという者もあろうが、元来倭寇の根元は、蒙古襲来に淵源する。蒙古が日本を襲い、ここに於《おい》て日本は、事実に於て、殆《ほとん》ど総動員をなして、ここに備えたが、文永《ぶんえい》、弘安《こうあん》の役終って以来は、蒙古も幾度か日本を襲わんとしたが、遂に果たさなかった。その為めに、準備したる者共は、勢い失業者となり、その為めに銘々勝手な方角に出掛けたのである。これが倭寇の初まりといってもよかろう。その後倭寇には、朝鮮では朝鮮人が参加し、支那に至っては、むしろ本家本元を凌《しの》ぐ程、支那人が参加して、倭寇の名によって、支那人があらゆる切取強盗を逞《たくましゅ》うしたる事実は、これ亦《ま》た争い難き事である。即ち王直《おうちょく》とか鄭芝龍《ていしりゅう》とかいう海賊の大頭目は、正真正銘の支那人であって、彼等がある時には倭寇の仲間となり、ある時には倭寇を向うに廻し、その時相応の仕事をしたものである。また豊臣秀吉の壬辰《じんしん》役なるものは、当初から朝鮮を征伐する筈《はず》ではなかった。恰《あた》かも蒙古軍が、朝鮮を手引として、日本に攻め入らんとしたる如く、秀吉も亦《ま》た朝鮮を案内者として、明に向って交通を求めたのである。秀吉の目的は、支那と全面的の貿易通商を求めたものであって、いわば水師提督ペルリが、日本に来たのと、殆《ほとん》ど同様の目的であり、その手段も亦た同様であった。ところが朝鮮がこれに応じなかった為めに、遂に武力を以てその目的を果たすこととなって、朝鮮征伐は出で来たったのである。しかし当時の欧羅巴《ヨーロッパ》は、既に武力を以て、東亜に臨み、今日の比律賓《フイリピン》当時の呂宋《ルソン》などは、既に西班牙《スペイン》人や葡萄牙《ポルトガル》人が、その手を着けていた。秀吉も亦た世界的この膨脹の気運に刺戟せられて、是《ここ》に出でたるものであって、日本人は、いわば欧羅巴人の先例に従い、その蹤《あと》を追うたるものに過ぎない。若《も》し日本人が初めから、侵略的国民であったならば、かかる手後れを為す迄《まで》もなく、欧羅巴人に先んじて、各方面に手を出したであろう。秀吉でさえも、今申す通りであれば、その他の人々は知るべきである。

また維新以後、明治六年の征韓論の如きも、本来は朝鮮と平和的交通を開くに在《あ》ったが、朝鮮人がその国書を冒瀆し、我が使節を侮辱し、国家の体面上堪忍が出来ぬから、これを討つべしという論と、否それは大早計である、先《ま》ず改めて使節を出し、その使節に対する彼の方の出方如何によって、和とも戦とも決むるがよかろうというのが、西郷隆盛の議論であった。それさえも閣議では否決せられた。若《も》し日本国民が好戦国民であり、また侵略人種であったなら、明治六年の内閣破裂などのあるべき筈はなかった。何れかといえば、日本人はむしろ臆病という程に、平和愛好の国民である。

例えば樺太の一件でも、露人が横車を押して、飽《あ》く迄《まで》樺太全体を我物にせんと欲し、そこで日本もこれを南北に中分せんとしたが、それさえ露人が異議を生じた為めに、この上は詮《せん》方《かた》なしとて、千島と樺太を交換したのである。いって見れば、千島も樺太も、当然日本に属すべきものであり、地理的から見ても、歴史的から見ても、将《ま》た経済的から見ても、誰れも異存の無い所だ。千島樺太交換なぞという事は、日本の物を以て、日本の物と交換したようなものであって、外交の拙劣も、ここに至って極まるといってもよいが、しかし平和的日本人にとっては、それさえも賢明の方法として、若干の反対者はあったが、一般には受け入れられた。二十七、八年の役〔日清戦争〕は、清国が朝鮮を占有し、日本を除外せんとしたる結果から起り、三十七、八年の役〔日露戦争〕は、露国が朝鮮の過大半を占有し、日本を排除せんとするより起ったものであって、その歴史は今ここに予が言を繰返す必要はない。当時の支那も、当時の露西亜《ロシア》も、世界では皆な日本にとって、勝ち目の無い大敵であり、剛敵でありと認めていた。若《も》し日本が侵略国民であったならば、かかる危険なる戦争を試みる筈《はず》はなかった。しかし両《ふた》つの戦争倶《とも》に、日本自衛の為めに、活《い》きるか死ぬるかの問題であったから、座して滅びんよりも、進んで戦うに若《し》かずと考えて、やったのである。その意味に於《お》て、今度の大東亜征戦も、亦《ま》た同様である。但《た》だ前の二者は、幸《さいわい》に勝利を得たが、今回は絶対降服をする迄に立到ったのである。しかもこれは日本の立場として、自業自得であるから、我等は決して、これについて、何等勝った国を、恨むることもなければ、咎《とが》むることもない。ただ若《も》し恨むべきものがあったならば、この戦争を敗北に導いた当局者である。しかしこれは内輪の問題であって、世界に持出す問題ではない。我等自身としては、日本は尚《な》お戦う余力を持って居り、この余力の存する間は、戦うて見たいものと考えていたが、それが実行の出来なかった事は、今更ながら遺憾千万といわねばならぬ。何れの点から見ても、日本国民は、好戦人種でもなければ、侵略国民でもない。

これは我等が彼是《かれこ》れ自国を弁護するでも何でもなく、歴史事実が、明々白々に、これを証拠立てている。今少しく日本国民が、好戦人種であり、侵略的欲望があったならば、まさか今日に於《お》て、かかる惨めな境遇に陥ってはいなかったろうと思うが、宛《あた》かも長脇差《ながわきざし》の博徒の真ん中に、風流嫻雅《かんが》な紳士が立ち交ったようなものであって、余り綺麗に、余りお立派であった為めに、遂に今日では、つまらぬ状態に陥り、却《かえっ》て長脇差の連中から、貴様こそ博奕打《ばくちう》ちの大親分であるなぞと、柄にもなき名号を付けらるるに到った事は、笑止千万といわねばならぬ。

（昭和二十年九月二十四日午後、双宜荘にて）

二五　日本の地理的条件

日本国は自然の勢に放任すれば、とても自給自足は出来ぬ。豊葦原瑞穂国《とよあしはらみずほのくに》といって、世界第一の天恵に浴したる国であるかの如く語るが、冷静に考うれば、決してその通りではない。気候は温和であるといい得るが、国を挙げて湿気多く、外国人にとっては、決して健地ではない。土地が豊饒であるといっても、それは部分的の事で、細長き国の中央には、それを縦断する大なる山脈が走り、時としては、それが重複し、また処々に於《おい》て山脈が直角的に、若《も し》くは鋭角的に、それを横断している。一口にいえば、日本は山を下れば海となり、河を上れば山となるという地勢で、平原といえば、関東平原、奥羽の平原、近畿の平原、若くは九州の平原など若干はあるが、それでも大陸地方に比すれば、手の平同様である。それで耕地は山嶺までも開け、石に鋤《す》き雲に耕すという言葉は、日本では決して形容詞ではない。如何に工夫しても、大農などが出来る土地柄ではない。

また文化的今日にとって最も必要なる石炭、石油、鉄、銅その他の鉱物などは、伊太利《イタリア》程ではないが、最も稀少である。単に生活だけが自給自足の出来ぬばかりでなく、生活を向上するのあらゆる物資は、他にこれを仰がねばならぬ。例えば豆は満洲に仰ぎ、棉《わた》は印度に仰ぐという如く、日本の重工業ばかりでなく、軽工業さえも、殆《ほとん》どその原料を他に仰がねばならぬ。しかるに兎《と》も角《かく》それが無事に経過したのは、畢竟《ひっきょう》人為的に人口を制限した為めである。それは徳川氏時代に於《お》いて最も太《はなは》だしかった。徳川氏は農民を、生活といわんよりも、むしろ生息という程度に止どめて置く政策を執った。家康のブレーン、トラスト本多佐渡守の著作と称する『本佐録』を見ても、百姓は余りに貧乏せぬよう、納税だけはして、生きて行くように、また余りに富まないようにという事を、原則としている。その為めに、必然の理由よりして、自然に産児制限が行われて来た。これは百姓ばかりでなく、士族の間にも、行われて来ていた。現に岩崎弥之助《いわさきやのすけ》が、兄弥太郎《やたろう》の為めに、身を粉にして働き、自らその分け前を求めなかった理由の一として、予が聞く所によれば、既に弥之助氏は間引かれる所であった。ところが兄弥太郎氏が、自分は別に弟も無いから、是非これだけは助けて呉《く》れといって、その為めに弥之助氏は、この世の光を見ることとなったのである。その恩に感じて、かく兄の家の為めに、献身的に働らいたのであるという事を聞いた。また予が先輩山田《やまだ》武甫《たけとし》翁の如きは、自分は間引かれ損こなって、偶然にも生きている者であると、語られたことがある。山田翁は牛島家の二番児であったが、後には山田家に養子に赴いた。日本はかくの如くにして、人口を制限したから、徳川三百年間は、殆《ほとん》ど大なる人口の増減も見ずして経過した。ところが明治維新後になって、明治十年より二十年近くまでは、日本の人口は三千五百万ということであった。

予の少年時代、予も演壇に登って、「三千五百万の同胞」なぞと言った事がある。また木《き》戸《ど》孝允《こういん》の詩にも、『三千余万奈蒼生』という句がある。ところが今日は、朝鮮台湾等を合せ、一億という数字に上り、内地のみにても、七千万を超過し、全く三千五百万の倍となっている。これは従来の制限を撤廃したる結果といわねばならぬ。かく人口の増加したるのは、いわば人口の捌《は》け口《ぐち》を発見したるが為めであって、また人口の増加と共に、その捌け口を発見する必要は、益々加わっている。今日では先《ま》ず一百万の人口増加は間違いなきものであって、それが鼠算《ねずみざん》に進んで行けば、その増加の程度は、恐らくは北米合衆国を凌駕するとはいわぬが、肩随《けんずい》するに至る程のものとなったであろうと思う。かくの如く日本は、生活にさえ自給自足が出来ぬ国であったから、これが世界の空き間隙き間を見付けて、割込み入込むことは、已むを得ぬ次第である。侵略などという言葉は、自分に食うだけの物は持って、尚《な》おその上に物を欲しがるものをいうことであって、食えぬから何処かに食を求めに行く者を称して、侵略なぞという言葉は、洵《まこと》に事実を誣《し》うるものといわねばならぬ。

日本が国が狭く、地形も地味も、その国民を養うに不足して、食うに困る状態である事は、世界は皆なよくこれを知っている。しかるにその日本人が、世界の何処に行っても、やがては日本人入る可《べか》らずとして高札《こうさつ》を立てられ、一切合切《いっさいがっさい》その財産をも取上げられ、日本人出て行けというような待遇を受けている。布哇《ハワイ》の砂糖畑や、珈琲畑は、誰れが作ったか。加州の砂漠を楽園となし、あるいは馬鈴薯、あるいは玉葱、あるいは葡萄その他の果物、あるいはあらゆる草花類などを栽培し、アメリカ人に供給したのは、誰であるか。カナダの木材若《も》しくは漁業等に貢献したるは、誰であるか。しかるに彼等は、働くだけ働き、作るだけ作った上に、一応の挨拶もなく、逐《お》っ払われる如き状態に立ち到ったのだ。しかしアメリカにも物事の分暁《わか》った漢《おとこ》も居って、テオドール・ルーズベルトの如きは、米国も両米大陸に「モンロー主義」を布《し》くから、日本も東亜に於《おい》て「モンロー主義」を布くべきである。アメリカには日本人が来て、仕事をすることは、御免を蒙むるが、東亜にて仕事をする事には、何等異存もないから、どうぞその積《つも》りでやって呉《く》れ、というような話を故金子〔堅太郎《けんたろう》〕伯爵にしたという事を、予は伯爵から直接聞いたことがある。金子伯として、まさか聞かない事を聞いたという筈《はず》はなく、またルーズベルトとしては、言いそうな事であるとも思う。

日本は決して満洲を横領せんとするではない。ただ満洲に於《おい》て、三十七、八年戦役によって、条約上得たる所の権益を、そのままに実行せんとしたるに外ならない。しかるに支那側では、種々の苦情を並べ、張学良《ちょうがくりょう》の時代となっては、最早や満洲に於て、条約上の権益は蹂躙《じゅうりん》せられ、この上は日本人は、皆な鞄を提げて、日本に舞い戻る外はないという事までに至った。その極所が即ち満洲事変の起りである。予の如きも、当初満洲から総代として来た人々に面会し、その陳情を聴き、頗《すこぶ》る同情したが、今更《いまさら》慰諭の言葉に窮したことを憶《おぼ》えている。自分の土地で食って行けぬ国は、日本ばかりではない。英国の如きも、交通が二週間停《と》まれば、倫敦《ロンドン》市民は飢餓に瀕するというではないか。しかるに英国の如きは、殆《ほとん》ど世界の三分一を、その大帝国の内に抱え込んで、それで今日の状態を続けている。しかるに我が日本は、今度は朝鮮、台湾、樺太、琉球さえも奪われ、満洲からは逐《お》い出されるという状態になっては、如何にすべき。三千万の日本人でさえも、日本内地の急を行うことが出来ずして、徳川幕府の時代にも、密貿易が行われたり、あるいは対馬を基地として、朝鮮から穀物を取入るるとか、琉球を基地として、支那から物資を取入るるとか、随分手の込んだる紆余曲折《うよきよくせつ》の道を辿《たど》って、若干外国との交通もすることが出来た。しかるに人口が当時に倍して、缶詰にせられたからこそ、このままで行けば、共食いどころではない、餓死することが当然の結論といわねばなるまい。餓死せぬ為めには、必然的に人口も制限せらるるであろうが、兎《と》に角《かく》予の見る所では、日本からあらゆる領土を剝奪したる事は、人道問題の上から見ても、原子爆弾以上の非人道ではあるまいかと思う。かかる事を容易に受け入れたる我が当局者は、如何なる成算あったか。自分さえ生きて居れば、国民全体は餓死しても構わないという料簡《りようけん》であったか。また七千万の人間を内地に缶詰にして、これを完全に生活せしむる方便を持っているか。何れにしても、予に於《お》いては領会の出来ない話である。

（昭和二十年九月二十五日午前、双宜荘にて）

二六　自嘲

裏切るという言葉は、言葉そのものからさえ不愉快である。況《いわ》んや事実そのものに於《お》いてをやだ。自分の一生を顧《かえりみ》るに、自ら人を裏切った覚えは、閻魔《えんま》の庁に出ても、無い事を断言し得る。これに反して、我れ自ら我れを裏切った事の余りに沢山であるのに、驚かざるを得ない。人から裏切られるさえ面白からぬに、我れ自ら我れを裏切る事の面白からぬ事は、尚更《なおさら》である。誰れも好んで己れを裏切るものではあるまい。予と雖《いえど》も、固《もと》よりその通りである。

しかし自ら顧みて見れば、殆《ほとん》ど裏切られ通しに、八十三年の長き丁場を歩いて来た。これも自業自得であるから、誰れを咎《とが》むるということはない。ただ我れ自ら我れを嘲けるの外はない。即ち我れこそは、世界第一とはいわぬが、日本第一の大莫迦者であった。且《か》つあるという事を、嘲るの外はない。

予は屢々《しばしば》繰返した如く、横井小楠《よこいしょうなん》の学統に養われた者であって、倫理的政治の信者である。即ち『大学』の三綱領、八条目に掲げられたる通り、一身より一家に及び、一家より一国に及び、一国より天下に及び、倫理で一貫すべきものと信じていた。いうて見れば、身を修むる道を拡大すれば、家を斉《おさ》むる道となり、家を斉むる道を拡大すれば、国を治むる道となり、国を治むる道を拡大すれば、天下を治むる道となることである。それで権謀術数、支那でいえば申韓刑名《しんかんけいめい》の道、また外国の所謂《いわゆ》る『マキアベリズム』などというものは、全く異端邪説と信じていた。この信仰は、余をして、民権論者ではあったが、暴力を用うる革命論者には反対せしめた。国運拡張論者ではあったが、武力的拡張論には反対した。自然期せずして、英国ミル、グラッドストン、またマンチェスター派のコブデン、ブライトなぞの意見と一致する点があって、平民主義と平和主義とを以て、天下に呼号した。その現れが『将来之日本』であった。しかるに現実の世界に立入って見れば、自分決めに決めたる世の中とは、全く異りたる世の中を見出した。如何なる主義主張が、公明正大であっても、それを実行するには、背後の力の必要を認めざるを得なかった。マンチェスター派が、上品なる議論を、天下に公表して、差支《さしつかえ》なかったのは、その背後に英国海軍の一大勢力がある為めたる事を、漸《ようや》く暁《さと》った。いわば武力の裏付けある為めに、初めて平和主義が、物を言うことが出来た。若《も》しコブデン、ブライトが、英国の議会壇上でなく、他の小国の議会壇上で、平和論を唱えたりとて、世間では乞食の慈善論と同一視し、物笑いの種とより外にはなるまいという事に気が付いた。その極所は、即ち日清戦役後の三国干渉であった。それで自分は、自ら余りに自分の考えが、単純すぎて、世の中の光明の一面のみを見て、暗黒の他面を看過した事に、漸く気が付いた。

予は当初から平民主義の信者であった。国家が国民によって立つという事については、また国民を除外して、国家の存立するべきものでないという事については、断じて疑を容《い》れなかった。日本は君民一如の国家であって、仁徳天皇が、民富めば、即ち朕富むと仰せ給うた事は、洵《まこと》に我が国体の真義を述べさせ給うたことであり、義は君臣、情は父子と、雄略天皇の詔勅にある事は、これ亦《ま》た日本国体の真相を、約説したるものと信じていた。それでその為めには、民権論を主張し、民権の敵である官権、その官権を壟断《ろうだん》して居る薩長藩閥に向って、大《おお》いに戦を挑んで来た。而《しか》して明治二十三年の議会が開け、所謂る政権が国民に分配せられて、これからこそ我等の理想世界が到来したりと思う間もなく、議会そのものが極めて醜態を暴露し、政党などというものは、国利民福を打忘れて、切取強盗の団体であるかの如き醜態を、臆面もなくさらけ出し、かくては憲法政治なるものは、煽動政治家や、人民を売物にする破落戸《ごろつき》の利器ではないかと、思わしむるに至った。

それで予は平民政治なるものは、果して如何にすれば、その名目通り、実行せられ得べきかという事を考え、むしろ政権を一般国民に分配し、普通選挙に若《し》かずと考え、予自身は婦人参政権さえも、自ら主張はしなかったが、これを賛成するに遅疑《ちぎ》しなかった。ところが愈々《いよいよ》普通選挙が行われて見れば、これ迄《まで》腐敗は、卸売の問屋に止どまったところ、今度は全国津々浦々、腐敗の小売店が、繁昌するようになって来た。いわば普通選挙は、憲政の腐敗を、一層普通ならしむるに過ぎなかった。予は曾《かつ》て大正十二年九月の関東大震火災に遭遇して、その実情に遭遇したが、これを見て、しみじみ所謂《いわゆる》デモクラシーなるものは、良き監督者、良き指導者、良き訓戒者、良き案内者がなければ、駄目である。即ち伊太利《イタリア》のマジニーが、最善最智の指導の下に、総体を通じての、総体の進歩が、即ちデモクラシーの要諦であるということを、心から信ずることとなった。かくの如く、予が初恋ともいうべき平和主義からも裏切られ、平民主義からも裏切られ、別に誰れに向って苦情を言う訳ではないが、自分の考えが余りに単純過ぎたという事を、自ら嘲らざるを得なかった。

話換って、皇軍なるものは、大元帥陛下に直属し、政党でもなく、政派でもなく、藩閥でもなく、財閥でもなく、一切を挙げて君と国とに奉仕するものであると考え、この仲間だけは、いざという場合に、共に談ずるに足ると考えていた。彼等はその位地も保証せられて、濫《みだ》りに奪わるることはない。彼等の生活は、富裕ということはないが、生活も亦《ま》た保証せられて、飢餓凍餒《とうだい》の懸念はない。いわばその一身も一家も、天皇陛下によって、保険付けられたる如きものである。勢い彼等は、清廉潔白で、身を以て君国に殉する以外に、他念のあるべき筈《はず》はなしと考えた。固《もと》より人間の事なれば、百人が百人、千人が千人、皆なその通りとは思わなかったが、概してその通りであろうと考えた。よって官僚や政党が、為さず、且《か》つ為す能わざる事も、軍は必ずこれを為し得るであろうと考え、それに望を属していた。しかるに彼等は、悉《ことごと》くとはいわぬが、殆《ほとん》ど見掛け倒しである。全く予の期待を裏切った。その結果が即ちこの大東亜戦争である。この場合軍人の悪口をつくのも、感心したる話でないから、多く語らぬが、予はしみじみ失望した。彼等は実に無責任であり、不熱心であり、不忠実である。これだけ以上に付け加うる言葉はない。勿論政党の中にも、官僚の中にも、軍人の中にも、除外例はある。予はその除外例を認むるに吝《やぶさ》かでない。しかし概括して言えば、予は何れに向っても、自ら裏切られたるを、感知せざるを得ないのだ。しかしこれは決して彼等の罪ではない。彼等は本来その通りの者であったのだ。ただ予が欲目に彼等を買い被《かぶ》ったに過ぎない。それで彼等に喧嘩を持込むよりも、むしろ予が買い被った不明を、自ら嘲るの外はない。宛《あた》かも縁日の植木を買って、欣然《きんぜん》携え帰り、我が机に飾っていたところ、その盆栽は根付きでなく、ただ枝をそのまま折って、鉢に挿込《さしこ》んで置いたものであったに過ぎない類《たぐい》である。縁日屋を咎むるよりも、むしろ縁日屋の為に、莫迦にせられた御客が笑止千万である。

予は三国干渉以来、熱心なる日英同盟の主張者であった。明治二十九年英国に遊んだのも、微力ではあるが、その下心を以て、彼れの現状を観察するに在《あ》った。しかるに日英同盟締結せられて、漸く双方相知り相識って、これから物になろうと思う矢先に、英国は日本の首を切って、米国の軍門に降《くだ》った。華府《ワシントン》会議が即ちそれである。この時も自分は別に英国の裏切りを咎むるよりも、日本が余りに目出度《めでた》かった事を、嘲らざるを得なかった。序《ついで》に今一つ語るが、最近の日独伊同盟についても、予は熱心なる主張者であった。これも三国干渉の後に、英国との同盟が、日本にとって大切である如く、満洲事変以後は、勢い米英を相手とせねばならぬからには、独伊と結ぶは、必然の道である。しかるにこれもこちらの期待を裏切られた。伊太利はいうまでもなく、独逸も今少しやるだろうと思うたが、初め善く、中悪しく、第三幕目は、善悪の評さえ下すことが出来なかった。

予が皇室中心主義を主張したる事は、永き研究の結果であった。いわば歴史的研究と、予が及ばずながら長き政治的閲歴の上から帰納して、ここに帰着したのである。しかるにこの皇室中心主義さえ、最後に至っては、殆《ほとん》どその光を失うに至った。この事については詳しく語ることは憚《はば》かるが、兎《と》に角《かく》予は皇室中心主義こそは、日本を永久に護持する主義であると確信していた。しかるに今や雲の上からさえも、民主主義などという事を宣伝せらるるに至った今日に於《おい》て、予はまた何をかいわんやである。かくの如く考えて来れば、予のこれ迄《まで》やって来た事は、悉《ことごと》く皆な失敗であり、悉く皆な裏切られていて、何一つ満足にその期待を果たし得たものはない。而《しか》して最後に、日本国民こそは、否《い》やでも応でも、我が誇りである、我が頼みである、我が隠れ家であると考えていたが、その日本国民の現状は、如何にも気の毒千万である。泣くに泣かれず、怒るに怒られず、国家の誇りとか、国民の自尊心とか、三千年の歴史の光りとか、万国無二の国体とか、あらゆるものは、皆な穴のあいたるゴム足袋《たび》同様に捨て去って、顧みない状態である。何やら自分は、日本国民から裏切られたような気持ちがせずにはいられない。しかし如何に裏切られても、この日本国民だけは、手放したくない気持がする。

以上は頑張老人の熱に浮かされたる譫言《たわごと》である。何人も真面目に読む者もあるまい。しかし譫言は譫言として、言うからには、根も葉もない事を喋べったものではなく、予《かね》て肚《はら》の底に考えた事を、病熱に乗じて喋べり出したかも知れない。要するに、真面目に読むべきものでもなければ、真面目にその文句を捉えて、論議すべきものでない事だけは、改めてここに断わって置く。

（昭和二十年九月二十五日午後、双宜荘にて）

二七　朝鮮及び台湾との別離

朝鮮について一言する。朝鮮と日本とは、地質学者の語る所によれば、従来は地続きであったが、陥没して日本海が出来、互に海を隔てて相望むこととなった。しかし日本人種と朝鮮人種とは、本来同一人種である。固《もと》より双方とも混合人種であるから、十から十まで、総てが同一とはいわれない。先《ま》ず日本の人種について語るに、ある者は今日の日本人は昔から日本に住んでいたという者がある。ある者は、黒潮に乗って、南方からやって来たという者があり、または北方の大陸から、海を渡って、やって来たという者もある。予の見る所によれば、三者ともに若干の真理を持っていると思う。朝鮮人種も亦《ま》た然《しか》りで、朝鮮には、漢の武帝以来、漢人種の植民したことは、今尚《な》お痕跡が明白であるが、その以後に於《お》いても、漢人種が朝鮮の要素となっている事は、間違いあるまい。また北鮮地方は、所謂《いわゆ》る獩貊《わいばく》即ち粛慎《みしはせ》人種であって、その南方は所謂る我が大和民族と同一のものが、大部分を占めている事は疑いを容れない。日鮮一元という事は、政治的に製造したる文句でなくして、学術上の根拠ある断定であると信ずる。日本海沿岸の主なる神社は、皆な朝鮮系統の神様である事は、誰れも疑う者はない。また日本海沿岸の人種は、その容貌に於《お》いても、朝鮮の慶尚全羅《けいしょうぜんら》方面の人と、殆《ほとん》ど判別し難きものが少なくない。従《よっ》て日本と朝鮮とは、本来親類の国であって、日本が朝鮮を併合したという事は、米国が布哇《ハワイ》や比律賓《フィリピン》を併合したり、英国が香港を併呑《へいどん》したりするのとは、頗《すこぶ》る趣を異にしている。この事は朝鮮人自身も、よく承知の事であろうと思う。

さて朝鮮であるが、朝鮮の歴史を通覧するに、朝鮮は未だ曾《かつ》て完全に、その半島を挙げて、独立したる歴史を持っていない。部分的には一寸独立国の如きものが出来たこともあるが、それも束の間に、他に併合せられている。要するに朝鮮に対しては、三方の圧力が常に付纏《つきまと》うている。漢民族の有力なる場合には、漢民族がこれを支配し、北方民族の有力なる場合には、北方民族がこれを支配し、日本の有力なる場合には、日本がこれを支配することになっている。唐の時には日本と唐とが朝鮮を争い、唐が日本を半島から放逐した。宋の時には、ある時は宋に属し、ある時は契丹《きったん》に属した。元の時には、蒙古の勢力が全半島を蔽《おお》うて、元の手引を朝鮮が為して、所謂る蒙古襲来も、朝鮮の手引によって出で来《きた》った。壬辰《じんしん》の役は、支那と日本とが朝鮮を争うて、日本が引揚げた。二十七、八年戦役は支那と日本との競争であり、三十七、八年には北方の勢力たる露国と日本との競争であった。朝鮮の併合は、歴史的に見れば、極めて自然の事であって、朝鮮が初めて開闢《かいびやく》以来、その安心立命の地を得たということが出来る。固《もと》より日本の統治の為方《おさめかた》に付ては、相当拙《ま》ずきものがあった。それは日本人は、永い間島内に引込でいて、かかる素養もなければ、経験もなかった。寺内総督の時代に、『善意の悪政』などという言葉が出で来たったのは、朝鮮人の口からでなくして、日本人の口からであった。しかし日本の統治によって、初めて朝鮮には、政治らしき政治が出で来たった。論より証拠、殆《ほとん》ど眼に青き山を見なかった朝鮮の山々は青くなった。また従来八百万石が最上限度であった米産が、今は二千万石を超過するに至った。朝鮮人の生活の向上、また資産家の増加、全く面目を一新している。不平を言えば数限りもないが、愈々《いよいよ》朝鮮が一切合切日本と同一となり、朝鮮と日本の関係が、英国と愛蘭《アイルランド》との関係でなく、むしろ英国と蘇格蘭《スコットランド》とのように、混和し来ることは、今後十年を俟《ま》たぬ場合であった。

しかるにこの際独立という名義で、朝鮮はソ聯と米国との間に、南北に分割せられた。仮りに朝鮮が、完全に独立したとしても、北方の勢力か、若《も》しくは漢民族の勢力か、しからざれば海洋より来る勢力かに支配せらるる運命は免かれない。今日は日本の代りに、米国がやって来たのであるが、独立の名に於《お》けるこのソ聯と米国の分割政治は、果して如何なる幸福を、朝鮮に齎《もた》らすであろうか。今日の朝鮮について、最も気の毒に思うのは、朝鮮から逐《お》い出されたる日本人よりも、日本と絶縁して、新たにソ聯と米国を迎えたる朝鮮人である。世の中には万世の太平などという、目出たき文句を拈《ひね》り出して、独り悦に入《いり》て居る者もあるようだが、万世の太平は愚か、東洋の禍乱は、これからといっても、差支《さしつかえ》なかろうと思う。洵《まこと》に以て気の毒の至りである。

日本と台湾との関係についても、支那人は日本が台湾を奪ったというが、馬関条約の結果で譲り渡されたものであって、若《も》しそれを支那に回復せねばならぬといわば、それよりも何《なに》故《ゆえ》に、香港を英国から回復しないか。何故に内蒙古及び即今露国の領土となっている黒龍江一帯の地を回復しないか。何故に西蔵《チベット》を回復しないか。殊《こと》に可笑《おか》しき事は、支那は失地回復といって、仰山に叫び、澎湖島《ほうことう》まで回復しつつ、内蒙古の独立を許し、その名義で内蒙古をソ聯に譲渡し、西蔵の独立を許し、その名義で西蔵を英国に譲渡し、満洲の共同経営を容認し、その名義によって、満洲の実権を、殆《ほとん》ど挙げてソ聯に譲り渡したが、洵《まこと》に以《もっ》て驚き入《いり》たる話である。元来台湾は、支那が自から『化外《けがい》の地』と称して、台湾に対しては、責任は持たぬというから、その為めに明治七年の台湾戦争は出で来たったのである。また実際戦国時代には、日本人も台湾に赴《おもむ》き、徳川氏初期迄《まで》は、日本の船舶が台湾に寄港し、台湾と通商していたのであって、万更《まんざ》ら日本と台湾とは、無関係ではなかった。台湾に拠《よ》りたる鄭成功《ていせいこう》迄《まで》は、日本婦人の腹から出でたる漢《おとこ》であって、その鄭成功の子孫の後を、清国が引受けたる迄の事である。元来薩摩から、奄美大島列島を経て琉球に到り、琉球から台湾に到る、この飛石伝いは、地勢から見ても、当然日本に属すべきものであって、日本の勢力が、これに波及する事は、当然過ぎる程当然である。李鴻章《りこうしょう》などは、台湾を割譲する時に、御所望とあれば譲り渡すが、貰《もら》い受けても、貴国の利益にはなるまい、却《かえ》て土匪《どひ》とか、疫病とか、あらゆるものに悩まされて、厄介物を引受くる事になるかも知れぬなぞと、捨台詞《すてぜりふ》を言った程であった。しかるに日本がこれを引受けて、土匪を平らげ、不健康地を健康地となし、漸《ようや》く日本の宝庫となった暁《あかつき》に、熨斗《のし》を付けて、これを支那に返上するなどとは、洵《まこと》に以て日本人としては、お目出たき極みであるが、これも亦《ま》た前後無分別に、絶対降伏を、無我夢中に取急ぎたる結果と見れば、致方《いたしかた》なき次第であろう。

（昭和二十年九月二十六日午前、双宜荘にて）

二八　看板の塗替

何が驚ろいたかといえば、よくもかく手早く看板が塗替《ぬりかえ》られたかと、驚くばかりである。

昨日まで氷水屋であったのが、早くも既に焼芋屋となった位は当り前で、その変化の倏忽《しゅくこつ》にして、且《かつ》また手際の素早きこと、とても昔の天勝などが及ぶ所ではないと考えらるる。何が証拠といえば、新聞である。ラジオである。それによって現われたる一切の政治、社会、あらゆる現代の世相である。

日本人には中庸ということは、あるいは了解が出来ぬではあるまいかと思う。宛《あた》かも長き竿を立つる如く、右に倒れねば左に倒れ、前に倒れねば後ろに倒る。必ず一方に偏在する傾向がある。これは一種の国民的性格といっても差支《さしつかえ》あるまいが、それを外にして、殊《こと》に無条件降伏後の日本は、まるで魂の存在所を失うたようだ。日本人自ら日本人たる事を忘れ、日本人自ら日本国を見失なったような状態である。ここ迄《まで》徹底すれば、定めてアメリカ人も満足するであろうが、向うはまた向うの料簡《りょうけん》で、まだ足らぬ、まだ足らぬと、一方では鞭撻《べんたつ》するると同時に、他方ではお前等が芝居をしても、狂言をしても、瞞《だ》まされるものではない。左様な看板のみの塗替では、決して安心出来ないなぞと、大手搦手《からめて》から攻め付けている。それにどぎまぎして、申訳やら弁解やらで、汗だくだくしている連中も、亦《ま》た気の毒千万といわねばならぬ。

自分は決して東條内閣の讃美者でもなければ、その時代の事に随喜した者でもない。論より証拠、自分の言論は、東條内閣の時に、あるいは削除せられ、あるいは没収せられ、自分としては、頗《すこぶ》る遺憾至極であった。加之《しかのみならず》、自分の思惑と、東條内閣の遣口《やりくち》とは、極言すれば、天地の懸隔《けんかく》があったともいうことが出来る。しかし自分は、その為めに、大東亜戦争の目的が、間違っていたとも思わない。遣方は拙《つた》なくあったにせよ、これをやった動機は、決して間違っているものとは信じない。諺《ことわざ》に坊主憎けりゃ袈裟《けさ》まで憎いというが、東條が下手をしたといって、その為めに東條内閣にまでケチをつけ、延《ひ》いては明治維新の宏謨《こうぼ》にまで、ケチをつけるということは、以ての外の事と思う。

自分などは、国家主義全盛の頃は、殆《ほとん》ど異端といわなければ、異端に幾《ち》かき者として、取扱われていた。敬神の念が薄いとか、尊皇の情が淳《あつ》くないとか、古事記通りの一切を金科玉条《きんかぎょくじょう》として、信仰しないとかいうような意味で、随分外道《げどう》扱いをされたものである。正直の処、自分は各大臣の如く、任官すれば、如何なる急迫の国務をも擲《なげう》って、先《ま》ず第一に伊勢の神宮、橿原神宮、桃山御陵、熱田神宮などに参拝することとし、さりとて辞職すれば、偶《た》まには辞職を奉告する者もあるが、宛《あた》かも忘れたるが如き連中とは趣を異にし、実は手近き明治神宮参拝さえも、稀《まれ》になす如き者である。また皇室に対しても、尊皇のみでは十分でない。愛皇でなければならぬという事を述べ、至尊《しそん》を敬まうばかりでなく、至尊に親しみ奉らなければならぬという意見であった為めに、余りに至尊の神格化を少なくして、人格化を多くする者と見做《みな》されていたような事もあった。日本人は、一寸した言葉咎《とが》めをして、不敬罪とか冒瀆《ぼうとく》とかいうような事を、所謂《いわゆ》る重箱の隅《すみ》を、楊枝《ようじ》でほじくるような事が好きである。

青年会の集会で、宮城遥拝《ようはい》を怠ったなぞという事で、一大問題を起した事も聞いているが、最近では飛《とん》でもなき世の中で、皇室の皇の字をいう者もなければ、国家の国の字をいう者もない。敬神とか愛国とかいうことは、何処に行ったやら、今はただ民主一色で塗潰《ぬりつぶ》している。総理大臣の幕僚として、公けにその資格を持っている人が、社会党組織の発起人とか、張本人とかいう事が、麗々しく新聞に掲げられているが、誰人もこれを怪む者がない。仮にかかる事が八月十五日以前に新聞で掲げられたら、大変な騒ぎを、世間に惹《ひ》き起したであろうと思う。変れば変る世の中とは、誠にこの事である。自分は不肖ながら、環境の如何に頓《とん》着《じゃく》せず、自分だけの見識にて、自分だけの意見を持っている。世間が右に傾く時も、世間が左に傾く時も、自分は自分の信ずる所によって、力行して惑わざることを期する者である。その自分の眼から見れば、昨非今是、今非昨是、余りに世間の豹変《ひょうへん》に驚ろかざるを得ないものがある。

仮りに日本がアメリカに勝って、アメリカが日本に向って、無条件降伏を申込んだ時に、日本がアメリカに向って、共和制は宜《よろ》しくないから、君主制にせよといったらば、アメリカ人は、御《ご》尤《もっとも》であるとそれを受け入るるであろうか。己れが欲する所、これを人に施こせという事は、それを裏からいえば、己れが欲せざる所は、人に施こす勿《なか》れという事である。耶《や》蘇教《そきよう》国のアメリカが、耶蘇の教訓に反して、自分が厭《い》やという事を、他国に施こすという事は、洵《まこと》に意外千万である。戦さして負けたから、償金を出せという事なら、一応理窟もあるが、戦さして負けたから、皇室中心主義をやめて民主主義になれ、国家至上主義をやめて、個人主義になれという事は、余りに辻褄《つじつま》の合わぬ事ではないか。元来日本とアメリカとは、処変れば品変るで、人種も変れば言語も変り、人情風俗も変り、第一その歴史が全く異なったる系統に於《おい》て、互に歩いて来ている。しかるに三千年の歴史を持った日本に向って、遮二《しゃに》無二アメリカの国情、国体、国風、国俗の根本である民主制を押売せんとするのは、果して何故である。それは判かっている。日本が本来の国体を維持する時に於ては、必ず日本は再び旧《もと》との日本に、早いか晩《おそ》いかは姑《しばら》く措《お》いて、立戻る機会がある。さる場合には、日本は必ず米国に向って、復讐をするであろう。その復讐が怖《こ》わい為めに、日本人を全く去勢せんが為めに、「デモクラシー」の押売をする訳である。日本が三千年の国体を捨て、米国流のデモクラシーを模倣し、物質的ばかりでなく、精神的にも、アメリカの属国とならぬ限りは、安心が出来ぬというのが、アメリカの底意である。しかるにそれを鵜呑《うのみ》にして、デモクラシーは日本を救済する万能丸《ばんのうがん》の如く考え、民主主義さえ遵行《じゅんこう》すれば、日本人も生きて行くことが出来ると観念して、それを謳歌するその心底は、如何に落ちぶれたりとはいえ、余りにも浅ましき次第であると思う。

一体アメリカ人の、民主主義という事は、何を意味しているか。自分は彼等の根本精神は、我が特攻隊が、天皇陛下万歳を絶叫して、死を見ること帰するが如き状態を目撃し、速かにこの禍根《かこん》を根絶せざる以上は、危険千万と考え、それを根絶する方便として、民主主義を、日本に植え付けんとするものであって、本来日本の国体については、米国の何等関知する所でもなければ、干渉する所でもない。しかるに何よりもその一点を根本義として、そこにメスを加えんとするのは、彼等は皇室中心主義、天皇帰一主義を眼の敵《かたき》とするが為めであり、それも政治哲学の上に於《お》ける、議論の上からではなくして、現実の上にそれが日本精神の根源であるから、日本精神を払拭せんとするには、その根源を叩き壊《こ》わさねばならぬと、考えた為めであろう。米人でかく考えることは、その正不正、善不善の問題は姑《しばら》く措《お》き、必ずしも想像し得られない事ではない。但《た》だ日本人が、これに雷同《らいどう》し、これに曲従《きょくじゅう》し、これに詭随《きずい》し、歴々の雲上の方々まで、これに唱和せらるることは、我等に於《おい》ては、百たび千たび考慮しても、その理由が解からない。

（昭和二十年九月二十六日午後、双宜荘にて）

（以下、省略）

二九　日本の心的去勢

近頃日本人が米国人の手先となって、日本を米国化せんとする事に、これ日も足らざる有様は、只々《ただただ》不思議に考えらるる。今日米国人は、如何なる手段を執《と》れば、日本が再び起ちあがって、米国に復讐が出来ぬようになるかと、それのみを考えている。その手段として、日本から立ちあがる事の出来ぬように、あらゆる物的条件を剥奪する事を努めている。武器は愚《お》ろか、刀さえも取上げるという始末で。昔豊太閤が刀狩りをして、大仏を造ったが、アメリカ人は、刀狩りをして、何を造る積《つも》りか。兎《と》に角《かく》日本国を丸裸にし、日本人を丸裸にすることを考えている。近頃ラジオなどの伝うる所によれば、日本が他国に手を出すようになったのは、畢竟《ひっきょう》日本に資本が有り余ったからである。生産するところの物は多くして、消費するところの物は鮮《すく》なく、その余裕が出来た為めに、それを以て軍国主義の方便に供することとした。故にこれからは、その心配なきようにせねばならぬ。それには資本家を解散し、日本人の生活を引上げ、つまり日本人をして、宵越《よいごし》の銭を遣わず、その日暮しになさんとする積りと察せらるる。即ち貯蓄とか献金とかという事をなくして、日本国民を挙げて、比律賓《フイリピン》同様のものたらしめんとするが、米国流の考え方である。それには最も重宝なる事は、社会主義である。民主主義というが、民主だけでは、不徹底である。社会主義まで行かねば、その目的が達せられないという事で、盛んに社会主義の勃興《ぼっこう》を煽《あお》っているようだ。恐らくは今後出で来る社会主義は、マッカーサーの御用政党と見て差支《さしつかえ》あるまい。聞けば社会主義の学校も出来るということである。やがては文部省なども、その波に乗って、泳ぐことであろう。明治二十三年十月、教育勅語の発布以来、それを国民に植え付けたる文部省は、今後如何なる方便を以て、これを払拭し去らんとするか。一旦緩急《いったんかんきゅう》あれば、義勇公に奉ずなどという教育勅語の文句は、マッカーサーにとっては、一大禁物である。追々《おいおい》は所謂《いわゆ》る新日本の、新教育宝訓なるものが出来るであろうが、その眼目はこれを予想するに難くない。

この頃聞けば、米国大統領トルーマンは、日本国民を戦争に引張り込《こん》だる思想団体を、根こそぎに検挙し、これを撲滅するようにせよと、命令したりというが、彼等は物的資源を剝奪し去るばかりでなく、心的資源を剝奪し去る事を、これから目論むであろう。如何に武器は取上げ、その日暮しに国民を陥れても、若《も》しそれが空拳赤手を以ても、尚《な》お天皇に奉仕し、国家を熱愛する者があっては、安心出来ぬから、根本的に所謂る日本精神を払拭し去る積りであろうが、日本精神の根本は、日本歴史に在り、日本歴史の目的は、日本の皇室に在るから、究極の目的は、日本から皇室を取除くか、取除かざるまでも、日本国民の心から、全然皇室なるものを忘却せしむるか、何れにか持って行くであろう。無条件降伏を謳歌したる人々は、これで国体だけは、取り留めたなどと、自画自賛していたが、豈計《あにはか》らんや米国では、国体の根本に向って、直ちに一撃を加えんとしていることは、火を見るより瞭《あきら》かである。その場合に於《おい》て、我等の考えはその通りではなかったと、申訳しても、既に晩《おそ》しである。予は確信を以て断言する。米国は日本を物的去勢をなすばかりでなく、心的去勢をなさんとするものである。当るか当らぬか、遠きを待たず、必ずその実見の日が来るであろう。

（昭和二十年九月二十七日午前、双宜荘にて）

三〇　勝つべき戦争に自ら敗る

ある人は、負けて定めし悔しかろうというが、正直の所、予が悔しいのは、単に負けたから悔しいというではない。勝つべき戦争を殊更《ことさら》に負けたから、悔しいというのである。また勝つだけの手当を尽さず、手順を経ず、大早計に、自分から無条件降伏を申出たから、悔しいのである。譬《たと》えばここに試合があるが、大抵試合は三番勝負と定まっている。しかるに今度の戦争は、真珠湾マレー沖、何れも緒戦には我が大勝利であった。それから追々旗色が悪くなったのである。しかし、最後の戦争、即ち三番勝負でいえば、三番目の取組だけは、まだ実行しないのである。自ら負けそうに考え、且《か》つ自ら負けたと思って、勝負の判らぬ前に、こっちから参ったというのである。如何なる角力取《すもうとり》でも、取組まぬ前に、後ろを見せた者はあるまい。その点から考えて見れば、日本人が戦敗を自覚せぬのも当然である。この事は屡々《しばしば》繰返したが、百回繰返しても、尚《な》お足らない程である。

勝つべき戦争を殊更《ことさら》に負けたという事については、色々の入組《いりくみ》たる理由もあるが、一口にいえば、日本全国の総力を発揮する機会が、遂に昭和十六年十二月八日より、昭和二十年八月十五日迄《まで》、一回も無かったからである。世界を殆《ほと》ど敵としている大戦争に、この日本が総力を挙げて戦わないからには、勝つべき理由のある筈《はず》はない。総力を挙げていないということについては、畏《おそ》れながら大元帥陛下も、殆どこの戦時中は、戦争には御関係があらせられないように、見受け奉った。畏れながら陛下の大元帥として御持ち遊ばさるる御稜威《みいつ》の、総てというではなく、大部分が二重橋の内に封じ込められていたことに恐察し奉る。自分が僭越を顧みず、やきもきしたのは、この事であったが、遂にそれは宮城を取巻く、所謂《いわゆる》社鼠《しやそ》城狐《じょうこ》の為めに妨げられて、何の甲斐もなかった。この事については、既に一通りは語ったが、重ねてここに特筆大書して置く。

また当然その力を発揮すべき陸軍と海軍とは、事実車の両輪、鳥の双翼ではなくして、全く両頭の蛇として始終した。即ち長き胴体の端と端に、首があって、一方の首が右に行かんとすれば、他方の首は左に行かんとし、一方の首が前に進まんとすれば、他方の首は後ろに退《しりぞ》かんとし、互に綱引同様、力の限り根の限りを尽《つく》して、引き合った結果は、二進《にっち》も三進《さっち》も行かぬ事となったのである。かかる状態で、サイパン島も敵に奪われ、硫黄島も敵に奪われ、沖縄さえも奪われたのである。その他比律賓《フィリピン》、ニューギニア、ソロモン海など、到る処で、その事は明白である。これは申しにくい事であるが、陸軍も海軍も、その相手は、敵よりもむしろ、陸軍は海軍を相手とし、海軍は陸軍を相手とし、互に睨み合い、競い合い、むしろ敵に利益を与えても、相手に利益を与うるな、という程ではなかったかも知れぬが、鹿を逐《お》うの猟師は山を見ずで、縄張競争、職業競争の結果は、何も彼も打忘るるに至ったような事も、往々にしてあった。現にある方面では、陸海両軍が、互に打ち合いを初めんとした事さえあったという話だ。これではとても勝目のある筈《はず》はない。何れの場所でも、海陸軍の軋轢《あつれき》はある。第一世界戦争の時に、英国のガリポリ遠征の一大失敗も、要するに陸海軍が協調を欠いた為めであった。海軍が動かんとすれば、陸軍は頓着《とんじゃく》せず。陸軍が進まんとしても、海軍は援護せず。その極《きわみ》は大なる人間の墳墓を、ガリポリ半島に築き上げた。日本では、それが一所や二所ではなく、殆《ほとん》ど総ての所といっても、差支《さしつかえ》あるまい。何れが悪いとか、何れが善《よ》いという問題ではない。互に兵器の新発明、若《も》しくは製造という事さえも、機密を守って、これを知らしめず。相見ること敵国外患同様であった。これではとても鳥の双翼、車の両輪の働きが、出来よう筈はない。固《もと》より除外例の存することは、我等もよく承知している。中には提携してやった事もある。しかしそれは全くの除外例であって、陸軍国と海軍国とは、初めから終りに至るまで、全く別個の団体であって、協調よりも競争し、競争よりもむしろ互に相凌轢《りょうれき》し、相妨害する事さえも、遅疑《ちぎ》せざるように、第三者には見受けられた。若《も》し仮りに海陸軍が、協調どころでなく、一元的首脳の下に活動したらば、必ず戦果の上に、異なりたる効果を齎《もた》らしたることは、誰しも疑う者はあるまい。

次には官僚である。この官僚という団体は、誠に困った団体であって、蜘蛛の巣の如く、日本全国を張り廻らしている。而《しか》してこの官界なるものは、他の社会とは全く別個の団体として、その間には同情もなければ、同感もなく、協力もなければ、一致もなく、まるで別世界の人間視している。それだけならばまだしもであるが、官界自身に於《お》いても、縄張がある。その縄張が、各省毎にある。各省だけなら、それでもの事であるが、一省の各局毎にある。各局だけなら、まだしもであるが、各局の各課毎にある。即ち極めて微なる各省、各局、各課の縄張より、延《ひ》いて官界一般の縄張に至るまで、真に蜘蛛の巣以上の網を張り廻している。これでは動きのとれる筈《はず》はない。仕事の出来る筈はない。一切の仕組が、出来ぬように、出来あがっている。しかるに戦時という名義で、その機構の上に、更に新たなる機構を加え、機構と同時に新たなる人員を加え、従来二十の判で済む所が、戦時の為めに二十五とも三十ともなり、一体百人で済む役人が、あるいは百五十とも二百ともなるという事で、新たなる仕事さえ考え出せば、早速新たなる局課を設け、人員を増加するという事が、常識となっていて、遂に初めから終りまで、すったもんだで日を暮らして来た。これでは戦争に勝たんとしても、勝つべき事が、出来ぬ訳である。中には素早くその蜘蛛の巣を切り破って、勝手な働きをした者もあったろうが、それは極めて少数で、殆《ほとん》ど数うるに遑《いとま》あらない。

尚《な》おまた民間に於《お》いても同様である。民間の大なる金融会社、事業会社などというものは、何れも役所同様であって、銀行であろうが、新聞社であろうが、貿易販売の会社であろうが、重工業軽工業の製造会社であろうが、殆ど皆な官庁と同様の仕組となっていた。つまり、いえば官僚風は、軍部にも、実業界にも、あらゆる団体にも感染して、日本全国を挙げて、皆な縄張病となって来たのである。これではとても、全国民の総力を発揮する筈はない。

（昭和二十年九月二十七日午後、双宜荘にて）

三一　天皇尊厳の冒瀆と支配階級の幇間化

この頃東京よりの来客あり、曰《いわ》く、去る九月二十五日、天皇陛下には、紐育《ニューヨーク》タイムズ新聞西太平洋支局長と、米国ユーナイテッド・プレス社長とに、前者は午前十時、後者には午後四時、同日に別々に謁見仰せつけられたという事であるが、日本の新聞では「謁見」と書いてあるが、米国記者側では「対話」の積《つも》りであったという事だ。何《いず》れ遠からずその記事は、彼方の新聞に出て来るであろうと語った。謁見にせよ、対話にせよ、それは予が関知する所ではない。彼等外国記者は、如何なる功徳があって、かかる殊遇《しゅぐう》を受けたか。本文の記者の如きは、十八歳以来新聞に従事し、多少なりとも君国の為めに、力を効《な》したり、効さんと心がけている者である。しかるにこの開戦以来、あらゆる方法を以て拝謁を願い、しかもその目的は、新聞の特種《とくだね》を採るなぞというような考えでなく、些《いささ》か赤誠《せきせい》を披瀝《ひれき》して、陛下の聖明を裨補《ひほ》し奉らんとするの丹心《たんしん》であった。しかるにそれはすげなく却《しりぞ》けられ、若《も》くは顧みられずして、遂に今日に至った。自分は決して外国の記者を羨《うらや》むでもなければ、焼餅《やきもち》を焼くでもない。ただ君国に尽《つ》くさんとする誠が、不徹底に終った事を悲むまでである。

また昨夜から今朝―九月二十八日―にかけての報道によれば、主上にはモーニング・コートとシルク・ハットで、霊南坂米国大使館に御出で遊ばされ、マッカーサー元帥を御訪問あらせられたという。明治天皇にも、前大統領グラント将軍を、延遼館に御訪問遊ばされた事もあって、別に不思議とも思わぬが、ただ今日これだけの御奮発を遊ばさるる程であったらば、大東亜戦争中に、二重橋以外に出御《しゅつぎょ》ましまし、親《みずか》ら大本営を設けさせられ、恰《あた》かも明治天皇の広島に於《お》けるが如き、御先例に則らせ給うたならば、如何程それが戦争に影響したかという事を考え、洵《まこと》に恐れ入った事ではあるが、遺憾千万といわねばならぬ。如何なる事も、その時を得なければ、役に立たぬばかりでなく、却《かえっ》て害となることさえもある。大東亜戦争は、総て着々その機を逸《いっ》し去って、何一つシックリ調子の合ったことはなかった。今更《いまさら》考えて、死児の齢《よわい》を数うるも同様であるが、遺憾千万である。しかるに陛下の側近に在《あり》て、若《も》しくは君徳輔弼《ほひつ》の責任を持つ公職に在りながら、何一つその本職を尽《つく》さずして、事ここに至らしめ、外人が至尊《しそん》に対話を申込むのも、平気で受け付け、至尊をして、答礼という意味ではなくして、御自身親《みずか》ら進んで御訪問を、外国の一武人に向って為させ給うことを、知らぬ顔で傍観して居る彼等は、何の顔《かんばせ》あって、我が七千万の国民を見んとするか。君辱《はずか》しめらるれば臣死すというが、彼等の内一人たりとも、死するだけの勇気の持合せない事は、洵《まこと》に驚き入《いり》たる仕合せである。

日が暮るれば蝙蝠《こうもり》が出て飛び廻る如く、夜になれば梟《ふくろう》が鳴く如く、時局一変して、これ迄《まで》鳴りを静めたる、自由主義者とか、社会主義者とかが、時節到来といわんばかりに、時を得顔に、新政党とか、新団体とか、新会合とか、新組合とか、新組織とか、あらゆる部面に、口を出し、手を出し、足を出し、頭を出して来つつある事は、別に怪むに足らない。またた咎《とが》むるに足らない。むしろ彼等としては、もっともなる次第というべきである。予は本来彼等の仲間ではないが、彼等には彼等の立場があることを、認めているから、彼等が如何なる事をすればとて、別にそれに対して、彼是れいわんと欲する者ではない。但《た》だこの際一言禁ずる能わざるものがある。それは昨日迄は昨日の時勢に調子を合せて、宛《あた》かも熱心なる、純粋なる日本主義者であるが如く、皇室中心主義者であるが如く、言い且《か》つ行ない、行ない且つ為しつつあった連中が、百八十度の転回を為し、恰《あた》かも役者の早変りの如く、急変して、また候《ぞろ》自由主義者とか、社会主義者とかの間に立混り、奔走周旋《ほんそうしゅうせん》しつつある事である。太鼓持ちとは、如何なる座席でも、座興を幇《たす》くるが商売であるから、座席の調子を見て、それに合わする事が商売である。けれども学者とか、識者とか、若《も》しくは論客とか、あるいは一般的支配階級とか、それぞれ目ぼしき位地を、世の中に占めたる、立派なる人々が、この幇間以上の振舞を為す事だけは、洵《まこと》に以て見苦しき極みである。しかし世の中は、これ等の状態を平気で眺めて、昨日迄駄菓子を売った者が、今度は居酒屋となった程の相違を、認めない事は、社会の良心が、頗《すこぶ》る麻痺しているものというても差支《さしつかえ》あるまい。かく申す予の如きは、従来の、日本主義者などといって、君徳輔《ほ》弼《ひつ》などという事は、懼《おそ》れ多いなぞという者とは、全く類を異にしている者である。また一君万民説を、徹頭徹尾主張したる者である。しかし君主国の日本を、米国流の民主国化するという事については、我等絶対に不可とする者であり、民主なぞという言葉は、一君万民の我国に於《おい》ては、決して口にすべきものではない。君が主である。臣はその君に従うものであり、君は頭であり、臣は頭に支配せらるる胴体である。民主といえば、民を頭とするものであるが、君を何処に置かんとするものであるか。一寸考えて見ても、直きに判かっているのである。しかるにかかる事を、平気で、君側は愚ろか、恐れながら雲の上辺に、口走るような事を聞くは、実以て心外千万である。天皇に対して、殊更《ことさら》に命令という言葉を用い、若《も》しくは命令には、絶対に服従すべきという事を申聞け、質問は許さぬなどといい、やがては天皇を我が役所にまで喚び付くるというような事は、要するに日本国民の前に、天皇の尊厳を冒瀆するものであって、日本国民の天皇に対する尊崇の心を、滅却せんとする手段に外ならざる事は、考うるまでもなく、判りきった事である。しかるにそれを当り前と考え、それを今日の時勢と考え、それに調子を合せ、その傾向の先き駆けをなさんとするが如き、日本人の存在する事は、洵《まこと》に以て言語道断である。

自分は米国人に向って、何等申す事はない。彼等は敵である。敵が我に向って、敵意を挟むは当然である。敵が戦勝者の権利を、極端まで行使して、我を極端なる悲境に陥れんとするも、我としては喜ぶべき事でもなく、有難き事でもないが、致方《いたしかた》なき事として、諦むるの外はない。しかし我が日本人が、その先棒となって、敵の虐意を助長し、日本撲滅の急先鋒となるが如きを眺めては、とても勘弁の出来るものではない。日本を亡ぼすものは、米人ではない。日本人である。予をして言わしむれば、米人が勝ったのではない。日本人が負けたのである。

何やら自分の言論は、日本人に向って八ツ当りをするが如くあるが、日本人が憎い為めに、かく言うではない。日本より外に、自分は愛するものはない。自分は生れて今日に至るまで、日本を我が恋人とし、生きて来た者である。日本の為めならば、命さえ惜しくはない。況《いわん》や他の物をやである。自分は当初から、未だ曾《かつ》て如何なる報酬をも、求めたることはない。日本が世界第一の、強く正しく、正しく強き国とさえなれば、それ以上の報酬はないと考えていた。しかるに今日に於《お》いては、強く正しくもなく、正しく強くもなく、さりとて弱く正しくもなく、正しく弱くもなく、弱く且《か》つ曲り、曲り且つ弱き国となりつつあるを見て、殆《ほとん》ど自分は日本から裏切られたような気持ちがする。これも決して空想ではない。一々最近四五年の間、不肖自分も世の中に交わって、自ら経験したる実績によって、かく断言するのである。せめて我が子孫たる者は、この現状を手本として、何とか今一度は、強く且《か》つ正しく、正しく且つ強き国と、日本を造り直す事を、努めるであろうという事を、纔《わず》かに一縷《いちる》の望みとして、ここにこれを記録して措《お》く。

（昭和二十年九月二十八日午前、双宜荘にて）

三二　軍官を糾弾す

日本が勝つべくして勝たなかった理由の、最も主なる一に数うべきは、敵に時を稼がしめた事である。孫子が申す通り、兵の要は巧遅《こうち》でなく、拙速《せっそく》に在《あ》りというが、況《いわん》や彼は巧速《こうそく》、我は拙遅《せっち》では、とても勝負にはならない。日本人が機先を制したる事は、真珠湾や、マレー沖などで、その他は殆《ほとん》ど敵に出端《でばな》を叩かれている。ミッドウェイ作戦の如きは、我が機密が先きに洩れて、敵は待伏せをし、敵を襲わんとして、却《かえっ》て敵に袋叩きに遭《あ》ったのである。サイパン島の戦いでも、我が飛行機が、グアム島に仲継せんとするや、予《あらかじ》め敵はこれを待受けて、また袋叩きにしたのである。かかる事は、殆ど枚挙に遑《いとま》あらない。

それればかりではない。一体我が陸海軍は、何事をしていたのであるか。敵は決して反撃しないものと、見縊《みくび》っていたのであるか。ラバウルだけは、兎《と》も角《かく》も最後迄《まで》持ち堪《こた》えたが、それも敵が相手にせなかった為めであるかも知れぬ。その他は朝に一嶋を喪い、夕に一嶼を失い、その翌朝はまた一の要港を奪わるるというが如く、次から次に敵に攻略されて、遂に雪《せっ》隠詰《ちんづ》めになり、挙句は沖縄となって来たのである。例えばサイパン島なども、ろくな防備もしてなかったという事であるが、予め、敵がここを、日本空襲の基地となす事だけ位は、気が付いていても、差支《さしつかえ》ない事ではないか。それを殆どそのままに放ったらかして、いざとなっておめおめと敵に奪われ、それが一切の禍根を来していることを思えば、油断大敵という言葉は、正さしく我が陸海軍に向って言わねばならぬ。その他折角《せっかく》勢揃いをして、これからという飛行機を、油断の為めに、敵に一度に焼き潰されたという事を聞いているが、洵《まこと》に以て感心出来ない話である。

さて飛行機々々というて、宛《あた》かも疳《かん》高き小児が泣き叫ぶ如く、臆面もなく叫び散らした当局は、元来飛行機は、誰れが作るものと、考えていたのであるか。飛行機を作るあらゆる権能、資力、材料、労務、皆な悉《ことごと》く彼等の手の中に掌握していたのではないか。しかるに、まるで自分等は飛行機製造には没交渉であり、飛行機は全く民間のみの、専門の仕事であるかの如く喚《わ》めき立てるということは、何たる見苦しき態度であったか。足らなければ、足らしむるだけの力は、日本国中に、誰れも陸海軍以外に、持っている者はないではないか。自分が力を持っていながら、自分がその力を用いずして、而《しか》してただ世間に向って、飛行機の不足を訴うる如きは、全く以て見当外れといわねばならぬ。我が国民は、軍事予算を、一銭一厘も値切った事はない。アメリカ辺では、現大統領トルーマンの如きは、上院議員の一人として、軍事費の濫費を、逐一実際に徴して指摘し、その為めに、少なからざる節約が出来たと聞いているが、日本では、左様な議員もなければ、議会もなく、勝手放題に一任して置いた。しかるにその予算は、年度替りには、遣い切れずして、次に繰越す事は、殆《ほとん》ど常例となって居り、また遣い果した予算が、如何なる方法で遣い果されたか。それも実は頗《すこぶ》る怪しきものである。元来日本の軍需品製造に必要なる材料は、殆ど陸軍と海軍とが、分け取りして、これを押さえていたのである。また彼等が押えんとすれば、その上にも押え得べき権能を持っていた。金は持っている。資材は持っている。労力に至っては、これを徴発することは、勿論容易である。また監督権を以て各会社を督励することも、彼等の権能である。何を苦んで、その不足を訴うるであるか。不足の原因は、全く彼等の仕事が緩慢であり、不能率的であったという事を証明する外に理由はない。若《も》し陸海軍が一元化し、あらゆる力を集めたならば、決して飛行機の不足などという事に、悲鳴を揚ぐる必要はなかった事は、我等ばかりでなく、天下の人が皆なこれを保証している。しかるに陸海軍は、互に敵国外患の如く、秘密を保ち合い、民間の事業者は、官辺では全く別個の者として、立て隔てをなし政府に有り余った資材でも、これを死蔵して、それを民間の諸会社に払下げる事もせず、譲り渡す事もせず、融通する事もせず。その為めに、一方には余計なる資材が死蔵せられ、他方にはその不足に苦んで、手を空《むなしゅ》うしているという事が、往々あった。

役所の仕事振りが、如何に不能率的であったかということは、曾《かつ》て予が聞く所によれば、ある軍需会社が、ある事について願書を出した。しかるにそれを受け付けたる、陸軍の主計中尉の某という者が、その会社は、平素海軍の方には、付け届けをするが、陸軍には付け届けをしないという事を根に持って、一ついじめてやれということで、その願書を、そのまま机の抽出《ひきだし》に一ヵ月余も投げ込んで置いたという事である。それから先、それがどうなったかは知らぬが、そういう調子である。また某造船会社に、何月何日限りに、これこれの船を造れと命令したが、その会社には、資材の持合せがない。官庁には余る程あるが、それは決して融通しない。その造船所は兵庫県であったが、徳島県に適当なる山林があって、それを伐り出して使えば、それでも用を弁ずることが出来るという訳である。ところが隣国を以て壑《かく》と為す政策で、徳島県では、材木統制会社があって、他国に持出す事は厳禁という事で、またこれを払下げても、兵庫まで持出す事が出来ない。この狭き日本に、各県毎に縄張を張って、銘々割拠主義を行っているからには、能率の挙がるべき筈《はず》はない。故後藤新平《ごとうしんぺい》伯は、屢々《しばしば》十三行罫紙では困るといったが、全く十三行罫紙で、役所の仕事は、ただ机の上に文案を作り、主務、課長、局長、次官、大臣と幾十の判を取り廻って、而《しか》して後《のち》事成るという塩梅《あんばい》で、到底物になる筈《はず》はない。かくの如くにして、出来うべきものも出来ず。為すべきものも為さず、その日を過ごしていたのである。かくの如くにして、敵に克《か》つなどという事の出来る筈はない。元来広き日本国を見渡すに、この戦争が命がけの、即ち国家の興廃存亡の戦争であるという気持で、一所懸命でかかった者が、一億人の内に幾人居るであろうか。数うるだけのものではあるまいかと思わるる程である。固《もと》より特攻隊など、洵《まこと》に感激に堪《た》えぬ下級の将校、下士、壮年、青年、時としては幼年層までも及ぶところの新日本男児もあったが、それ等を除外すれば、他の御連中は、掛け声のみにて、この貴重なる一刻千金の時間を、全く送ったのではあるまいかと思わるる。

（昭和二十年九月二十八日午後、双宜荘にて）

三三　官界の流弊を抉る

再び天皇陛下のマッカーサー御訪問について一言する。その後米軍総司令部渉外局の発表によれば、マッカーサー元帥は、天皇陛下を大使館邸の居室で御迎えした。扈従者《こしょう》は控室に残った。マッカーサー元帥が天皇陛下との会談の内容は、発表されないとある。これで見れば儀礼上の御訪問ではなく、我々臣民ならば、所謂《いわゆ》る召喚を受け出頭という事であったらしく、恐察せらるる。若《も》し陛下が訪問客として、御出でであったとしたらば、如何に戦敗した国であっても、一国の君主が御来訪あるに、我が室内で御迎えするという事は、余りに礼儀を弁《わき》まえぬ作法である。これでは天皇陛下も賀川豊彦《かがわとよひこ》も、殆《ほとん》どマッカーサーの眼からは、同一視、同一待遇されたものと見てしかるべしである。マッカーサーも、それ程の没分暁漢《わからずや》でもなかったから、多分これは、新聞では御自発という事になっているが、マッカーサーの方より、召喚したでなければ、少くともその意を諷《ふう》したものではあるまいかと察せらるる。若《も》し万一それでないとしたらば、陛下からマッカーサーに対し、敬意を表し給うのに、彼れの方から、それに対するだけの、敬意を表しないという事は、驚き入ったる事である。何れの点から考えても、これは至尊《しそん》に対してばかりでなく、日本帝国が受取たる、最大無比の侮辱といわねばならぬ。しかるに、今日世間では、米国に媚態《びたい》を呈する事にのみ夢中になって、かかる異常の出来事を、看過し去るに至っては、これ亦《また》実に驚き入たる事といわねばならぬ。百世子孫は、この事実を何と見るや。念の為にこれを記して置く。

今日の政府は、一口にいえば、日《ひ》毎夜毎《ごとよごと》に、マッカーサーより駆使鞭撻《くしべんたつ》せられ、奔命《ほんめい》に汲々《きゅうきゅう》としている。一たびその命令の出ずるや、忽《たちま》ち面喰らって、右往左往に慌てふためき、所謂る提出したものが、相手方の注文通りでないとて、また叱られて引き退がるというような醜態で、その日を暮している。傍《はた》の見る目も気の毒千万である。大臣とか何とか、豪《え》らそうな役目を帯びつつ、進駐軍の小使や給仕の役目のみをしては、堪《た》まったものではない。しかし彼等は日本人に向って、飽《あ》く迄《まで》対等ではない。汝は戦敗者である。我は戦勝者である。戦敗者は服従以外何物もない。戦勝者は命令以外に何物もない。という事でやっている。即ち我等が現神《うつしかみ》として崇め奉る天皇陛下さえも、その筆法で、恐れながら待遇中上げている。如何に新聞紙面なぞで、巧《う》まく取繕うても、事実は事実である。

話昨日の続きに復《か》える。今日日本の官吏が、すったもんだと狼狽《ろうばい》しているのは、実をいえば自業自得である。平生《へいぜい》何一つ物になる程の事をせずして、つまらぬ理窟をこねるとか、縄張争をするとか、自分の立身出世を計るとかという外は、何事も為さなかった彼等は、今更ら実際の仕事を申付けられて、栃麵棒《とちめんぼう》を振るのも、無理ならぬ事である。およそ日本の官界というものは、仕事の出来ないように仕組んである。無為、無策、無事、無能というが、その建前である。その中で、一人が善い事をせんとしても、忽《たちま》ち他の連中が、それを妨げる。所謂る出る杭《くい》は打たれるとは、その事である。それで大臣などという者は、世間に対しては、豪《え》らそうな顔をするが、我が省に帰れば、何一つろくな事を為し得ない。予が友人で逓信大臣となったる者があったが、彼は何事を為したかといえば、電信に「殿」という字を、加えさせただけの事を、遺《や》っている。即ち従来は「トクトミイ一ロウ」であったのが、彼が逓信大臣となった為めに「トクトミイ一ロウ殿」と、殿の一字が加わったのである。しかるにその事も、間もなく取消された。また予の友人に鉄道大臣となった者があったが、その男は各停車場の駅名を、左書になっていたのを、右書に改めさせた。それもその後は、また左書になった事であったが、その後また右書になった。多分今度はまた左書に戻るであろう。

勿論《もちろん》内務大臣などになれば、自分の仲間を引っ張って来て、従来の者を追っ払う慣例があるが、これもそれだけの事であって、所謂る内務省なら内務省の勤めという事になれば、何一つ面目を一新することは出来ない。ちゃんと黒鼠や、斑鼠《まだらねずみ》や、白鼠などが、場所々々に控えていて、抜きも差しもならぬように、出来あがっている。これは文官ばかりでなく、武官方面も固《もと》より同様であった。世間では、官僚というものは、ただ文官のみと、心得ている者があるようだが、その実は武官も同様である。但《た》だ武官は、官僚が剣を吊しているというだけの事である。それだけにまた剣の威光が、加わっているだけの事である。

嘗《かつ》て東條内閣の時である。新聞紙の原料が不足するとて、その筋から用紙の減少を命令して来た。ところが一夕《いっせき》東條首相と、東京の主なる新聞社の社長等と会食の折、それを訴えたところ、東條首相は、その訴えを道理と思ったであろう、その場で当分現状維持ということを申渡した。ところが納まらぬのは下僚の者共である。かく総理が、新聞屋と闇取引をやられては困る。かくやられては、我等の面目が丸潰れとなるとか、あるいは我等の職務が立たぬとか、随分苦情を持出したが、しかしそこは流石《さすが》の東條首相だけあって、その為に然諾《ぜんだく》を取消すようの事はしなかった。しかしそれが崇った訳でもあろう。再び左様な事を、繰返す事はしなかった。それで大臣は次官に聴き、次官は局長に聴き、局長は課長に聴き、課長も亦《ま》たその課内の白鼠に聴くという事で、各省の権力は、その局課の外には、誰れも何人たるを知らない、所謂る無名氏の所に在る。彼等が頑張っているからには、通すまいというからには、決して通しはしない。通すにもなかなか勿体《もったい》をつける。苦情をつける。一口にいえば、只《ただ》では通さぬというような事になる。予の友人に学校の経営者があった。彼が時局に鑑《かんが》み、学校を経営しつつある際に、更《さら》にこれを拡張し、時局必要の文科大学を設けんと企てたが、いざ願書提出となれば、梃子《てこ》でも動かぬ。そこで彼は相当機智ある者であって、その難関が、大臣にあらず、次官にあらず、局長にあらず、ある課内のある人々にある事を考え込み、それ等の者と近付く事になった。近付く為には、待合《まちあい》も奢《おご》らねばならず、御馳走もしなければならず、土産物も遣《や》らなければならず、相当の金を使ったに相違はない。ところが一方に得る者があれば、他方にはそれを羨《うらや》む者があって、何時の間にか、その事が刑事上の問題となって、予の友人は、刑事被告人となった。罪名は知らぬが、多分贈賄という事であったろう。ところが彼は贈賄ではない、金もやった、御馳走もしたが、それは皆な謝礼であると、申訳をした。即ち願書もその人に代って書いて貰った。またこちらの気付かない事も、その人からそれぞれ注意をして貰った。役人であろうが、役人であるまいが、御礼をするという事には、頓着《とんじゃく》のあるべき筈《はず》はないと、飽《あ》く迄《まで》抗議した。これはホンの一例である。彼は不幸にして法網《ほうもう》に罹《かか》ったが、およそ役所と交渉を持って、当り前の手続を、当り前に通過するような事は、皆無とはいわぬが、極言すれば、むしろ除外例といってもよい程である。大抵の事は、皆な魚心あれば水心、以心伝心で動いて行って、願書なども、普通ではなかなか聴届けらるるものではない。それには急行券が必要である。急行券とは何ぞやということは、説明を要しない。

かかる団体が居て、しかもその上に腰を据《す》えたる大学出の所謂る英才共が、出世立身一点張りで据わっているから、仕事が手につく筈はない。せめては我が局内の縄張を拡げるとか、我省の威信を増すとかというのが、いわば関の山である。その他は彼等の口癖である、浮草職業に身を窶《やつ》し、早く恩給年限に達し、思う程の立身がなければ、身を転じて、横飛に実業界に飛込み、片手に恩給、片手には重役社長の俸給を取るという魂胆《こんたん》に外ならない。これで能率の挙がるべき筈《はず》はない。今日まで、役所の仕事というものは、素《もと》より民の為めでもなければ、また必ずしも官の為めでもない。誰が為めといえば、ただ自分が、大にしては立身出世、小にしては保身安家の為めに外ならない。かかる場合に於《おい》て、国家が死生存亡を賭《か》けて、一大戦闘に従事するという事になり、何は兎《と》もあれ、独逸《ドイツ》流の統制法を鵜《う》呑《の》みにして、これを実行するという事になったから、その国家を挙げて、社会的にも、経済的にも、生活的にも、思想的にも、混乱状態に陥れ来ったという事は、洵《まこと》に必然の勢である。

（昭和二十年九月二十九日午前、双宜荘にて）

三四　統制経済の失敗と食糧政策の貧弱

今ここに統制経済の得失を論ずる訳ではない。しかし余りに杓子定規《しやくしじようぎ》に、ただ机の上で何事も規定し、それを一片の文書として交付し、それで物が出来たというような考えであるから、なかなか実際は計画通りに行わるべきものではない。この統制が行われた為めに、一口にいえば、従来日本に行われたる、一切の生活、及び経済の機構は破壊し、秩序は紊乱《ぶんらん》し、運動は麻痺状態に陥った。日本の統制経済では、役者に角力《すもう》を取らせ、角力取に舞台に立たしめ、お姫様は田の草取りを為し、田の草取りはお姫様の仕事をするという如き、従来の技術とか芸能とかいうものを、一切無視して、総てを白紙同様と見て、やったから、堪《た》まるものではない。例えばある地方の如きは、船舶の製造を専《もっぱ》らにした処であるが、統制経済の為めに、それが出来なくなって、折角《せっかく》技能ある船大工は、手を空しくしているような事になっている。しかも他方に於《お》いては、政府は小舟の欠乏に困窮して、木船の製造などという事を、大騒ぎで奨励している。統制経済も今少し実際と睨み合せ、且《か》つその法規が、如何なる状態に行われ居るかを観察もし、研究もして、それが円滑に、且《か》つ円満に、行わるるようにしたらば、これ程の摩擦も来たさなかったであろうが、宛《あた》かも家鴨《あひる》が卵をもった如く、もち放しで、それから先は、自働的に物が行わるるものと考えているから、その結果は飛《と》んでもない事となっているのである。殊《こと》に統制という事を、変な意味に取り違え、食糧などは、県外移出を禁止するというが如き事となって、その為めに、飛でもない騒ぎを惹起したることは、誰彼となく皆な知る所である。一例を挙ぐれば、千葉県などという所は、東京都の台所を賄う食糧庫である。ところが千葉県から、移出を禁止するという事になれば、東京都の人間は、何を食って生きて行くのか。これは埼玉県についても、同様にいうことが出来る。あるいは茨城県についても、同様にいうことが出来る。せめてこの狭い日本国だから、有無相通じ、多寡相補い、足らざる事もなければ、余る事もないように、調節すべきであるが、一方では腐るように有って、他方には薬にしたくも、無いという如き事となり。且《かつ》また偶々《たまたま》一の場所から、他の場所迄《まで》、移出も移入も出来ぬ場所に於《おい》てさえも、運輸が不便で、手が届かぬとて、薩摩芋を腐らしたり、馬鈴薯を腐らしたりした例は、余る程ある。食糧飢饉というが、実は統制機関の活動が、円滑を欠いた為めに、自然の饑饉ではなくして、人造飢饉を現出したる例が、決して鮮《すく》なくない。

総て官僚の仕事というものは、机の上で考えて、書付一本で、何事も出来るものと思い、あるいはそれさえすれば、最早や乃公《だいこう》等の責任は、全く解除されたと思って、それから先は、野となれ山となれ、関する所でないという如き、不徹底、不深切、無頓着《むとんじゃく》、無責任の傾向が、随所に暴露されている。例えば、一の印刷機械を動かすさえも、それを組立てたばかりで、決して円滑に運動するものではない。それが試運転をなし、愈々《いよいよ》それが物になるという迄《まで》には、技師が最後迄見届けて、しかる後これを活用するという事になるのである。法規さえ製造すれば、それが自動的に行わるるなどと思うている事は、余りにも人間を莫迦にしたものと、いわねばならぬ。人間は動物の中で、最も扱いにくき動物である。しかるにその動物を、官僚共が、十三行罫紙で、勝手次第に、これを扱いこなさんとするは、以ての外の事であるといわねばならぬ。

およそ官僚ほど後先《あとさき》を考えないものはない。彼等はただ現在のみを考えている。ある時には米が多過ぎて、米価が下落し、百姓が困るといって、その為めに、田を廃して、桑畑とな す事を奨励した。彼等は日本の人口が、少なくとも百万内外を上下して、増加しつつある事に無頓着である。さて食糧が不足という事になれば、桑畑も廃せよ、果樹園も廃せよ、葡萄園も廃せよ、蜜柑畑も廃せよなぞといって、宛《あた》かも蜜柑とか、葡萄とか、その他の果樹とかいうものは、食物でもなければ、人間を養うものでもなく、何か無用の長物ででもあるかの如くに、取扱っている。元来蜜柑畑とか、葡萄畑とかいうものは、総てとはいわぬが、概ね水田は勿論《もちろん》、陸稲も出来ず、麦畑にも向かないような土地であるから、種々研究の上、あるいは蜜柑畑となし、あるいは葡萄園となし、あるいは桃、あるいは梨となした類のものが多いのである。それを一切葡萄蘿《つた》の根こぎにし、蜜柑の樹を伐倒して薪となし、さてその跡には何を作るか、何を植えるか。それらの事には一切頓着がないのである。且《か》つ土地が不足であるから、開墾などという事に、政府が力を注ぎ、荒蕪《こうぶ》地を開拓した者には、夫々《それぞれ》の冥加金《みょうがきん》を与うる仕組となっている。それで頻《しき》りにその方面を奨励し、我県ではこれだけの新開墾地が出来た、我が地方では、それだけの新開墾地が出来たといって、互に誇っているが、安《いずくん》ぞ知らん折角《せっかく》の良田美圃《りょうでんびほ》を、あるいは小作人が返納したとか、あるいは労力が足らぬとか、またあるいは余り沢山耕作すれば、供出に取られて仕舞うとかいうような事で、それをそのまま放ったらかしにして行く者が、決して少なくない。一方に荒蕪地を開墾するよりも、その良田美圃を、残る所なく耕作したらんには、得る所は多くして、労はこれに半ばすることであろうと思わるるが、しかし彼等は、ただ自己の手柄に誇らんが為に、それらの事を、殆《ほとん》ど閑却《かんきゃく》している。かかる例を挙ぐれば、数限りもないが、官僚の仕事というものは、大概今述べた通りである。

戦争中日本は、全く大闇の国となった。所謂《いわゆ》る闇の流行するは、置郵《ちゆう》して命を伝うるよりも速かなるもので、商売人が闇をすれば、工業者も闇を為し、しかも闇の親玉は、何といっても、日本の農業者を以て、その横綱とせねばなるまい。百姓の方では、買う者あるが為めに売るのである、我等が好んで闇をするのでない、相手が勝手に金を出すから、こちらもそれに応じて、勝手に金を取るだけだというが、また買う者の側からいえば、闇値で買わなければ、米一粒、大根一本さえも、得ることが出来ぬから、百姓の言い値次第に買うのであるという。売る者非か、買う者是か。買う者非か、売る者是か。それらの詮議は姑《しばら》く措《お》いて、兎《と》に角《かく》日本は全く闇の国となっている。聞けば日本ばかりではなく、何れも皆然《しか》りというが、他所の事は兎も角も、日本国の闇は、全く日本国民にとっては、大なる呪いであって、これが為めに、国民は、戦争する勇気もなければ、戦争を継続せんとする根気もなく、ただその日暮しで、その日何時か亡びんという敗戦思想が、日に増し増加することとなって来た。言い換うれば、闇値が高くなるにつけ、それだけ戦闘力は減殺せられて来たといってもよかろう。

かくの如き大闇を作った原因に遡《さかのぼ》れば、その一は、公定価格なるものを、余りに実際と飛離れた所に設けて、その為めに生産者が、供出をせずして、横流しにするようになったという事が、第一に数えらるるのである。政府もその事を満更《まんざら》知らぬではなく、その為めに、公定価格を改定して見たり、あるいは供出者に対して、奨励金を与えて見たり、色々の事をしたが、何れも概ね小刀細工であって、何事も小出しにやって行くから、総ての事が、焼け石に水を注《か》けた如く、何等の効用もなかった。加 之《しかのみならず》当局は、法規を制定したばかりで、実力が無く、また実行せしむるだけの深切心もなかった。例えばここに一の市があるとすれば、県庁からその市に割当てで、野菜何千貫とか、穀物何百石とか、ちゃんと割当が定まっている。しかしそれは法規だけであって、実際は決してその通りには参らない。現に予自らが、ある市の市長に聞いたところが、野菜などは、文書の上では相当に来る事になっているが、配給所には、殆《ほとん》ど入荷が無い。それで余儀なく、市民が近傍に買漁りに行く事を、大目に見ている始末であるというようなことを語った。闇が行わるれば、金持ちだけは兎《と》角《かく》もであるが、困ったものは、その日暮しの者である。買うだけの金も無ければ、売るだけの物も無い。その上は他人の畑に立入って、物を盗むやら、あるいは店頭から奪い去るより外に途はない。ユーゴーの小説『哀史』の中のジャン・バルジャンが、麵麭《パン》を窃《ぬす》んだような始末に、一般国民を置かなければならぬというように、仕向けた事は、当局者にとって、決して誇りとすべきではあるまい。これも畢竟《ひっきょう》先見の明が無い為めと、いうことも出来る。戦争《いくさ》をするには兵粮《ひょうろう》が要る。兵粮は必ず貯えて置かねばならぬ。貯えて置かなければ、またそれを継続的に生産するだけの準備をしなければならぬ。しかるにそれやこれやは、全く放ったらかしにして、ただ食糧の制限のみを、喧《や》かましくいっては、とてもやって行ける筈《はず》はない。それにまたかかる状態を現出したる一は、必要以上に物資を、軍隊が占有した事である。泣く子と地頭には勝てぬというが、敵には勝っても、軍隊には勝てないという事が、日本の常識であって、苟《いやし》くも軍の言う事ならば、道理であろうが、不道理であろうが、黙って通すという事が、常識になっていた。その為めに、軍は必要以上に、物資を貯えて、その為めに、一般国民に、如何に多くの欠乏を感ぜしめたる事かは、戦時では、これを知ってもいう者はなく、また中にはそれ程とは考えていなかったかも知れぬが、愈々《いよいよ》戦争の幕が閉じられて仕舞えば、国民は皆な挙《こ》ぞって驚ろいた。それは上は巨頭の将軍連から、下は木ッ葉武者に至る迄《まで》、無条件降伏、武装解除はせしめられたが、その代りに桃太郎が鬼ケ島より帰りたる如く、何れも土産沢山であった。その事についても、相当の申訳をして、決して左様な事は致さぬなどといっているが、十目の見る所、十指の指さす所、申訳は役に立たぬ。国民の膏血《こうけつ》を搾《しぼ》って、山程積んだ物を、一旦《いったん》無条件降伏となれば、我物顔に勝手に分配し、恰《あた》かも大野九郎兵衛親子が、赤穂城の明け渡しの際に、しこたま奪い取て逐電《ちくでん》したという昔物語を、髣髴《ほうふつ》せしむる如き、怪しからぬ風体を示した事を以ても、これを知ることが出来る。

自分は戦争の巧まく行かなかった事については、統制経済の失敗と、食糧政策の貧弱であったという事を、ここに特筆して置くが、その原因は、皆な日本の官僚に、禍せられた事といわねばならぬと信ずる。実に日本国を誤まって、今日に至らしめたものは、総ての責任悉《ことごと》く官僚に在りとはいわぬが、しかも官僚は、その責任の主なる部分に、相当するものと、いわざるを得ない。しかるにその官僚が、今尚《な》お依然として居据《いすわ》り、知らぬ顔してまた今日の新事態に、頬冠《ほおかむ》りをして、居据っている事は、厚顔無恥《こうがんむち》などという言葉では、とても形容の出来るものではあるまいと思う。

（昭和二十年九月二十九日午後、双宜荘にて）

『頑蘇夢物語』 三巻

三五　日本軍人と降伏

陸軍海軍の元老ともいうべき人々、またその中堅ともいうべき人々は、如何なる心底《しんてい》を以て、今日の状態を見ているか。彼等は最も年齢の若き者、最も位地の低き者を、十二分に、若《も》しくは十五分に煽り立て、死地に就《つ》かしめた者である。しかるに彼等自身には、戦争《いくさ》が済んだからとて、平気でいるは、如何なる意見であるか。中には海軍側では、大西〔滝治郎《たきじろう》〕中将が自決したが、陸軍側では、未だその話を聞かない。陸軍側では、陸軍大臣が自決したが、海軍側では、今尚《な》お平気である。双方共に拾い上げたらば、暁天《ぎょうてん》の星の如く、若干は有ろうが、洵《まこと》に寥々《りょうりょう》たるものである。無条件降伏、武装解除などという事は、他国の軍人ならいざ知らず、日本の軍人としては、無上の恥辱である。従来日本の軍人には、降参がないという事が、原則になっていた。しかるに今度は、降参が原則となって、誰れ一人これを怪しむ者はなく、加之《しかのみならず》今度はその軍隊が、武装を解除するばかりではない。軍そのものが消滅するのである。神武天皇の御東征に随従したる、物部《もののべ》、大伴《おおとも》、佐伯《さえき》等の祖先以来、昭和の現代に至って、初めて日本には、軍そのものが、絶対的に消滅したのである。これは軍人としては、実に未だ曾《かつ》て有らざる事件といわねばならぬ。しかるにこれを平気で見送り、依然恩給生活を継続しているなどという事は、実に日本武人として、この上なき不面目の至りではないか。

聯合軍も、上陸する以前は、定めて若干の事件を、予期したことであろう。しかるに余りに無事太平で、飛礫《つぶて》一つ聯合軍に向って、投げ付けた者がない現状を見ては、余りに日本の軍人のおとなしきに、肝玉を抜かれたか。否、むしろ見掛けによらぬ野郎共であると、見縊《みくび》ったのであろう。この際生存しても、別段惜しき命でもない将官以上の人々は、申合せて一堂に集まり、切腹でもしたら、せめて日本武人は、戦争《いくさ》は下手であったが、気骨だけは持っていたという事を、世界に証明せられたであろう。北條高時入道《ほうじようたかとき》が鎌倉で切腹した時にさえも、その一類二百八十三人は、我れ先にと腹切て、館に火をかけたという事がある。而《しか》して尚《な》おその周辺に腹を切たる一切を挙ぐれば、八百七十余人という事である。また斉《せい》の田横《でんおう》が死んだ時に、同時に自ら首刎《は》ねたる者が、二百余人あるという事である。しかるに我が陸軍の滅亡に際し、これに殉ずる将官が、殆《ほと》ど数うるに足らぬ程とあっては、昭和時代の陸海軍大将以下は、高時入道の一類よりも、田横の客よりも、劣り果てたる臆病者といわれても、申訳があるまい。

自分は陸軍の将官中で、最も感心しない一人が、杉山〔元《はじめ》〕元帥であった。この人は陸軍のあらゆる要職に就き、あるいは軍政を司り、あるいは軍務を 掌《つかさど》り、あるいは閫外《こんがい》の任に膺《あた》り、あるいは戦争の機務に当り、殆《ほとん》ど蜜蜂の花から花に飛ぶ様に、陸軍のあらゆる要職を飛び廻った。而《しか》して敗軍の将でありながら、罰をも受けず、元帥までにも立ち昇った。自分は彼には面識さえも無い。しかし心窃《ひそ》かに、世間が彼を称して「ダラ幹」とか、「グータラ」とかいう事の、必ずしも不当でないと信じていた。しかるに彼は、その副官が「誠に立派である」と言った通り、四発までも短銃を射ち込んで、立派に死んだ。而《しか》してその夫人も亦《ま》たその報を聞くや否や、立派に死んだ。この事だけで未だ必ずしも、杉山元帥に対する評判が、一変したとはいわぬが、世間も実は意外に思った。意外というは、杉山としては、出来が良かったという事である。これに反して東條大将は、世間は皆な誰よりも先きに、自決するであろうと考えていた。しかるに彼は自決せず。しかも九月十一日、彼を米国側から召喚に来るや否や、自決した。しかるに不幸にして急所を外れた。彼れの部屋には、白紙の上に短刀が置いてあった。しかし彼は、切腹の法は知っているが、それで死せざる時は、失態であるから、殊更《ことさら》にピストル自殺をしたと語った。しかるにそのピストルが、急所を外れたのである。杉山さえも四発放ったといえば、東條も今一発射つ位の、余裕はあってしかるべきであるが、遂に一発で畢《おわ》り、その為めに、彼を知らざる者は、東條は故《ことさ》らに急所を外して、狂言をしたのである、などという濡衣《ぬれぎぬ》を、彼に被するに至った。自分は東條とは面識があるばかりでなく、若干知っている。人間であるから、欠点はあるとして、勇気だけは、誰れにも劣らぬ漢《おとこ》と考えていた。また一度決心したら、必ずそれを突き徹すだけの、徹底力ある漢と考えていた。しかるに彼は米国の医者に治療せられ、米国の陸軍病院に移され、遂に元の健康を取戻した。英国あたりでは、婦人さえも、婦人参政権運動の時には、獄庁に入て、不食同盟《ハンガーストライキ》をした事がある。東條程の男であれば、死のうと思えば、死することは、絶対不可能とは言われまい。しかるに彼が食事をなし、入浴をなし、薬用をなしている事を見れば、彼も亦《ま》た死する事を諦めたものと思う。初めから死なぬ積りで、敵の法廷に引出されて、堂々とその所信を陳述するも、亦《ま》た一の方法である。ただ彼が如く、その中間を彷徨《ほうこう》したる事は、少くとも杉山元帥に比して、頗《すこぶ》る見劣りのする事を、遺憾とする。せめてこの上は、自ら法廷に出て、立派な振舞をして貰《もら》いたいものと思う。

（昭和二十年十月六日午後、双宜荘にて）

（以下、省略）

三六　陛下のマ元帥御訪問まで

追々時日が経つにつけて、主上《しゆじよう》の米国二新聞記者への謁見、及びマッカーサー御訪問の内容が、新聞紙上に暴露して来た。果然自分が予想の通り、謁見というはこの方だけの事で、彼等は全くインターヴューであった。その形式は言語ではなく、一問一答ではなかったが、先《ま》ず二新聞記者より、銘々の質問の個条を、前以て提出し、かくて銘々主上に拝謁し、かくて彼等に対して、曩《さき》に提出したる質問に対する主上の御回答を記載したる文書を交付せられた。インターヴューとしては、最も鄭重《ていちょう》なるものと見てしかるべきであるが、兎《と》に角《かく》インターヴューには相違ない。帝王が新聞記者に、インターヴューを与うるという事は、未だ曾《かつ》て聞いた事がない。ただ曩《さ》きの独逸《ドイツ》皇帝ウィルヘルム二世が英国デーリー・テレグラフ紙に、その意見を掲げたることがあり、それが国際間にも、非常なる波瀾《はらん》を生じ、また独逸国内間でも、非常の問題を惹起《ひきおこ》したる事がある。その外には、未だ曾てかかる例は、聞いた事がない。しかるに独逸皇帝のは、その事が賢明であったか、なかったかは姑《しばら》く措《お》き、独逸皇帝が積極的に自ら為されたる事であるが、今回のは、甚《はなは》だ恐れ入った事であるが、むしろ米国の二新聞記者に、強要せられ給《たも》うて、かかるインターヴューを、御許しになった事と拝察し奉る。絶後は兎《と》も角《かく》も、かかる事は、全く空前である。殊《こと》に他国の君主とは、国体上特殊の位地に在《あ》らせ給う我が天皇陛下に於《おい》て、外国の新聞記者に、拝謁は兎《と》も角《かく》、インターヴューを許させ給うという事は、皇室の尊厳を冒瀆《ぼうとく》する事の最も甚《はなは》だしきものである。輔弼《ほひつ》の責任ある者は、かかる不自然なる、且《か》つ不都合なる出来事の起らぬよう、予《あらかじ》め注意を加えねばならぬのに、それを袖手傍観《しゆうしゆぼうかん》したるばかりでなく、むしろそれを幇助《ほうじょ》し奉りたる如き形跡あるは、実に言語道断の沙汰といわねばならぬ。その御対話については、逐一申上げる事はないが、拝謁者の一人U・P通信社長ヒュー・ベーリーのいう所によれば、日本の将来の民主主義政体は、米英民主主義に、そのまま追随したものではないであろうが、日本国民に、民主主義政体の価値を認識させる事が、天皇陛下の御希望でもあり、意図される所であるとの御意見であったと、申している。また同じく拝謁者の一人「ニューヨーク・タイムズ」太平洋方面支局長フランク・クルックホンの語る所によれば、朕は英国のような立憲君主政体を望んでいると答えさせ給うたとある。また更に驚くべき事は、陛下が、東條元首相は、日本軍が真珠湾に不意打ちの攻撃を加えた時、宣戦の詔勅を利用したが、天皇陛下には、詔勅をそのような形で利用させる積りではなく、必要ならば、通常の公式の形で、東條元首相が、宣戦を布告するものと、予期していたと仰せられたと語っている。彼等の語りたる所は、固《もと》より主上より御交付あらせられたる、御回答の文句そのままであろうが、我等は如何に考えても、これが主上の御心とは、信ずることが出来ぬ。英国式立憲君主政体では、それは英国の国体にはしかるべきであろうが、それがそのまま日本の国体に当て嵌《は》まるべき筈《はず》はない。英国には英国式があり、日本には日本式がある。英国の所謂《いわゆ》る議会中心主義なるものは、日本の国体とは相容れぬものがある為めに、我等は長い間、世間の迷夢を破ることとした。しかるにそれが、更に議会中心主義に復活する如き事あっては、寔《まこと》に以て我が皇国国体の破壊といわねばならぬ。かかる思召の至尊《しそん》にあらせらるべき筈はない。これらも畢竟《ひっきょう》至尊の聖旨を矯《た》めて、輔弼《ほひつ》の臣僚共が、勝手に作為したものであろう。洵《まこと》に以て恐れ入たる次第である。米国の新聞記者が、かくの如く我が天皇陛下を、日本皇国民主化の、急先鋒たらしめんとしているのは、洵に不敵至極である。しかし彼等としては、これも致方《いたしかた》ないが、我等としては、洵に彼等をして、かかる傍若無人《ぼうじゃくぶじん》の振舞を為さしめたる事を遺憾とする。しかるに天下を挙げて、何人もこれに対して、一言の異議を発する者の無い事は、洵に以て、今日の時勢とは申し乍《なが》ら、遺憾千万である。

尚《な》おまた天皇陛下御自身が、宣戦媾和の権を御持ちになり、海陸軍の統帥者で在《あ》らせられ、大元帥であらせらるる。しかるに宣戦の詔勅を月並的に、官報にて発布すべきものと思うていたが、真珠湾攻撃に即応すべく、臨機の処置をとった事は、朕の意思ではなかったと、仰せられたる事は、如何に考えても、考え得べき事ではない。当時の東條は、首相兼陸相であった。彼は勅許を得ずしては、何事をも為し得る者ではない。況《いわん》や国家の運命を一擲《いってき》に賭けたる、かかる大事件に於《お》いて、彼が独断専決し得べき筈《はず》はない。これも恐らくは、陛下の御真意ではなく、この文書を構成したる者共が、勝手に作製して、御手許に差出したるものであろうと思う。かく解釈する以外に、我等は今更何等解釈すべき途は無い。

（東京二十五日発ＳＦ＝同盟）ニューヨークタイムズ紙太平洋方面支局長フランク・クルックホーン氏は、天皇陛下並にマッカーサー元帥の許可を得て二十五日天皇陛下に拝謁したが、同氏は拝謁について次の通り報じている。

天皇陛下は日米開戦に関する予の質問に答えられて、陛下は戦争政策の要具とすることに反対し、又東條元首相は日本軍が真珠湾に不意討の攻撃を加えた時に宣戦の詔勅を利用したが、天皇陛下は詔勅をそのような形で利用させる積りはなく必要ならば通常の公式の形で東條元首相が宣戦を布告するものと予期していたと仰せられた。また日本刻下の問題については、天皇陛下は食糧及び住宅が刻下喫緊《きつきん》の問題であると答えられた。

予は「陛下は最新兵器が将来戦争を起す考えを抑止するとお考えになられますか」と質問したに対し、天皇陛下は次の通り答えられた。

「恒久の平和は銃剣の威嚇や武器の使用によって達成維持されるものと考えられない、平和問題を解く鍵はどんな武器も使用せぬ勝者敗者を共に含めた自由な国民間の和解にある」

予は質問事項を文書にして既に提出しておいたが、天皇陛下は回答が出来ていると申された。予が拝謁の間から退った後で、天皇陛下の御回答を手渡されたが、それは次のようなものであった。
一、朕は英国のような立憲君主政体を望んでいる。
一、朕は日本が将来文化、文明の向上に平和的に寄与し諸国家の共同体において当然占むべき地位を回復することを確信している。（「日本産業経済新聞」昭和二十年九月三十日）

またマッカーサー御訪問については、既に記したが、その後東京の各新聞が、陛下がマッカーサーと並んで立たせ給う写真を掲げたとて、発売禁止をしたが、米国側からは早速苦情が出《い》で来《きた》り、やがてそれが取消となった。これは別に大した事でなく、むしろかくあるべき事は、誰にも予想せられていた。しかるにその後また陛下とマッカーサーとの御対話の要領が、日本に報ぜられ来った。それによれば、陛下は現状に頗《すこぶ》る満足していらせ給う事が判かり、且《か》つマッカーサーが「若《も》し日本がこれ以上交戦を続けたらんには、日本は全く破滅となるであろう」と言ったことにも、御賛成遊ばされた事が書いてある（下掲同盟通信記事参照）。当時の御談話の内容は、固《もと》より何人も窺《うかが》い知ること能わず、しかもこれは米国から英国経由の報道であって、逐一信憑《しんぴょう》する訳ではないが、かかる思召《おぼしめし》では、正直の処《ところ》我等日本国民は、意気昂《あ》がらない。それは日本の底力は、左様な薄弱なものではないからだ。しかし今日に至って、復《ま》た何をかいわんやだ。

（参考）昭和二十年十月四日、「同盟通信」海外電報

天皇陛下マ元帥御訪問の模様

（ロンドン十月一日発ＢＢＣ）、日本天皇陛下のマッカーサー元帥御訪問の模様は次の通りである。

陛下並にマッカーサー元帥は、若《も》し戦争が継続し、聯合軍が武力を以て日本本土に侵入していたとすれば、日本及聯合軍双方の死傷は甚大なものとなり、日本は完全に破壊されていたであろうという点で意見を同じゅうされた。陛下とマッカーサー元帥とは、次に聯合軍の占領方式に付て種々話され、陛下は現在までの進行状態に「極めて満足である」旨仰せられた。

（昭和二十年十月七日午前、双宜荘にて）

三七　真の自由主義、首相宮とマ元帥

マッカーサーも、追々とその爪を出して来た。初めから茨木童子《いばらきどうじ》〔酒呑童子の手下〕ではなかったが、いよいよ茨木童子の本色を示して来た。この上は何人が内閣を組織しても、ただマッカーサーの御意を奉行するだけに外ならない。東久邇宮《ひがしくにのみや》などは、それにしては聊《いささ》か勿体《もったい》なさ過ぎる。幣原《しではら》位が恰好《かっこう》であるかも知れない。元来マッカーサー及びその幕僚は、盛んに自由という事を振り廻すが、その自由は、自分等の縄張を除外したる自由であって、自分等の縄張には、一指を触るる事さえ許さない。若《も》しこれが自由という事ならば、東條内閣も亦《ま》た自由主義者であったと、いい得ない事もない。何となれば、東條内閣も、自分の縄張以外は、勝手に議論をさせたからである。要するに自由という事も、軍閥若《も》しくは封建的という事も、互の立場によっての話である。言論の自由という事を、人間が空気を呼吸して、生きているように、必要だという程痛感しているマッカーサーは、事少しく聯合軍側に渉《かかわ》れば、忽《たちま》ちこれに向って、厳重なる制裁を加えている。現に同盟通信社、及び東京の有力なる、若干の新聞社は、発売を停止せられたばかりでなく、現在では、その記事の印刷以前検閲を、命令せられている。これでは自から自由主義の敵と名乗る、東條内閣と、相距《あいへだた》ること幾何《いくばく》ぞと、いいたい気持ちがする。要するに東條内閣は、右の手は勝手に動かして宜《い》いが、左の手は動かすことは出来ぬといい、マッカーサーは、左の手は勝手に動かして宜いが、右の手は

勝手に動かすことは出来ぬという。東條内閣が、勝手に論議せよといった目標は、マッカーサーでは、一切鵜の毛程も、触るることを許さず。マッカーサーが勝手に論議せよ、否何故に今少し思い切って論議せぬかといって居る所は、東條内閣がまたやかましく、それに触れることを、許さなかったというに過ぎない。本当の自由主義というものなら、ミルが「自由の理」にて論じた通り、如何なる異端邪説でも、互に切磋《せっさ》琢磨《たくま》し、他山の石としてこれを論ぜしめ、甲論乙駁《こうろんおつばく》論議の結果、自らその中正に帰着することを、求めしむべきである。聯合軍側に不利なる事は、一切言わせないという事では、自由主義が泣くであろう。今日マッカーサーの、日本で実行せんとする自由主義は、全く自由主義の贋造物《がんぞうぶつ》といっても、差支《さしつかえ》あるまい。自分は自由主義者ではないが、自由主義の何物たる事だけは、よく知っている。

東久邇宮内閣も、哀れ一ヵ月半の寿命であった。御苦労と申すの外はない。予は宮殿下をよく知ている。相当気骨もあれば、意地もある。また茶目気味もある。由来宮は反抗児として、その幼少時代より、壮年時代を過ごさせ給うた。その為めに、皇族として雲上に在らせらるるが、その気分は決して宮内省気質ではない。むしろその反対である。巴里に十年内外も留学あらせられたが、如何なる事を学んで帰られたか、よく判らぬが、下情には相当通じて居られることは、間違いない。随分官僚気分には、長い間悩まされて来られたから、官僚気質を打破することは、心中頗《すこぶ》る愉快とし給う所であった。それが新たなる型破りとなって、議会の演説や答弁、内外新聞記者との対談、また殊更《ことさら》に天下に向って、宮宛ての投書を求めらるるなど、普通の官僚あがりの、若《も》くは政党あがりの総理大臣では、一寸出来かぬる芸当もなされたようである。しかし今後日本国を如何に指導すべきかという事については、恐らくは十分の見識もなく、目途も立っていなかったではあるまいかと思う。ただ出来る限り、当座の難局を切抜けたいという考えは、慥《たし》かにあったに相違ないと思う。しかるにここに大なる難関が二つある。如何に宮が大声疾呼《しっこ》しても、官僚の城壁は、依然として存し、一切劫《おびや》かすことは出来なかった。これは東條内閣も同一であって、東條大将も独楽《こま》の如く、ただ一人で廻わっていて、その周辺は一切動かなかった。宮も亦《ま》た要するに、その覆轍《ふくてつ》を履《ふ》むの外はなかった。打っても叩いても、官僚は動かない。思うに流石《さすが》の宮も、これには頗《すこぶ》る当惑せられたであろう。

ある意味に於ては、マッカーサーは、宮にとっては、大なる推進力であったかも知れぬ。東條内閣の時には、誰れも東條に加勢する者はなかったが、宮の内閣には、マッカーサーが、大なる後楯《うしろだて》となって、頻《しき》りに鞭撻を加えたのである。恰《あた》かも宮が汗を垂《た》らして漕《こ》いで居られる時に、大なる順風が吹いて来たようなものであって、宮の力よりも、マッカーサーの力で、官僚の城壁は、これを打破することが、出来たかも知れない。ところが好事魔《こうじま》多しで、この順風が程よく吹いて呉《く》れればよいが、やがては船を推進するではなくして、船そのものを顚覆《てんぷく》させせねば已《や》まぬ程の力を以て、吹いて来た。順風ではなく、疾風《しっぷう》となり、烈風となり、颱風《たいふう》となり、颶風《ぐふう》となった。余りに薬が利きすぎて、遂に東久邇内閣も、マッカーサーの為めに、往生を遂げねばならぬこととなった。

東久邇内閣総辞職の直接理由として、朝日新聞に掲げたものは、極めてその要領を得ている。朝日新聞は、東久邇内閣の国務相にして、同時に書記官長であり、いわば内閣の総支配人緒方竹虎《おがたたけとら》氏の古巣であるから、最もよくこの内閣の真相に通じていることは、当然過ぎる程当然である。今その一節を挙げて見るに、

『首相宮殿下は、次の総選挙の後に最大の政党による内閣の出現を予想され、それ迄は内閣の改造を行ってでも国政処理の大任に当る御決意であった。ところが四日聯合国最高司令部より帝国政府に宛た政治、信教並に民権の自由に対する制限の撤廃に関する覚書により首相宮の御決意は一変した。辞職の直接の原因としては覚書の要求通り天皇陛下、皇室制度に対する自由な討議に関する制限を撤廃する事はこの内閣としては到底実行し得ないこと、及び内務大臣以下全国の警察首脳部の罷免及び全特高警察機関を廃止しては国内の治安確保に責任がもてないという点にあると見られる』（十月六日付別項朝日新聞記事参照）

流石《さすが》の宮も、今度という今度の要求には、全く当惑せられたものと拝察せらるる。大抵の胃の腑は消化が出来たが、マッカーサーの今回の御馳走だけは、流石の宮も、到底呑込むこ

とが出来なかったと思う。これは我等も全く宮殿下に御同情を申上げる。しかしマッカーサーの言う事は、無理でもなければ何でもない。既に無条件降伏で、民主主義の助長を、唯一の目的とする事を承諾したる以上は、マッカーサーの覚書は、むしろ当然とすべきである。我等はこれに止まらず、尚《な》おこの上にも注文が出で来るであろうという事を疑わない。しかるに世は様々のもので、かかる無条件降伏を断行したる鈴木内閣を、近代に稀なる、国家に功労ある内閣と、推称する者がある。

（昭和二十年十月七日午後、双宜荘にて）

（参考）昭和二十年十月六日「朝日新聞」

治安確保の問題と
皇室への自由討議
内閣総辞職の直接理由

東久邇宮内閣は八月十七日終戦の善後処理を最高使命として発足して以来、聯合国軍隊の本土進駐、我が陸海軍の復員等の終戦事務を円滑に遂行、その間よく国内の治安を維持し、かつ民主主義日本の再建に必要な基本的諸施策についても検討、速度不足の憾みはあったが、順次実行に移してきた。終戦事務の一段落により内閣の任務は終了したとの理由で内閣の更迭を要望する声もあったが、適当な後継内閣の出現も期待し得られなかったので、首相宮殿下は次の総選挙の後に最大の政党による内閣の出現を予想され、それまでは内閣の改造を行ってでも国政処理の大任に当る御決意であった。ところが四日聯合国最高司令部より帝国政府に宛た「政治、信教並に民権の自由に対する制限の撤廃」に関する覚書により首相宮の御決意は一変した。辞職の直接の原因としては覚書の要求通り天皇陛下、皇室制度に対する自由な討議に関する制限を撤廃することは、この内閣としては到底実行し得ないこと、および内務大臣以下全国の警察首脳部の罷免および全特高警察機関を廃止しては国内の治安確保に責任が持てないという点にあるとみられる。更に根本的な理由としては組閣以来聯合軍総司令部との連絡が不十分で司令部の意向と内閣の施政の動向との間に相当の開きを生じた事が挙げられ、之が最近に至って判然として来たことによるものである。ここに東久邇宮内閣は組閣以来五十日にして退陣した。

三八　東久邇内閣打倒の二勢力

東久邇内閣を打倒したる二つの勢力は、マッカーサーと官僚である。先《ま》ずマッカーサーの注文から語らんに、当初から東久邇内閣は、相当の覚悟を以て出で来《きた》ったるには相違《い》がない。しかしその注文が矢継ぎ早に出で来り、一の注文に応ぜんとするところに、次の注文が出で、またその次の注文が出で、やがては一度に、即ち九月二十九日付を以て、洪水の如くやって来た。それは何かといえば、新聞言論その他に関する十二法令の撤廃である。更にそれよりも驚くべき事は、十月四日、政治犯人全部の釈放、政治警察及び一切の類似機関の廃止、山崎内相及び全国警察首脳、即ち警保局長、警視総監、各府県警察部長、並に特高警察等の罷免、国民の自由を束縛する一切の法律の廃止等を命令し来たった。（中略）

これでは如何に無恥厚顔の内閣でも、受け入れることは出来ないから、遂に辞職となったのである。今更《いまさら》この事についての議論を、真面目に試みんとする者ではない。只今—昭和二十年十月八日—幣原内閣も、既に八九分通りは出来たようだが、この内閣とマッカーサーとの、取組が見ものである。

官僚が東久邇首相の思い通りに動かなかった事は、隠れもなき事実であって、今日に於《お》いて、アメリカ人などは、全く日本の官僚を莫迦にし切っている。それは恰《あた》かも嘉永安政《かえいあんせい》の頃、ペルリやハリスが旧幕の奉行その他の役人共を莫迦にし切ったより以上の事である。それにつけても、東久邇首相宮が、九月二十九日首相官邸に於《お》いて、各省幹部官吏六十五名の入庁式を行わせらるるに際し、訓示されたる要領がある。この要領は、恰《あた》かも現在の日本官僚に向って、頂門《ちょうもん》の一針《いっしん》を与えられたるものと見て差支《さしつかえ》ないから、今ここにこれを掲げて置く。その要領は、

第一に、官吏は陛下の官吏たる事を自覚し、一切の私を捨て、栄達を顧みず奉公すべきこと。即ちこれを裏から見れば、現在の官僚は、全くその反対であるという事が判かる。彼等は官吏たるものは、国家の公僕であり、至尊《しそん》の為めに、国家の務めに服するという事を、全く忘れている。ただ一個の職業意識のみで、立身出世さえすれば宜《よ》いと考えている。私欲私

利を逞《たくましゅ》うすれば宜いと考えている。

第二は、官吏は官吏たる前に、先《ま》ず最も良き国民でなければならぬと、申されているが、これもその反対であると、見てしかるべきだ。

第三は、執務に際しては、事勿《ことなか》れ主義を絶対に排し、責任を重んじ、大局的見地より事を処することとある。ところが今日の官僚は、絶対に事勿れ主義であり、絶対に無責任であり、絶対に大局を見渡さない。

第四には、官憲万能の官僚思想を排し、国家国民の幸福と進歩の為めに、奉仕すべき職分を忘れぬこととあるが、彼等は爪の垢ほども、国家国民の幸福とか、進歩とかいう考えは持たない。全く官権万能の官僚思想である。その為めに、一切の自己本位から、割出している。裁判官は裁判官本位で、人民が如何なる利害痛痒《つうよう》を感じているかに頓着《とんじやく》しない。地方官はまた地方官本位である。内務省などという所は、内務行政の本山であるが、ただ省内の縄張を、全国中に張り散らして、役人共を立身出世さする為めの事に、没頭している。

第五、現実を遊離したる計画は、如何に立派でも、紙上計画である。国民の心理を洞察せねばならぬ、とあるが、役所の仕事は、全く現実を遊離している。それが大にしては、勝つべき戦争《いくさ》を、敗北に導きたる、唯一とはいわぬが、最も大なる原因の一たらしめた。次には、
第六、最も簡素にして、能率的に、仕事を進めること、とあるが、最も繁文縟礼《はんぶんじよくれい》にして、不能率にやっていることは、遂にマッカーサー等をして、東久邇内閣に、全く愛想をつかさ

しめるに至った、主なる原因であろう。この官僚の、国家本位でもなければ、国民本位でもなく、ただ官僚という職業意識によって、団結したるいわば一種の「ツレード・ユニオン」のような団体が、国内に蟠《わだ》かまり、遂に日本を喰い潰して、今日に至らしめたるものであって、若《も》し韓非子《かんびし》の如き者をして、今日に在らしめば、所謂《いわゆ》る官僚は「国蠹《こくと》」の魁《さきがけ》に当るであろう。彼等の在らん限り、到る処日本が、世界の表面に、再び頭首を擡《もた》げる事は、不可能であろう。

かくいえばとて、我等は決して、官僚を讐敵《しゅうてき》と思う者ではない。官僚の中には、随分秀才もある。今日世間でまた政党復帰を、アメリカ民主主義の名に便乗して、目論んでいる者があるようだが、さてその政党で、これ迄《まで》物を言うて来た輩は、概ね皆な官僚あがりである。政党屋で最も成功した二人は、政友会の原敬《はらたかし》と、民政党の加藤高明《かとうたかあき》である。しかるに彼等二人は、紛れもない正直正銘の官僚である。その他若槻禮次郎《わかつきれいじろう》、濱口雄幸《はまぐちおさち》、高橋是清《たかはしこれきよ》、あるいは江木翼《えぎたすく》など、皆な官僚出身である。その他今日政党員の中堅所では、悉《ことごと》くとはいわぬが、官僚から政党に、横飛びに飛んだ者が、決して少なくない。官僚を個人々々に切離して見れば、相当な者も居る。決して見縊《みくび》ったものでもなければ、見捨てたものでもない。しかし何といっても、官僚という一つの砦《とりで》の中に籠《こ》もっていて、その中から一歩でも踏み出すことが出来ず。その為めに、折角《せっかく》抜群の秀才も、ただ月給泥坊、恩給稼ぎに畢《おわ》ることは、寔《まこと》に以て遺憾至極である。米国進駐軍の日本に来た事は、別に何も取り柄がないが、ただこの官僚の堅城鉄壁《けんじようてつぺき》に向って、一撃を加えたる事は、傍観者にとっては、聊《いささ》か痛快でないこともない。これ迄国民が、如何に哀訴嘆願しても、如何に悲鳴を挙げても、また如何に怒号叱咤《どごうしつた》しても、ビクともしなかった官僚共が、米国進駐軍の差紙には、殆《ほとん》ど挙措《きよそ》を失うほど、周章狼狽《しゆうしようろうばい》しているのは、何たる醜態であるか。何れ幣原内閣も、亦《ま》た東久邇内閣の覆轍《ふくてつ》を繰返すであろうが、その際に幣原なる者は、如何なる方便を以て、これを切り抜けんとするか。これが今後の見ものであろう。

諺に、上の好む所下これより甚《はなはだ》しきはなしというが、今日の場合に於《お》いて、日本の役人は、支那の役人にも勝《ま》さりて、その官職を以て、私利私欲を逞《たくま》しくする方便を講じている。これは一の新聞に掲げられたる例であるが、かかる例は、決してこれに限ったことではない。到る処にこれ有りだ。よって今ここに他日の参考の為めに、これを掲げて置く。

乗客を犬箱に押込め
剰《あまつさ》え所持金強奪
山賊も顔負け、東京駅員の所業
終戦後の八月十五日から九月十三日にかけて東京駅の小荷物係の駅員九名が駅構内ホーム、列車内で乗客の不審訊問を行った。不審と認めた者を小荷物係詰所に連行殴打等の暴行を加え、その所持金まで強奪したという悪辣な事件が発覚、丸之内署で取調べている。

この駅員は同駅小荷物係の加藤〇〇（三四）外八名でホームや列車内等で不審と認めた者を八重洲口の小荷物係詰所に連行、身体検査の上所持金品等を調べ、尚疑問のある者や反抗したり或はその態度を難詰した者は同詰所横の軍用犬輸送等に使用した犬箱（高さ三尺幅四尺）の中に押込め翌朝まで不法監禁し殴打其他種々の折檻を加えた。三名に鼓膜破裂その他の裂傷を負わせた。特に加藤などは十三日夜乗客の新潟県東頸城郡安塚村字安塚石田×××さん（五〇）を詰所に連行、所持品を調べ現金二千九百六十円を所持しているのを不審とし、暴行傷害を加えた上、犬箱に監禁折檻を加えた末、無根の窃盗を自供させ右の金二千九百六十円を強奪。被害者には全く覚えのないことだったが折檻に耐えかねて正当な所持金を不正金であると虚偽の申立てを行い、漸く暴行から逃れたという。

（後略・「日本産業経済新聞」昭和二十年九月二十九日）

（昭和二十年十月八日午前、双宜荘にて）

三九　日本敗因の一

この頃独逸《ドイツ》の敗因は、独裁政体に在《あ》りという事を、米国の有名なる空軍評論家、アレキサンダー・セヴァスキー少佐は、独逸の現状を見て、かく語っている。『独逸の主な弱点は「ナチ」の独裁に在った。これが敗北の主因であろう。独逸主脳部の考え方は、戦争の最中、何等の進歩も見られない。その為め間もなく、聯合軍に追い越されてしまったのである。聯合国が不意討ちを喰らって、後退を余儀なくされていた時は、欠陥を是正するに吝《やぶさ》かでなかった。しかるに独逸の独裁政体に見られるように、欠陥を是正する場合、官僚的な拘束が一切無いので、聯合国の戦略は、動的な力を獲得することが出来た。更《さら》に米国は、終局の権力が、市民の手中に在るという点で、戦争に於《おい》て無比の利益を、受けることが出来たのである。』この観察は独逸については兎《と》も角《かく》も、日本に於ては、確かに的中している。それはしかし乍《なが》ら、何もデモクラシーに限った事ではない。若《も》しデモクラシーといえば、仏国も亦《ま》たデモクラシーではないか。その独裁国の独逸が負けたからといえば、ソ聯も一皮剥いで見《み》れば独裁国ではないか。独裁とか自由とかという問題ではない。ただ当局者が、己れを空しくして、他の意見を聴き容《い》れると否とに在るといわねばならぬ。官僚軍閥の独善主義は、近頃になって、頗《すこぶ》る攻撃されたが、それは今日となっては既に遅いのである。日本が戦争に負けたる一の理由は、己れを空《むなし》うして、他の力を藉《か》らない事と、今一つはその経験を活かして、飽迄《あくまで》改善進歩の工夫を、戦争中に実行しなかった事である。現にこの点に於ては、日本で科学研究の大元締というべき、八木秀次《やぎひでつぐ》博士も、軍部の連中は、偶《た》まに科学者を使用するも、部分的のことで、いわば科学者は傍観的相談相手とか、諮問《しもん》機関とかいうに過ぎず。その力を動員して、全力を致《いた》させるような事は、しなかったと言っている。（中略）

しかしこればかりではない。日本の勝つべき戦争《いくさ》に敗けた大なる原因は、この戦争が、国民から全く遊離したる事である。予は未だ動員の数を知らぬが、戦局が進むに従い、動員はあらゆる方面に及んで、学生にも及び、女子にも及び、恐らくは、一千万人を超えたであろうと思う。これに比すれば、日露戦争の如きは、全く九牛の一毛である。況《いわん》や日清戦争をやだ。ある家では、息子が三人出征したるばかりでなく、その娘や孫までも、駆り出されている。恐らくは一世帯の中に、全く動員せられない家は、殆《ほとん》ど無いという程と見ても、差支《さしつかえ》あるまい。しかるに国民は、如何なる熱心を以て、この戦争に当ったかというに、ここに驚くべき欠陥が見出さるる。毎月、月の八日には、大詔奉戴日《たいしょうほうたいび》があり、新聞には必ず紙面第一に、宣戦の大詔が、麗々しく掲げられ、ラジオは固《もと》より、学校その他にも、それぞれその式が行われていた。また集会のある毎に、出征軍人に感謝するとか、若《も》しくはその遺霊に対しての黙禱とか、必ず欠かさず行われていた。また出征軍人の見送り、無声軍人の出迎えなど、それぞれ市町村より達しがあるやら、通牒があるやら、随分手は届いていた。且《か》つまた主なる将校の死んだる家庭には、地方官とか、やかましき軍人が、挨拶に出かけたこともある。かかる事は、日清日露の役には、全く無いとはいわぬが、むしろ稀有の例であった。しかるに今度は、総ての事がむしろ煩雑《はんざつ》という程に行われて、さて国民が、如何程《いかほど》この戦争に、関心を持っていたかといえば、申したくない事実ではあるが、概して無関心であったというても、差支《さしつかえ》あるまい。出ねばならぬから出る。送らねばならぬから送る。迎えねばならぬから迎える。旗を樹てねばならぬから樹てるという位で、殆《ほとん》ど自発的の事はなかった。これは何故かといえば、この戦争が、事実は国家的国民的戦争であったにも拘《かかわ》らず、全く国民から遊離して、軍閥官僚の戦争と見ていたからである。しかし根が忠君愛国の日本国民であるから、八月十五日聖上の御放送を謹聴したる間際には、何れも大なる衝動を銘々の胸に起したが、一日二日を過ぐれば、殆《ほとん》ど半ばは、消えて痕なくなって了《し》まった。これは決して我国の政体が悪しくて、聯合国例えば英米若《も》しくはソ聯の政体が善かった為めとは思われぬ。ただ彼等は、国民に知らしめ、国民に依《よ》らしむる方法をとったが、我国に於《お》いては、知らしめもせず、依らしめもせず、ただ自分等勝手に取り決めて、勝手に命令をなし、その命令が、実際のところ、何処まで徹底したか、それさえ見窮めもせず、ただ遣りっ放しにやって行ったからと、いわねばならぬ。国民の中にも、一通りの意見を持っている者は少なくない。しかるに当局者は、それ等の者の意見を、聴かないばかりでなく、聴こうともしない。言わんとすれば、忽《たちま》ち大目玉小目玉を喫せしめて、言わしめぬようにする。所謂る「道路目を以てす」という言葉通りに、何人もいわんと欲する事を、いった者が無い。

　これでは戦争が、国民から遊離し去る事も、亦《ま》た当然といわねばならぬ。総力戦などという事は、紙の上の話であって、事実では、全く嘘の皮である。お前達は出すべきものを出せば、それで沢山だ。余計なおせっかいはするに及ばぬ。黙り居れという調子で、ただ国民は一個の納税機関であり、一個の兵力資源である物体と認めて、それ以上の役目を勤めしめなかった事は、全くこの戦争を不人望不人気ならしめた。而《しか》して全くこの戦争を他人行儀の形式物とならしめた。これでは国民が、力の出すべき筈《はず》もなく、また出しようもなかったといわねばならぬ。それで国民の活動力を盛り上げるべき、一大機関である新聞なども、全く機関の空廻りで、何等の役にも立たなかった。日清戦役は申すに及ばず、日露戦役などにも、放送という大なる機関はなかった。しかるに今回は、新聞雑誌以外に、この一大機関を、手許に持ちながら、この機関が、全く役に立たなかった。何となれば、放送者は例によって例の如く、全くそれが型にはまって、国民はこれを聴くことを、好まないばかりでなく、むしろ厭《いや》がる程になった。今更その責任を、誰彼に帰せんとする者ではないが、日清戦役に於《お》ける政治家としての伊藤、軍人としての川上など、また日露戦役に於ける政治家としての伊藤、山縣、桂、軍人としての寺内、山本などに比べて、実に大東亜征戦の政治家軍人が、見劣りした事は、今更いう迄もない。これが全く一の大なる敗因となったのである。さりとて彼等と雖《いえど》も、若《も》し誠心誠意責任の重大なるを感じ、国民と共に進むという態度を、持っていたならば、彼等如き凡才庸器《ぼんさいようき》でも、国民は必ずしも、深く彼等を咎《とが》めなかったであろうが、余りに彼等が伸《の》しあがり、付けあがり、浮きあがって、彼等自身を、国民から遊離した為めに、国民も亦《ま》た遂に、彼等を相手とすることが、出来なかったのである。

（昭和二十年十月八日午後、双宜荘にて）

四〇　陸海将官の瀆職、下級軍人の貪欲

予は曾《かつ》てソ聯の参戦や、原子爆弾は、全く敗北論者の、世間を瞞着《まんちゃく》する口実に過ぎず、この二者が無きとしても、彼等は既に無条件降伏を、決心していたものと、判断していた事

を、前にも幾度か記して置いた。しかるに今回偶然にも、米国月刊雑誌「コスモポリタン・マガジン」の編輯次長ハリー・ブランデージ氏が、最近日本から帰国しての物語に、日本が敗れたのは、原子爆弾でも、ソ聯の参戦でもない。日本の崩壊は既に決定的だった。日本は原子爆弾とソ聯の参戦を、面目を維持する為めに、降伏の口実とした訳だと明言している。少なくとも彼はこの一点に於《おい》ては、日本の真相をよく看破したものといわねばならぬ。今ここに繰返す必要もないが、鈴木内閣は、その創立の時から、既に降伏内閣であった。ただその機会を待っていたのである。しかるに偶然にも、二つの好《よ》き口実が出来たから、急転直下に、それが実行されたのに過ぎない。後の戦争史を編む者には、よくこの真相を心得て置く必要があるから、改めてここに掲げて置く。

昔の支那人が、文臣銭を愛さず、武臣死を惜しまざれば、天下太平と申したが、不幸にして我国の武臣は、死する事を、絶対に恐れるばかりでなく、金銭とか、その他の物欲を、貪《むさぼ》り愛する事が、最も甚《はなは》だしくある。彼等が死を恐るる一件については、恰《あたか》も五月五日節句の武者人形の如く、大将中将少将、その上には元帥迄《まで》も、雛壇に飾りきれない程、飾られているが、その中で男らしく切腹した者とては、絶無僅有という程である。ここにその人名を挙ぐれば気の毒であるが、例えば南方軍の板垣〔征四郎《せいしろう》〕大将は如何。比律賓《フイリピン》軍の山下〔奉文《ともゆき》〕大将は如何。また仏印に在る寺内〔寿一《ひさいち》〕元帥は如何。これらの人々は、普通の出来合の大将ではなく、何れも世間からは、特別の資格ある、日本人に於《お》ける、模範的大将と仰がれたる人々である。しかるに今日迄、彼等は何事を為《し》ているか。殊《こと》に山下大将の如きは、比律賓全島の軍司令官として、自らもレイテは島だから、致方《いたしかた》はないが、呂宋《ルソン》の大平野は以て我が武を試みるに足ると、豪語した男である。しかるに野戦は愚ろか、大江山の酒顚《しゅてん》童子ではないが、洞窟の中に隠れ、今度は戦争犯罪人として、しかもそれは、捕虜虐待事件の責任者として、法廷に立つ事となった。今更《いまさら》彼が法廷に立って、何事を語るであろうか。むしろ思い切て、死んで呉れたら、幾《いく》らか比律賓に於ける、皇軍失敗の最後の一頁を飾ることが出来たろうにと、今更惜《おし》みても余りある事と思う。しかし今後当人が、如何なる事を目論んでいるか、先きは先きの事として、これ迄の事で判断すれば、洵《まこと》につまらぬ事であると思う。

さて他方に於《おい》ての物欲であるが、およそ我が陸海軍の将官級の人で、恩給を貰って、その上に民間事業会社の顧問とか、重役とか、あらゆる金儲けに関係していない者は、ないとはいわぬが、むしろ少ないというべきである。彼等は普通の商売人以上に、よく稼いでいる。また現役の連中でもこの点では相当のものである。何時か軍需省の役人共が、帝国ホテル付近の、有名なる支那料理屋で、直撃弾を喰らって、若干人爆死した。世間では、これを殉職と謳い、多分葬式も、公式によりて鄭重に行われ、相当の手当を受けたであろうが、安《いず》んぞ知らん、彼等は時節柄不相応の御馳走を食べつつ、御用商人と相談最中であったということである。これらはホンの一例に過ぎない。戦争中、予の手許に、陸海軍官吏の瀆職《とくしょく》事件については、少なからず報じて来た。かかる事件は、裁判所の問題としては、あるいは言い抜けが出来るかも知れない。抜け道は大抵作っているから、巧《う》まく抜けるかも知れないが、十目の見る所、十指の指さす所、決して誤魔化す訳には行かぬ。独逸《ドイツ》で国民が、「ナチス」の党より心を離したるは、「ナチス」党の幹部が贅沢をした。即ちその衣食住に奢《おご》ったという事が、一の動機であったと聞いているが、我国に於《お》ても、陸海軍官吏の瀆職若《も》しくは准瀆職に関する、眼に余る振舞が、国民の心をして、戦争から離れしめ、これがまた敗北の一原因を作った事は、決して疑を容れない。つまらぬ事ではあるが、ある軍港に於ける、ある海軍病院の医官の家族が、その向う三軒両隣に比して、眼に余る贅沢を為したという事を、予に向って、予が全く未知の一女性より投書して来たことがあった。かかる事は、国家の大局より見れば、殆《ほとん》ど歯牙《しが》にもかくるに足らぬような事であるが、しかし国民をして、陸海軍部に対する、信頼の念を失わしめ、却《かえっ》て嫌悪の情を刺戟したることは、決して見逭《みのが》すべき事ではない。

上の好む所下これより甚《はなはだ》しきはなしで、陸海軍に関係ある下級者の贅沢、横暴、我儘、貪欲等は、戦時中全く眼に余るものがあった。しかし戦時中は、かかることを発言すれば、軍律に処せらるる心配があったから、誰れも彼れも、爪弾《つまは》じきをなしつつ、黙まれ黙まれで、黙まっていた。しかしそれは戦後の議会で爆発した。即ち東久邇宮内閣の劈頭《へきとう》、臨時議会開催に際して、終戦と同時にあらゆる軍需品を、軍人軍属共が、勝手次第に山分けして、銘々持ち帰ったという事が、大問題になって来た。この事は何処の里にもあった事であろうが、九州のある片田舎から、予の親戚が、予に与えた書簡の中には、復員したる兵士共が、郷里に帰りたる状態は、支那の敗残兵にも劣り果てたる体たらくで、言語道断である、と申して来た。これは地方の人民は、食うや食わずに困っているのに、帰って来た兵隊共は、桃太郎が鬼ケ島より帰ったも同様、御土産沢山で、その為めに兵士に対する同情などは、全く煙散霧消《えんさんむしよう》したという訳であろう。一般必ずしもこの通りというではないが、かかる例の多かったことは、決して疑を容れない。十月六日の『日本産業経済』には、「復員帰村工員の物資持帰り各方面の反感甚し、何より供出に悪影響」と題し、種々の事実を列挙している。その中には、復員軍人の物資持参に反し、傷痍軍人及び戦死者遺家族の悲嘆は格別、一枚の毛布たりとも、戦友の霊前に供する者もないので、軍に対する反感が強いといい、またある所では、復員軍人が、相当数量の食糧、衣類、皮革類等を持参したるを目撃して、穀類の供出に影響したりといっている。これは恐らく全国に於てであろう。兎《と》に角《かく》軍は、必要以上にあらゆる物資を取り込み、愈々《いよいよ》終戦となれば、それを立派に返納するが当然であるのに、しかすることをせず、宜《よ》い塩梅《あんばい》に、それを銘々が山分けして、その余瀝《よれき》が、兵士に迄及んだものであろう。兵士達こそ気の毒である。またここに一《しよう》の例を挙げて置くが、某海軍主計中尉は、部下兵曹長数名と結託、貯蔵中の某補給廠から、米千数百俵、その他大豆、饂飩、釘などを、自動車で搬出、出入りの請負業者等には、米一俵千円前後で売り捌いたという事実が、新聞に掲げてある（昭和二十年九月二十九日、読売報知）。かかる事は、何等珍らしくない事であるが、偶々《たまたま》新聞に掲げられたるが為めに、彼は不幸にして、その網に引っかかったのであろう。また中には、所謂《いわゆ》る公然たる泥坊とはいうことは出来ぬが、官物を贅沢《ぜいたく》に消費して、己《おの》れ等《ら》一味仲間の口腹を肥やしたる者に至っては、殆《ほとん》ど数うるに遑《いとま》なき程、あったものと察せらるる。

これらの事は、何れの戦争にも、付纏《つきまと》った事であるが、その弊害があれば、片っ端からこれを矯正し、罰すべきは罰し、正すべきは正し、懲すべきは懲して行くべきであるが、そこは所謂る陸海軍では、仲間の面目という事を、間違った方向に過重視し、かかる事が世間に暴露しては、皇国陸海軍の威信に関するなどと、飛んでもなき事に力瘤《ちからこぶ》を入れ、却《かえ》って罪人を曲庇《きょくひ》し、改むべきを改めず。速かに切断すれば、治療の途もあるが、それが為めに、病毒を全身に蔓延せしむるに至った事は、洵《まこと》に以て是非もなき次第といわねばならぬ。

(昭和二十年十月九日午前、双宜荘にて)

四一　ミルトンと予

人間の運命なるものは、容易に前知し難きものである。寸前暗黒とは、この事であろう。暫《しばら》く予自身の狭き短かき経験について語るも、全くその通りである。予は青年時代マコウレーの「エッセイズ」の愛読者であり、殊《こと》に彼れの「ミルトン論」を愛読し、爾来《じらい》ミルトン・ファンの一人となった。その事は、曽《かつ》て大正六年『杜甫《とほ》と彌耳敦《ミルトン》』の一書に詳《つまびら》かであれば、今ここに語る必要はない。曾《かつ》て明治十七年、二十二歳の時に『明治二十三年後の政治家の資格を論ず』という小冊子を著わしたる際、二首の七絶を作ったが、その一首には左の如くある。

鼓舌不能連六国
胸中那肯画三分
畢生辛苦期何事
自擬東洋彌耳敦

舌《した》を鼓《つつみう》てども六国《りくこく》を連《つら》ぬること能《あた》わず
胸中《きょうちゅう》那《なん》ぞ肯《あえ》て三分《さんぶん》を画《かく》さんや
畢生《ひっせい》辛苦《しんく》して何事《なにごと》をか期《き》す
自《みずか》ら擬《ぎ》す東洋《とうよう》の彌耳敦《ミルトン》に

ここに「自擬東洋彌耳敦」とあるが、蘇峰老人も、少壮時代には、詩人を気取っていたものであろうと思う人もあろうが、それは大早計だ。自分は唯だ、ミルトンが、文人として、その所信の篤《あつ》くして、毀誉褒貶《きよほうへん》、吉凶禍福によって、何等影響せられず、断々乎として、力行惑《まど》わざる、その篤信《とくしん》と気魄とに、傾倒したる為めに、かく言うたものである。ミルトンは、若い時には「貴女《レディー》ミルトン」と呼ばれ、立派な風采の男であったようだが、家庭的には恵まれず、時恰《あた》かもピュリタン革命の時代で、彼は全幅の力を傾むけて、その急先鋒となった。彼は病の為めに、盲目となったが、それでもクロムウェルのラテン秘書として、良く勤めた。クロムウェル死後、天下一変、回復時代来らんとするや、彼は「共和政治を建立する最善の方法」などという小冊子を編し、盛んに時勢と逆行したが、事志と違い、彼れの著書は焚《た》かれ、彼は全く異端視せらるるに至った。しかも彼れの大作「失楽園」（"Paradise Lost"）、「回復楽園」（"Paradise Regained"）などの作は、皆な窮愁《きゆうしゆう》、悒鬱《ゆううつ》、無聊《ぶりよう》の余《あまり》に成ったものと察せらるる。最後の作は、即ち「サムソン・アゴニステス」（"Samsom Agonistes"サムソンの苦悶《くもん》）と題する、短かき劇詩であり、旧約全書にあるサムソンの事を、叙事詩に作ったものである。これはいう迄もなく、夫子《ふうし》自ら譬《たと》えたものであろう。予は「失楽園」の詩は、長篇ではあるが、随分愛読した。同時に「サムソンの苦悶」の叙事詩は、尚更《なおさ》ら愛読した。予自身の一生は、別にミルトンと、何も対照すべきようなものはない。ミルトンはケンブリッジの秀才であったが、予は大学には足跡もない。壮年以来の詩作は、天下を駭《おど》ろかしたが、予には左程の作も無い。ただミルトンが、時局に関心を持ち、常にその論争の渦中に投じて、奮戦勇闘したる一点に於ては、不幸にして予には、ミルトン程の鋭利なる筆の持合せはないが、その熱心、その努力に至っては、敢《あえ》て遜《おと》る所ないと、信じている。それよりも、今日に於て意外に思うのは、ミルトンも、晩年に於て、時局が一変し、予も亦《ま》た同様である事だ。ミルトンも最後まで闘い、予も亦た「頑張読本」などという、小冊子までも著わして、最後迄戦かったが、何れも力及ばずして、狂瀾怒濤《きようらんどとう》の中に、覆《ふく》没《ぼつ》するに至った。ただ予もミルトンも、船幽霊とならず、自我なる小城砦に立て籠もって、力行惑わざる点だけが、聊《いささ》か相い類したるものあるを見る。今日手許にミルトン集が無い。それで「サムソンの苦悶」の叙事詩は、これを読むに由なきも、少壮時代に愛読したるものが、今尚《な》お胸中に往来している。予も明治十七年には、固《もと》より今日あると予期しなかった。

しかるに今日から顧《かえりみ》れば、この詩は宛《あた》かも予が今日を、六十二年前に於《おい》て、予言したるもののの如くである。自分ながら私《ひそ》かに意外といわざるを得ないのである。今日予を慰むるものは、ミルトンよりも、むしろミルトンの作「サムソンの苦悶」である。予もせめて、サムソン程の豪宕不屈《ごうとうふくつ》の気魄は、持合せていたいものと思う。偶《たま》ま感ずる所がありて、この事をここに記して置く。

幣原内閣も、今日―十月九日―愈々《いよいよ》出来あがったようである。この内閣はマッカーサーの所謂《いわゆ》る傀儡《かいらい》内閣である。この傀儡内閣は、誰れが作ったかといえば、米国側で作ったものである。元来今更ら幣原などという漢《おとこ》を引っ張り出して、内閣を組織するという事は、余程の茶人でも、思いつかぬ所である。それを思いついたのが、即ちマッカーサー側である。一時は吉田茂ということであったが、吉田はアメリカ側の意嚮《いこう》を察し、―彼は予め打診していたようだ―飽《あ》く迄《まで》自ら辞して、幣原を推薦し、その為めに、近衛も、平沼も、木戸も、それに賛成するに至ったという事であるから、それだけの事を見ても、この内閣が、マッカーサー傀儡内閣である事が判かる。いわばマッカーサー内閣の小使内閣である。給仕内閣である。僕々爾《ぼくぼくじ》として、奴顔婢膝《どがんひしつ》、マッカーサー側の思召《おぼしめし》を奉戴《ほうたい》するだけの役目である。元来東久邇宮内閣は、あらゆる欠点はあったけれども、少なくとも傀儡内閣ではなかった。依然伝統的日本の内閣であった。しかるに幣原内閣に至っては、全くその性格が一変して来た。明治維新以来、随分やくざの内閣もあったが、未だ外国人の傀儡内閣であったのは、一も無い。これ有るは幣原内閣より始まるといわねばならぬ。幣原としては、十年以上も世間から遠ざかつて、マッカーサーのお眼鏡に叶《かな》い、首相の位地まで引っ張り出されて来たのであるから、爰《ここ》を先途《せんど》と働らくであろうが、今度出来あがった内閣の顔触れでは、全くサッパリしない。内務大臣となった堀切善次郎の如きも、要するに官僚である。内務省側では、異端視されていたということであるが、内務省は部内だけの話で、一疋の蛙が、他の蛙の群中から除《の》け物にされたる位に過ぎない。蛙はやはり蛙である。彼が今後何事を為し得るか。ただアメリカ人の注文に忙殺せられて、しどろもどろで、追ては引き退がるの外はあるまい。今日最も重大なる問題は、食糧の問題と財政の問題である。農林大臣となった松村〔謙三《けんぞう》〕が、前農林大臣千石興太郎と比べて如何。千石にも必ずしも満足はしないが、公平の観察で、むしろ千石の方が、押しも利《き》けば経験もあり、一日の長ありと察せらるる。財政の問題は、何よりもインフレを防ぐ事であるが、これは津島〔寿一《じゆいち》〕と渋澤〔敬三《けいぞう》〕とは、別に軒輊《けんち》する所もあるまい。というは、要するに、それ等の遣《や》り繰《く》りは、大蔵省の属僚共がやるからである。

更《さら》に一つの問題は、失業者問題である。失業者の数は、今日では五百万人といっているが、我等の見る所では、恐らくはそれに二を乗ずる数に上りはしないかと思う。兎《と》に角《かく》人は余る。仕事は不足。食糧は尚《な》お不足という事であって、このままで措《お》けば、大なる内乱を見ざる迄も、社会の秩序は、非常に紊乱《ぶんらん》するであろうという事は、断じて疑いを容《い》れない。今日日本の治安を維持する力は、アメリカの軍隊以外には、全く絶無である。日本の軍隊は、復員してしまう。日本の警察は、殆《ほとん》どその爪を取られ、その歯を取られ、全く去勢されて来た。しかも日本政府自身の威信ともいうべきものは、皆無である。かかる場合に於《おい》て、斬取《きりとり》強盗、追剝《おいはぎ》などの流行は、誰が眼にもこれを予見することが出来る。それに加えて、外国軍隊なるものも、油断をすれば、如何様の事でも、仕兼ねぬ者ではない。現に逗子の桜山では、黒人兵の強盗が押入って騒がせた事件がある。

それにまた付け加えて、これ迄《まで》制裁を加えていた政治犯人、所謂る社会党、共産党、中には悪質のギャング連中さえも、彼等は思想犯の美名の下に、アメリカ人の手によって、釈放せられることとなった。彼等が如何ような事件を、今後に出来《しゅったい》するか、決して安心も出来ず、油断もならぬことと思う。やがて久しからずして、一度廃止せられたる特高課が、恋しくなる時節の到来せずやと思う。支那では、従来国家の統制力が、薄弱であった為めに、自衛の力は強かった。即ち匪賊《ひぞく》が横行しても、大抵のものならば、隣保《りんぽ》協力して、これを防禦し、これを撃退し、もしくはこれに賄賂して、大なる災いを、小なる災いを以て防禦する工夫も出来ている。しかるに我国では、これに反して、国家の統制力が、行き届いていたから、個人の防禦などというものは、殆《ほとん》ど皆無である。この弱点は、大正十二年九月、関東大震火災の時に、極めて明白に暴露せられた。

恐らくは今日以後に於《おい》て、更にそれよりも大なる欠陥が、暴露せらるる日が来るであろう。全く寒心《かんしん》の至りに堪えない。

（昭和二十年十月九日午後、双宜荘にて）

四二　驚くべき日本上下の急豹変

予《かね》て戦争反対とか、当初より看板かかげた敗戦論者とか、また所謂《いわゆ》る自由主義者とか、社会主義者とか、共産主義者とかが、この際時《とき》を得顔《えがお》に顔を出すは当然の事で、幣原や吉田などが、我が世の如く振舞いたりとて、我等は別に意外とは思わぬ。ただ昨日まで熱心なる米英撃滅の仲間であり、甚《はなは》だしきは、その急先鋒であったとも思わるる人々が、一夜の内に豹変して、忽《たちま》ち米英礼讃者となり、古事記一点張りの人々が、民主主義の説法者となり、戦争一本建ての人が、直ちに平和文明の主張者となったる者の多きには、流石《さすが》にその機敏快速なる豹変ぶりに、驚かざるを得ざるものがある。何れの世、何れの時でも、雷同詭随《らいどうきずい》者は存在するものと思うていたが、しかも今日程それが著しく目についた例《ため》しは、未だ曾《かつ》て認めない。これを見ても、如何に日本人が、少なくとも現在の日本人が、堅実性を欠いていた事が判かる。即ち何事も、その時その時の調子で、始終、足は地に着かず、ただ当座々々の調子や気分やで、動くものである事が、証拠立てらるる。これは必ずしも国民の各層ばかりでなく、戦争専門の軍人も、行政専門の役人も、皆なその通りであったと見て差支《さしつかえ》あるまい。つまりこの戦争も、前後の見通しもつかず、大なる決心もなければ、覚悟もなく、風の吹き廻しで、舟を乗り出したものであって、予めその到着すべき港さえ定まらず、否なその向う方向さえも定めていなかった事が、思いやらるる。

自ら戦争の元締めとなる人々が、かかる浮足であるから、国民も同時にその通りであったと見ても致方《いたしかた》はあるまい。恐れ乍《なが》ら大元帥陛下も、今日では万事東條がやったように仰せらるるが、宣戦詔　勅《せんせんしょうちょく》の御発表になった前後に於《おい》ては、まさか一切御承知ないということでもなく、また必ずしも御反対であらせられたとは、拝察出来ない。若《も》し御反対であらせられたとしたならば、かかる詔書に御名御璽《ぎょめいぎょじ》の据わるべき筈《はず》はない。宣戦媾和の大権は、至尊《しそん》の大権中の重《おも》なる一である。まさかそれを御忘却あらせられたとは、拝察が出来ない。

元来日本人は、果してその性、即ち国民性として、かかる軽薄浮動の性格の持主であるや、将《ま》た明治以来悪教育の結果、ここに到ったものであるか、その点については、ここに何とも断言は出来ない。ただ現在の日本の国民性として、この浮足である事だけは、隠すことも出来ねば、また拭《ぬぐ》い消すことも出来ない、我が国民の自ら暴露したる、大なる欠陥といわねばならぬ。

今日頻《しき》りに彼等は、日本の民主化を唱《とな》えているが、果して心からかく信じているのであるか。また一切の武力を持たぬ無腰無刀の国家として、世界の文化に貢献するなどという事を、盛んに唱えているが、果して真面目にかく信じているか。武力を除外して、文化のみにて、世界に立つ事が出来得るものであるか。少しく歴史的事実に徴《ちょう》して見ても、それは明白である。ギリシャの文化は、泰西文化の根源といわれているが、ギリシャは果して無腰無刀、赤手空拳《せきしゆくうけん》の国民であったか。スパルタが徹頭徹尾武国であった事は、いうまでもない。ギリシャの文化の眼目といわれたるアテネ如きも、決して武を除外したる国ではなかった。テミストクレスよりペリクレスに至るまで、何れもその武勲は赫々《かくかく》たるものであった。支那に於《おい》ても、その文化の最も発達したる時代は、漢と唐であるが、漢と唐は支那に於て、その武力の最も発展したる時代であった。武力を除外したる文化国というものが、果して出来得べしとすれば、それは今後に於ける、新たなる試験というの外はあるまい。ここ迄には世界の歴史に、左様な例は、絶対に無かったということが出来る。しかるにかかる事を、平気で、朝飯前の仕事の如く、言い做《な》している日本の有識階級は、実に驚き入たる胆玉の持主といわねばならぬ。これは大胆でもなければ、豪胆でもない。全く彼等の軽佻浮薄《けいちようふはく》の浮動性が、彼等を駆りて、ここに到らしめたるものというの外はあるまい。

昨日までは現津神《あきつかみ》として、君主に対して、上奏するさえも、不敬などといい、忠諫《ちゆうかん》などは、全く臣道実践の敵であるかの如くいい做《な》したる彼等が、今日では、平気で皇室制度の改正などという事をいっているは、我等が全く了解出来ない点であるが、しかしこの了解出来ない点が、平気で世の中に行われ、何人もこれに向って、疑問さえ挟《はさ》む者これ無きは、これ亦《ま》た実に驚き入《い》りたる現象といわねばならぬ。

日本の帝室は、いわばサムソンの髪毛である。その毛髪がある間は、天下無敵の大力者であったが、髪を剪られた後は、その神通自在力《じんつうじざいりょく》を失うた。若《も》し日本に皇室が存在を絶ち、存在しても、絶った同様の位地に立たしめ給うような事が、あったとしたならば、日本は支那と択《えら》ぶ所なく、朝鮮と択ぶ所なく、ソ聯と択ぶ所なく、米英と択ぶ所なきは当然である。彼等は本来皇室を持たぬものであるから、持たぬからとて、彼等は髪毛一本損をしたのではない。しかるに我れは世界無比の皇室を持って居り、それが為めにここ迄の日本であったが、それを失うた日に於《おい》ては、彼等は何も失うた事は無く、我はその自己存在の一大理由、即ち日本精神の一大淵源《えんげん》を失うた事になるから、その損失の多大である事は、判りきった事である。即今米国が、若《も》しくはその他の聯合国が、ややもすれば我が皇室制度に手を着けんとするは、日本の急所が爰《ここ》に在ることを知っている為めである。それ程迄に皇室は、日本にとっては重大なるものである。しかるに現在の日本人が、それを打忘れ、鸚鵡《おうむ》返しに、日本民主化のみを高調するが如きは、余りにも浅薄なる考えであるといわねばならぬ。

仮りに日本から皇室を取り除き、アメリカ流の個人主義一点張りで、国を建てたとする時には、日本の前途は果して如何になるべきものと思うや。彼等は兎《と》にも角《かく》にも、立国以来というよりも、その以前から、自由主義の訓練に慣れている。個人主義の使用方法にも熟している。それで彼等としては、その能率を相当に挙げている。しかるに我国に於《おい》ては、昨日剃ったも今道心で、急にアメリカ流に転向したとて、その日から直ちにアメリカ人同様になり得る気遣いはない。揚句《あげく》は所謂る虻蜂《あぶはち》取らずで、ただ他人の真似を為して、後から跟《つ》いて廻《まわ》るというに過ぎぬであろう。その積りならば、自ら日本を布哇《ハワイ》や比律賓《フイリピン》と同様の位地に置く覚悟をするの外はあるまい。それについても面白い話がある。明治二十年、予が『国民之友』を発刊の当時、予の先輩である某学者は、『国民之友』の特別寄書家の一人として、日本はむしろこの際、思い切ってアメリカ合衆国に合併し、合衆国の一州として立つ方が、総《すべ》ての点に於《おい》て便利であろうという論を寄せ来《きた》った。当時は言論自由といわんより、無制限の時代であって、現に田口卯吉《たぐちうきち》氏が、「国を建《たつ》るの価は幾何ぞ」という論文さえも掲載して、誰れ一人苦情をいう者なき時代であったから、恐らく差支はあるまいと思うたが、予自身としては、如何に放言高論でも、日本をアメリカの一州となすなどとは、余りに甚しいからと考え、それを掲載せずして済《す》ませたことがある。しかるに今日この頃は、巡ぐり巡ぐって、また殆《ほとん》どこの論が、文句では同一でないが、その精神では、相異なる所なきものを、聞くに至った事は、長生きをすれば、随分世の中には、珍らしき事に逢着《ほうちやく》するものと、自分ながら聊《いささ》か意外の感をなしている。

近き例を挙ぐるが、若《も》し日本から皇室を取り除けたとしたら、陸海軍の所謂る特攻隊の如きは、今後決して出で来るべき見込はあるまい。我が将官連中には、如何《いか》がわしい者もあり、また軍の中堅所には、甚《はなは》だ不感服の徒輩も少なくなかったが、その中で陸海軍の光となったのは、この特攻隊である。しかも彼等は、何が為めに、青春妙齢の花盛かりを、欣然《きんぜん》として死に赴いたかというに、それはただ大元帥陛下の御為めという一点であった。「天皇陛下万歳」が、彼等にとっては、生命の糧といわんよりも、生命そのものであった。しかるに彼等から、天皇陛下を取り去る時に於ては、彼等も亦《ま》た人間である、命の惜《おし》いことは当り前だ。今後は彼等の前に、何人が頓首百拝《とんしゆひやくはい》しても、若《も》しくは如何なる鞭撻を、彼等に加えても、美酒や美人を御馳走しても、断じて彼等の心を動かすことは出来まい。日本から皇室を取り去れば、全く仏から魂を抜いたと同様なものである。その事を知らずして、今更《いまさ》ら事珍らしく、民主的国家の新造などを、目論むという事は、浮薄性もここに至って極まれりといわねばならぬ。

（昭和二十年十月十日午前、双宜荘にて）

四三　外人の見たる日本の国民性

この頃マッカーサー側が、日本の事を色々調査し、洗いざらいに、それを暴露するようだが、これでは最早や何一つ日本には秘密なるものが存在せぬこととなった。昨日は海軍省の中に蔵《し》まい置きたる金塊とか、宝玉とかいうものを、兵隊で取り囲み、中に入って、それを押収したということである。また帝室財産なども、調査の上出せという事であるから、これも何れ世間に披露せらるる日が、あるかも知れぬ。しかしながら、これらの事によって、我等が予《かね》て思った事が、意外にも証明せられるものがある。例えばマッカーサー司令部は、戦争末期の我国に於《おい》て、日本陸軍の兵器生産の概要について、左の如く報告している。

小火器用弾薬不足

戦争末期の日本の兵器生産

米陸軍総司令部渉外局発表＝マッカーサー司令部は七日戦争末期における日本陸軍の兵器生産状況の概要につき左の如く発表した。

日本の軍隊は降伏以前相当の期間に亘って小火器並に小火器用弾薬の危機的な不足に直面していた。小火器生産減退の原因としては鉱山及び炭坑における熟練鉱夫の不足、輸送機関の破損増大及び本年三月以来の爆撃に依る兵器工廠の損害等が挙げられるが以上とは関係なく、更に二つの要素も存在した。即ち、

一、一九四二年日本は歩兵部隊の二つの基本的武器たる小銃及び軽機関銃の口径を従来の〇・二五吋から〇・三〇吋に変更せんとしたが日本の生産能力はこの変更を円滑に実施することが出来なかった。

二、原料不足に依り日本軍は新たな〇・三〇吋口径用の弾丸のために鋼鉄製の薬莢《やっきょう》を使用すべく余儀なくされた。然るにかかる小型薬莢を鋼鉄で生産する技術的困難は最後迄遂に克服することが出来なかった。此結果小銃及び機関銃弾薬の生産は非常に減少した。然るに一方では日本軍は重擲弾筒用弾薬は長期に亘り使用しきれない程の大量の手持をもち、更に沿岸防備砲に対する弾薬も過剰であった。併し高射砲弾薬は不足勝ちだった。（後略）

（「日本産業経済新聞」昭和二十年十月八日）

これにて見れば、一方では余る程余って、他方では足らぬがちの兵器があった事が判かる。しかるに余れるものを足らぬ方に振り向けて、兵器の不足を補うなどという事は、遂に手が廻らずに済んだものと思う。更に最も注意すべき一点は、右公表の最後の一節である。

「注意すべきことは過去数ヵ年間に亘り、日本軍は屑鉄用として大建築物から多くの暖房用放熱器を取り外したが、これらは戦争が終った時集積所に赤錆の状態で放置されていた。これは陸海軍及び其他政府機関の間に、如何に連絡が欠如していたかを物語るものである」

といっているが、正《ま》さしくその通りである。屑鉄一件については、予も自ら経験がある。予は政府が金属を徴用するという事を聞いて、率先して山王草堂《さんのうそうどう》の庭前に安置してあった予の文章報国四十年記念の為めに、友人等の寄贈したる、藤井浩祐氏の彫刻にかかる半身の銅像を、隣組長の宅まで差出した。これはそこから赤襷《たすき》をかけて、国民学校に持て行ったという事であるが、その後の消息は遂に聞かない。次に山王草堂の門の扉が鉄であるとて、その取外しをすべきであろうと感じ、実は頗《すこぶ》る迷惑はしたが、取外して差出すこととした。しかるにそのまま外されて放ったらかし、何日まで経っても、それを受取に来る者がなく、催促をすれば、手が廻らぬとか、トラックが無いとかいう事で、予はしみじみ嫌やになった。余り久しくなって、予が忘れた頃、何処へか持ち去られたものと察せらるる。その後青山会館の金具も、取外すように命ぜられたが、漸く修繕をした後であって、成べくなら御免を蒙《こうむ》りたいと思うていたが、遂に取外すこととなった。而《しか》してその跡を兎《と》や角《かく》誤魔化して置く為めに、二万円内外の経費が、かかったという事である。しかしその行方が如何になったか、相変らず予の扉同様ではなかったかと思う。金属といえば、予は昭和十七年、戦争の真最中、否なむしろ上期ともいうべき頃、本郷の帝大病院に入院したが、病少しく間ある頃、大学の構内を散歩すれば、大小数うるに遑《いとま》あらぬ程の銅像などがあり、その中には、濵尾新《はまおあらた》氏の銅像などは、銅像そのものもであるが、それに付属したるものは、むしろそれに数倍する程の、金属を使用してあったように憶えている。しかもそれらの物には、一切何人も手を触れずにあった。必要なる門の扉さえ外ずす程であれば、これらの物は、早く処分をしても、よかりそうなものと考えたが、誰れ一人気が付く者がなく、付いてもそれを行う者はなかったものと察せらるる。

殊《こと》に自分が意外に考えた事は、銀を出せという事であって、その時は自分等も予《かね》て当局の仕打が、余りに無責任不深切であることを知っていて、熱心でもなかったが、十人並の事はした。尚《な》お予が文章報国の記念か、若《も》しくは他の記念か、電報通信社より贈られたる、大なる銀製のペンがあった。それも寄付すべく申出たが、受取に来る人がなく、それはそのまま多分熱海の晩晴草堂《ばんせいそうどう》に、残っているであろうと思う。政府では、銀を出せ銀を出せとて、新聞にも広告し、隣組からも申して来るという程であったが、いざとなれば、それを徹底せしむる事には、頗《すこぶ》る熱心を欠き、しかも半面には、その最中に、銀盃賞与などという事が、行われていた事は、洵《まこと》に以て驚き入たる次第といわねばならぬ。それ程銀が大切であれば、木盃で遣っても、あるいは陶器の盃でも、差支はあるまいと思うに、旧慣通り銀盃を賞与するなぞという事は、莫迦気切《ばかげきつ》た話である。一事が万事その通りであるから、戦争が巧《う》まく運ばなかったことも、必然であったといわねばならぬ。語を換えて言えば、かかる不始末をしながら、よくあれ迄《まで》やったものと、その点だけは却《かえつ》て感心せらるる訳である。

この頃故高楠順次郎《たかくすじゅんじろう》氏が『アジア民族の中心思想』と題する書物に、色々日本国民の性格を挙げているが、その中に、

これは西洋人がよくやることとです。日本の国民性はこういうものであるというふうにやる。大体聞いて見ると、第一に、日本人は非常にシンプルである。単純性《シンプリシテイー》ということは確かに一つの国民性である。第二には、日本人は非常にきれい好きである。清浄性《ピューリテイー》は確かに国民性の一つである。第三には、日本人は非常に忠実を重んじる。純真性《シンシアリテイー》は日本人の特質である。この三つはだれでも言っている。かく書いてある。即ち今ここに掲げたる日本単純性と清浄性と純真性との三者は、日本人にも西洋人にも、同一に認定せられたる日本の国民性である。

と。高楠氏がこの書の著述をしたのは、昭和九年の末から、十一年の半ばにかけての事であって、支那事変前の事であるが、今日では日本人の評判は、決してこの通りではない。少くともアメリカ人等が認むる所では、全くこの三者の反対である。日本人は世界に於《お》ける一大詐欺者である。即ち真珠湾の不意打は、それが証拠である。今日では、真珠湾の一件が、世界的大問題となって、真珠湾の不意打は、宣戦詔勅《せんせんしょうちょく》の以後であったか、以前であったか、天皇陛下が詔勅を発せられたのは、何月何日何時頃であったかなぞと、頗《すこぶ》る詮議《せんぎ》立てをしている。而《しか》して戦争犯罪人なるものも、これに連累した者が、恐らく多数であろうと信ぜらる。次にまた日本人ほど不潔なる者はなく、一度び日本人の足を入れたる土地は、直ちに不潔の巣窟としている。而《しか》して彼等が日本に進駐するや否や、太平洋の孤島で、害虫退治、その他の伝染病退治をやった同様の始末やら、空中から消毒薬を雨降らしている。また日本人が比律賓《フィリピン》に於《お》ける残虐行為は、米人によって、典型的日本軍の暴虐事項として、披露せられ、多分その為めに、比律賓に関係のある山下〔奉文《ともゆき》〕とか、本間〔雅晴《まさはる》〕とか、黒田〔重徳《しげのり》〕とかが、それぞれ引っ張られたのであろうと思わるる。必ずしもその事のみとは限らぬが、それが主なる一である事は、間違いあるまい。以上述べたる通りであれば、即ち日本人は、単純性の代りに、複雑性であり、清浄性の代りに、不潔性であり、純真性の代りに巧詐性であると、いうの外はあるまい。即ち日本軍が、一百万内外の生命を賭《と》し、二千億以上の金銭を使用し、足掛け五年掛かりで、贏《か》ち得たるものが、この悪評でありとすれば、この悪評の代価も、決して低廉という訳には参るまい。予は今ここに高楠氏の掲げたる通りであるか、最近アメリカ人の評判通りであるか、何れとも決定し兼ぬる。思うに今日でも、あるものは前者の如く、あるものは後者の如く、何れも部分的には間違いなかろうと思うている。ただ問題は、何れが多数であるかという事である。しかしこれは観察の角度如何によって、何れともいう事が出来るし、何れともいう事が出来ぬし、つまりは未決の問題として、将来に取り置く外はあるまい。特攻隊の青年等の事を考うれば、正さしく高楠氏の説明した通りであるが、しかし陸海軍の巨頭とか、中堅という連中について見れば、アメリカ人の悪評も、悉《ことごと》く皆それが濡衣《ぬれぎぬ》であるということは出来ない。

（昭和二十年十月十日午後、双宜荘にて）

四四　御退位問題、神社と国民

幣原が組閣早々、外国新聞記者へ話した要領として、放送せられたる所を聞くに、天皇陛下は決して皇太子殿下に御譲位あらせらるることはない。また神道は必ずしもこれを廃絶せざるも、その弊害だけ除いて存続せしめても、差支《さしつかえ》ないと思うと語ったとある。主上《しゅじょう》に関する一事は、正直のところ、幣原の口から初めて承わった。世間の多くの人々は、かかる事変に際し、定めて主上には、御譲位あらせらるるであろうと考えていたようだ。さすれば、その上にも聯合軍側は、主上の御責任を、追究するが如きことはあるまいと思う事がその一。

また日本国民としても、それは当然の御処置であろうと思う事がその一。何れにしても、この際の御譲位は、主上御自身にとっても、皇室にとっても、やがてはまた日本全国にとっても、適当の御措置であろうと考えていた。固《もと》よりこれは臣下より彼是《かれこれ》強要し奉るべき筋のものでもなく、全く御自発の聖慮《せいりよ》に出ずべき事である。しかし幣原がかく明言したる上は、同人も定めて、親しく聖慮を拝承し参らせた上の事であり、最早やこの問題は、これで終止符を打ったものと認むべきである。予自身は、この問題について、格別強いて主張せんとする意見もない。しかし過般新聞紙上に、東久邇前首相宮より、外国新聞記者への御回答とて掲げられたる一文を見るに、主上は真珠湾事件には、その詳細の事は、一切御存知なしというような事が、掲げてある。これは恐らくは、主上から米国新聞記者に御手交遊ばされたる、御回答の意味を、東久邇宮によって、裏書されたるものであろう。

かかる問題の渦中に、主上を置き奉ることは、洵《まこと》に恐懼《きようく》の至りであるが、しかし主上が、この上御在位でましませば、勢いこの問題は、再発若《も》しくは三発して来る危険なしといわれない。しかる場合に、これは東條一任だ、朕が関知したる所でないと、仰せらるる事は、帝国憲法の真義に照らして、認めらるべき事ではない。日本の憲法では、かかる小刀細工は、承認せらるべきものではない。これらの手数を掛けんよりも、むしろこの際は御譲位の方が、御賢明の措置であるかも知れない。しかし予は、元来非降伏論者であるから、降参の処置については、彼是《かれこれ》議論をする資格も無ければ、また自ら議論せんとする者でもない。

対米　通告後と御諒解

天皇陛下と真珠湾攻撃

米軍総司令部渉外局八日午後四時三十分発表によれば東久邇宮殿下秘書は聯合国記者団に対して宮殿下の次のメッセージを伝達されたき旨聯合国最高司令部渉外局長デイラー代将に申入れた。

メッセージ内容

東久邇宮殿下は政務多端なため先週予定された聯合国記者との会見を行うことが出来ないことを残念に思われている、総理大臣を辞任するに当り東久邇宮殿下は去る九月十八日の記者団会見後そのまゝになっていたところの質問に対し文書を以て次のように回答された（中略）。

【質問】真珠湾攻撃以前に天皇陛下は真珠湾攻撃の計画を知っていられたか。

答　天皇陛下は軍令部総長から作戦の一般概要についてはお聴きになっていられたが作戦の詳細については御存じなかった。更に、天皇陛下はかかる作戦を実施する場合には武力行動の開始以前に正式に米国政府に通告すべきものであると御諒解されていた。

【質問】天皇陛下は何時宣戦布告の大詔に署名なされたか。

答　天皇陛下は一九四一年十二月八日午前十一時三十分（東京時間）大詔に署名された。

（「読売報知新聞」昭和二十年十月十日）

また幣原の神道云々という事については、その意味が判《はっ》きり汲み取れないが、自分一個の考えでは、神道は本来宗教ではない、これを宗教化したるは、神道の末流であって、神道本来の面目は、国家が国祖を祀《まつ》るという、即ち家族的国家が、祖先を祀るという事が、神道の第一義であると思う。それで神道の祭祀は、日本に於《おい》ては、国家固有の典礼にて、これを切り離す訳には行かない。されば伊勢の皇大神宮には、儒者も、仏者も、キリスト教徒も、回教徒も、若《もし》くはあらゆる宗教宗派、あるいは無宗教者も、皆な参拝せぬ者はない。橿原《かしはら》神宮でも、明治神宮でも、全くその通りである。若《も》し伊勢の大神宮や、橿原神宮や、明治神宮などを、一種の宗教の本体と見るが如き者あらば、それこそ妄誕《ぼうたん》、不稽《ふけい》、僭越《せんえつ》も亦《ま》た太《はなは》だしきものといわねばならぬ。幣原が果してかかる立場より、返答したか否かは知らぬが、予一個の意見として、かく言うて置く。

今日世間に流行する天理教、金光教、黒住教などの有力なる宗派、その他神道を標榜している幾多の宗派がある。これらは当然宗教と見るべきものであるが、我国の官幣、国幣、県社、郷社、村社、無格社に祀られてある大小の神祇は、その土地に関係ある所謂《いわゆ》る産土神《うぶすながみ》でなければ、その地方に最も功労のある人である。しからざれば、一般的に記念せられたる、支那では廟を作り、ギリシャ、ローマ以来、西洋では、記念碑を作り、若《もし》くは石像とか、銅像とかを作るの類である。誰れも賀茂の葵祭とか、あるいは肥後熊本の藤崎八幡宮の随兵行列などという事を、宗教的儀式と見る者はない。日本国民の神前に礼拝する事は、大なる祖先を崇拝し、若くは大なる偉人を崇拝するより出でたるものであって、それ以外でもなければ、それ以上でもない。アメリカ人が、マウント・ヴァーノンに到り、ワシントンの墓に詣するも、コンコードに赴き、エマーソンの墓を弔うも、皆なその心に於《おい》ては、我が国民の神社に参拝するものと、大差なき筈《はず》だ。しかるにこれを真っ向うから宗教視して、かかるものは国家の害となるから、処分をせよなどという事は、飛《とん》でもない見当違いといわねばならぬ。自分は決して、神道について特別なる研究をした者ではない。所謂る「神ながらの道」などというものを、徒らに世間に振り廻さんとする者ではない。しかしながら、日本の神道は、今申す通り、日本国固有のものであって、神道そのものを破壊するという事は、日本国家の体制、国家の機構の一部を破壊するものであるから、到底これを許すことは出来ない。如何なる町村にも、鎮守社あり、如何なる貧家でも氏神は持っている。その貧家が、法華宗たると、門徒たると、真言たると、天台たると、将《ま》た禅宗たるとを問わず、必ず氏神を持っている。また仏教嫌いの儒者としては、尚更《なおさら》の事である。若《も》し神道が宗教であれば、仏教家が神社に礼拝するは、二つの宗教を信じ、二つの本尊を持っているものの如くに認めらる。しかも日本国民の総てが、平気でそれをやっているのを見れば、神道は決して宗教ではない。国家から見れば、一の典礼であり、町村からいえば、一の習慣であり、風俗であり、社交的隣保《りんぽ》的の機関というを妨たげない。

（昭和二十年十月十一日午前、双宜荘にて）

四五　米国、神道の廃絶を期す

神道の問題に関聯して、最近頻《しき》りに米国方面から、日本神道の問題について彼是《かれこ》れ申込んで来ているようだ。十月七日ワシントンの特電によれば、アメリカ政府は、日本の国家的宗教たる神道の廃絶を決定した旨公式発表した。これは日本人を、再び平和愛好国民たらしむる為めの、非常手段の一であるが、但《ただ》し個人として、神道を信ずるのは妨げない。神道は今後国家の維持、学校その他で占める地位特典を失い、国民に対し、その信仰を、公然強制する事は、許されないであろうとある。これは前にも述べたる通り、先ず第一に神道の定義を確かめた上でなくては、問題にすることが出来ぬ。米国の考えでは、神道ではなく、恐らくは神社であろう。即ち伊勢大神宮、橿原《かしはら》神宮、明治神宮、熱田神宮などという、あらゆる神社を一括して、かくいうのであろう。しからざれば、天理教でも、金光教でも、黒住教でも、所謂《いわゆ》る神道諸教派は、皆な下から盛り上がり、むしろある時代、ある政府では、迫害をした程であるからだ。それで予はむしろここに神道とあるのは、国家がこれを支配し、国家がその宮司《ぐうじ》を選任して、国家がこれを支持している官国幣社についてのことであろうと認める。しかし前にも言った通り、日本国民の官国幣諸神社に於《お》けるのは、宗教的信仰ではなくして、日本臣民、日本国民の資格として、これを崇敬するものである。しかるにこれを崇敬するから、日本が好戦国民であり、これを崇敬しないから、日本国民は平和愛好国民となるなぞという事のあろう筈《はず》もない。余りに無了解、没分暁漢《わからずや》の至りである。聞くところによれば、マッカーサー元帥は、九月二日絶対降伏調印の日、小閑《しょうかん》を偸《ぬす》んで、幕僚数輩と鶴ケ岡八幡宮に参拝し、造矢を社務所から受けて帰ったという。日本の新聞は、これをマッカーサーの美徳の一に数えていたようだが、マッカーサー自身としても、日本人が神社を崇敬するのは、所謂る神道なるものとは、何等縁故の無い事が判かるであろう。

次にまたアメリカでは、皇室制度に頗《すこぶ》る神経を悩ましているようだ。米国国務省極東問題部長ジョン・C・ヴィンセントは、最近ラジオ放送をして、「日本占領は、日本が武装を解除され、完全に軍閥が芟除《がいじょ》され、民主主義革命への道が、立派に開かれるまで続くであろう」といい、また「日本国民は、彼等が欲するならば、皇室制度を護持することが出来るが、それは大規模な修正を要するであろう」といっている。皇室制度の修正なるものは、如何なる意味であるか。即ち我々が天皇を、日本国民の頭首として、戴《いただ》きつつあるを一変して、英国の如く、帽子として戴くものとなすを意味するであろうか。将た他に特別の方法あるか。それらの所は、今明白にこれを知ることは出来ぬが、要するに皇室も神道も、彼等の眼中には、ここに日本精神の巣窟があり、本拠があり、根底があるものと認めて、一挙にこれを覆滅《ふくめつ》せんと考えているものであろう。これは決して、予が見当違いでもなければ、邪推でもない。予は当初から、かくあるべき事と、予期していた。

即ち先《ま》ず第一に、彼等は日本国の武装解除をなし、日本国が一国としての、自主独立の運動をなす事を得ざらしめ、宛《あた》かも宿借虫が、他人の殻に宿を借るが如く、日本国民も未来永劫《ごう》、他の恩恵によりて、生息するの外に、手段方法なからしむるようになす事が第一着である。第二着は即ち日本精神を消解せしむる事で、この精神存在する間は、武装解除したとて、精神的の武装をしているから、赤手空拳《せきしゆくうけん》でも、如何なる事をやり出すか知れない。よって武装解除の目的を徹底せしむる為めには、精神的武装解除をやらねばならぬ。それには所謂《いわゆ》る日本国民の、国体観念を打破せねばならぬ。国体観念の外廓《がいかく》は、彼等が所謂る神道、即ち日本国民の国祖崇拝、偉人崇拝、祖先崇拝、歴史崇拝にして、即ち国体観念の外廓ともいうべき、彼等の所謂る神道、即ち神社撲滅をやらねばならぬ。これは彼等ばかりでなく、既に元亀天正《げんきてんしよう》の頃、日本に渡来したる西班牙《スペイン》、葡萄牙《ポルトガル》の宣教師共が、神社仏閣を放火し、若《も》くは破壊したる事によっても、その先例が見られている。しかしこれは外廓である。その内部は、即ち日本国民の、皇室に対する崇敬である。忠愛である。故に彼等はこの皇室制度を、眼の敵《かたき》と思っている。出来れば彼等は、日本人の力によって、この皇室を廃したいと、思っているであろう。さればこそ彼等は、社会党とか、共産党とか、三千人の政治犯者を、一度に釈放せよと、迫ったのであろう。しかし彼等自からが手を下して、日本の皇室制度を廃止するという事とならば、日本に必ず一大騒動が起るであろう。彼等もこの位の事には、気が付いている。それで彼等は、その実を去り、その名を存し、皇室をして、有れども無きが如く、有名無実たらしむる如く、その制度を改正せんと目論むであろう。かくすれば、日本精神も、やがてはアメリカ精神となり、日本国体観念も、やがてはアメリカ国体観念となり、所謂る民主一点張りで、日本人も米国と同化し、所謂る第二第三の比律賓《フイリピン》、布哇《ハワイ》となるを得るであろうと、察せらるる。

若《も》し常識ある日本人なら、今予が言うた通りの事を、必ずしも予が解説を俟《ま》たずに、直ちに了解すべきである。しかるに今日の世間を見れば、昨日まで国体一点張であり、毎正月元日には、伊勢の神宮に参拝して、十幾年とか、幾十年とか、未だ曾《かつ》て欠かしたことがないなどと、誇っている先生達が、相率いて民主主義民主主義と、真っ向うに民主主義を翳《かざ》して、民主以外何物もないかのように、振舞いつつあるは、果して日本を、精神的に米国化しても、安心と思うているのであろうか。彼等の神社崇拝、彼等の国体観念、彼等の皇室中心は、今何処に逃げ去ったのであろうか。予は頗《すこぶ》るこれを意外の事と考えている。

その精神が心髄まで腐敗したる便乗主義者は、今更《いまさら》相手とする必要はないが、心にかかるは、今日の青年である。またこれからの青年である。今日の中堅所が軍部に於《おい》ても、官界に於ても、将《ま》た実業界に於ても、最も日本の国民層に於て薄弱であるのは、何故であるか。それは彼等が明治末期から大正にかけて、極めて放漫なる教育といわんよりも、むしろ「無教育」を受けたからである。固《もと》よりその中には、相当の除外例はあるが、この中堅階級は、聡明でもあり、悧発《りはつ》でもあり、物事の筋道もよく呑込み、一通りの役には立つが、所謂る以て六尺《りくせき》の孤《こ》を託す可し、以て百里の命を寄す可しという如き、凛然《りんぜん》たる大節ある人は、殆《ほとん》ど見出されない。これは決してその年齢の人に限らるる訳ではない。彼等の時代の教育が、悪しかったからである。而《しか》して却《かえっ》て最近の青年所に至れば、尚《な》お真純にして、日本精神の全く発育したとはいわぬが、その萌芽が認められている。これは畢竟《ひっきょう》昭和の中期以後、余り世の中の放漫なる教育に驚ろかされて、その発動の大勢の裡《うち》に、出で来ったからといわねばならぬ。この事は特攻隊の年齢を調査して見れば、最もそれが明白にせられている。過去この通りでありとすれば、今後日本の教育が、所謂る民主化するという事は、日本にとっては、何よりも大なる危険であり、禍害であり、呪咀《じゅそ》でありといわねばならぬ。

所謂る民主化の教育とは如何なるものであるか。日本人をして、日本人たることを忘れしむるの教育である。日本国民をして、日本国民たるを忘れ、併せて日本国そのものを忘れしむるものである。せめて日本人をして、米国人が米国を愛する如く、日本を愛するように、教育せしむれば、尚《な》お忍ぶべしと雖《いえど》も、それはとても望まれない。恐らくは今後の所謂る民主主義化の教育は、自己本位の教育以外に、何物をも許さぬであろう。（中略）しかし今後民主教育を受けたる日本人は、果して日本人たるの誇りを、世界に向って発揮するだけの気魄あるか。また日本の旧慣故例を堅持して、敢て渝《かわ》らない操守《そうしゅ》あるか。また一の宗教として、神道にもせよ、仏教にもせよ、何教にもせよ、団結する力あるか。今日でさえも、彼等は最早や日本人たることを愧《は》じているではないか。現に予が経過し来ったる、明治の中期頃には、多くの日本人は日本人たることを愧じていた。況《いわ》んや今後丸裸の日本人たるに於《おい》てをやだ。（中略）日本人には、厳正なる訓練が必要である。厳師良友が必要である。しかるに、一切を除却し去って、所謂る民主教育とするに於ては、如何なる無頼、放蕩、軽佻、浮薄の人間が出で来るべきか。これを思うだにも、寒心せざるを得ない。

（昭和二十年十月十一日午後、双宜荘にて）

四六　『此頃十首』とニミッツ元帥の日本海軍批判

昨夜―昭和二十年十月十一日夜―停電にて、七時頃から枕に就いたが、枕上『此頃《このごろ》十首』と題して、左の通り口占《こうせん》した。

此頃十首

此頃は朝じやが芋に昼は蕎麦
　夜はおじやに腹が膨るる
此頃は困り果てたる安普請
　雨は雨漏り風に風洩る
此頃は郵便も来ず新聞も

二日つゞきて来ぬ日さへあり

此頃は長き来し方見返りて
頬杖つきつ日を暮らすなり

此頃はいやな役者が飛び出して
いやな芝居をするを眺むる

此頃は知らぬ存ぜぬばかりなり
誰れが戦さを初めたるやら

此頃は民主民主とわめき立て
野良犬さへもミンシューと吠ゆ

此頃は癪《しやく》に障らぬものはなし
それを忍ぶもなほ癪の種

此頃は亡き友達を思ひ出し

昔しのびて一人慰む

此頃は国の行末思ひやり
　熱き涙の乾く間もなし

百歳の下、あるいは予が今日の心事を、諒とする者あらん。呵々。

世間は、我が海軍の、真珠湾攻撃や、マレー沖奇襲で、天下をアッといわせたのを見て、皇国海軍は全く無敵海軍であると、折紙をつけ最後まで殆《ほと》どその通りに考えていた。予も亦《ま》た多分に洩れず、その一人であったが、実は中途から聊《いささ》か懐疑的になって、何やら心配に堪《た》えない事があった。曾《かつ》て山本聯合艦隊司令長官が死んだ時に、当時の東條首相は、山本は仕合せ者である、好い死場所を得たといったそうであるが、恐らくはその東條氏さえも、殆ど自分が首相を罷《や》める間際迄《まで》、海軍の真相は知らなかったものと察せらるる。最近新聞に、ニミッツ元帥が、十月六日新聞記者団と語ったという談話の要領を掲げている。これは戦争後の今日であって、別に駆引ある談話ではなく、恐らくは当り前の事を、当り前に喋べったものであろうが、我等日本人にとっては、最も重要なる文献といわねばならぬ。これが敵側から我が海軍を批判したるものであって、この批判は、全くとはいわぬが、殆ど当らざるも遠からざるべしと思う。彼は曰《いわ》く、

「由来日本は海軍国であるから、日本は海軍力で、太平洋を支配すべきであった。若《も》し日本が、真珠湾の空襲に引続いて、ハワイに上陸作戦を行うたとしたらば、米国の太平洋岸は、ハワイから攻撃されたかも知れない」

といっている。しかるに当時我国に於《お》ては、真珠湾の空襲を好機として、ハワイに上陸するだけの、雄渾《ゆうこん》なる戦略が無かった。また曰く、

「日本が米国の海上補給線に対する攻撃を、終始一貫して行わなかった事は、日本の最大の誤りである」

と。これも当然の批判と思う。また曰く、

「ミッドウェイ海戦は、日米大戦の転換期であった」

と。しかるにこのミッドウェイ海戦なるものは、日本国民の眼中には、殆《ほとん》ど反映せずして済んだ。中には新聞の片隅に、一寸その噂らしいものも、出たかも知れぬが、この海戦が、それ程重大なものであるという事には、何人も気付かず。実をいえば、日本海軍が、日本国民に、あるいは日本の陸軍にさえも、気付かないように、仕向けていた。しかしこれ以来海軍のへいまは、次から次に続出して、遂に最後は、日本海軍は、開店休業の姿であって、ただ海軍の存在を、世界に広告したのは、特攻隊あるが為めであった。

ミッドウェー海戦が転換期

開戦半歳必勝確信

【ワシントン七日発SF＝同盟】ニミッツ元帥は六日新聞記者団会見で次のように語った。原子爆弾を使用せずともまたソ聯が参戦しなくても日本は本土を侵攻される前に降伏したに相違ない。以上の二つのものが出現しなければただ降伏の時期が少し位長引いたかも知れないというだけだ、日本は弾薬を入れない砲弾のようなものだった。日本には成程大陸軍力と非常に多くの飛行機があったが特に燃料とガソリンが非常に欠乏していた。また輸送は非常な混乱状態にあり手持ちの資材をすら輸送することが出来なかった。戦争の終結当時米国海軍の潜水艦は多数日本領海に行動していた。潜水艦は今年六月頃から日本の機雷原を突破していたし、このことは日本と朝鮮の無制限交通は既に当時終っていたことを意味するものだ。太平洋戦争で最も困難であった時期は開戦後六ヵ月間でこの当時海軍は米国本土で海軍力が拡張されるのを首を長くして待っていたのであった。しかし六ヵ月が経過した後には余は戦争の結果については少しも心配しなかった。作戦は巧みに計画されわれ〳〵は目標に向って総てを投入した。珊瑚海海戦において米国海軍の実力が判明しミッドウェー海戦は大戦の転換期となった。日本は米国の海上補給線に対する攻撃を終始一貫して行わなかったが、これが日本の最大の誤りであった。由来日本は海軍国であるから日本は太平洋を海軍力で支配すべきであった。日本が真珠湾の空襲に引続いてハワイに上陸作戦を行ったとしたら米国の太平洋岸はハワイから攻撃されたかも知れない。

（「毎日新聞」昭和二十年十月十日）

四七　ミッドウェイ敗戦の因

（昭和二十年十月十二日午後、双宜荘にて）

我等は決して眼の敵として、海軍の悪口をいうではない。むしろ悪口をいえば、陸軍の方が、より多いかも知れぬ。しかるに海軍が長い間、日本国民を瞞《だ》ましていたことだけは、間違いない。勝った勝ったで、遂に日本を、敗北の門前位ではない、座敷の中まで、海軍は引っぱって来たではないか。東條元首相さえも、罷《や》むる間際まで、海軍の実力を、余程買被《かいかぶ》っていたようである。これは予が親しく聞いた話である。しかし海軍にいわすれば、海軍も亦《ま》た陸軍を買被って来たというかも知れぬ。これも満更《まんざ》ら間違いとは思えない。抑《そも》そもミッドウェイに於《お》ける日本の奇襲が、奇襲とならずして、アメリカに先を越され、待ち伏せをして、その来るを待構え、袋叩きに遭うたる一大失敗は、ニミッツ元帥も申した通り、日米海戦の転換期である。これは勿論《もちろん》山本聯合艦隊司令長官在任中の事であった。即ち山口中将加来少将等が、航空母艦と共に、海中に沈んだのも、この時であった。抑《そも》もこの失敗は、何に由来するか。米国海軍が短波電気の力によって、予《あらかじ》め敵の来るを、察知したからであるという申訳であるが、それも決して左様でないとは申さぬ。しかしながら、それよりも当時我が海軍の将兵は、意満ち気驕《おご》り、眼中無敵の状態で、折角《せっかく》秘密にすべき事を、無遠慮に喋べり散らし、その為め敵に、一切の事が事前に通報せられた為めであるという説もある。それ等の事について、今ここに詮議立てする訳ではないが、その以来山本聯合艦隊司令長官の意気振わず。彼も「やがて自分も、君等の蹤《あと》を追うつもりだ」なぞといって、頗《すこぶ》る気弱き歌や、手紙の文句を書いているのを見れば、彼が戦歿は、彼として正さしくその希望通りであったかも知れぬ。同時にまた東條の言葉の如く、彼としては、仕合せであったかも知れぬ。若《も》し今日まで生きていたとすれば、折角付けたる金箔《きんぱく》、全く剝《は》げて、元の木阿弥《もくあみ》となったかも知れぬ。古賀〔峯一《みねいち》〕大将の如きは、如何なる仕合せ者か、別にこれと申す手柄もないのに、元帥まで成り上がった。生きていたら、あるいは軍法会議にかかるような事を、仕出かしたかも知れない。彼も亦《ま》た仕合せ者の一人といわねばならぬ。

殊《こと》に驚くべきは、昨年（昭和十九年）の今頃であったかと覚ゆ、台湾沖航空戦の戦果が、慶《め》でたしという訳で、小磯内閣は、殊更《ことさら》に祝酒の増配を、一般に施して、国民と共に、祝酒を汲《く》んだことがある。しかるに何ぞ料《はか》らん、台湾沖の一大戦果も、引続いて出で来ったフィリッピンの一大戦果も、その実は日本で評判する程でないばかりでなく、事実はむしろその反対であったということである。国民として、全く当局者から欺《だ》まされたといわねばならぬ。これは海軍が欺ましたという訳でもあるまいが、しかし何れにしても、欺ました者があるに相違がない。最後に至っては、海軍は無謀無策、ただ特攻隊によるの外はなかった。しかし我等は決して海軍のみを咎《とが》むるではないが、その無能無策振りには、聊《いささ》か驚かざるを得ない。しかも最後まで白々しく、勝った勝ったで国民を引っぱって来た、その図々しさには、驚かざるを得ない。正直のところ、海軍が化けの皮を、若干にても現わし来ったのは、米内海軍大臣以来の事である。米内氏は議会でも、総ての事実ではないが、例えばフィリッピンに於《おい》ても、沖縄に於ても、我が海軍が弱体であることを、率直には語らなかったが、ほのめかした。これだけは、先ず米内大将にとっては、一の取り柄といわねばなるまい。

東郷聯合艦隊司令長官が、如何なる神機妙算あったかは知らない。しかし彼には長官たるだけの肚《はら》は、確かに出来ていた。自分の部下が死んだからとて、俺もやがて御身の蹤《あと》を追うなどという、弱音を吐いたことは、一遍も無かった。彼はただ黙々として、やるだけの事をやった。また言わねばならぬ場合には、「撃滅」などという思い切たる言葉を、明治天皇に向って、申上げた。要するに海軍も、訓練は激しくした。また部分的には相当の進歩もしたようだが、しかし粒が段々小さくなって来たことは、争われなかった。これは固《もと》より海軍に限ったことではない。

（昭和二十年十月十二日午後、双宜荘にて）

●メアリ・デントン老女史への返翰

デントンさん

十月二日熱海宛の御手紙は、この山中湖畔で只今受けとりました。今日は十月十二日であります。久しぶりに今日は空が晴れて、私の書斎まで富士の山がはいっています。まことに立派な景色であります。あなたの御手紙は、この書斎で繰返し拝見しました。定めて私の申すことは、あなた方の気に入らない事が多かったと思いますが、私が日本を愛して、その為に申したことであるという事を、御認め下さった事は、有がたく存じます。世間の評判によりますれば、やがて私は戦争犯罪者の一人として呼び出されるということであります。私は今それを何ともはっきり申上げることは出来ません。正直のところ、今後私が如何になるかを、誰れも私に告げる者はありません。けれども私は何とも思いません。誰れの前にも、即ちアメリカ人の前にも、日本人の前にも、悪魔の前にも、天使の前にも、乃至《ないし》神様の前にも、立って私は私の為したる事、為さんと欲する事を語ることを、何等恐るる者でありませぬ。どうかこの一点だけは御安心下さい。実を言えば、私はむしろこの事あることを希望して居ります。私は日本の齢で八十三、仕たい仕事はまだ沢山残って居りますが、さりとて今この一命を失うたとて、何等惜しいことはありません。私の命で国が救わるれば、何時でも差出します。私はむしろ日本国の為めに証《あか》しを立つる機会の来ることを心から祈って居る者であります。

デントンさん、これは決して私の我慢でもなければ、剛情でもありません。日本にこれだけ沢山の男もあり、女もありますが、アメリカに向って、日本が何故に戦わねばならぬ事になったかという事を、明白に語って呉《く》れる者はない。また呉れた者もない。これが幸に私の任務となれば、これは命をかけても為し遂ぐべき任務と信じて居ります。私の家内も無事で居ります。宜しく申上げます。何時までもあなたが永く日本の為に尽されんことを切に祈って、この御返事を終ります。

左様なら

昭和二十年十月十二日

徳富　猪一郎

デントン様

この手紙を日本文で差上げたのは、私が深井〔英五〕君ほどには英語が未熟の為でありま す。誰れぞよき翻訳者に頼んで下さい。下手の翻訳者では私の書いた意味が全くあなたに受け取れないかも知れません。第一等の翻訳者に頼んで下さい。(以下、英文省略)

四八　『後此頃十首』と君側の姦

前に『此頃十首』を作る。余情未だ不尽《つきず》、更に『後十首』を作る。

二十年十月十二日夕

此頃ハ藤田東湖モ松陰モ

説ク人モナク聴ク人モナシ

此頃ハ東郷乃木モ禁物ゾ
軍国主義ノ標本トシテ
（中略）

此頃ノ役人共ハ哀レナリ
毛唐奴等ニコキ使ハレテ

此頃ハ日本民主主義ト云フ
鵺《ぬえ》ノヤウナル看板ガ出タ

此頃ハ秋ノ夜長ニ夢ヲ見ル
日清日露戦役ノ事

此頃ハ世ヲ憚カリシ奴原ガ
自由主義者ト名乗リ出デツツ

此頃ハ四方ノ音ヅレ一様ニ

君ハ無事カト訊フ者バカリ
此頃ハ欲シキモノトテナカリケリ
鯛ノ茶漬ニ海老ノ天プラ
此頃ハ逢ヒタイ友ノ多ケレド
別ケテ逢ヒタイ新島先生

今朝の放送に、近衛が内大臣府出仕を命ぜられ、木戸と相談の上、憲法改正を為し、それが枢密院議を経て、今度の臨時議会—十二月頃開催—に御提出あらせらるるという事を、報道している。既に日本に陸海軍が存在せざる以上は、陸海軍の御統帥も、大元帥と申すことも、必要はない事であるから、それだけでも、これ迄《まで》通りの憲法では、即ち第十一条「天皇ハ陸海軍ヲ統帥ス」、第十二条「天皇ハ陸海軍ノ編制及常備兵額ヲ定ム」の条項などは、無用に帰する訳である。しかし英国などでは、法律はそのまま存在せしめて、必要ない点は、これを使用せずして置く例は、多くありと聞く。今日の所この二項が必要なければ、それを使用せぬ迄にて、別に是非改正せねばならぬという訳は、あるまいと思うが、但《ただ》し尚《な》お別に、所謂《いわゆ》る民主制強化の為めに、憲法を改正するの要ありといえば、我れ復《ま》た何をかいわんやである。抑《そもそ》も帝国憲法は、明治天皇の欽定《きんてい》あらせられたる所で、我国として不磨《ふま》の大典である。絶対に改正す可《べか》らずというではないが、決して容易に手を付くべきものではない、しかも近衛と木戸が評定し、咄嗟《とつさ》の間に枢密院の議を経て、これを臨時議会に提出するなどというは、余りに米国の意思を、迎合したる遣方《やりかた》である。しかしこれというのも、一切の禍源は無条件降伏の一から出で来っている。今更《いまさら》何をかいわんやだ。

抑《そもそ》も現在で、社鼠《しやそ》城狐《じようこ》の魁《さきがけ》というべき者は、近衛と木戸である。この両人が内外相応じ、表裏想相照らし、遂に主上《しゆじよう》を眩惑《げんわく》し奉り、以て今日を来《きた》したものである。若《も》し世に君側の姦というべきものがあらば、この両人が巨魁であらねばならぬ。初め東條の如きも、木戸と結託していたが、何時の間にか木戸に売られて、遂に果《は》かなき最期を遂げた。小磯も亦《ま》た同様である。鈴木とは、木戸も終始歩調を一にしたと思わるるが、東久邇宮内閣の進退に際しては、如何であったか。それは予が知る所ではない。何れにしても、彼は後漢の朝廷に於《お》ける十常侍《じゆうじようじ》〔霊帝のとき、君側に仕え国政を専らにした十二人の宦官〕の類で、実に虎の威を借る狐である。彼れ程の奸物は、明治以来未だ曾《かつ》て、その比を見ざる所である。しかるに天下を挙げて、彼に一指を触るる者も無く、袞龍《こんりよう》の御袖《おんそで》に隠れて、勝手に威福《いふく》を逞《たくま》しくしつつあることは、実に恐れ入《いり》たる次第である。近衛に至っては、今更帝国憲法改正の御用係りなぞという役目を働くべきものではない。彼は謹慎して、罪を待つべきものである。今日に於《おい》てさえも、かかる間違ったる詮衡《せんこう》の、その道を誤まりつつあるは、何人《なんぴと》も忠諫《ちゆうかん》する者も無く、君徳を裨補《ひほ》する者の無い為めであろう。これを思えば、世は実に末世に近づきたりと、いわねばならぬ。

（昭和二十年十月十三日午前、双宜荘にて）

四九　対米従属の日本政府

米国の進駐軍は、日一日とその爪牙《そうが》を現わして来つつあり。幣原《しではら》内閣の成立するや否や、去る十一日、幣原が総司令部にマッカーサーを訪問した時に、早速次の五項〔婦人解放・労働組合奨励・学校教育民主化・秘密審問司法制度の撤廃・経済機構民主化〕を申し通じたということである。これは固《もと》より全くの内政干渉で、ここ迄《まで》踏み込んで指図をすれば、日本政府は、全く米国の属国と見ても差支《さしつかえ》ない。かかる命令は、英本国の政府たりとも、未《いま》だ曾《かつ》てカナダや、濠洲や、南阿や、若《も》しくはニューファウンドランドなどの自治領には、命令したることもなければ、命令すべき権能も持っていない。従《よっ》て憲法改正も、帝国憲法に、自由主義の新血を注入すべく、マッカーサーより示唆せられたることは、固より疑を要しない。

諺に、「霜を履《ふん》で堅氷《けんぴょう》到る」という。また「唇《くちびる》亡ぶれば歯寒し」ともいう。かく漸次に、筍の皮を剝《は》ぐ如く、剝ぎ来《きた》った時には、挙句の果は、如何になるべきか。まさか我が帝室に向って、尊厳を冒瀆《ぼうとく》するが如き事を、幣原内閣は、唯々諾々《いいだくだく》として、容認するものとは思わぬが、やがては帝室制度に、大なるメスを加うる時期が到来することは、何人も疑うことは出来ない。但《た》だその時に、幣原内閣が、何処まで臣子の本分を尽し得るや否や、姑《しば》らくそれは、その時を俟《ま》つこととする。

前にも言うた通り、日本的民主主義という事は、如何なる意味であるか。民主という言葉は、君主に対する民主であるから、問題は民主といえば、民が主で、君は従であらねばならぬ。君主といえば、君が主で、民が従であらねばならぬ。二者その一を択《えら》ぶの外はない。英国では、民が主にして、君は従である。そして英国では、議会の意見で、王位を廃することも出来る。また立君制を廃して、共和制となすことも出来る。これに反して日本では、君が主である。民が従である。議会は決して我が政体を、変更することは出来ない。また我が憲法も、君主自身の発議を経ざる以上は、決して議会自ら改正案を出すことは出来ない。若《も》し果して従来の儘《まま》で進行するということならば、憲法改正の必要がない。また従来の儘で行かず、民主的立君主義ということであれば、これは日本固有の国体とは相容れざる、正《ま》さしく名に於《お》ても、実に於ても、英国流の政体そのものを、鵜呑《うの》みにするものといわねばならぬ。しかるに何れともその性質を研究せず、ただ日本流の民主主義などいう文句を製造して、お茶を濁《にご》し、日本側に向っては、日本の政治は、君が主であるというように思わせ、内は日本国民を欺《あざむ》き、外は外国人を欺くものであって、洵《まこと》に言語道断の沙汰といわねばならぬ。元来日本流の民主主義などというものが、存在する筈《はず》がない。日本流は飽《あ》く迄《まで》君主主義である。これに反して、貴族主義に対する平民主義ならば、なお訳は判かっている。即ち立君平民政治といえば、所謂《いわゆ》る一君万民の政治ということが、明白に判かる。かくすれば、即ち日本従来の政治が、立君平民政治を主としたるものであって、維新大改革の目的も、実にここに在ることは、五箇条の御誓文を見ても、分明である。

（昭和二十年十月十三日午後、双宜荘にて）

●鳩山一郎氏宛書簡

謹啓　昨夜御放送此《こ》ノ山中湖畔ノ板屋ニテ拝聴、御健在ノ趣《おもむき》大慶《たいけい》ニ存ジマス。政見ノ異同ハ姑《しばら》ク措キ、個人トシテ私ハ先生ノ「ファン」デアル。何時モ先生ノ事ガ心ニ懸《かか》ツテ、安藤君ナドニハ御面会ノ節ハ、ヨク話ヲシテ居リマス。老生ハ皇室中心主義者デアリ、先生ハ議会中心主義者デアル。又外交及ビ国際政策ノ上ニ於《お》テモ、若干ノ意見ノ異同アリト思ヒマス。然シ今日ノ場合、共産党トカ、社会党トカ申スモノガ、追々頭ヲ擡《もた》ゲントスル徴候ヲ見テハ、日本ノ前途ガ心配ニ堪《た》ヘマセヌ。日本ノ頼ミトスルノハ第一ガ皇室デアリマス。第二ハ人民デアリマス。此《こ》ノ皇室ハ日本ノ誇リデアリ宝デアル計《ばか》リデナク、此ノ人民ヲ保全スル為ニハ無二ノ宝デアリマス。此点ハ先生ニモ御了解ガ出来ルコトト存ジマス。社会主義者ナドハ、今日迄ハ君主制ヲ撤廃スルトハ申シマセンガ、軈《やが》テハ其処《そこ》迄《まで》到達スルモノト思ハレマス。ソレデ私ガ御願ヒハ、新自由党ハ日本ノ皇室ノ尊厳ヲ維持シ、万世一系ノ皇室ヲ無窮ニ維持スル為メニ此際《このさい》旗幟《きし》ヲ鮮明ニ願ヒタイコトデアリマス。第二ハ民主ト云《い》フ文字ハ君主ニ対スル文字デ、軈テハ共和ト云フ字ト同一ニナルノ虞《おそ》レガアルコトハ先生モ御洞察ト存ジマス。然《しか》ルニ今日デハ日本全国民主化ノ一色デ塗潰《ぬりつぶ》スコトハ、如何ニモ遺憾千万デアリマス。就《つい》テハ新自由党ニ於テハ成《なる》ベク之《これ》ヲ用ヒナイヤウニ、万一之ヲ用フル場合ニハ「民衆」トカ「平民化」トカ云フ字ヲ使用セラレタラバ、「民衆」ハ「寡頭《かとう》」ニ対スル言葉デアリ、「平民」ハ「貴族」ニ対スル言葉デアッテ、君主ニハ何等関係ノナイ言葉デアルカラ、ソレガ至当ト考ヘラレマス。今尚《なお》此ノ忙ガシキ世ノ中ニ、文句ナドノ詮鑿《せんさく》ハ無用ト申ス人モアリマセウガ、今日皇室ノ位地ガ岌々《きゅうきゅう》乎トシテ殆《あや》ウキヲ見テハ、黙止《もくし》出来マセンカラ、謹ンデ先生ノ御賢考ヲ願ヒマス。御承知ノ通リ私ハ古事記一点張リノ難有屋《ありがたや》デモナケレバ、神憑《かみがか》リノ男デモナイ。私ガ皇室中心ヲ高調スル所以《ゆえん》ハ、三千年ノ日本ノ歴史ニ依《よ》テ得タル結論タルコトヲ御了解願ヒマス。終リニ臨ンデ貴党ノ隆昌ヲ祈ルモノデアリマス。私ハセメテ貴党ノ力ニ依《よ》テ、共産主義ヤ社会主義ヲ防禦シ、彼等ヲシテ日本ニ横行セシメザルヤウ御奮闘ヲ願フ者デアリマス。

此ノ書簡ハ只今眼病ニテ手筆スル能《あた》ハズ、友人ニ口授シテ書イテ貰ヒマシタ。悪カラズ御恕亮《じょりょう》　願ヒマス。而《しか》シテ松野安藤ノ両先生ニモ御回覧ヲ願ヒマス。

十月十四日朝

山中湖畔ニ於テ

蘇峰老人

鳩山先生

『頑蘇夢物語』　四巻

五〇　更にまた『此頃十首』

雨中無聊《ぶりょう》、また更に十首を作る。

此頃は何処の里も自由主義
　平和主義者の粗製濫造

此頃は赤の仲間が出没し
　凱旋らしく歓迎を受く

此頃の大評判は陸海の
　軍人共の持逃の沙汰

此頃の世は逆まになりにけり
　帽子は足に靴は首に

此頃は変つた事が多くある
　検非違使殿が闇の元締

此頃は芋泥棒が流行るなり
　蔓を残して実を掘つて行く

此頃は副食物も倹約し
　鮭の一切れ二度分に食ふ

此頃は雨が連日降り続き
　足らぬ作物尚《なお》も減らしつ

此頃は柴折戸叩く客も無し
　室の鼠に庭の野良犬

此頃の世は浅ましくなりにけり
小包荷物みな空《か》らとなる

公論敵の口より出ずるという言葉があるが、この頃マッカーサー元帥が世界に向って放送したる言葉の中に、日本の敗北について批評したる文句は、総てとは言わぬが、大体に於《おい》て、我等の予《かね》て当局に向って、屢々《しばしば》建白したるところを、裏書したるものがある。彼はその放送の中に、左の如く語っている。

「勝利は立体戦即ち陸海空の完全なる統合によるものであって、他の二つの兵力を適宜に使用し、これと連繋の下に、他の一兵力を完璧に操作することによって、敵を絶望状態に陥れたのである。各軍を分離的に使用するが如き方法を避け、且《か》つ出来得る限り正面攻撃を避けるべきであり、我が統合された勢力は、恐らくは戦史に比類なき比較的僅少の損害を以て、敵を潰滅したのである。（中略）山下大将は最近マニラに於ける新聞記者との会見で、彼れの敗因は、分散せる日本軍が、各軍間の協力統合を完全に欠如した為めであると説明して居る。彼は最高指揮権を所有せず、空軍はサイゴンに在る寺内元帥により動かされ、艦隊は東京から直接指揮せられ、日本海軍のレイテ湾襲撃も、その実施される五日前に知ったに過ぎなかったと不満を述べ、しかもレイテ襲撃の詳細は何も知らなかったと告白して居る。戦争の成功は各軍の完全な一致統合にあるということは、将来への偉大なる教訓である」

これは一方からいえば、自画自賛のようであるが、他方からいえば、全く日本軍の終始一貫したる一大弱点に向って、鉄槌を下したものである。しかるに我軍には、大元帥は在《い》ませども、恐れ乍《なが》ら有名無実であり、大本営は徹頭徹尾空名に止まり、当初から徹底したる、而《しか》して一貫したる、陸海軍を通じての、一大戦略も無ければ、戦術も無く、遂に勝つべくして、敗れねばならぬように、自ら仕向け来《きた》ったのであることは、愈々《いよいよ》敵側の指摘によっても明白である。

予は毎日新聞社と関係を絶ってはいるが、殆《ほとん》ど二十年に幾《ち》かき予の精力の大半を、該新聞に傾けたる予としては、近来該紙面に現れたる記事に対して、黙止することが出来なかったから、左の書を該社の重役高田元三郎氏に送った。

謹啓　時局急転其《そ》ノ余リノ急転ニハ門外漢ヲシテ驚倒《きょうとう》セシメ候《そうろう》　日本モ愈々《いよいよ》ナヤガラノ滝《たき》壺《つぼ》ニ陥入《おちい》ルモノト存《そんじ》候《そうろう》　定メテ此《こ》ノ急転直下ニハ御心配ト拝察候唯《た》ダ本社ニ祈ル処ハ飽《あく》迄《まで》皇室中心主義ノ大義ヲ確守シ決シテ社会党ヤ共産党ノ提灯持《ちょうちんもち》ヲセザル様祈リ申上候今日ガ決シテ極所《きょくしょ》ニアラズ転々又転々《てんてんまたてんてん》　転所《てんずるところ》　実《まこと》ニ能《よ》ク幽《ゆう》何卒明日明後日ノ事ヲモ御《ご》厚慮願《こうりょねがい》上候《あげそうろう》　世外耄叟只一片《せがいのもうそうただいっぺん》本社ニ対スル忠愛ノ至情ヲ以テ乍僭越《せんえつながら》右申上候高石先生ニハ貴兄

ヨリ可然御《しかるべくご》鶴声《かくせい》被下度《くだされたく》候艸々不具

昭和二十年十月十五日

頑蘇老人

高田先生

梧右

如何に言語の自由の世の中とはいえ、我が万世一系の皇室に対する記事を、余りに乱暴に取扱う事は、我等臣民として、一読するに忍びず。昨日までは事皇室に関する不敬の咎《とが》めを受けんことを恐れ、戦々兢々《せんせんきょうきょう》として、何れの新聞社にも、皇室記事検閲係なるものあって、喧《やか》ましく検閲し、それでも心配の余り、その筋の検閲を受くる程であったものが、今日は麗々しく、共産党員が廃皇論を、宛《あた》かも賛成するが如き態度を以て、公々然紙面に掲載し、平気でいるが如きは、軽薄といわんか、無節操といわんか、実に言語道断であって、これは決して毎日新聞に限った事ではなく、総ての新聞皆然りというても差支《さしつかえ》ない程であるが、他の新聞に対しては、言わねばならぬ義理もなければ、何もないから、単に毎日社に対して、かく言ったのである。前《さ》きに鳩山一郎氏に対して、一言したるも、亦《ま》た同様の心境に外ならない。

この頃共産党から社会党に向け、共同戦線を張らんことを申込んだところ、社会党では評議の上、未だ共産党では結党式もせず、その政綱をも示さざるの今日なれば、今日その申込に応ずべくもなく、姑《しばら》くこれを保留するであろうとの事であった。これは流石《さすが》の社会党も、我が皇室制度を、全廃するなぞという大それた意見には、賛成し兼ねたものと察せらるる。アメリカの大統領トルーマンは、蔣介石同様、皇室制度の存廃は、日本国民の意思に一任して可なりといい、あるいはこれを投票をとって決するも宜《よろ》しからんといっているが、英国や米国ならいざ知らず、我が日本に於《おい》て、皇室制度の存廃を、臣民の投票によって決するなどという事は、実に皇室の尊厳を、一大冒瀆《ぼうとく》するのみならず、我が国体の本義を、根底より覆えすものであって、実行は勿論《もちろん》、かかることを口にするばかりでなく、思うだけでも、実に臣民たる者は、恐懼《きょうく》戦慄すべき極みである。しかるに今日の新聞で、特筆大書して、恰《あた》かもこれも一の方案であるが如く見るに至っては、実に今日の新聞記者たる者の、無節操といわんか、不見識といわんか、沙汰の限りである。

（昭和二十年十月二十四日午前、双宜荘にて）

五一　マッカーサーの手、宮内省に及ぶ

この頃マッカーサーは、宮内省に手を付け、何やら刷新するということが、新聞に掲げられてある。マッカーサーの手を藉《か》らねば、君側の掃除が出来ぬとは、さても情けなき次第であるが、多年高禄《こうろく》を食み、優遇を辱《かたじけの》うしたる重臣などという者共は、果して何の顔《かんばせ》あ

って、人間に対するかと、いいたい程である。マッカーサーが気付かぬばかりでなく、日本国民が皆な熟知している所であって、しかも誰れも表向きに、それをいい得ないのは、所謂《いわゆ》る彼等が社鼠城狐《しやそじようこ》である為めである。主上の御側近《しゆじよう》について、彼是《かれこれ》申すは、今日までの尊皇家連の気持では、主上を冒瀆《ぼうとく》するものと、考えていた。その為めに、偶々《たまたま》その方面に、言論を向けんとする者があれば、忽《たちま》ち彼等は非尊皇、非愛国という文句で、これを叩き付けた。而《しか》して所謂る重臣などは、むしろ「その奥に媚びんよりも、むしろ竈《かまど》に媚びよ」とは何の謂いぞや、機嫌気褄《きげんきづま》をとって、自己の私欲を逞《たくましゆ》うせんとした。従《よつ》て何れの役所も、皆な塵《ちり》溜《だ》め同様であるが、宮内省はその中でも、塵溜第一号とでも、いわねばならぬ程のものとなった。

明治維新以来、毎度予が申す通り、三條、岩倉、西郷、木戸、大久保、何れも皆な君徳長養《くんとくちようよう》を、第一の重要事件とした。殊《こと》に西郷の如きは、自ら至尊《しそん》に接近し奉り。その親友である吉井友實《よしいともざね》を、宮内省に入れ、また山岡、米田、島、高島などという人物を侍従とし、殊に最も信頼する村田新八《むらたしんぱち》の如きは、将来宮内大臣たるべき候補者として、態々《わざわざ》外国へ留学せしめた程である。木戸も自ら宮内省御用係となって、屢々《しばしば》君徳輔弼《ほひつ》の事に当った。大久保の如きも、その最後には、内務卿を伊藤博文に譲り、自らは宮内省に入て、常時輔弼の任に当るべく内定したが、未だ実行に及ばずして、刺客の刃に斃《たお》れた。伊藤などは、尚《な》おその流風余韻を剰して、自ら首相にして、宮内大臣を兼ねた時さえあった。しかるに爾後《じご》の政治家は、君徳輔弼などいう事は、殆《ほとん》ど問題にする者なく、殊《こと》に政党政治以来、全くそれが廃止せられた。官僚政治亦《ま》たしかりで、何時の間にか宮内省は、全く社鼠城狐《しやそじょうこ》の巣窟となった。これについては、最後の元老たる西園寺の如きも、当然その責任の一部を、負わねばならぬものと信ぜらるる。今日の宮内省は、ある方面では、民と利を争う如きを為して、君徳輔弼は愚《おろ》か、実に民の父母たる天皇の聖明を傷つけ奉る如き事が、往々にして有りと聞く。また彼等が皇室の御名の下に、官吏として、如何に便乗主義を逞《たくましゅ》うしつつあるかは、何人もその詳《つまびら》かなるを知ることが出来ぬが、同時にその存在を疑う者は無い。宮内省が、人件費に於《おい》ても、贅沢《ぜいたく》であるという評判は、一般の官吏仲間でさえも、問題となっている程である。それのみならず、内大臣府なるものがあって、しかもその内大臣なるものが、軽狡《けいこう》の俗物であり、その高貴なる位地を利用して、勝手に威福《いふく》を恣《ほしいまま》にしつつある事は、天人の倶《とも》に憤る所にして、若《も》し真に戦争犯罪者を求めなば、彼れが如きは、その巨魁《きょかい》の一に挙げられねばならぬ筈《はず》である。しかるに彼は晏然《あんぜん》として、幾多の内閣を、見送るといわんよりも、むしろ生殺し、殺生し、今日に於ても、晏然として、その一身は、富嶽《ふがく》の泰きに居るが如き態を做《な》している。所謂る社鼠城狐の標本とは、かかる者を申すべきであろう。しかるに今日、言論自由の世の中とはいいながら、誰れ一人これに向って、非難抗議を挟《はさ》む者なきは、我等が最も意外千万とする所である。知らずマッカーサーの手は、果して彼れにまで及ぶべきか、否か。

戦時中足かけ五年、宮内省は全く戦争の雰囲気から遠ざかっていた。一たび二重橋や坂下門を入れば、全く天下太平の風が吹いていた。陛下の御盛徳については、我等は終始感激しているばかりである。しかしながら、最近に掲げたる所を以てしても、陛下は朝から新聞を御閲覧になるとか、また御閑には生物学を御研究遊ばさるるとか、御食物は極めて簡略であるとか申す事だけで、我等が知らんと欲する所、若《も》しくは聞かんと欲する所は、一も知ることは出来ず、聞くことも出来ない。この宮内省の雰囲気の中に、陛下が在《おわ》しましては、如何に民間の新聞を御閲覧遊ばしたとて、とても国民の雰囲気には、御触れ遊ばすことは、不可能であろうと思う。我等が戦争中、口を極めて、天の岩戸から、天照皇大神が、出でまし給いたるが如く、昭和の天皇も、是非この宮内省の雰囲気を打破して、国民の真ん中に出でまし給わんことを、祈り且《か》つ望み、望み且つ祈りたるも、畢竟《ひっきょう》これが為めであった。昔の句に「蓬《ほう》莱宮中日月長し《らいきゅうじつげつ》」とあるが、実に宮内省の中もその通りである。マッカーサーがもどかしく思うて、これに手を付けんとするのも、我等は決して意外とは思わない。但《た》だマッカーサーの手を藉《か》らねば、宮内省の改革が出来ぬということは、洵《まこと》に以て日本人として、意気地なき次第と思う。殊《こと》に前に申した通り、重臣なぞと申す者共は、申訳なき事と思う。

石渡宮相が米国の新聞記者に語った所によれば、皇太子殿下なども、追ては外国に御留学、その外国という中には、勿論《もちろん》北米合衆国を、その主なる一に含んでいるという事を、語っている。只今皇太子殿下の御教育係には、男爵穂積重遠《ほづみしげとお》氏が任ぜられている。彼は学者としても、紳士としても、申分なき人物と聞くが、しかし昭和の天皇の皇太子殿下時代に、御教育係であった杉浦重剛《すぎうらじゆうごう》、東郷元帥その他の如きも、皆な立派な人物としては、何人も異存のなき所であった。しかるに恐れ乍《なが》らその御教育が、立派な個人を作るという事に専らにして、天皇の聖徳を養成し奉るという事を、閑却《かんきやく》したる傾《かたむき》のあったことは、予が屢々《しばしば》指摘したる所である。しかるに今日復た皇太子殿下に向って、それにシンニュウをかけた教育を施こし奉らんとするが如きは、甚《はなは》だ以て遺憾千万といわねばならぬ。不幸にして日本の政治家は、我が立憲君主制の特色を見失っている。彼等は全くこの一点については色盲である。せめて維新諸先輩の足跡を辿《たど》って、彼等が如何に皇室に奉仕したるかを、熟考したらんには、あるいは少しく悟る所もあるべきかと思うが、今日の所では、全く無茶苦茶で、国体などという事を口にし乍《なが》ら、日本の歴史の真髄などは、何処に在るか、その在処さえも、見失うている。洵《まこと》に痛歎の極みである。君徳養成までも、マッカーサーの手に、かからねばならぬという事に至っては、我れまた何をか言わんやだ。

（昭和二十年十月二十四日午後、双宜荘にて）

五二　日本精神の一大消耗破壊

昨夜―昭和二十年十月二十四日夜―法制局長官楢橋渡なる人が、長官ではなく、一個人の資格と断わって、放送した。その放送は、気魄もあり、光焔もあって、九州男児の面影が見えるようであったが、その内容は洵《まこと》に困ったものであった。それは全く、即今米国の、マッカーサーを始め、新聞記者共が口頭禅を、そのまま鸚鵡《おうむ》返《がえ》しに、大声疾呼《しっこ》するに止《とど》まっていたからだ。当人は如何にも得意らしく喋ったが、日本の歴史も、維新の大業も、乃至《ないし》は明治二十七、八年、三十七、八年の戦役も、御存知ないものの如く、一切これを軍国主義に片付けてしまい、今回の大東亜戦も、余計な戦争を、軍閥共が、自ら製造したものとして、一切の責任も、その罪悪も、悉《ことごと》く皆な軍閥の名の下に、我方に帰することとした。即ち全く敵側の申分を、そのまま受け入れて、更にこれにシンニュウをかけて、講演したるものである。如何に一個人の資格ではあろうが、官僚などに向って、反省を促がしたる点から見ても、彼は自から立派に、法制局長官たるの自覚心を持っていたに相違ない。内閣に直属し、首相の懐刀ともなるべき者が、かかる料簡《りょうけん》では、とてもお話にならない。

所謂《いわゆ》る軍閥なるものの遣り口については、我等は予て厳正なる批判を下すことを怠らなかった。随分その為めに、軍閥の恨みを買い、怒りを買い、予の論文などは、全文没書となった事もあれば、その要領を削除せられた事もある。しかしそれにも屈せず、不自由の位地に立ちながら、出来得る限り、彼等の反省を促がして来た。しかし予は、今度の戦争を、彼等が製造したものとは、思うていない。その製造者は、誰れよりも、米国前の大統領、フランクリン・ルーズベルトであることは、予が固く信ずるところである。これは予ばかりでなく、米国の与国である英国の政治家にして、当時は閣僚であった一人、リッテルトンまでが、一度ならずこれを公言しているではないか。今更《いまさら》それを日本人が、日本の軍閥に帰するなどというは、余りに不見識の話と思う。

諺に坊主憎けりゃ袈裟《けさ》まで憎いというが、軍閥については、我等も今後尚《な》おいうべき事は、山ほど持っている。しかしながら、軍閥が憎ければとて、大東亜戦争までも、悪口することは、洵《まこと》に間違った考えである。所謂る大東亜戦争は、世界水平運動の一波瀾であった。いって見れば、明治維新の大改革以来の、継続的発展であり、いわば明治維新の延長であるといっても差支《さしつかえ》ない。苟《いやし》くも一通りの歴史眼を持っている者は、この戦争は全く世界の水平大運動の、連続的波動であることを、看過することは出来ない。しかるにその水平運動は、運動の拙劣であった為めに、水平どころか、更に従来の差別に比して、大なる差別を来《きた》したることは、所謂る事志と違うものというの外はない。即ち水平運動の仕損じである。失敗である。失敗の結果は、かえって現状に比して、より悪しき効果を齎《もた》らし来《きた》ったのである。譬《たと》えていえば、病気を癒す為めに盛ったる薬が、藪《やぶ》医者であった為めに、その処方が間違って、かえって病症を重からしむるに至ったと同様だ。

アメリカの方では、頻《しき》りにソ聯が日本の共産党に金を貢ぎ、その運動を援助し、これが為めに、その勢力範囲を拡張しつつありという事を、懸念しているようだ。それは未だ公けにはその事を議論する者がないが、報道の断片には、往々その意味が閃《ひら》めいている。これはもっともなる観察である。しかしソ聯側からいわすれば、米国は日本を一手に支配し、それに米国流の自由主義、民主主義を注入し、やがては日本を第二の布哇《ハワイ》、若《も》くは比律賓《フイリピン》とする積《つも》りであろうと、多分心配しているものと、察せらるる。つまり朝鮮は、地理的に、ソ聯と米国が、南北に分割しているが、日本は左様な訳に参らず。地理的にはそのままとして、精神的には、自由主義と共産主義との両主義に、分割しているものと見て、差支《さしつかえ》あるまい。共産主義者が、ソ聯から援助を受けつつありという事は、必ずしも米国の僻《ひが》みたる観察ではあるまい。曾《かつ》ては英国の労働党さえも、ソ聯から援助を受けていたではないか。今日でこそ英国の「デイリー・ヘラルド」新聞の如きは、その発行高が「デイリー・メール」を凌ぐ程になっているが、曾てはその新聞の用紙さえも、ソ聯を煩《わずら》わしたる事あったではないか。日本の共産党が何《ど》の位《くらい》の腕前あるかは知らぬが、ソ聯は決してこれを見のがすものではあるまい。今日女学校とか、中学校とか、農林学校とか、各種専門学校とか、男女公私、あらゆる学校に、ストライキが流行し始めた。既に飛火が、早稲田大学にも、移ったということである。新聞社でも、朝日新聞、読売新聞の如きは、何れもその流行に捲き込まれているという。その結果が、何れに落着するにせよ、今後は愈々《いよいよ》火の手が挙がる事は明白だ。財閥なども、三井の中心にも、既にその火の手が挙がっている事は、新聞に報ぜられたる通りである。これらは直接にソ聯の手が、動いているとはいわないまでも、全く無関係とも断言することは出来まい。而《しか》して前に掲げた、楢橋法制局長官の放送の如きも、亦《ま》た毎日毎晩放送員が、自由主義の解説とか、時局問題とかいう題目を藉《か》りて、放送しつつあるが如きは、皆これ米国の指し金といわなければ、少なくともその息吹きの掛かったるものと見て、差支あるまい。憐れなる日本人よ。爾等《なんじら》は楊《よう》に行かずんば、必ず墨《ぼく》に行く。民主主義か。共産主義か。米国の手先となるか。ソ聯の手先となるか。何れにしても、我が日本精神の一大消耗であり、一大破壊である。

尚《な》お社会党なるものは、両者の間に介在している。その社会党の極左の者は、これを共産党と見て差支なく、極右の者は、これを自由主義者と見て、差支あるまい。彼等は何れに落着するか。今日の所では、未だ分明ではないが、やがて時間は、彼等の所属を、分明ならしむるであろうと思う。何れにしても、社会党なるものは、今日のところ、自由党として、安着も出来ず。共産党まで踏み込んで行くことも出来ず。財産制度では、共産党と提携したいが、社会制度では、むしろ自由党と提携したいものらしく、察せらるる。その行方については、今ここにこれを明言する事が出来ぬが、何れにしても彼等は、日本精神の味方でない事だけは、分明である。

（昭和二十年十月二十五日午前、双宜荘にて）

五三　皇室中心か議会中心か

本日（昭和二十年十月二十五日）毎日新聞社長高石眞五郎氏より、左の一書到来した。

拝啓　高田君宛御手紙に皇室中心主義について御言及あり拝承仕候《はいしょうつかまつりそうろう》、本社も元より過日の重役会議において、この所謂主義について意見を交換し前社長以来の伝統に背かぬことを申合せ候。併《しか》し小生はこの際為念《ねんのため》先生の教《おしえ》を乞《こ》うて誤《あやまり》なきを期《き》し度《たく》候、依《よっ》て左に簡単に御高見を拝承したき点を申上候

皇室中心主義とは何か。之《これ》を解して皇室が中心になるというは政治組織の中心になることなり、即ち政治機構の中心に皇室が立つこととなり、とすればそれは取りも直さず天皇親《みずか》ら政治を行うことにしていう処《ところ》の天皇親政となる。

　かく解すべきや

他の解釈として、皇室中心主義とは精神的のものにして、国民が心の奥より皇室を敬愛し尊崇し大和民族の家長なる心持を以て常に皇室を中心に修永富家にいそしむ事なり、故に天皇が政治を親ら視ず、民意に拠りまた民意が直ちに政治の実務に反映する如き機構によりて政治が行わるるもそれは皇室中心主義に反するものにあらず

　かく解すべきや

常時において天皇親政は小生の賛同し得ざる処に候、従《よっ》て皇室中心主義の解釈については小生は後者に拠り居り候。ポツダム宣言履行問題と全く別箇に我国の皇室は国民精神の中心として仰がるべく政治機構の中心たらざるべきことを主張致度《いたしたく》候、直ちに御教示を待つことの非礼を承知致居候につき御序《ついで》の節井上縫君にでも御話願えれば幸之《これ》に過ぎず候

敬具

十月十九日

高石　眞

徳富先生

侍史

ここに掲げたる前後両説について、何れを採るかという質問であるが、予は天皇は日本政治の中心でいます事を信じ、同時に天皇は我が国家的一大家族の家長にています事を信ず。即ち義は君臣という事は、第一条に該当し、情は父子という事は、第二条に該当す。何れを採るというよりも、むしろ双方共に採るという事を、正当と思う。要するに皇室中心主義という事は、皇室を日本国民の中心として、日本国民の総てが、これに向って帰嚮《ききよう》するを意味するものにして、論語『為政』の篇に、「譬如北辰居其所而衆星共之也」とあると、同一意味である。この『為政』の篇は、元田〔永孚《ながざね》〕先生も曾《かつ》て明治天皇に向って、御進講申上げ、その進講録は、予が編纂したる『元田先生進講録』中にも掲録している。

若《も》し単に天皇を家長と仰ぐばかりで、政治の外に置くという事になれば、天皇は全く英国の皇帝以上に、政治の機構から離脱遊ばさるるものといわねばならぬ。そして皇室を、全く鎌倉より徳川時代までの、皇室同様にするものであって、維新改革の目的とは、全く背馳《はいち》することとなる。維新改革の目的は、一君万民、天皇と国民とが、ピッタリ密接するという事を主眼としたものである。しかるに天皇を政治機構の中心より外に置くとするならば、摂関政治か将軍政治かの外に途は無い。あるいは議会政治もその類かも知れない。摂関政治、将軍政治の不可なることは、今更《いまさら》ここに論ずるまでもない。問題は皇室中心か、議会中心かという事であるが、議会中心という事は、日本の国体と全く相反することとなる。日本の国体では、国家の主権を天皇に存し、天皇が君であり、人民が臣である。君臣の分は、天地と同じく定まって、動かすべきものでない。しかるに議会中心の英国では、主権は議会に在って、議会は君主を廃立することも出来、若《も》しくは政体を変更することも出来る。英国の憲法では、君主制を廃して、民主制とすることも出来、民主制とすることも出来る。英国の議会で出来ぬ事は、ただ男を女とし、女を男とするだけであると、英国の憲法学者ダイシーも、いっている。若《も》し天皇を、政治の中心から、取り除くとする時に於《お》ては、若くは片隅に押しやるとする時に於ては、天皇は全く議会の為めに、支配せらるることになる。これは日本の国体ではない。かくの如き事を容認して、而《しか》して皇室中心なぞという事は、飛《とん》でもなき間違いといわねばならぬ。これは皇室中心に言葉を藉《か》りて、その実は人民中心を主張するものである。

天皇親政といっても、一から十迄《まで》天皇が、何事にも関渉し給うという訳ではない。そこに帝国欽定《きんてい》憲法の妙味がある。即ち天皇は憲法第一条によって「大日本帝国ハ万世一系ノ天皇之ヲ統治ス」と宣し給い、第三条によって「天皇ハ神聖ニシテ侵スヘカラス」と定め給い、

第四条によって「天皇ハ国ノ元首ニシテ統治権ヲ総攬《そうらん》シ此《こ》ノ憲法ノ条規ニ依《よ》リ之《これ》ヲ行フ」と定め給うた。即ち天皇の御親政は、恐れ乍《なが》ら我儘勝手《わがままかって》の御親政ではない。この憲法の条理によって、御親政が行わるるのである。従《よっ》て天皇の御親政には、欠く可らざる機関として、帝国議会があり、また国務大臣、枢密顧問がある。これ皆憲法で規定せられたる所のものである。天皇は憲法を定め給うたが、また定められたるその憲法によって、政治を行わせ給うこととなっている。ここに親政の親政たる意味がある。

この頃憲法改正論が行われ、それもマッカーサーの諷示《ふうじ》か、暗示か、若《も》しくは公然の申込か、瞭《はっ》きり判らぬが、それが動機となって、内大臣府で、近衛公が御用係となり、佐々木とか、高木とか、その他の憲法学者を集め、また幣原内閣では、国務相松本〔烝治《じょうじ》〕氏がその主任となり、ここにも若干の憲法学者を集めて、それぞれ研究とか、取調べとかいう事をしていると聞く。これは予自身から見れば、全く無用の事と思う。現に天皇機関説を以て世の中に聞こえたる、美濃部《みのべ》達吉《たつきち》氏の如きも、帝国憲法の改正の必要を認めないということを、明言している。美濃部氏は、帝国憲法は、その大綱を定めたるまでで、これを運用する時に於《お》いては、綽々《しやくしやく》たる余裕がある。今日まで、ただ運用を誤まって、故《こと》さらに窮屈な意味に解釈した為めに、彼是《かれこれ》物議を起したが、これを寛大に解釈すれば、何等面倒の事はない、不都合の事はない、と語っている。所謂る人を以て言を廃す可《べか》らずで、我等は美濃部氏の機関説には、賛成出来ぬが、帝国憲法改正必要なきとの説には、恰《あた》かも我等の見解と、符合することを愉快とする。実をいえば、帝国憲法は、ただ一時の都合によって定めたるものでなく、万世不磨《ふま》の大典として、定められたるものである。それで時と共に、その条文の解釈は、伸縮自在に出来るように、周到なる注意が加えられている。

世間では、英国憲法を軟憲法といい、米国憲法を硬憲法という。それは米国の憲法は、その条文が、几帳面に出来あがり、右にも左にも動かすことが出来ぬが、これに反して英国の憲法は、融通自在であるということを意味している。日本の憲法は、英国の憲法に比すれば、法文としては条理明白、綱挙り目張り、立派に出来あがり、その点では、あるいは米国憲法以上であるかも知れぬが、各条共に大綱を掲げて、細条末節に及ばず。そこに妙味が自から存して、如何なる時世にも適用が出来、活用が出来、若《も》し間違えば、併せて悪用も、出来ないとはいわれない。しかしその心配の為めに、これを抜き差しならぬものに改正するなどという事は、決して賢明の沙汰ではないと思う。若し万一これを改正した時には、他日必ず後悔する時節が来るであろう。天下事なし、庸人《ようじん》これを紊《みだす》るとは、即ちこの事である。

（昭和二十年十月二十五日午後、双宜荘にて）

五四　マッカーサー部下の新聞折檻

聞くところによれば、アメリカ軍ダイク大佐は、マッカーサー部下の一員として、東京に於《お》ける主なる新聞社の代表者を呼出し、日本の新聞が、マッカーサーの注文通りに奉行せず、ややもすれば独自の意見を以て、紙面を整理し、例えばマッカーサーの方に於《おい》ては、曾《かつ》て示したる五ヵ条は、いわば日本にとって、一大憲章《マグナカルタ》とでもいうべきもので、単に一個の指令として取扱い、あるいはまた皇室制度に関する問題については、自由に討論せしむべきを、故《ことさ》らにこの方面には警戒して、その論議を抑止するが如き傾向ありなどと、手厳しく折《せっ》檻《かん》を加えたという。我等は今更《いまさ》ら各新聞社に対して、笑止千万と思う。我等の眼から見れば、日本の新聞は、何れもただ汲々《きゅうきゅう》として、マッカーサー及びその部下の意思に、迎合する事をのみ、これ努めているようだが、マッカーサー側からは、こちらの注文には応じないといって、小言大言を並べ立てらるるとは、さても気の毒の事である。かかる状態では、すまじきものは、新聞記者と、いうの外はあるまい。

我等は当初より、この無条件降伏なるものが、如何なるものを日本に齎《もた》らすかについては、深き深き憂慮を持っていた。世間では、降参さえすれば、その後は太平無事であると考え、中には降参によって、国体擁護を全うしたなどと、鬼の首でも取ったような手柄と誇り、また手柄と傍目《はため》からも賞《ほ》め讃《たた》えられたこともあったが、事実は決してその通りではなかった。国体擁護は愚《お》ろか、これから愈々《いよいよ》国体そのものの、消解とならねばならぬ段取に進みつつあるに、今日に於《おい》てさえも、尚《な》おそれに気付かぬとは、余りにも暢気《のんき》千万ではないか。つまり米人の意思は、我が皇室制度を全廃するという事は、暫《しば》らく預かりとして、出来得べくんば、日本人の手によって、皇室制度の処分を、せしめたい積りと察せらるる。我等は当初よりかく推察していた。しかるに事実は、愈々我等の推察通りに、進行しつつある。即ちダイク大佐のこの折檻も、要するにその機微の一端を現わしたるものであろうと思う。それは日本の新聞に、皇室制度の存廃を、勝手次第に論ぜしめ、出来得べくんば皇室を、日本の社会の表面から全滅せしめ、しからざるまでも、皇室そのものの尊厳威信を失墜せしめ、やがては皇室を、藪《やぶ》の中に押込めたる荒神様《こうじん》か、道端に雨ざらしにする地蔵尊、しからざれば鎮守《ちんじゅ》の杜《もり》に安置する無格社《むかくしや》位のものとなす積りと睨《にら》んでいるのは、果して間違いであるか、如何。やがては事実が、これを判断するであろう。

自由主義とか、個人主義とかを唱《とな》うる人々は、個人の個性を尊重することを、極めて重大要件の如く考えているが、国家そのものの個性という事に、無関心であるは、実に驚き入《い》りたる事である。若《も》し個人の個性が大切ならば、個人の一大集団である国家の個性は、尚更《なおさら》大切であらねばならぬ。しかるに今日の世論は、僅《わず》か一週間か二週間か、乃至《ないし》一月か二月かの間に、従来の態度を一変し、早くも日本の個性を滅却して、世界共通の、否な端的にいえば、北米合衆国モデルの国性たらしめんと努力しつつあるは、抑《そもそ》も如何なる料簡《りようけん》であるか。彼等民主国とか、自由国とかいうものは、自国の個性を尊重するばかりでなく、その一点一画さえも、これに触るることを許さぬほど、彼等は大切にしている。如何なる事があっても、英国は米国の真似をせず。米国は英国の真似をせず。同じ英語と称するも、その発音などは、互に自国の流儀を守持して、一歩も譲らない。しかるに、彼等といわんより、むしろ米国は、日本に向って、頻《しき》りに米国流を押売りし、一も二もなく、ただ米国のモデルに倣《なら》えといっている。所謂《いわゆ》る日本の神道に手を付け、皇室制度に手を付くるが如きは、その最も彰著《しょうちょ》なる一例と、いわねばならぬ。これではとても、日本国の個性を保存することも出来ず、維持することも出来ない。米人としては、日本の為めよりも、自国の為めを、考えていることであるから、それも余儀ない事であろうが、日本人等が相率いて、自国の個性を、滅却《めっきゃく》する事に努力し、家族制度は有害であるとか、皇室は雲の上に超然たるべきものであるとか、愚にもつかぬ事を述べて、日本人をして、成《なる》べく日本人たらしめざるように、骨折りつつある事は、実に国家に対する一大反逆罪といわねばならぬ。それに比すれば、戦時中のスパイなどは、とても比較にはならない。しかるにスパイは反逆罪として処分せられ、精神的に国家を売る者は、先見の明ある達人として、彼等は世の賞讃を受けつつあることは、何たる奇怪の現象ぞや。

かく言えばとて、我等は一から十迄《まで》、日本の個性をそのまま保存せよというのではない。改むべきもの、廃すべきものも、決して少なくない。それらは遠慮会釈なく、思い切って、一掃するも可なりだ。しかし所謂る日本国の特性であるものについては、飽迄《あくまで》これを守持せねばならぬ。その特性の最も大なる一は、即ち皇室である。皇室を淵源《えんげん》として、流れ出でたる日本精神である。日本は君民一致ばかりではない。君国一致である。忠君という事は、直ちに愛国を意味し、愛国という事は、直ちに忠君を意味することとなっている。忠君愛国は、ただ一の大なる事相の、表裏を説明するものであって、正《ま》さしく同一である。これは日本が、単に西洋と異っているばかりでなく、支那と異っている。支那では君は君、民は民、国は国、三者皆な別物である。日本では、君が家長であり、民が家族であり、国が即ち家その物である。ここに日本の特色がある。しかるにこの一大特色を消解し去って、あるものは日本を英国流の、あるものは日本を米国流の、あるものは日本をソ聯流の仕組みに作り変えんとするが如きは、三者共に、国家に対する一大反逆罪という の外はあるまい。その反逆者たる程度に於《おい》ては、自から三者の間に軽重なしとはいえぬが、反逆者そのものとしては、何等相違の点は見出されない。

（昭和二十年十月二十六日午前、双宜荘にて）

五五　一切の悪事、軍閥に帰す

今日では、一切の悪事が、皆な軍閥に帰することとなっている。恰《あた》かも昔政党横暴の時代には、一切の悪事が、政党に帰したも同様だ。平家全盛の世の中には、平家が一切の悪事の請負人であるが如く、源氏全盛の世の中には、また源氏がその通りである。軍閥も、兎《と》も角《かく》も善《よ》しにせよ、悪《あ》しにせよ、昭和六年満洲事変以来、昭和二十年八月十五日に至る迄《まで》、彼是《かれこれ》十四、五年の間、日本に於《お》ける全勢力を揮《ふる》うたから、犯した罪ばかりでなく、併《あわ》せて犯さざる罪迄も、背負わねばならぬ事は、余儀なき始末といわねばなるまい。しかし乍《なが》ら、軍閥にとって、最も遺憾千万であった事は、戦争の最後に於《お》ける、彼等の振舞であった。若《も》し万一彼等が、この最後に於《おい》て、何ぞ国民の耳目を聳動《しょうどう》し、若《も》しくは国民に感激を与うるが如き、目覚ましき振舞を為したならば、最後の一事を以て、従前の失敗、失策、国民の怨恨《えんこん》、呪咀《じゅそ》を払拭《ふっしょく》するに余りあったが、不幸にしてそれに反し、むしろ従前の遣《や》り口《くち》の上塗りをし、却《かえっ》てこれ迄軍閥に同情したる者さえも、匙《さじ》を投げしむることに至ったのは、何たる不始末であろう。軍閥の中に、更《さら》に一人の、軍閥を代表して、国民の耳目を、一新する者の無かった事は、重ね重ね遺憾千万である。

何をいっても、戦争最後に於ける、火事場泥坊の一件は、国民をして、従来に於ける軍閥の、国家に貢献したる一切を、忘却せしめ、抹殺せしめ、単に軍閥に対する憎悪、怨恨、軽蔑、侮辱の念を、勃興せしめた。従来国民は、食う物を食わずに、軍閥の為めに供出した。国民はこれを、国家に対する義務と、認めていたのである。中には内々当惑もし、若《も》しくは憤慨をした者も、少なくなかったが、それでも公然それを、明言する程の者はなかった。されば愈々《いよいよ》戦争が終結となった暁《あかつき》には、軍閥は一切の物資を奇麗に清算し、これを国民に報還するが、当然の措置であり、同時にまた賢明の措置である。恰《あた》かも大石内蔵助が、赤穂城明け渡しの際に於《お》ける態度の如く、立派な態度を為すべきであった。しかるにこれに反して、全く大野九郎兵衛擬《も》どきの、火事場泥坊を働いた。中には若干の除外例もあったであろうが、上から下迄《まで》、縦から横迄、立体的に見ても、水平的に見ても、陸海軍に於ける戦争の後始末は、一言以てこれを蔽《おお》えば、言語道断というの外はなかった。これは将官級よりして、下は下士兵士迄も及んだ。これが為に従来戦時中は、如何なる集会でも、陸海の将士に対する感謝は、天皇陛下に対する宮城遥拝《ようはい》と同時に、行われていたに拘《かかわ》らず、陸海軍に対する同情なるものは、蕩然《とうぜん》として地を払うに至った。その為めに、特攻隊に対する感謝の情も、頓《とみ》に消失し、また今日迄絶海の孤島や、山中の洞穴に、九死一生を送っていつつある将士に対し、当然生ずべき同情さえも、消え失せるに至った。要するに我が軍閥の後始末でなく、後不始末は、玉石倶《とも》に焼き、自から軍閥そのものを、埋葬し去ったと、言わねばならぬ。

我等は世間が思う程、軍閥を悪しきものとは、思うていない。また悪しき事があっても、善い事があったという事を、瞭《はっ》きり認めている。しかし彼等のこの火事場泥坊だけは、如何に考えても、勘弁は出来ない。容赦は出来ない。何ぞ況《いわん》や同情をやだ。

読売新聞には、終戦土産が五十億を下らないといっている。これは当らずと雖《いえど》も遠からずであろう。尚《な》お支那事変以来、軍事費が頗《すこぶ》る尨大《ぼうだい》であり、それが湯水の如く、無茶苦茶に費《つか》われていた事については、世論は実に囂々《ごうごう》である。これも尤《もっと》もの次第である。戦争は非常事であり、非常事に対しては、当然非常の費用を要することは勿論である。戦争は勝つが目的である。勝つ為には、何よりも大切なる人の生命さえも、犠牲とせねばならぬ。況《いわん》や金銭をやだ。物資をやだ。何人も親の病気に駆けつける時には、自動車を値切る者はあるまい。医者の診察料や薬代などを、彼是《かれこれ》折衝する者はあるまい。いいなり放題に、欣然《きんぜん》として出だすであろう。その筆法からいえば、戦争に費用が掛かり、その費用が尋常一様の算盤では合わないことは、論を俟《ま》たない。漢の高祖《こうそ》が、陳平《ちんぺい》に黄金四万斤を与えて、その出入を問わなかったというが如きも、戦争の目的を達せんが為めであった。然しそれにも自から限度がある。況や昭和十二年支那事変以来、昭和二十年に至る迄、我国は連続の戦争であって、非常の戦争が、最早や通常の事件となり、非常の経費が最早や通常の経費となりつつある時である。戦争は不経済が当り前であるから、金銭を湯水の如く費《つか》っても、差支《さしつかえ》ないという理由はない。出来得る限りに、不経済の戦争を、経済的にするのが、即ち戦争経済である。その戦争経済には、財政の当局者が、これに当るは勿論であるが、当局者をして、その任務を遂行せしむるに最も有力なる機関は、議会である。如何に戦争が非常事であればとて、議会は一切の予算に対して、その協賛権を持っている。議会の協賛なくしては、一銭一厘たりとも、支出することは出来ない。またその決算についても、議会はそれを調査して、それぞれ判断を下すべき権能を持っている。しかるに今日一千二百億の尨大《ぼうだい》なる国債が浮かみ出し、臨時軍事費について、殆《ほとん》ど何等の制裁を加えなかったという事は、議会が自らその権能を抛棄《ほうき》したる所以《ゆえん》にして、国財を浪費したる者は、軍閥であるが、軍閥をして浪費せしめたる者は、帝国議会であるといっても、議会は弁解の言葉はあるまい。

（昭和二十年十月二十六日午後、双宜荘にて）

五六　軍人の火事場泥坊

余りに同一問題を繰返すようだが、軍人の火事場泥坊には、全く愛想が尽きる。最近の新聞にも、海軍の官品を横領したる軍人軍属が、軍法会議に付せられたる者、現に二千六百余名に上っているという。これは海軍の、つまり一部だけであろうが、陸軍は恐らくはその数の上に於《お》いても、尨大《ぼうだい》の組織であるから、更に大なるものがあろう。しかしこれはただ法網に掛かった者だけのことである。幸に法網を免かれた者が、どの位あるか。それはとても数え難きものがあろうと思う。後日の記念として、今ここにその若干を、新聞より掲載して置くこととする。

二千六百余名軍法会議に付す
海軍官品の横領に断乎処置
終戦時の混乱に乗じて一部軍人が官品を横領或いは横流しにしたことは国民指弾の的となっているが、この間の事情について高田海軍省軍務局次長は十九日次の通り談話を発表した。

海軍としては国民に対して全く申訳けなく且つ光輝ある海軍の伝統にその最後において汚点を残したことは甚だ残念である。当時はやりたつ特攻隊員を速かに兵器から切離す処置をとるとともに閣議決定に基き地方機関を通じて海軍の品物を一般地方民に放出することとなった。復員軍人には差当りの食糧と在籍中交付されたものを持帰らせてよいという指令を出したが、これらが結びついて中央当局として思いもかけなかった事件が頻出、勝手に官品をトラックまで使って持出したり、一部地方民は暴動状態に陥って建物を壊してまで軍需品や酒保物品を運び去った。これらの事件に対し各種の手段を尽して調査、現在軍法会議で取調中の者は士官、特務士官九八名、准士官一五名、下士官三二四名、兵九六〇名、高等文官三名、判任文官一〇名、雇員傭員一九名、工鉱員一一一名、一般人一三三名合計二六七三名に及んでいる。大体来月中旬までに取調を一応終了したいと思っている。調査洩れの者で心当りの向きは自分の所属部隊なり、最寄の海軍、地方官憲に申出で潔よく自己の過ちを認めて貰いたい。悪意なく一時の群衆心理に駆られて妄動した者は物品を返却してくれれば敢てその人を罰するつもりはない。

（「読売報知新聞」昭和二十年十月二十日）

軍人の不正行為

海軍臨時軍法会議で厳重検査

終戦のどさくさに紛れての軍需物資の不正持出しを初め、一部軍人軍属の不正行為に対しては海軍当局でも峻厳な態度で臨み、不正行為はあくまで摘発、国民の疑惑を一掃する方針をとることとなり、全国の鎮守府、警備府所在地にある臨時軍法会議が中心となって厳重な検査を続行中であり、すでに全国で検挙されたものは数百件にのぼり、この中には高級将校の不正事件も相当含まれているといわれる。臨時軍法会議は今春本土空襲の激化と国内戦場を予想し従来の軍法会議が特別軍法会議として性格を変え、手続なども簡単にしかも被告は一切の弁護、上告を認められぬが終戦後はこの臨時軍法会議をそのまま使う一方、さらに主計科出身の司法官適格者数十名を法務官職務執行者として各地臨時軍法会議に増員するなど取調陣の強化を図っており、来る臨時議会開会までにはその全貌を国民に発表するはずである。

陸海の不正百三十余件

軍需品の不正処分は終戦後二ヵ月を経た今日なお物資の窮乏に喘ぐ国民の囂々《ごうごう》たる非難を浴びて軍当局の責任を追及する声が沸いているが、陸軍当局においても屢々《しばしば》通牒を発して不法に処分された軍需品の回収に努め、憲兵隊並に警察は密接な連絡の下に厳重取調べを進めているが、何分未曾有の混乱の下に行われ、しかも肝腎な書類は悉《ことごと》く焼却され、被疑者は復員その他の関係から所在不明という状態で、取調べは難渋を極めており回収される軍需品は極く少数と見られている。

現在憲兵司令部に報告された不正行為は、陸軍側九十三件、百七十九名、海軍側三十九件、百二十九名でこのうち陸軍側の階級別内訳は将校三十三件、三十七名、下士官三十二件、四十九名、兵二十一件、六十名、軍属五件、十一名である。将校は大部分が尉官で佐官数名も含まれている。

悪質なる事例としては、
▽某陸軍病院の主計准尉は雇員と結託して被服七十一梱を自宅に隠匿
▽同病院炊事班長某伍長は白米十五俵、麦八俵を闇に流して一万円の不当利得
▽海軍某学校の下士官は米十二俵、麦六俵、缶詰九箱をトラックで自宅に搬入
▽某海軍航空隊主計兵曹は自己保管に係る大豆百八十八箱その他八十七種類の軍需品を横領
以上何れも物品を取りあげて関係官庁に引渡し、悪質なものは現役軍人は軍法会議へ送附、復員者は検事局へ送局した。

尚《な》お十月二十五日の毎日新聞に左の記事がある。これも亦《ま》た参考の為めにここに掲げて置く。

▲過日の本欄にかいた臨軍費の使途につき、陸海軍軍人全部が不当の退職手当を貰っているような印象を与えたのは行き過ぎで遺憾である▲これは政界の腐敗といっても、官僚の罪悪といっても、真面目な政治家や、正直な官吏をすべて同罪としているのでないのと同一の筆法に過ぎないし、臨軍費の使途に関する一つの疑惑を述べたのであるが、一般の軍人軍属に迷惑を与えたことになっては不本意であるから、この点を明かにして置く▲しかも、一読者の投書に『拙宅の女中は憲兵隊の炊事婦として約三ヵ月勤務して終戦と同時に

三百円の手当を支給され最近呼出しを受け何事ならんと出頭すれば今回は千二百円の手当の増補を受け計千五百円と種々物資の配給を受けたり』云々とある如き事実がある以上、臨軍費に関する世間の疑惑をも、陸相は『当然』としなければならないのは遺憾である。

（〝硯滴〟欄）

尚《な》お左の記事をも、我が陸海軍が如何に臨時軍事費を使用したるか、またそれに対して、当然監督権を有する政府及び議会が、如何にその職分を怠たったかという事を証明すべく、念の為め掲げて置く。

臨時軍事費を衝く

軍閥専制と暴威の九年

いまや国民の憎悪と猜疑に満ちた眼は鋭く臨時軍事費に向けられている。臨時軍事費は果して妥当であったか、昭和十二年度以来二十年度予算までに二千二百十九億三千五百万円という財政史上未曾有の尨大予算遂行に当って果して軍は遺憾の点がなかったか。特に終戦後どさくさに紛れて行われた使途について恥ずべき点がなかっただろうか、等々軍閥の専制と暴威とによって過去九年間完全に暗点のヴェールに包んで国民の耳目を蔽って来ただけに、国民はいまこそこのヴェールをはぎとった赤裸々な臨軍費の全貌が国民審判の俎上にのぼされることを熱願要求しているのだ。然しながら事実は予算の総元締であるべき大蔵省すら未だ臨軍費が如何に使用されたかを知り得ず、外地における臨軍費の使途も通信連絡の杜絶などもあって全く不明というのが真相である。然し臨軍費の編成、これが使用如何こそ我が祖国を敗戦に導いた最大原因の一つであるだけにこれは飽くまで徹底的に究明されねばならない。

臨軍費の妥当性如何

昭和十二年支那事変に始まった臨時軍事費特別会計予算は次の通り年々累増の一途を辿った。

	百万円
昭和十二年度	二、五四〇
同　十三年度	四、八五〇
同　十四年度	四、六〇五
同　十五年度	五、四六〇
同　十六年度	一一、四八〇
同　十七年度	一八、〇〇〇
同　十八年度	二七、〇〇〇
同　十九年度	六三、〇〇〇
同　二十年度	八五、〇〇〇
合　計	二二一、九三五

昭和十六、七年度までは確かに生産力並に生産とは大きな隔たりのない予算であったといえる。しかるに十八年度より漸く戦況不利に傾くと共に物資が欠乏して来たのに逆比例して、軍事費は急増し十九、二十年度には一躍六百三十億、八百五十億とかつて想像もしなかった尨大予算となった。これは明かに物の欠乏を金で釣出そうとする悪性インフレ転入を拍車する現象であった。国民は生活のため闇行為を行った。軍はその目的は別とするも公然闇行為を行い、悪性インフレーション最大の原動力をなした。この軍の公然たる闇行為は陸海軍の無意味、無自覚な競争意識、当路者の徒《いたず》らな功名心、出世主義から惹起されたものと断言してよい。

勿論予算分捕り主義は独り軍だけに限られたことでなく平時においても各省が露骨に現わす通弊ではあるが、軍はピストルの威力を藉《か》って公然財政当局を脅迫し擅《ほしいまま》に予算をせしめた、而《しか》もこの間単に軍のピストルの前に屈服したのみか更に一身の栄達のためにこれに阿諛《あゆ》した財政首脳部の所謂《いわゆる》〝政治性〟が臨軍費の尨大化を大きく助長したのを見逃してはならない。事務当局が苦心して削減した臨軍費が大臣の意向で一言の下に軍の要求額が復活させられたことは再三ではなかった。彼等は予算を一銭でも多く獲得しさえすれば戦力を裏付ける生産、財政がどうなろうと眼中にないという無智偏狭さであった。彼等の予算分捕りの常套手段は実際にはB規格品八〇で済む所を、A規格品一〇〇必要であるとする質量のごま化しを常とし、これに手腕を発揮した軍人は直ちに栄転したのである。

（後略・「読売報知新聞」昭和二十年十月二十二日）

五十億円下らず
持帰られた〝終戦土産〟
終戦直後の醜態
八月十四日降伏の大詔渙発されて軍は一大混乱に陥った。このドサクサに軍の中枢たるべき将校は思い〳〵にトラックで退蔵物資を自宅へ運び込み、剰《あまつさ》え不当の大金を山分けにした例は今では国民誰しも知らぬものがない。かかる醜行が国民をして臨時軍事費に疑惑の念を持たせ軍そのものに対する深刻なる反感と憎悪を持たすに至ったのであるが、それでは一体どの程度の金が持帰られたか。
これは勿論隊により一様でなく又《また》士官、下士官兵によってそれぞれ異るが、一人平均五百円は下るまいと見られている。内地の兵数三百万とすればこれらの持ち帰った額は十五億円に上る。軍属の如きはさらに甚しく某作業場においてはタイピストさえ二千円の退職手当を貰った。これらを合算すれば終戦時のどさくさに紛れて不当に持帰られた金だけでも四、五十億円は下らないといわれている。このほか軍需会社と馴れ合いでまだ三〇しか納入していないのに一〇〇の品物を納入したことにして巨額の支払いをなし、戦後における自己の就職、或は生活の保証を得た不逞《ふてい》な軍人も数多くある。
これらの行為は比島、支那における我が軍隊の暴行と相俟って「皇軍」を信頼し切っていた国民に限りない幻滅感と憤懣を与えたのである。（後略）

世間には随分没分暁漢《わからずや》も多いと見え、最近予に向って、左の葉書を投じたる者がある。匿名であって、郵便のスタンプを見れば、七条、二十年十月二十一日とあるから、京都の七条局より出したものであろう。京都市東山区八坂神社方K・Y生とある。八坂神社といえば、平 忠盛《たいらのただもり》に由縁《ゆか》りある、俗称祇園様である。まさか祇園の御神託を受けて、かかる投書をしたのではあるまい。

憂国の仁人
徳富先生玉机下
貴下は日本の現状を如何に革新せんとせらるるや近来御啓示に接せず先生は東條内閣にも便乗して私財を貯へたりとの巷説あり若《も》し真実とせば先づその誤解を解く為め私財奉還せられたし

真面目に弁明する必要はない。但《た》だ世間で、予を「奉還」せねばならぬ程の、私財を貯蓄していると思うは、予にとっては、洵《まこと》に難有《ありがた》き仕合せと、いわねばならぬ。予は何人の前にも、予の私財を、公開する事を憚《はばか》る者ではないが、予の今日の位地としては、漸《よう》く食って行く丈《だ》けの最低限度に立っている。奉還どころか、実は書籍の印税、若《も》しくは原稿料の収入、及び新聞社よりの歳俸など、本年八月迄《まで》は、相当に収入があって、その為めに、余裕とはいわぬが、幾《いく》らか不自由を免かれたが、新聞社とは関係を断ち、原稿は一切書かぬこととなり、旧著は焼け、若《も》しくは絶版の姿となり、新著は更に出すことが出来ず、印税の収入は全く断絶している今日、僅《わず》かに我が従来の邸宅と、蔵書とを処分して、それを食って行きつつある次第である。せめて東條内閣が、予に何等の便宜でも与えて呉《く》れたらんには、かかる不自由もなかったであろうが、予も固《もと》より、東條内閣が与えんとしても、それに便乗する程の、小丈夫ではなく、また東條内閣も、予に対しては、絶対に何等の便宜を与えず、いわば与えらることを欲せざる者と、与えない者との間には、便乗の存立すべき筈《はず》もない。打明けていえば、予は大東亜戦争に、何も彼も余す所なく、打込んで仕舞った者であって、自分の一身さえも、犠牲として顧みなかった者が、この戦争の時期に、私財を貯蓄するなぞという料簡《りようけん》のあるべき筈はない。幸《さいわい》予の友人石川武美《いしかわたけよし》氏が、予の従来所有したる家屋とか、書籍とかを、引取て、それでやっと糊口《ここう》をしつつあるのが、予の現状である。これは世間に披露する訳ではないが、百歳の下、あるいは予が如何にして今日生活しているかを知らんと欲する者があることを慮《おもんぱか》り、聊《いささ》かここに記して置く。しかし乍《なが》ら世間は案外莫迦なものである。よくもかかる非常識の考えを為す者があると、心私《ひそ》かに一笑に堪《た》えない。

この頃朝日新聞社が、戦争責任を明かにし、その首脳部が退却したという事で、その飛火が、読売に移り、読売では、社長正力氏が、その退却勧告を拒絶したとて、今尚《な》お抗争中と聞くが、その飛火がまた、毎日新聞にも移っていると聞く。朝日の社説を読めば、朝日は元来非軍国主義者である。非軍閥者である。しかるに時勢に余儀なくせられて、三国同盟にも反対が出来ず、大東亜戦争にも反対が出来ず、遂に今日に至ったのは、申訳がないから、その責任を明かにするといっている。しかし乍《なが》ら毎日新聞の如きは、当初から満洲事変の賛成者であり、皇室中心主義を強調して、東亜人の東亜を主張したるもの、今日となっても、何等慚愧《ざんき》すべき理由もなければ、悔悟すべき理由もない。その為めに、責任を執らねばならぬという理由は、決して一点でも、見出すことは出来ない。新聞紙は言論の職域である。戦《いく》さに負けたから、新聞が責任を執らねばならぬという理由が、何処に在るか。陸海の首脳部、大政運用の重責に当る高官大僚等は、当然その責任を執るべきであるが、その責任を新聞社までが、分担せねばならぬという事は、何処にあるか。しかも平生《へいぜい》自己の信念に従がって行動したる者に対して、今日に於《おい》てもその信念を固持して、決して渝《かわ》る所なき者に対して、責任を執れなどと、その新聞社の人々が、騒ぎ立つるという事は、余りにも軽佻なる妄動といわねばならぬ。尚《な》お今後の成行きについて、更に語る所が、あるかも知れぬが、予は朝日新聞の申訳を見てさえも、頗《すこぶ》る遺憾に思う。つまり彼等は、時勢の変化によって、その態度を変化する者である。今後万一軍国主義者が勝ちを得たる時には、再び軍国主義者となる積りであるか。但《ただ》しまた各新聞社の幹部連が、この際頬被《ほおかぶ》りをして、昨日の言論を忘れたる如く、自ら進んで、軍閥の攻撃やら、軍国主義の非難やらを、やっている事は、朝日新聞以上の醜態といわねばならぬ。彼等は戦争に対する責任は、負う必要はないが、苟《いやし》くも男児ならば、頬被りするを、屑《いさぎよ》しとせざる丈《だ》けの、気魄の持ち合せは、あって然《しか》るべき事と思う。

（昭和二十年十月二十七日午後、双宜荘にて）

五七　軍人精神の堕落

日本軍人精神は、年と共に、変化といわんよりも、むしろ堕落して来た。この頃山下〔奉《とも》文《ゆき》〕大将が、部下の比律賓《フイリピン》に於《お》ける残虐事件に対し告訴せられ、公判に付せられているが、彼は頻《しき》りに自ら無罪を主張し、自分は全くそれに与《あず》かり知らなかったという事を、弁解している。その為めに残虐行為は、山下司令官の命令が、敏速に達し得なかった場所に於て行われたものであるということで、その為めに地図を取寄せるやら、命令機関の如何なる状態であったかやらを、法廷では調査中と聞く。日本の流儀では、部下の失策は、部下に代って、大将がこれに任ずる例はあるが、部下の失策を、大将が知らぬ存ぜぬとて、自から無罪を主張するような例は無い。「太平記」の中にも、新田《にった》義貞《よしさだ》の武将、小《お》山田《やまだ》高家《たかいえ》の部下が、兵粮の乏しき為めに、濫《みだ》りに百姓の作物を、刈取たりという事で、罪せられんとしたが、義貞は、これは自分が兵粮を与えなかった責任であるといって、高家の罪を赦《ゆ》るし、それを恩として、高家は義貞の身代りとなって、戦場に討死したという事があったことを記憶している。日本の軍人精神というものは、これが当り前である。しかるに、大将たる者が、部下の仕事を、知らぬ存ぜぬで、申訳をするなぞという事は、古《いにし》えは武士の風上にも置けぬ事であった。山下大将には、定めて自から信ずる所があって、無罪を主張しつつある事であろうと思うが、仮りに乃木将軍を、この位地に在らしめたらば、果して如何にするであろうか。自分は今更らこの場合に、乃木将軍を担ぎ出す訳ではないが、余りに三百代言的の申訳には、感心が出来かぬる。

更にこれよりも尚《な》お甚だしき例がある。我等は特攻隊の元締、若《も》しくは親元ともいうべき人達は、死生一体、苦楽同一、上から下まで、身を以て国に許したる一大清浄団体であるものと、確信していたが、豈料《あにはか》らんや、死を見ること帰するが如きは、ただ特攻隊の青年輩ばかりで、その上の上長官等は、全く別様の生活を為し、ただ口の先にて、若い者を煽《おだ》て上げ、煽《あお》り上げ、彼等を死地に追いやるばかりで、自分達は日毎夜毎に、酒池肉林の暮しを為し、いざとなれば、危険を後ろに、皆な安全地帯に、逃げ帰って仕舞ったということである。これでは如何に特攻隊が奮発しても、窮極の勝利が、我れに齎《もた》らし来ることの出来ぬのは、余儀なき次第といわねばならぬ。今試みに、左の記事を、ここに摘載することとして置く。

裏切られた特攻隊員

最初の特攻作戦の基地フィリピンの地で将官の暖衣飽食《だんいほうしょく》に憤怒し浪荒きバシー海峡を前に血涙呑んで死んでいった「裏切られた特攻隊員」数百名がいた、厳粛な事実を敗戦に導いた悲しき戦記の一齣としてここに綴る。

昭和十九年十二月十八日の午後マニラ近郊カローカン飛行場ではミンドロ島サンホセ沖敵

輸送船団攻撃のための特攻機が十数機翼を休めていた。出撃する若桜、旭光両特攻隊員見送りのために比島方面陸軍航空部隊指揮官富永恭次中将はじめ第四航空軍の幕僚達が参謀肩章もいかめしく滑走路に並んでいた。

恩賜の酒の乾杯もすんで直掩戦闘機についで発進を始めた特攻機の一機が操縦を誤って八百キロの巨弾を抱いたまま滑走路を踏切って見送りの将軍達の真只中に突進した。将軍達を始め見送りの特攻隊の若者達は一目散に逃げた。その時若い連中は密林に機首を突込み紅蓮《ぐれん》の炎を上げて燃える特攻機を眺めながら異口同音に言った。「あの爆弾で参謀の奴らめ消し飛んだろう」とこの一語は隊員の参謀に対する気持を表明し暗い比島航空戦の前途を暗示していた。

連夜酒色に明す参謀

マニラの航空軍司令部で連夜酒色に明した参謀に較べて、女は勿論好きな酒もつゝしんでたゞひたすら死ぬ日を待っていた特攻隊員は正しく神兵だったといっても過言ではなかった。「たゞ司令官だけは俺たちの気持がわかってもらえると思う」と特攻隊員達は言っていたのだが「諸君だけは犬死させぬ、不肖富永も……」と壮語していたその富永中将は一月八日最後の特攻機がリンガエン沖敵輸送船団に攻撃した第四航空軍が司令部をマニラより北部ルソン、エチアゲに転進するや台湾から連絡に飛来った軍偵に乗って真先きに帰還してしまった。

その後二十数名の参謀達も敗戦の色愈々《いよいよ》濃くなるや特攻隊員を始め兵隊を置去りにし連絡

に飛来する飛行機を捕えては逃げ帰った。ルソン血戦を目前にしてあまりの事に腹を立てた地上部隊の将兵が航空隊には給与をしないと憤激したため、北部ルソンの山中に残された特攻隊員達は明日の米にも困る窮境に追い込まれてしまったのである。

佐々木伍長生還秘話

この参謀達の手によって樹てられた特攻作戦計画がどんなものであるか、容易に想像されるのであるが、たまたま「生きている特攻隊」―佐々木友治伍長の奇蹟を廻ってこれらの参謀が特攻隊員を如何に遇したかを物語る一挿話がある。

佐々木友治伍長は陸軍特攻隊の第一陣万朶《ばんだ》特攻隊レイテ湾攻撃隊員として生田、田中曹長らとともに十一月十二日早暁カローカンの基地を出撃したが、九七双軽ＮＯ７の彼の愛機は巨弾を敵艦に命中させながらも無事に彼の肉体を基地に戻した。生きている特攻隊員の報は航空軍司令部を驚愕させ大本営に戦死の報告済みの手前情報参謀の自決問題にまでなりかかったが、この事件は大本営の訂正で落着し佐々木伍長は十二月八日第二回の特攻攻撃に向い大戦果の発表とともに彼の四階級特進さえも発表されたのであるが、しかも彼伍長はカローカンの万朶隊の宿舎で再び不死身の肉体を休めていた。「自分はどうも死神に見放されてるので」と当の伍長はニコニコ笑っていたが参謀達にとっては大本営発表で死んでいる筈の佐々木伍長の存在は、何か割り切れぬものがあったらしい。司令部は十二月十八日ミンドロ島サンホセ沖攻撃に三度伍長を向けた。併し皮肉にも直掩戦闘機さえも還らぬ基地に伍長の愛機ＮＯ７はその翼に数発の弾を受けただけで帰還した。ついで一月六日リンガエン沖敵艦突入を命じられた伍長の姿はその日以来基地から消え、流石《さすが》不死身の佐々木も死んだかと思われたが、その伍長のまるまる太った色白の顔は一月二十日過ぎ北部ルソン、エチアゲ飛行場で発見された。幽霊かと驚いた人々に対して伍長は「自分が生きていては工合が悪い向きもある様ですから—それに生きている特攻隊員なんて話にもなりませんよ」と笑いながら遂に山中深く消えて其《そ》の行方を断ってしまった。

山中深く憤怒の彷徨

それに比べれば翼を得て死んだ特攻隊員はまだしも幸せであった、またエチアゲの基地で司令官以下参謀達に置き去りを喰った特攻隊員の身の上はさらに悲しかった。富永中将が真先きに台湾に逃避し、残された特攻隊員達は裏切られた断腸の心を抱きながら台湾への転進の道を求めて北部の港アパリを目指して移動を開始した。

破れ果てた航空長靴を引きずり、乏しい糧食を肩にし血刀を杖として敵機の猛爆を避けつつ月明の山道を辿る特攻隊員の若い元気であった顔は苦悩と憤怒にみちみちていた。装備なき部隊を襲うゲリラ部隊の夜襲に討たれマラリヤ、アミーバ赤痢などの熱病に倒れ死んで行く隊員も少くなかったが、残された人々はただアパリへアパリへと向った。北部ルソンの雨期を冒し泥濘《でいねい》をついて二月上旬アパリへ着いた時は既にアパリの港は破壊されていた。アパリより残された唯一の補給港カサブランカに向った一行は其処で船を待ったが、敵機の厳重な見張りに一隻の機帆船も入る余地はなかった。

その内に入港したわが潜水艦からも断られ特攻隊員達は涙を呑んで北部ルソンに残された

唯一の基地ツゲガラオに向った。ツゲガラオでも海軍の特攻隊を始め陸軍の軍人軍属など幾千の人々が台湾への当なき便を待っていた。日に二機か三機それも夜間だ。台湾から飛来する重爆が十数名を運ぶのがただ一つの転進方法だったのだ。然もこの中でツゲガラオ地区司政長官増田某の如きは重爆一ぱいに秘蔵のウィスキーを満載して台湾に向ったりした事実もあった。こうして裏切られた特攻隊員達は純情一路、祖国の肉親に後髪引かれながら山中に自滅したのである。

（「読売報知新聞」昭和二十年十月二十七日）

もっとも海軍では、大西海軍中将の如き、その明白なる理由は知らぬが、海軍特攻隊の長老として、世間からも目指され、自らも任じていたが、遂に自決した。しかし海軍に、果して他に例があるや否や、寡聞にして知ることが出来ない。陸軍では尚更《なおさ》らの事である。

明治三十七、八年戦役の時に、米国雑誌「アウトルック」の特派員ジョージ・ケンナン翁は、予も若干の交渉を持ち、書信の往復などもしていたが、翁は日本軍隊が、用意周到、何事も前以て、十分の準備を為し、計画を定め、而《しか》して後その実行に取りかかり、その為めに百発百中、放てば必ず当たるということを推称し、常に日本軍の行動を叙するに、「予定の計画通り」という文句を以てした。これはあるいはケンナン翁が、買被《かいかぶ》りであったかも知れぬ。しかし乍《なが》ら大体に於《お》いて、日露戦争当時は、先《ま》ずその通りであった。しかるに今度の戦争に於ては、殆《ほとん》ど行当りばったりで、準備もなければ、計画もなく、平生は大言壮語、酒色に溺《おぼ》れ、何一つ準備もせず。いざとなれば周章狼狽《しゅうしょうろうばい》、罪を部下若《もし》くは戦闘員以外の、背後の国民に被せて、自分一人が良い子となって、いい顔をしているという状態であった。例えば比律賓《フィリピン》の如き、その群島が、日本軍の手に落ちて以来、満三年間は、殆《ほとん》ど何等の防備らしき防備もしていなかった。しかして彼等は、徒《いたず》らに、戦勝気分に、自ら陶酔して、必要なき優越感を以て、その地方の人民に臨んだ。ここにも亦《ま》た山下大将を証人として、登場せしむるが、彼は比律賓に於ける敗北の原因三つを挙げている。第一は、敵がリンガエンに上陸することが、意外であった事。第二は比律賓人民が、敵軍に同情したる事。第三は飛行機の欠乏したる事、に帰している。しかるにこの三者は、何れも皆な日本軍が、自から求めて、ここに到らしめたるもので、自業自得というの外はあるまい。敵がリンガエンに上陸することを、予想しなかったという事は、事実としては受け取るが、決して申訳けの理由とはならない。即ち「彼を知り己れを知るは、百戦殆《あや》うからず」と。その彼を知らざるが為めである。いわば油断をした為めである。諜報の不行届の為めである。比律賓人の同情が、アメリカ人に多くして、日本人に少なかったといわんよりも、アメリカ人にあって、日本人に無かったという事は、如何に三年間に於《お》ける我が占領軍が、比律賓に於《おい》て、振舞うたるかという事を、語るものであって、申訳にならないばかりでなく、己れ自ら己れを鞭《むち》うつものと、いっても差支《さしつかえ》あるまい。

飛行機の欠乏に至っては、今更の事ではない。これも亦《ま》た油断の結果である。殊《こと》に我等の聞く所では、折角《せっかく》内地より輸送し来りたる飛行機が、こちらの油断の為めに、敵の襲撃に遭うて、一度に潰滅し去ったと、いうではないか。要するに、一度勝利を得た以上は、その勝利を、恒久的に善用する事を怠り、勝った上は仕たい放題の事をして、その日を送り、いざとなれば、忽《たちま》ち洞穴の中に遁《に》げ籠《こも》って、漸《ようや》く露命《ろめい》を繋《つな》ぐなどという、実に言語道断の仕打で、三十七、八年の役に於ける、所謂「予定の行動」とは、天地の懸隔《けんかく》がある。我等は決して死屍に鞭うつ者ではない。しかし乍《なが》ら余りに我が軍人が、軍人精神を滅却し、怠慢、放《ほう》恣《し》、横暴、油断、徒《いたず》らに眼前の増上慢《ぞうじょうまん》に駆られて、後先の見渡しも打忘れ、孫子の所謂「虞を以て不虞を討てば勝つ」といった言葉を、反対の面より、これを証拠立つるに至ったる事は、洵《まこと》に以て遺憾千万の至りである。

（昭和二十年十月二十八日午後、双宜荘にて）

五八　対米開戦、果して無名の戦争か

近頃の新聞を見れば、異口同音に、アメリカ人の申す所を、鸚鵡《おうむ》返《がえ》しに、繰返している。即ち日本はアメリカに向って、無名の戦争《いくさ》を仕掛けたという事である。東條前首相が非難せられつつあるも、専らその為めである。近衛前々首相が非難せられつつあるのも、亦《ま》た東條が主戦論を、喰い止め能わなかった事が、専らである。その他の重臣の非難も亦《ま》た同様である。予は決して東條前首相の弁護者ではない。しかし乍《なが》ら仮りに東條ならずとも、苟《いやしく》も政

治家として自尊心ある者が、彼の場合に戦争を切抜くることが、出来たや否や。叩頭《こうとう》をすれば、あるいは然《しか》らんも、当り前では、到底不可能であった。予が東條前首相に不満であったのは、開戦論の為めではない。折角《せっかく》開戦したるものを、無茶苦茶に遣《や》り損《そこ》なった事である。いわば戦争そのものについてではない。戦争の仕方についてである。若《も》し今日の諸新聞の如く、日本が米英に向って宣戦した事を、無名の戦争というならば、彼等は宣戦の詔勅を、徹《てっ》上徹下《じょうてつげ》否定するものと、いわねばならぬ。果してしからば、彼等は心ならずも、毎月八日の大詔奉戴日《たいしょうほうたいび》には、麗々しく新聞の第一面の劈頭《へきとう》に、この勅語を奉掲したるか。昨日までは自衛の戦争である。正当防禦の戦争であると、張胆明目《ちょうたんめいもく》して、天下に呼号したる彼等は、打って変って今日となっては、軍閥が自ら好んで仕向けたる、仕出したる、打ち始めたる、戦争でありという事は、洵《まこと》に以て平仄《ひょうそく》の合わぬ事である。如何に空中の旗の如く、風に向って動くが、新聞紙の建前とはいえ、余りにも意気地なき事ではないか。少なくとも予自身は、昭和十六年十二月八日の米英に対する宣戦の詔勅は、その一点一画も、決して間違いあるものとは認めない。当時外交の当局者などは、尚《な》お打つべき余地がありとして、最後には来栖《くるす》〔三郎《さぶろう》〕大使を飛行機に乗せて、その手を試みしめた程であった。当時の事情は、今日に於《お》いて、野村〔吉三郎《きちさぶろう》〕、来栖の二大使は、何というか知らぬが、戦時中は、彼等は確かに最後の手を尽《つく》して、余儀なく断絶の已《や》む可《べか》らざるに至ったことを、繰返し説明していた事は、周知の事である。しからざれば、平生平和に眷々《けんけん》あらせ給う主上《しゅじょう》が、かかる宣戦の詔勅を、御発布あらせ給う筈《はず》はない。東條が如何なる意見を抱くにせよ、宣戦媾和の大権は、至尊《しそん》の総攬《らん》し給う所であって、苟《いやし》くも聖意がここに在らずして、出で来るべき筈はない。固《もと》より東條などが、聖意を矯《た》めて、かかる詔勅を発すべき道理もなければ、また東條にかかる偉大なる権力の、存すべき筈もない。今日に於《おい》てアメリカ人が、我れに対して、如何なる批評を加えたりとて、相手側のことであるから、勝手にいわせて、差支《さしつかえ》ないが、我が日本人であり、しかも日本の国論を代表すべき、日本の新聞記者が、アメリカ人に迎合し、かかる暴言を逞《たくましゆ》うするに至っては、実に日本精神の為めに、我等は嘆息痛恨する者である。（中略）

予は決して他国を侵略せんとする者でもなければ、英米流の帝国主義を学ばんとする者でもない。しかし個人が面目を重んずると同様に、国家も亦た面目を重《ま》んじ、個人が己れを正当防禦すると同様に、国家も亦た正当防禦すべきことを、信ずる者である。その理由によって、予は彼れアングロサクソンが、日本に対したる態度を見て、蹶然《けつぜん》起つの外はないと確信し、今も尚《な》お確信したる者である。かるが故に、それが為めに、開戦論の責任を負えという人あらば、予は決してそれを回避しない。否な予自身に積極的に、予は和戦紛々たる群議の中に於《おい》て、断然戦争の已《や》む可《べか》らざるを、主張したる一人であるという事を、今日に於ても、これを公言するに憚《はばか》らない。予の態度は、明治二十七、八年戦役、同じく三十七、八年戦役と、連続して一貫したるものである。

しかし乍《なが》ら戦争の、愚劣、放漫、短視、跛足の遣り方について、責任を負えという者あらば、予は猛然として、それを拒絶せねばならぬ。予が当局者に対して建白し、進言したる事は、今日に於ては、必ずしも機密を守る必要はないが、しかしその事を明らさまに引出して、証明する迄もなく、既に予が著書及び新聞雑誌に掲げたる、あらゆる意見を見れば、予は決して彼等の遣り口に満足したる者でもなければ、賛成したる者でもなく、侃々諤々《かんかんがくがく》敢《あえ》て彼等の反省を求めたる事、決して一再ではなかった。新聞に掲げたるものは、概ね彼等の検閲を経、その為めに修正若《も》しくは削除を要したる事が、少なくなく、中には全く没書せられたるものさえあったが、しかもその現在発表せられたる、総てとはいわぬが、その一部を見ても明白だ。

予は決して昨日までの戦争遂行論者が、今日になって、当初から戦争反対論者であるとか、昨日の北条時宗《ほうじようときむね》が、今日の秦檜《しんかい》、王倫《おうりん》という如く、早変りの男と、肩を並ぶるを屑《いさぎよ》しとする者ではない。しかし乍《なが》らそれが為めに、予も亦《ま》たこの愚劣なる仲間に、強いて捲込《まきこ》まるる事は、固《もと》より屑しとする所ではない。例えばサイパン島の問題にせよ、硫黄島の問題にせよ、沖縄島の問題にせよ、それらの点についても、予は当局者とは、全く異りたる意見を持っている。殊《こと》に沖縄に関しては、当局者は予を目の上のたん瘤《こぶ》同様に心得、あるいは新聞紙を藉《か》り、あるいは放送を藉り、手をかえ品をかえ、予を攻撃していたことは、具眼者は必ずこれを知ていたであろうと信ずる。しかるにその予を以て、彼等と同一視せらるるに至っては、実に迷惑千万である。故にここに瞭《はっ》きり断わって置く。予は徹頭徹尾、宣戦詔勅の遵《じゅん》奉《ぽう》者である。しかし乍《なが》ら彼等当局者の不始末については、予は断じて責任を負う者ではない。語を切にしていえば、彼等はむしろ予に向って、責任を負うべきものであると思う。

（昭和二十年十月二十九日午後、双宜荘にて）

五九　予の一大懺悔

予は今ここに一大懺悔《ざんげ》をする。それは我が皇軍を買被《かいかぶ》っていた事である。正直のところ、皇軍が、我等の理想とする皇軍と、事実に於《お》いて、大《おお》いに反対する点、若《も》しくは及ばざる点、存在する事は、当初から全く気が付かぬではなかった。予は相当に世間一体の市価よりも、割引して、皇軍を買っていた。しかし乍《なが》ら、これ程迄《まで》とは思わなかった。実に我が皇軍は、骨の髄まで、腐っていたではないかと、思わるる程の事実が、随所から暴露されつつある。これ迄は一切臭い物に、蓋《ふた》をしていたから、判らなかったが、その蓋の全部といわず、若干を取り除けたる為めに、初めて皇軍の真面目《しんめんぼく》なるものが判かって、実に言語道断であるという事を知った。一言にしていえば、我が皇軍の中堅たる人々は、その若干の除外例を除けば、職業軍人となり、全く軍職を以て、一種の職業と心得ていた。世間で流行したる「醜《しこ》の御楯《みたて》」などという言句は、ただ文句だけの事であって、彼等の心持ちは、ただ軍職を商売として、一身の功名富貴を得れば足ると、心得ていた。それならば、日本の軍人も、米国の軍人も、その心得方は同一である。この上はただ問題は、何れが職業に熱心にして、能率をよく挙ぐるかという事である。しかるに彼等は、職業と心得ながらも、その職業に極めて不熱心にして、不勉強にして、規律もなく、節制もなく、ただ上に諛《へつ》らい、下に傲《おご》り、その軍職を武器として、自己の私利私欲を、随所に恣《ほしいまま》にするに過ぎなかったのである。かくては日本の将校が、敵国の将校ほどの働きを、為し得なかった事も、これ亦《ま》た已《や》むを得ぬ次第である。少なくとも、敵国の将校は、職業的熱心と、職業的責任感はあったが、日本の軍人は、その熱心と責任感さえも、殆《ほとん》ど失墜し去った。これではとても勝負にならぬ話である。彼等は立体的に、上に諛らい、下に傲るばかりでなく、水平的に、軍人以外の者に対して、頗《すこぶ》る増上慢《じょうまん》の態度を示し、国民をして、その疾苦に泣かしめた。彼等の一個一個は、悉《ことごと》く皆な国民に対する、一個の暴君的存在であった。今日に於《おい》て、国民の多数を挙げて、軍閥を攻撃するに至りたるは、必ずしも米国の進駐軍に対しての、迎合ばかりでなく、多年鬱屈《うっくつ》したる憤慨が、ここに至って爆発したるものと、見るべきであろう。自分は日本の正気は、既に政治家を去って、軍部に移った。軍部には、共に国事を談ずる同志があるだろうと、信じていたが、豈料《あにはか》らんや、彼等は政党者流と選ぶ所がなきのみならず、政党者流の持たざる、軍刀の威を借りて、より以上の悪事醜行を恣《ほしいまま》にし、その結果は、遂に勝つべき戦争をも、失敗に導き来《きた》ったのである。而《しか》してこれに向かって、彼等はただ漫然と、責は国民に在り、我等はただ我等の依託《いたく》せられたる、範囲内の仕事を、したるに過ぎない。その以上は、国民の責であるという如く、恰《あたか》も日傭取《ひようとり》が、する丈《だ》けの仕事をしたから、後《あと》の事は一切雇主に、責を投げかけたと同様の、態度をとっていることは、昔の言葉を以ていえば、正《ま》さに武士の風上にも置けぬ代物といわねばならぬ。

この頃、以上の観察を証拠立つべき事例として、近刊の新聞から、左の二項を摘載する。

司令は妾を連込み
副官〝横流し〟に狂奔

大東亜戦争に天王山が幾つもあった。しかし天王山はそんなに幾つもあるものではないが、軍が国民を欺瞞しその戦意を継なぐ方便に次々と天王山をでっち上げたに過ぎない。大東亜戦争の真の天王山はガダルカナル転進以来の彼我戦略態勢からみてどうしても比島にあったことは疑う余地はなかった。しかもマッカーサー元帥は比島脱出のとき「余は必らず比島に帰来するだろう」と言明して行った。比島人は総てこの言葉を真実なものとして秘かに米軍の再来を鶴首していたにも拘らず、当の比島は米比軍の戡定《かんてい》作戦が終了して以来約二年というものは全く桃源の夢をむさぼり防備らしい防備一つ施さず無為にその日を暮していたのである。【元マニラ支局員松原弘興】

記者が十九年二月比島に赴任した当時既に米軍はマキン、タラワを奪取しマーシャル群島に猛襲を加え、一直線に比島に進撃すべき態勢を益々明瞭にしていたのに、マニラ海岸通りブルバードには瀟洒な喫茶料理店が並び、戦前通り着飾った男女がアイスクリームのテーブルを囲みマニラ湾を眺め電蓄から流れ出るメロデイに聞入っていた。

享楽街マビニイには夜毎酔ぱらいの軍人軍属が蛮声をはり上げて喚き廻っていた。繁華街エスコルタの映画館では米国映画の甘いラブシーンに日本人も比島人も恍惚としていた。

どこを見ても再び忍び寄らんとする戦争の気配は見受けられなかった。敵はまだニューギニヤやギルバートでまごついているではないかというのが比島にいる軍人、軍属、民間人ほとんど総ての時局観であった。

軍人はマニラ妻をかかえて淫楽にふけっていた。マニラに居残る「メスティサー」（比島人とスペイン人の混血娘）は殆《ほと》んど総て日本人に追いかけ廻され、彼等もまた生活の為に日本人に従っていた。日本人は好んで米国製の派手やかな衣服を身につけて毎夜の逢曳きや宴会を楽しんでいた。軍人さえも純白のシューツに身をやつし高級車を飛ばして兵站料亭の酒宴に乗込んだ。軍司令部では前夜の呑み過ぎにぼんやりと机に向っている軍人が多かった。ひしひしと迫り来る砲煙の臭いに幾分気を焦らだたしていたが、長い習性でいままでの習慣を打ち破ることは出来ない様子であった。

軍司令官は（当時黒田中将）毎日のようにゴルフに耽《ふけ》っていた。ゴルフ行には必ず幾名かの憲兵が護衛に付いて行かねばならなかった。仕事をそっちのけにしても一日中暑いゴルフ場に起たされるのは全く嫌になるというのは護衛憲兵の偽らざる告白であった。

また司令官はサイゴンから軍用機でお妾をつれてきたという噂も伝わった。司令官副官は享楽にふけるため偕行社の物品を司令官の名前で買入れ盛んに横流していた。上の空気は当然下にも反映していた。数々の醜聞が我々の耳に入った。

（後略・昭和二十年十月二十七日）

わが軍と別れて
地獄脱出の思い

船中で聴く〝比島暴状〟

さきにマックアーサー司令部から発表された「比島における日本兵の暴行」を読んで驚愕し、かつ骨肉から裏切られたような激しい憤りと悲嘆を感じなかったものはあるまい。記者は比島残留の邦人婦女子を迎える艦艇によって比島に赴き、比島人の対日感情を見、引揚婦女子が語る同胞日本兵の暴状を聴いて、二重に悲痛なものを覚えたのである。われわれの引揚邦人をむかえる海防艦がマニラ港の岸壁に横づけにされたとき黒山のように比島人が押寄せて来た。そして口々に「コラ」「ドロボウ」「コノヤロウ」と罵倒の言葉を投げるのだ。彼らはその言葉の卑しさをよく知っているのだ。マニラ埠頭に陽は明るくともわれらには暗い民族的な汚辱をさえ感ずるのであった。また記者は引揚婦女子の久米某という従軍看護婦からつぎのような話を聞いた。

山へ逃げ込んでからというもの栄養失調やマラリヤ、アミーバー赤痢で物を運ぶのに苦しくなった日本兵は、まず武器、弾薬を棄てた。しまいには病人に絶対必要な衛生器材までも棄てた。一般居留民はもちろん私たち軍属にさえ、一粒の米すら与えられなかった。私たちは、将校から「お前まだ死なんのか」などといわれた。悪疫におかされて死んだ兵隊の死体はそのまま山道に置去りにされた。将校と兵との精神的なつながりは全くなくなって、各人は各人の力で生きて行かなければならなかった。リンガエンから上陸した米軍が、破竹の勢いでマニラへ進撃するのを知った日本兵は、奥地への道すがら比島人の女を手当り次第掻ッさらった。山では行を共にした日本将校に身体を要求された軍属の日本婦人もあった。食をもらい生きるためには致し方なかった。マニラ市を逃げるとき日本兵は市民の家に石油をかけ米や缶詰を奪ったが、この野蛮さは奥地へ入ってからますます露骨になるばかりだった。終戦とともに米軍収容所に送られた私達はほんとに心からホッとし、地獄から救われたような気持であった。

（湯浅記者記・「朝日新聞」昭和二十年十月三十日）

（昭和二十年十月三十一日午前、双宜荘にて）

六〇　近衛公に対する期待と失望

近頃近衛公に関する世論が、復《ま》た喧《やか》ましくなった。それは近衛公が、戦争責任者であるべきは当然であるのに、兎角《とにかく》公は、自らその責任の解除を努め、その責任を他に向って、嫁せしめつつある傾向があるという事だ。自分は深く近衛公を識る者ではない。しかし一通りは知っている。自分はむしろ近衛公の同情者であり、且《か》つ出来得べくんば、近衛公をして、その門地《もんち》相当の義務を、国家に向って果さしめんことを努めた。しかし正直のところ、自分は近衛公に向っては、全く失望した。到底我等が同情したとて、援助したとて、物になる人ではないという事を、諦めた。而《しか》して自分は、国家の為め、惜《おし》むべき一個の人物を、失うたかの如く悲しんだ。

近衛家は、家柄としては申分がない。五摂家《ごせっけ》の筆頭である。同じ五摂家というけれども、近衛家を除けば、九條家である。他の一條、二條、鷹司《たかつかさ》三家は、いわば支流である。これは近衛家に限った事ではないが、五摂家は、皇室とは極めて親近なる位地に在る。鷹司政通《まさみち》公の如きは、自分の家の血は、皇家のある御方々よりも、むしろ皇室の血が濃くあるということをいったそうだが、近衛家はもっともその通りである。一例を挙ぐれば、有名なる近衛信《このえのぶ》尋《ひろ》公の如きは、後陽成《ごようぜい》天皇の皇子である。予は曾《かつ》て近衛公に向って、その家柄について語り、ついては閣下も、御奉公を専一に、御励みあってしかるべき旨を、開陳したことを記憶している。近衛公は、生れ乍《なが》らにして、金の匙《さじ》を銜《ふく》んで来た。単に天潢《てんこう》に近きばかりでなく、その父篤麿《あつまろ》公は、華族仲間に於《おい》ては、前に三條、岩倉両公があった如く、西園寺公と対立したる人物であった。近衛公の母は、百万石の加賀家の御姫様だ。何といっても、中分のあるべき筈《はず》はない。如何に近衛公が努力しても、これ以上に門地を上ぐるべき位地は無い。奉他の者は、何よりも先《ま》ず己れに得んが為めに、働くとしても、近衛公はその必要は無い。奉仕以外の何物も無いのだ。英国で、ソールスベリー侯は、政治家として、国民より信用があつた。何となれば、彼はその首領ジスレリーなどの様な、成上り者でなく、本来立派な貴族であったからだ。況《いわん》やその家柄からすれば、セシル家に比すれば、更《さら》に幾層も上である近衛家に於《おい》てをやだ。何人も近衛公が野心があるとか、富を欲しがるとか、貴きを欲しがるとか、邪推する者はない。邪推せんとしても、近衛公は、総ての条件を具《そな》えているから、その余地がない。いわば生れ乍《なが》らにして、国民の瞻仰《せんぎょう》する中心人物たる資格を具えた人である。諺に「高きに向って招けば見る人多く、風に従って呼べば聞く人遠し」というが、近衛公は全くその通りである。普通の常識を具えてさえいれば、近衛公丈《だ》けの位地に於《お》て、既に非常の仕事を為すことが出来る。況《いわん》や近衛公自身は、普通以上の天稟《てんぴん》を具えているに於てをやだ。それで予は初めから、せめてこの人によって、日本を指導する、立派な政治家を、得たいと、心の底から祈っていたのである。

近衛公を語るには、少くともその父篤麿公に関する概念を得る必要がある。年齢からいえば、西園寺公が先輩であり、家柄からいえば、西園寺家は清華《せいが》で、近衛家は摂家《せっけ》である。戊《ぼ》辰《しん》の時に西園寺公は、既に一人前の役目を勤めて、そのまま神妙にしていれば、三條、岩倉以外で、公卿華族に、彼れ以上の者はなかった。しかるに彼は仏蘭西《フランス》に留学し、しかもその年限は、恐らく十年を出でていると思う。しかもその頭脳は、長き九十に近き年齢に至るまで、仏蘭西流の自由主義者であることは、殆《ほと》ど第二の天性となっていた。仏蘭西の自由主義者にも、帝国主義者もあったが、西園寺公はガンベッタとかフェリーとかいう方でなくして、むしろ純粋なる自由主義者であった。その点に於ては、英国のマンチェスター派と、略《ほ》ぼその傾向を同じゅうしていたようである。これに反して近衛公は、独逸《ドイツ》に留学した。新興独逸の赫々《かくかく》たる時代に、独墺の間に在ったからして、自然公の帝国主義は、これ亦《ま》た第二の天性となって来たようである。近衛篤麿公の政治的生涯は、頗《すこぶ》る短かく、いわば明治二十年代から三十年代、即ち帝国議会開設以後から、日露戦争以前に畢《おわ》った。しかも公は、支那に対しては、東亜同文会長となり、露国に対しては、対露同志会の牛耳《ぎゅうじ》を握っていた。公は薩長藩閥最旺盛である時期に於《おい》ても、その藩閥に対して、むしろ対抗し、欧化主義の最流行時代に於ても、敢然として、日本主義者として立ち、何れかといえば、若《も》し西園寺公が左党の代表者なりと見れば、近衛公は右党の代表者と見るべきであった。

およそ有名なる父を持った子は、その父の縮小版とか、豪華版とかいうべく、父の足蹤《あしあと》を履《ふ》んで行く者もあり、またその反対に、父とは最も異なりたる道を、歩く者もある。例えばチャタム伯ピットの子に、有名なる小ピットあり、蘇老泉《そろうせん》の子に、蘇東坡《そとうば》ありたるが如き、それであるが、春水《しゅんすい》の子に山陽《さんよう》あるが如きは、同じ学者ではあるが、親子頗《すこぶ》るその毛色が異《かわ》っている。親が道楽物である時には、子供は往々勤直家であり、親が大酒家である時には、その子は下戸である例が、少なくない。同時に親も道楽者、子も道楽者、親も上戸、子も上戸という例も亦《ま》た少なくない。しかるに現近衛公は、何れであるといえば、何れでもないと答うるの外はない。公は父の子であれば、断然国権主義者であり、殊《こと》に東洋人の為めの東洋主義者であるべきであるが、必ずしもそれではない。青年時代には、京都大学に学び、赤とはいわぬが、桃色位ではあるという評判であった。巴里《パリ》媾和会議を機縁に、西園寺公の随員となり、その後西園寺公を、殆《ほとん》ど政治的養父と見、西園寺公も亦《ま》た近衛公を、政治的養子と見たる傾向があって、公も亦た一種の西園寺流の、自由主義者かと思わるる節も、少なくなかった。而《しか》してその成長したる近衛公は、ある時には篤麿公の政治的相続者であるが如く、ある時には西園寺公の政治的養子であるが如く、つまり実父と養父との間を、常に往来しているような傾向であり、その為めに近衛公の政治的生涯は、何れとも判断し難く、自由主義者から見れば、自由主義である如く、国権主義者から見れば、国権主義である如く、東亜的政治家であるかと思えば、世界主義者の如く、また世界主義者であるかと思えば、東亜主義者の如く、今日に至る迄《まで》、何人も近衛公の政治的戸籍を、確定し得る者はあるまい。即ち公が三回内閣を組織したが、その内閣の主義主張は、全く色彩が不鮮明で、何れともいうことが出来、何れともいうことが出来ないような始末になったのである。

近衛公は、兎《と》に角《かく》初物好きである点は、実父にも養父にも見出し難き、その特色であろう。例えば国民再組織などというような事、若《も》しくは大政翼賛会などというような、団体を作る事は、近衛公が発案者でないとしても、皆なその実行者であった。また防共協定や、三国同盟も、近衛公の内閣時代に行われたものであることは、周知の通りである。これらの点かららいえば、公はその養父西園寺公よりも、その父篤麿公の衣鉢《いはつ》を、継いだものといっても差支《さしつかえ》あるまい。しかし乍《なが》ら、いざとなれば公は必ず遅疑逡巡《ちぎしゅんじゅん》する。公の政治的生涯は全く梶原景時《かじわらかげとき》の逆艪《さかろ》主義を以て、一貫している。ここに近衛公の弱点といわんか、特色といわんか、殆《ほとん》ど実父にも、養父にも、見出し難き、一種の物がある。それは即ち六七分迄は平進し、軽進し、時としては猛進しさえもする。しかるにそれ以上となっては、低徊遅疑《ていかいちぎ》、一歩は前に、一歩は後《しり》えに、遂に自ら途方に暮れる事が、屢々《しばしば》である。昭和十二年の支那事変の時がそれである。昭和十六年の日本対米英交渉の時が、それである。曾《かつ》て昭和十二年支那事変の際に、遥々《はるばる》近衛公は、当時の法制局長官、京都大学に於ける公の教授であったという瀧正雄《たきまさお》氏を使者として、双宜荘に遣わし、予に何か依嘱せられたる事があった。予は考慮の上辞退して、左の一詩を書き、瀧氏に託して報いた。

挙世昏昏酔夢間
唯祈天祐済時艱
老来懶草治安策
独立原頭看富山

世《よ》を挙《あ》げて昏昏《こんこん》たり 酔夢《すいむ》の間《かん》
唯《た》だ祈《いの》る 天祐《てんゆう》の 時艱《じかん》を済《すく》わんを
老来《ろうらい》 治安《ちあん》の策《さく》を 草《そう》するに懶《ものう》く
独《ひと》り原頭《げんとう》に立《た》ちて 富山《ふざん》を看《み》る

また昭和十六年近衛公が辞職の際には、左の詩を詠じた。

国歩険艱憂至尊
実行臣節是空言
敵前潰走弄辞柄
藤氏児優平氏孫

国歩《こくほ》 険艱《けんかん》 至尊《しそん》を憂《うりよ》う
臣節《しんせつ》を実行《じつこう》せんは 是《こ》れ空言《くうげん》なり
敵前《てきぜん》 潰走《かいそう》して 辞柄《じへい》を 弄《もてあそ》ぶ
藤氏《とうし》の児《こ》は 平氏《へいし》の孫《まご》よりも 優《たわぶれ》 なり

藤氏の児とは、近衛公の事で、平氏の孫とは、清盛入道の孫 平 維盛《たいらのこれもり》を指している。つまり維盛は、水鳥の羽音を聞いて遁《に》げたが、近衛公は、遁げたばかりでなく、遁げるについての、申訳をしたという事である。その申訳が、端《はし》なくも、最近の新聞に出で来たっている。

近衛公の上奏文
努力阻んだ軍閥
物語る〝開戦前夜〟の真相

戦争責任の明確化は戦争犯罪者の処罰とともに終戦措置の最も重要な課題となっているが、大東亜戦争がいかにして誘発せられたかを解明することは戦争責任の所在を突き止める一つの鍵ともなる。昭和十六年十月第三次近衛内閣は日米交渉の中端において近衛首相等のあくまで交渉を妥結すべしとの意見と東條陸相の戦争必至論が対立し、同内閣は遂に『国策遂行の方途に対し閣内の意見遂に一致を見ること能わず』との理由で総辞職を決行したが、この際における近衛首相の骸骨を乞い奉った上奏文は当時の閣内意見対立の事情を率直に奏上し、和戦いずれかに決すべき重大な関頭に立って恐懼聖鑑《きょうくせいかん》を仰いでいるのである。

後継首班について御下問を拝した木戸内府は東條陸相の日米交渉打切論が陸軍部内積極派に強要されたもので、東條大将が内閣首班として責任の地位に立てば部内強硬論を抑えること必ずしも不可能でないとの理由で東條大将を奏薦、東條内閣はその一ヵ月半後大東亜戦争の開戦を決定したのであるが、近衛内閣総辞職の真相を明かにした上奏文内容は大体次のように伝えられている。

一、近衛公は三たび大命を拝し内閣を組織するや、当時の国際政局に処し対米友好関係を調整し支那事変の急速解決を図らざるべからずと確信して米国政府に親しく両者会談の機会を得べく要望した。これに対し東條陸相は、当時ワシントンで行われていた日米交渉は到底所望の時期(概ね十月中旬)までに成立の望みなしと判断、当時の情勢を以て九月六日御前会議の議を経て勅裁を仰いだ「帝国国策遂行要綱」中第三項の「わが要求を貫徹し得る目途なき」場合と認め対米開戦を決意すべき時期に到達せりとした。

二、東條陸相の意見に対し近衛公は対米交渉は藉《か》すに時日を以てすればなお成立の望みなしとせず、最も難関と思われた撤兵問題の如きも名を捨てて実をとる方式によって一歩彼に譲る態度を採るなら交渉妥結の余地は十分あるとした。支那事変未解決の現在さらに前途の見透しのない大戦争への突入は支那事変以来重大責任を痛感しつつあった近衛公として到底忍び難いところとした。

三、近衛公は衷情を披瀝して東條陸相を説得すべく努力したが、東條陸相は『総理の苦心と衷情は諒とするも撤兵は軍の士気維持の上より到底同意し難いと共に一度び米国に屈せんか彼の驕横は殆ど底止するを知らないであろう』とした。

四、東條陸相は交渉妥結によりたとえ一応事変解決を見るも日支関係は両三年を出でずして再び破綻必定で且つ国内の弱点は彼我共に存するのだから時期を逸せず開戦を決意すべしと主張、懇談四たび遂に同意に至らず、近衛公はもはや輔弼《ほひつ》の重責を完うする能わずとし恐懼解職を乞い奉ったのである。（「読売報知新聞」昭和二十年十月二十七日）

これが果して、立派な申訳となるべきや否や。近衛公が、若《も》し真に米国との危機を避け得る確信があったならば、彼は首相である、首相たる権能を以て、陸軍大臣の意見を、押うる能わざる訳はない。聴かざれば奏上して、他人と取り換えることも出来る。仮令《たとい》陸軍が、ストライキらしき事をしたとしても、首相たる公が、十分の決心さえあれば、それを打破するの道は、自から存している。しかるに六分迄は、東條の道連れとなりて、それから先は御免を蒙《こう》むるというような事では、果してそれが、東條を説破する丈《だ》けの、力があり得べきや否や。かかる事情を暴露すれば、暴露するほど、近衛公の態度が、愈々《いよいよ》鮮明を欠く事が、鮮明となって来る。

近衛公は、東條内閣の存立以来、隠然一敵国となって、東條内閣の倒閣の、陰謀といわざるまでも、計画に参画し、若《も》しくは自ら参画者となった事もあったと察せらるる。近衛公の宮中に於《お》ける信用と勢力と、また民間に於ける信用と勢力とは一度び動けば、天下を動かすに足るものがあった。愈々《いよいよ》東條内閣が、国家の為めに、不利であったとすれば、自ら立って、東條に辞職を勧告するなり、至尊《しそん》に上奏するなり、禍《わざわい》の救うべからざるに至らざるに先立て、これを救うが当然である。しかるにここにも近衛公は遅疑逡巡《ちぎしゅんじゅん》、所謂る逆艪《さかろ》で、前に漕いだり、後ろに漕いだり、遂に今日の状態を招来した。而《しか》して近衛公は、二回迄《まで》もマッカーサー元帥を訪問し、自分が支那事変以来、首相となった以来の、自己説明を為したという事である。マッカーサーが、それを諒としたか、しなかったかは知らぬが、近衛公に向って、自由主義の政党運動を、開始せられては如何と、勧説したという事である。

その前提であるか、爵位勲等一切の身に帯びるものは、悉《ことごと》く返上を、内大臣府まで申出たが、即今公は憲法改正取調の御用を、承っているから、それが畢《おわ》るまで延期せよと、木戸内府の勧説に従い、十一月十日迄《まで》に、憲法の方の御用は皆済し、その所信を達する筈《はず》という事が、新聞に掲げてある。これも近衛公の初物好きの一であろう。爵位を辞したというても、近衛という苗字は、公に付き纏《まと》っていて、公爵といおうが、平民といおうが、近衛という苗字そのものが、既に華族の長者である。辞退したとて近衛公の損にもなるまいが、同時に得にもなるまいと思う。

（昭和二十年十月三十一日午後、双宜荘にて—岳麓に於ける口述は本回を以て終る）

六一　明治節に暗涙禁ぜず

本年は珍らしく明治節を岳麓で迎えた。昭和七年岳麓と縁を結んで以来、十月末迄《まで》は延長したことがあり、また十月に特に出かけたこともあるが、十一月という月を岳麓で迎えたことは、未だ曾《かつ》てなかった。本年は食糧生産の為めに、偶然にも明治節を迎うることとなった。当日は岳麓でも珍らしき好天気で、青き秋空に、白雪の富士が、くっきり浮き出したる態《さま》は、何ともいえぬ神々しき心地がした。十一月三日といえば、我等の幼年より中年時代迄は、天長節として、過ごしたものである。これが明治節となって、今日迄一の佳節として、保存せらるることは、不肖《ふしょう》予に於《おい》ても、衷心《ちゅうしん》聊《いささ》か誇りとする事がある。明治四十五年七月明治天皇の崩御後、予は何とかこの十一月三日を、永久に保存し、記念し、国民的祭日として、迎える訳には参らないかと、様々考慮し、国民新聞に「十一月三日を如何にすべきか」という問題を出して、広くその答案を募り、これを天下識者の考慮に求めた。かくて幾許《いくばく》もなく、明治神宮の御建立となり、明治節の御設定となって来たのである。固《もと》よりこれには幾多の人々の力も加わっているが、極めて微少ではあるが、予も聊か貢献したと思う。従て明治節は、予に取っては、紀元節、神武天皇祭日と共に、特別の意義がある心地がする。若《も》し紀元節を、梅花の祭日といい、神武天皇祭日を、桜花の祭日といわば、明治節は菊花の祭日といっても、しかるべきであろう。殊《こと》に吾が岳麓の双宜荘には、予が支那の江南より移植したる野菊の花が、人を薫殺せんばかりに、咲き乱れていた。当日は例によって、双宜園に赴き、楓林《ふうりん》の間を逍遥し、大森の山王草堂《さんのうそうどう》の老松の、大風に倒れたるその板を、腰掛台とした、園中の好位地の場所に到り、暫くそこに腰打掛けて、幽賞《ゆうしょう》を恣《ほしいまま》にした。何時も眼前に大なる樺の樹が横たわって、望眼を遮《さえぎ》っていたが、今や木葉黄落して、富士が殆《ほとん》どその全貌を現わし来《きた》った。今ここに予の偶然浮かみ出たる詩歌一首ずつを掲げて置く。

今更に恋しくなりぬ大天皇《みかど》
明治の御代は恋しくなりぬ

芙蓉峰下値佳節　芙蓉峰下《ふようほうか》 佳節《かせつ》に値《あ》う
明治皇謨今若何　明治《めいじ》の皇謨《こうぼ》 今《いま》 若何《いか》ん
秖有千秋霊岳雪　秖《た》だ千秋《せんしゅう》 霊岳《れいがく》の雪有《ゆきあ》り
神州正気護持多　神州《しんしゅう》の正気《せいき》 護持多《ごじおお》し

予はしみじみ明治の御代を思い出して、座《そぞ》ろに暗涙の浮ぶを禁ずる能わなかった。今日のラジオ放送、新聞などでは、明治天皇の皇謨《こうぼ》を、欧米一流の侵略主義と同一視し、これが日本今日の破滅を誘致したる禍因である如く、いい触らしつつあるが、日本人としては、洵《まこと》に情けなき次第である。

久し振りに—六月一日入山して十一月五日還る—晩晴草堂《ばんせいそうどう》に還り、留守中に民友社より梱載し来れる書籍類を点検したるに、予の旧著『杜甫と彌耳敦《ミルトン》』を見出した。偶然これを抜《ひら》き見るに、これは昭和十二年十二月二十二日東京高島屋古書展覧会にて求めたるものであった。その代価は、一円五拾銭と記してある。これを記入したる者は、東香秘書であるから、多分彼女も予と同行したるものと察せらるる。この書は神戸の伊坂某の所蔵であったと見えて、叮嚀《ていねい》に印が捺《お》してある。而《しか》して熟読したと見えて、朱点を打つやら、青鉛筆で線を引くやら、また鉛筆で、批評というではないが、所感を記入してある。かかる書物でも、叮嚀に読んで呉れた者が、あったと見れば、著者たる予には愉快である。但《た》だ本書の挿絵を描いたる高島北海、平福百穂、ミルトンの筆蹟の写真版を、大英博物館より、洋行土産として、購求し、予に贈りたる、大浦兼武翁、またその出版者である渡辺為蔵等の諸氏は、皆な故人となり。予一人この旧著に対し、憮然たらざるを得ないものがある。更にこれを読んで、「サムソン」の項に到り、自ら偶然にも、自己の運命を、予言したるものの如く覚えて、如何にも不思議の感に打たれた。今試みに、左の一節を、ここに掲げて置く。

「但だ彌耳敦《ミルトン》の廃残は、英国民の豹変これが主因たり、サムソンの廃残は、彼が過誤これが主因たり。さればサムソンは、我自ら我を咎《とが》め、彌耳敦は我自ら国民を咎む。彼はこの点に於《おい》て、サムソンと頗《すこぶ》る趣を異にするものなからず。しかもサムソンの自から悔恨しつつ、遂に神の冥助によりて、フィリスチン人に、打勝つ可《べ》きを確信したる如く、彌耳敦も亦《ま》た、英国人民が猛省して、清教徒的大革命の精神が、早晩勝利を得可きを、確信したるものとすれば、この作は一面彼の自叙伝にして、併《あわ》せてまた英国政教界の前途を先知したる、予言書というを得可し。

惟《おも》うに彼が既に畢生《ひっせい》の目的たる『失楽園』を成就し、今はこの世に多く思い残す所なき時に際し。幽斎兀坐《ゆうさいごつざ》、往を顧み、来を望み、孤掌鳴り難く、独絃奏する能わず、空しく残生を、群魔跳梁《ぐんまちょうりょう》の囲中に送るの情懐に想著すれば、吾人は彼がサムソンの口を藉《か》りて『若《も》し神にして聞き給わば、唯だ一の祈願あり、そは速かに死を与え給え』の一句の、如何に沈痛なるかを、諒とせずんばあらず。然《しか》も彌耳敦は、最後迄も倔強漢也。彼はこの絶望中にも、尚《な》お平和と、慰安とを見出す也。何となれば、神の手は決して、彼より離れざるを確信すれば也。」

（昭和二十年十一月九日、熱海晩晴草堂にて）

六二　痛感する「幻滅」の二字

近頃予の最も痛感するは「幻滅」の二字である。予も浅ましき人間の一人として、かく感ずるであろうが、殆《ほとん》ど見るに従い、聞くに従い、幻滅せざるものはない。当人等に取っては、必ずしも裏切る訳ではあるまいが我等に取っては、殆ど皆裏切られざるはない感じがする。要するにこれは自分が不明の罪というより外はあるまい。誰れを咎《とが》むるというではないが、余りに日本及び日本人を買被《かいかぶ》ったる罪であろうと、自省するの外はない。露骨にいえば、戦争中は、全く日本は嘘で固めて来たようなものである。ただ莫迦正直なる我等が、その嘘を、そのまま信用して、今更ら幻滅を感ずるに至りたる次第であれば、我等は実に莫迦の骨頂といわねばなるまい。

この頃陸軍の要部に最も接近したる、一佐官の語るところとして聞くに、将官の主なる連中は、戦争の第三年目には、愈々《いよいよ》駄目ということを先知し、何れもその覚悟をなし、それぞれ戦後の生活の安定を考慮して、盛んにその方面に努力し、その為めに今日となっては、何れも相当の財産を蓄わえ、一生は勿論《もちろん》、子孫も立派に生活が出来るように、なっていると語った。予はそれを伝聞し、これは畢竟《ひっきょう》何か為めにする事あって、かかる憤激の語を洩《も》らしたものであろうと、考えていた。しかるに近日の新聞に、東條前首相が、首相時代に、三菱会社の重役郷古潔氏より、一千万円の賄賂《わいろ》を、受取ったという事を、掲げている〔後日、事実無根と判明、三七〇頁参照〕。もっとも戦争中に、東條氏が、世田谷区用賀に新邸宅を造ったといって、大評判となったが、東條首相側近の者の語るところによれば、極めて貧弱なる家であるということを聞いた。昨年十一月、国士館で頭山〔満《みつる》〕翁の追悼会を催す際、出席したる序《ついで》を以て、その帰途訪問した。これは別に用事もないが、総理大臣を罷め、あらゆる悪名を、世間から浴びせかけられたる彼としては、定めて寂寞《じゃくまく》を感ずるであろうと思い、実は慰問の為めに立寄ったのである。成程その新築の邸は、極めて簡素、手軽なものであって、問題とする程のものではない。予もこれを見て、流石《さすが》に東條は、あらゆる欠点はあるが、武人としての清廉潔白は、これによっても証拠立てらるると思って、私《ひそ》かに清々《すがすが》しく感じた。（中略）

予《かね》て東條大将は、質素倹約を主とし、首相時代には、白菜の残物を畑に棄ててあったとて、百姓に説教し、首相官邸では、石炭を焚《た》くのが不経済とて、紙屑を捻りて棒のようになし、それをストーヴに焚いていた程の人である。されば清廉潔白では、乃木大将も裸足で逃げ出す人と思うていたのに、これでは全く問題にならない。

東條大将に語らしむれば、相当の申訳があろうと思う。しかしマッカーサー側からの発表であれば、全くの世間の噂のみとは受取られない。何は兎《と》もあれ、東條首相が、適当の機会に、弁明の日を待つ外はない。曾《かつ》て近衛公爵の談話として、伝聞する所によれば、総理大臣をすれば、不思議なものである、何時の間にか、金が出来ると、語ったという事である。近衛家は五摂家の筆頭であるから門地に於ては申分がないが、公家は元来貧乏である。恐れ乍《なが》ら徳川時代の、宮廷の御料から考えて見ても、それが判かる。加うるに篤麿《あつまろ》公は、志士として、政治上の運動をせられたから、その為めに、家政の上には、相当の欠陥を来《きた》したることは、当然である。文麿公の時代に、近衛家の入札というものは、有名なる骨董界の大事件の一であった。これ等は畢竟《ひっきょう》、宝物が余り多くて、困る為めでもあろうが、同時に家政整理の一端に、供した事が判知《わか》る。しかるにその近衛公が、総理大臣をすれば、不思議にも金が出来るという話をしたという事であれば、豈《あに》ただ近衛公のみならんやである。誰れでも不思議に、金が出来たものであろうと思う。（中略）

「政は正なり」というが、それは表向きの事で、裏に廻って見れば、政治ほど穢《きた》なきものはない。従《よつ》て政治上には予算に計上が出来ない、またその支払明細帳に、記載することの出来ない、金銭の必要がある。古くは漢の高祖《こうそ》が、黄金四万斤を、陳平《ちんぺい》に与えて、これを勝手に使用せしめたという事があるが、何れの世、何れの時、何れの人にも、その大小多寡は同一でないも、それぞれの機密費なるものが必要である。それも予算に計上したる機密費以外の機密費なるものが、必要である。その機密費の出所は、大蔵省の国庫以外に求むることが、慣例である。それは藩閥内閣の時でも、政党内閣の時でも、官僚内閣の時でも、如何なる内閣の時でも、除外例というものはない。ただある首相は、それを以て我が党を肥やすこととなし、我が政策を実行することとなし、ある首相はそれを以て、我が子分を肥やすこととなし、我が私腹を肥やすこととなすの相違あるのみである。若《も》し東條首相をしていわしむれば、自分は国家の為めに、種々の人に語る能わざる費途があるからと、弁明するかも知れぬ。その弁明も、ある程度まで、容認が出来ぬとはいえない。しかし一千万円の内、全部が公共の為めに使用したか。あるいはその一部分を使用したか。若《も》しくは全部を着服したるか。それは首相自らの弁明を待つ外はあるまい。

英国などでは、政党の費用は大概爵位を売って得たるものを以て、充《あ》てている。ロイド・ジョージの内閣の晩年には、その爵位を売ったる金が、首相たるロイド・ジョージの手に帰するか、その内閣を支持したる、多数党たる保守党の幹事長、ヤンガーの手に収むべきかが、問題であった。またそれ等の金を、ロイド・ジョージが、自ら所有し、これを自由党の幹事長に交付して、而《しか》して党首として、これを公平に使用しなかった事が、つまり自由党に於《お》ける、アスキス派と、ロイド・ジョージ派との分裂の、総ての原因とはいわぬが、その理由となったものと信ぜられる。従て伯夷叔斉《はくいしゆくせい》も総理大臣となれば、三井や三菱から、相当の献上物を、受取らねばならぬ必要があるかも知れぬ。しかし如何なる条件があったとしても、如何なる事情があったとしても、余りに甚《ひど》いと感ぜざるを得ない。時も時である。人も人である。場合も場合である。

（昭和二十年十一月十日午前、晩晴草堂にて）

六三　近衛に大責任ある所以

近頃近衛公の風向きが、頗《すこぶ》る悪しくなって、この際この人について、彼是《かれこれ》議論をするのも、何やら面白からぬ気持がする。けれども何時風向きが良くなるか、それを待つ訳には行かぬから、已むを得ず、彼について語るが、殊《こと》に断わって置く。我等は決して世論に雷同する者ではない。予《かね》て予が、近衛について考えたところを語るまでである。世間では、近衛を戦争責任者である、近衛が戦争の殆《ほとん》ど一切の膳立てをした、彼は唯《た》だ、それを取て食う場合に身を退《ひ》いた。それでは責任を免かるることは、出来ぬという。それが世間の、近衛に対する非難である。例えば戦争中から、戦争に対して、やや反対の態度を執った、民政党内閣の内務政務次官であった齋藤隆夫《さいとうたかお》氏は、左の通りにいっている。

悪や無策の連続
平然たる官僚群

敗戦責任の追究にも頬被り

戦争中最も独断横暴の猛威を発揮した官僚が終戦の今日かつての歴史に見られぬほどの無策無能の低能ぶりを発揮しているのは一体何であろうかと国民は一様に呆れかえっている。そこで役人というものは一般国民より一段上のエライ人だと思っていた単純な国民の中にも役人に対する疑いと憤懣が勃然とわき起りつつある。私はその正直な国民諸君に「官僚の正体はこれだ」と化の皮を剝いでハッキリ見せてあげたいのだ。

一口に官僚といっても「統率する」官僚と「される官僚」とがある。「される官僚」はいわば是命に従った側であるから暴慢増長して直接国民を虐げた点は許し難いがやや罪は軽い。「統率した」者共は徹底的に追及すべきであると考えるが、その何れに属する官僚からも敗戦責任をとったという話をきかぬのは実に不可解きわまる。

「あと一息で勝つ」「ソレ二倍増産だ」「敵の降伏は近いぞ」とヘトヘトに疲れ果てた国民の鼻面をひっぱり廻した官僚が一夜明けたら民主主義日本建設の指導者としておさまり返っているのでは浦島太郎のお伽噺以上ではないか。この者共の徹底一掃のみが新しい日本を作りあげるのである。

だがなぜ官僚は依然官僚悪を発揮して恥じぬのだろうか。それには立派な垂範者があるからだ。東條と近衛といいたいが東條はすでに聯合国側の俘虜となっているから別として近衛とは何をした男か。

支那事変の創作、汪《おう》政府樹立、三国同盟締結、これはみな彼がやったことで敗戦日本の今日を招いた主因だ。国内的にいえば彼の作った大政翼賛会は一体何をする団体であったか。国民の血税貯金をしぼりあげて年額二千余万円、戦争中を通じては一億万円以上の予算を分捕り、国民の言論を封じて眠らせ近衛の子分や右翼浪人にぜいたく三昧をさせていた団体だ。

この近衛がいま憲法改正をやっておる。爵位返上などというゼスチュアをやってみせる。敗戦責任などどこ吹く風だ。かかる厚顔無恥の華族さまが官僚の上におさまっていたのだから、官僚たるもの国民の敵となるのは当然であって、これは一近衛ばかりでなく、同様の人物が現政府の閣僚にも少くない。彼らの責任を追及しこれら官僚元締の一掃を実行してはじめて日本に民主政治を実現できる。国民の要求する政策が実行されるのである。

この近衛式の人間が政府の要位にある間はどうして官僚の責任追及などできるものか。官僚の無為無策が今日徒《いたず》らに国民を失業へ、食糧難へ、飢餓へと駆り立てている原因はここにある。断乎として根本的手術を行わなければ国民は一体どうなる。

いまの様相は正に革命と動乱の前夜である。しかもその革命は合法非合法の境目にまで来ているではないか。悪官吏の一掃と共に、輿論に傾聴し輿論と共に歩む率直かつ果断の政治家が政府を作らねば駄目だ。現在官僚の悪や無策が痛論されているが根本的手術を行わぬ限り蛙の面に水である。

同時に国民も亦《また》官尊民卑の弊風を棄てて常に厳正な批判を為政者に向ける訓練を行わねばならぬ。官僚の責任追及はかくてのみ可能であり、そのことが民主的政府の樹立となり人民百年の幸福を生むのである。

（コラム「社会周波」齋藤隆夫談）

予は近衛を、この戦争に対して責任ありというのは、彼が戦争の献立をしたからという訳ではない。近衛が献立をせずとも、献立の本家本元は、米国である。また英国である。近衛なしと雖《いえど》も、戦争は必ず出で来《きた》ったに相違ない。近衛は唯《た》だその手伝をしたに過ぎない。若《も》し近衛に咎《とが》むべき点があったとしたなら、彼は戦争遂行の献立を為しつつ、何故に自らその責に当ることを逃げたか。更《さら》に一歩を進めていえば、彼は何故に戦争中、戦争反対者側の、隠れたる首領となり、その遂行の勢力を分散せしめ、摩擦せしめ、消磨せしめ、一口にいえば、その遂行の妨害を、徹頭徹尾なしつつあったかという事である。諺に「燐寸《マッチ》と喞筒《ポンプ》」ということがあるが、近衛は戦争の為めに、燐寸を点《つ》け、いざ戦争となれば、常にその戦争の妨害運動をなしていた。ここに近衛の、許し難き、また免かれ難き、重大の責任がある。戦時中あらゆる陰謀は、近衛を中心とし、若《も》しくは近衛によって、企てられた。日本の戦闘的活動を阻害したる個人を求むれば、人臣としては、近衛以上の者を見出すことは出来ない。近衛無しと雖《いえど》も、戦争は敗れたに相違はない。我等は近衛あったが為めに、戦争は敗れたとはいわない。しかし敗戦の分け前は、近衛もその大株主たることを、否定する訳には行かない。否でも応でも、彼は日本を、開戦に導いたというよりも、むしろ敗戦に導いた一大責任者である。

近衛の父の身辺にも、随分如何《いかが》わしい人物が集まった。しかれどもその色は、先《ま》ず一色であった。ピンからキリまで、色々の人物があったが、総てが皆な国権主義者、亜細亜主義者であった。これに反して近衛の身辺は、殆《ほとん》ど四門洞開《どうかい》であった。一方には神憑《がか》りの右党が来るかと思えば、他方には、赤といわずんば、桃色がかりたる左党も来る。近衛の門戸は、全く千客万来であった。これを必ずしも非難する訳ではない。勝海舟翁の門戸の如きは、近衛以上に更に明け放しであった。しかし海舟自身には、チャンと当人の思慮分別があって、何人の為めにも、動かさるることはなかった。即ち海舟は、所謂《いわゆ》る随所作主の人物であった。これに反して近衛は、所謂る空中の旗で、風向き次第であった。あらゆる人の意見を聴いて、あらゆる意見に動かされ、昨日の近衛を、今日の近衛が取消し、今日の近衛を、また明日の近衛が、取消すという如き、一切当てにもならず、頼みにもならず、いわば極めて善良ならざる、悪質の機会的政治家であった。而《しか》して我が日本は、この男の為めに、遂に有耶無《うやむ》耶《や》の裡《うち》に引摺られて、奈落の底に葬り去られた。

先年予が熱海から大森に帰る汽車で、原田《はらだ》熊雄《くまお》が大磯から乗込んだ。原田曰《いわ》く、この頃近衛は、日本憲法の研究をなしつつある為めに、井上匡四郎に依頼して、憲法起草者たる、彼れの養父、井上毅《いのうえこわし》の調査書類を借用して、勉強しているとの事であった。そこで予は原田に向って言うには、帝国憲法の研究などは、学者に一任してしかるべき事だ。近衛公に必要なるは、政治家の識見、抱負、胆略、手腕等である。伊藤公の如きも、常に「貞観政要《じょうがんせいよう》」や、カヴールの伝などを、愛読して居られたと聞く。予は君によりて近衛公に、カヴールの伝を推薦したいと思うと語り、その後問合せたところ、読むということであったから、仏蘭西《フランス》人パレオローグ新著の「カヴール伯伝」を贈った。これはカヴール伝としては、極めて要領を得たるものであって、その書中には、予のアンダーラインや評語が、記入されてあった。せめて近衛公も、これを読んだならば、幾らか啓発するところがあったろうと思うが、彼にはカヴール程の眼もなく、肚《はら》もなく、且《か》つ腕もなかったことは、遺憾である。

（昭和二十年十一月十二日午後、晩晴草堂にて）

六四　日本人たるを恥じる

日本では、武士道といい、また日本精神といい、およそ節義という節義は、日本人固有の持物たるかの如く、信じたり誇ったりしていた。我等自身も亦《ま》たこれを以て、我が同胞に期していた。しかるに八月十五日以来の現状を見れば、全く日本人には、愛相が尽きている。我等の自身さえも、日本人たることを、愧《は》ずる程である。出来得べくんば、日本人を辞職したいような気持もする。およそ人間の持っているあらゆる醜態は、悉《ことごと》く我等の眼前に、展開せられている。これではとても戦争に勝つ可き筈《はず》がないと思う。ただこれ程迄《まで》に日本人が、堕落していたかと思えば、情けなくなる程である。最近予は左の一首を作った。

皇都鳳闕化荊榛
群小紛紛媚態新
衰朽孤臣頑似石
残生枉作采薇人

皇都《こうと》の鳳闕《ほうけつ》　荊榛《けいしん》に化《か》す
群小《ぐんしょう》　紛紛《ふんぷん》として　媚態《びたい》新《あらた》なり
衰朽《すいきゅう》の孤臣《こしん》　頑《かたくな》なること石《いし》に似《に》たり
残生《ざんせい》は　枉《ま》げて采薇《さいび》の人《ひと》と作《な》らん

○鳳闕　宮殿の門。
○荊榛　いばら・はしばみ。転じてあれはてた様。
○衰朽　韓愈の詩に「肯《あえ》て衰朽を将《もっ》て残年を惜まんや」。
○采薇人　伯夷・叔斉。周の武王が殷を滅ぼしたとき、周の穀物を食べるのを恥じて首陽山に隠れ、薇《わらび》を採って食べ「採薇の歌」を作って餓死した。

先《ま》ず当局政治家を初めとし、あらゆる政界の人々、また実業界の人々、また陸海軍人、更に学者、文学者、宗教家、技術芸術家などを、引括《ひっくる》めて見ても、如何にも歯の浮くような言動を、恥かしげもなく、やっている。放送に新聞に、見るもの聞くもの、実に驚き入った次第である。もっとも太平記を読めば、南北朝時代には、随分二股武士も多かったようだ。元亀《げんき》天正《てんしょう》から、慶長元和《けいちょうげんな》に至っても、関ケ原の役、大坂の役などでは、恰《あた》かも三井三菱が、政友会にも、民政党にも、それぞれ運動費を提供したる如く、徳川方にも、豊臣方にも、双方に掛け、何れに転んでも、差支《さしつかえ》のないだけの事をした大名、及び武士は少なくなかった。維新の当時も、亦《ま》た然《しか》りであった。しかしそれが、今日程太《はなは》だしきものはないように覚える。昨《さく》是《ぜ》今非《こんぴ》昨非今是という言葉があるが、今日は全くその通りである。変るばかりでなく、ただその変り方の迅速且《か》つ巧妙なるに、驚くのみである。昨日迄《まで》は異口同音に、大東亜聖戦と、大声疾呼《しっこ》したる者共が、今日は他国侵略戦とか、軍閥財閥の製造したる、不義無名の戦争とか、あらゆる悪名を付けて、呼ばわっている。人間の思想も、所謂《いわゆ》る心は万境に随って転ずで、転ずることに不思議はないが、余りにその転じ方の急激なるに、驚ろくのみだ。我等は戦争のやり方については、頗《すこぶ》る不満であり、不同意であるが、戦争そのものは、決して不義無名の戦争ではなかったと信ずる。我等は今日でも、昭和十六年十二月八日の宣戦の大詔を、極めてこの戦争の意義を、明白に闡明《せんめい》したるものと信じている。勝敗は時の運である。勝ったから、その戦が義戦であり、敗けたから、その戦が不義戦であるということは、畢竟《ひっきょう》強者の権に、随寄する者の言う言にして、天理人道を信ずる者の、口にす可《べ》き言ではない。

　事の起るは、起るの日に起るのではない。大東亜征戦を、軍閥や財閥が、製造したというのは、余りに人事を手軽に、考え過ごした言である。物には順序がある。時としては、積水《せきすい》を千仞《せんじん》の谿《たに》に決し、円石を山上より転がすが如き事もあるが、その勢をそこ迄《まで》に持って来るには、決して一朝一夕の事ではない。若《も》し日本人が、日本の国史、せめて孝明《こうめい》天皇以後の、即ち癸丑甲寅《きちゆうこういん》、ペルリ来航以来の歴史を読んだならば、今日に於《おい》て大東亜戦争を見た事は、当然の事といわねばならぬ。ある者は、日清日露の戦争は、当然の事であるが、その以来の戦争は、軍閥財閥の製造したるものという。これ程間違った考えはない。彼等は全く、歴史の何物たるをも知らざる者の言である。日清日露の戦争は、悉《ことごと》く皆な維新の大改革に、淵《えん》源《げん》している。而《しか》して大東亜戦争は、即ちその延長である。その必然の勢である。但《た》だ日清日露では我れが勝って、今回は我れが敗けた。勝ったから前者は正しく、敗けたから後者は不正というは、全く訳のわからぬ話である。不幸にして、今回の戦争は言葉正しく、名順ではあったが、戦争の方法が間違っていたのである。一歩を進んでいえば、その局に当った者が、その器に非ざる者であった為めである。これは人の罪であって、道理の罪ではない。その人としては、前に近衛あり、後に東條ありといわねばならぬ。

（昭和二十年十一月十三日午後、晩晴草堂にて）

六五　東條の人物

世間では東條大将のことを、悪玉の標本と見ているようだが、我等は左様には考えない。彼は比較的、腐敗したる日本の軍人としては、むしろ腐敗せざる一人であり、去勢せられたる日本の軍人としては、むしろ去勢せられなかった一人である。何れの軍人も、会社の重役とか、銀行の平取締役とか、若《も》しくは軍需会社の看板社長とかに、納まるような人間ばかりの中では、東條はやや気骨がある漢《おとこ》と見受けた。しかし軍国の大事を背負って立つ、大宰相としては、全く落第点以下である。東條その人を、敗戦の重大なる責任者とする事については、遺憾乍《なが》ら我等も不同意をいう訳には行かない。しかしその為めに、彼れの動機まで咎《とが》めて、心からの悪党と見做すは、事実に反している。彼れも自分では、最善を尽した積りであったろうが、不学無術、ただ我意《がい》の強き、陸軍村の田舎者であって、彼れの大学校というは、ただ満洲であり、いわば満洲大学の卒業生というに過ぎず。そのまた満洲大学なるものも、極めて不完全且《か》つ不自然なる境遇で、遂に彼が如き編狭《へんきょう》、片意地、而《しか》して世間識らずの漢《おとこ》を作り上げて了《し》まったものと思う。されば彼れの責任は、その一半を、彼を推薦し、若《も》しくは彼を首相の位地に立たしむるように仕向けた人々が、分担すべきものであろうと思う。

近衛を始め、およその首相は、首相に就く時には、脱兎《だっと》の如く、やがて困難になれば、処女の如く、引退がるが常であるのに、独り東條に至っては、十六年十月から、首相の位地に就き、十九年七月迄《まで》持ち堪《こ》たえ、しかも最後迄、その首相の椅子に齧《かじ》りつき、所謂る当時の重臣、及び君側の連中が、陰謀で彼を退っ引《の》き《ぴ》ならぬ所まで、押し付けても、尚且《なおか》つ齧りつき、遂に所謂る雪隠詰《せっちんづ》めに遭《あい》て、漸《やや》く罷めた事は、如何に彼が執着力の、尋常でない事を、証明している。若《も》し彼が注文通りとしたならば、彼は更に現在迄も、尚《な》おその椅子に齧りついていたかも知れぬ。これは見様によっては、彼れの悪徳ともいうべく、美徳ともいうべきであろう。兎《と》に角《かく》彼は、水鳥の羽音を聞て逃出す、平維盛《たいらのこれもり》でないことだけは、明白であって、この点は近衛等の企て及ぶ所ではない。しかし彼れのこの勇気は、国家の前途を見通したる、大識見からでもなければ、また我れより始めたるものは、我れより終らねばならぬという、立派な責任観念からでもない。いわば一種の執着力、我慢力である。東條の心理状態と、近衛の心理状態とは、両《ふたつ》ながら心理学者に取っては、大なる心理試験の、好資料である。要するに大東亜征戦は、近衛を経とし、東條を緯として、出来上りたるものであって、この大芝居は、全く両人によって、銘々の持場で、働かれたものと、いわねばならぬ。東條の味方にせよ、近衛の味方にせよ、また両人の敵にせよ、若《も》しくは敵でもなく、味方でもない第三者にせよ、何人もこの戦争が、両人によって、遂にかかる悲惨の最後に到ったる事を、否定し得る者はあるまい。東條去った後の、小磯、鈴木に至っては、問題ではない。要するに残山剰水《ざんざんじょうすい》のみである。

本年は意外にも、自力耕作の為めに、十一月迄《まで》山中に滞在した。その為めに、飽《あ》く迄双宜園の紅葉を見た。これは思いがけなき役徳であった。双宜園ばかりでなく、双宜荘の庭上の紅葉も、亦《ま》た初めて十分幽賞《ゆうしょう》することを得た。今ここに、数首の詩を録して置く。

誰知国破山河在　誰《たれ》か知《し》らん国破《くにやぶ》れて山河在《さんかあ》るを

欲賦幽愁不自由
風景依然蓮岳下
紅楓素菊媚清秋

幽愁《ゆうしゅう》を賦《ふ》さんと欲《ほっ》して　自由《じゆう》ならず
風景《ふうけい》は依然《いぜん》たり　蓮岳《れんがく》の下《もと》
紅楓《こうふう》　素菊《そぎく》　清秋《せいしゅう》に媚《こ》ぶ

秋花満地已闌残
岳霧湖煙吹面寒
那恨人間称心少
閑庭紅葉雨中看

秋花《しゅうか》　地《ち》に満《み》ちて　已《すで》に闌残《らんざん》
岳霧《がくむ》　湖煙《こえん》　面《おも》に吹《ふ》きて寒《さむ》し
那《なん》ぞ恨《うら》みん　人間《じんかん》　心《こころ》に称《かな》うこと少《すくな》きを
閑庭《かんてい》の紅葉《こうよう》　雨中《うちゅう》にして看《み》る

淡黄浅絳錯濃朱
霜葉映階楓幾株
也是書生閑富貴
領収雲錦爛斑図

淡黄《たんこう》　浅絳《せんこう》　濃朱《のうしゅ》を錯《まじ》う
霜葉《そうよう》　階《かい》に映《えい》じて　楓《ふう》は幾株《いくしゅ》ぞ
也《ま》た是《こ》れ書生《しょせい》は富貴《ふうき》を　閑《なおざり》にするに
領収《りょうしゅう》したり　雲錦爛斑《うんきんらんぱん》の図《ず》を

十年栽植費経営
霜葉鮮妍照眼明
百敗先生謾独笑
治園一事漸功成

十年栽植《じゅうねんさいしょく》して　経営《けいえい》に費《ついや》す
霜葉鮮妍《そうようせんけん》として　眼《まなこ》を照《てら》して明《あき》らかなり
百敗《ひゃくはい》の先生《せんせい》　謾《まん》として独《ひと》り笑《わら》う
治園《ちえん》の一事《いちじ》は　漸《ようや》く功《こう》を成《な》せりと

五日晩晴草堂に帰って、既に一ヵ月を経んとするが、その間十一日及十四日両日、小澤博士の治療を受け、その前後持病の発作で、何事も手につかない。しかし世間は、日一日と改悪し来《きた》り、アメリカ人が我等を戦争犯罪人と呼ぶは未だしも、我が同胞までが、我等を犯罪人視するに至っては、ただ驚くの外はない。而《しか》して絶対無条件降伏を以て、国体護持の目的を達したと、誇り気に国民に告げたる、元老、重臣、閣僚、その他の輩《やから》は、今日何の顔《かんばせ》を以て、世間に対するか。日本歴史有って以来、皇室の尊厳の失墜せられたる事、恐らくは今日の如き事は、未だこれ有らず。北條、足利さえも、天皇制を廃止するなぞという、凶暴なる論議を、公開したる者は無い。しかるに今日のラジオ、今日の新聞は果して奈何。

先皇遺業逝無回
湖海与誰歌莫哀
冷眼静観渾怪事
任他呼馬喚牛来

先皇《せんこう》の遺業《いぎょう》　逝《ゆ》いて回《かえ》る無《な》し
湖海《こかい》　誰《たれ》と与《とも》にか　莫哀《ばくあい》を歌《うた》わん
冷眼《れいがん》　静観《せいかん》すれば　渾《すべ》て怪事《かいじ》
他《ひと》の　馬《うま》と呼《よ》び牛《うし》と喚《よ》び来《きた》るに　任《まか》さん

○莫哀　杜甫の「短歌行、王郎司直に贈る」(『杜少陵集詳注』巻二一)に「王郎　酒酣《たけなわ》にして剣を抜き地を斫《き》りて莫哀を歌う」。曹植の「愍志賦《びんしのふ》」に「哀しきは永絶より哀しきは莫く、悲しきは生離より悲しきは莫し」。

○呼馬喚牛　『荘子』「天道篇」に「昔者《きのう》子《きみ》我を牛と呼びて、之を牛と謂《おも》えり。我を馬と喚《よ》ば、之を馬と謂《おも》わん」。

進駐将兵颯爽過
満都斉唱太平歌
随波逐浪非吾事
滄海横流竟奈何

進駐《しんちゅう》の将兵《しょうへい》　颯爽《さっそう》として過《す》ぐ
満都《まんと》　斉唱《せいしょう》す　太平《たいへい》の歌《うた》
波《なみ》に随《したが》い浪《なみ》を逐《お》うは　吾《わ》が事《こと》に非《あら》ず
滄海横流《そうかいおうりゅう》する　竟《つい》に奈何《いかん》せん

千早フル神代ナカラノ日ノ本ヲ
亜米利加振リニスルハ誰カ子ソ

サバヘナス無産共産ナク蟬ノ
民主民主ノ声カシマシキ

（昭和二十年十一月二十五日、晩晴草堂にて）

六六　政府の大東亜戦争調査会に思う

この頃政府でも、大東亜戦争調査会を設置し、その官制も既に決定したというが、これは満洲事変以来に遡《さかのぼ》り、戦争責任者糾明の為めであって、いわば聯合国側の、日本戦争犯罪人処分の、補助機関ともいうべきものであり、元来米国その他聯合国側が、戦争犯罪人を云々するは、本来敵国側であったから、不思議はないが、それを鵜呑《うのみ》にして、我が国民までが、戦争犯罪人を云々し、更《さら》に当局者が、その吟味者となるに至っては、極めて意外千万の事と、いわねばならぬ。大東亜戦争なるものは、決して一人の東條、若《も》しくはその他数人の者共が、平地に波瀾《はらん》を起こし、事を好んで製造したるものでなく、東亜を侵略し来る欧米の勢力と、自覚して来る東亜自身の勢力と、互に衝突したるものであって、東亜接触の史眼から見れば、到底避け難きものであった。問題は、蚕食《さんしょく》して来る勢力に罪があるか。自覚して、その勢力を防止し、若《も》しくは撥《は》ね返さんとしたる、東亜の自覚に罪があるか。研究の題目は、大所高所よりせねばならぬ。

今申す通り、争点を明白にすれば、理非曲直《りひきょくちょく》は、直ちに明白である。罪は固《もと》より、東亜の領域を、侵した者に在る。今仮りに、日本が北米合衆国を侵略し、若《も》しくは英国を蚕食する時に於《お》て、彼等は果してそれを、拱手傍観《きょうしゅぼうかん》すべきか。地を換うれば皆然《しか》らんとは、この事である。ペルリ来航以来、大東亜戦争に至るまで、日本の対外運動は、一切防禦的立場であった。縦令《たとい》その形跡は、自ら進んで攻勢を執るが如き事があったとしても、その根本的動機は、全く正当防禦といわねばならぬ。されば、若《も》し戦争犯罪人ということを求むれば、我に在らずして彼に在り。東條よりも、ルーズベルト、チャーチルに在り。日本国民よりも、米英国民に在りといわねばならぬ。これは畢竟《ひっきょう》国民的運動であって、これを単に財閥とか、軍閥とかの、局部的運動と見るが如きは、飛《とん》でもなき見当違いである。

更に日本の立場から見ても、この原則は、立派に応用が出来る。日本が朝鮮や台湾に手を出したという事は、侵略ではない。他の勢力の侵略を防禦せんが為めであった。いわば、台湾は南方に於《お》ける国防の第一線であり、朝鮮は北方に於ける国防の第一線であった。百年以来、若《も》しくはその以前より、日本人の頭痛に病みたるは、北に於ける鷲と、南に於ける獅子であった。即ち露と英とは、常に日本の国家を、危険ならしむる勢力として、これが為めに日本国民は、夜の目も安く眠ることは出来なかった。それにやがては米国まで参加して来て、これが更に痛切なる刺戟と恐怖とを与えて、この三者は悪夢の魘魔《えんま》となり、それが偶然にも、この大東亜戦争には、三者を合して敵とする事となったのである。

神武天皇以来、三千年の歴史は兎《と》も角《かく》も、せめて孝明《こうめい》天皇癸丑甲寅《きちゆうこういん》〔ペリーが浦賀に来航した一八五三年と、日米和親条約を締結した一八五四年〕以後の、一通りの歴史を知っていれば、日本は当然東亜を侵略し来る外来の勢力に対して、立ち上がるべき運命を持って来た。それが明治天皇の約五十年間には、多少の蹉跌《さてつ》はあったが、大体に於《おい》ては、順調に発展し来《きた》った。しかるに明治天皇崩御以来、大正昭和の御代に至っては、その勢を指導する者なく、利導する者なく、善導する者なく、その勢の自然に放任し去った。それが今度の大失敗を来した原因である。それで、戦争そのものには、責任はない。聖戦である。義戦である。但《た》だこれを行う者に至って、その器にあらず。遂に今日の一大失敗を来し、明治天皇の偉業をして、一切泡沫に帰せしめ、更に加えて、孝明天皇時代の領土さえも失墜し、更に国家の自主権を剝奪せられ、世界に二つとなき国体を、世界に二つとなき、一人の兵士をも有する能わざる国家とならしめた。しかもその国家は、名目だけであって、国家そのものの機構も、組織も、殆《ほとん》ど半ばは解体せらるるに至った。これは戦争が悪かったのではない。戦争の局に当る者が、その器でなかった為めである。自業自得で、今更ら誰を恨むようもないが、しかしその為めに、この戦争を以て、侵略的戦争であるとか、野心的戦争であるとか、彼等の所謂《いわゆ》る帝国主義であるとかとして、非難するに至っては、明治の歴史を非難し、維新の皇《こう》謨《ぼ》を非難し、癸丑甲寅《きちゆうこういん》以来の歴史を、全く抹殺せんとするものといわねばならぬ。今少しく日本国民も、冷静に考えて、この戦争は、今申す通り、世界に於《お》ける東西の勢力が、必然の勢で衝突したるものであるという原理原則を、把持《はじ》するに於《おい》ては、思《おも》い半ばに過ぎるものあらんと信ずる。しかし断わって置くが、これは決して東條とか、近衛とかという連中を、弁護するものでもなければ、平沼とか、池田成彬《いけだしげあき》とかの肩を持つというものでもない。予は唯だ一個の歴史家として、史的観察を下したるに過ぎない。

（昭和二十年十一月二十六日午後、晩晴草堂にて）

六七　国民は軍を買い被る

今度の戦争について、国民を驚ろかしたるは、我が陸海軍の腐敗、無能、且《か》つ無責任という事であろう。国民は確かに我が軍隊を買い被っていた。最後に蓋《ふた》を明けて、初めてびっくりした。戦争の始・中・終を一貫して、軍隊は実に国民の誇りであり、信頼であり、且《か》つ国民の寵児であった。しかるに蓋を明けて見れば、実に言語道断の体たらくだ。最後の終戦の間際に於《お》ける、火事場泥棒の一件に至っては、全く国民をして、愛相をつかさしめた。されば今日聯合国進駐軍が、軍人の恩給を停止すべしと沙汰《さた》し、更に来年―昭和二十一年―二月から、その退職手当の支払を、停止すべしとするが如きは、国民はむしろ痛快の感をなしている。誰れ一人軍人に対して、同情する者はない。固《もと》より幾百万という軍人中には、日本武士の典型であり、乃木大将も、楠木正成も、跣足《はだし》で遁《に》げ出す程の者も、居るかも知れない。しかし彼等は不幸にして、悪い仲間の巻添えを喫《く》い、玉石同視せらるるに至ったのである。気の毒といえば、これが唯だ気の毒だ。

日本国民の、日本軍人に期待したる所は、玉砕あって降伏なしという一点であった。それは多くの場合といわず、殆《ほとん》ど総ての場合に、軍当局が、かかる期待を抱かしめたのである。しかるに即今は、既に靖国神社の神様となり、位記勲等《いきくんとう》も既に賞賜済となりたる、その神様が、ヒョロヒョロ帰還復員しつつある状態だ。尚《な》お今後も神様の復帰が、相当多数に上るであろう。殊《こと》に沖縄辺では、日本の軍隊は愚《お》ろか、官民一同皆な玉砕したという事であったが、その玉砕の役人共は、今尚お沖縄で、米人の為めに、それぞれ役目を執って、働いているとの事である。それで兎《と》も角《かく》も原則として、日本軍には玉砕あって降伏なしという原則は、根本より全く破壊せられたる事となっている。殊に最後に至って、五百五十万の軍隊と、一万二千の飛行機とが、そっくりそのまま降伏するに至ったのは、それが大元帥陛下の思召《おぼしめし》に出でたとしても、国民の眼には、決して芳《かん》ばしくは映じていない事は、当然である。況《いわん》やそれと同時に、火事場泥棒を働き、国民の膏血《こうけつ》を、仲間丈《だ》けで私《わたくし》し、従来支那の敗残兵さえも敢てせざる程の事を、平気でやって来た事については、今更文句の付けようもない事である。

日本の軍隊に、果して軍人精神なるものがあったか、軍人勅諭は勿論、殊《こと》に東條陸軍大臣時代には、「戦陣訓」なるものが出来て、軍人の経典ともいうべき、立派な教訓が頒布せられたが、しかも何人がこれを実行し得たるか。恐らくは学校駆け出しの、漸く二十を超えたる、少中尉の連中以外には、余り多くは見出されないものと、察せらるる。予は山下〔奉《とも》文《ゆき》〕大将なる人を、直接知らない。しかし評判では、我が皇軍の典型的将軍であるということであった。しかるにその典型的将軍が、即今マニラの法廷で、陳述しつつある所のものを、新聞によって徴するに、洵《まこと》に幻滅を感ぜざるを得ざるものがある。当人がかく喋べるではないが、当人の証人とか、弁護士とかが、当人に代って喋べる所によれば、一切の命令権は、彼に存せずして、総司令官寺内元帥に存するから、虐殺の責任は、若《も》し問うべきものありとすれば、彼に向って問わずして、寺内に向って問うべきものであると、いっている。また彼れの証人として、彼れの参謀長陸軍中将武藤章《むとうあきら》の証言する所によれば、山下大将の部下たる各師団長も、銘々《めいめい》勝手の行動を為して、大将の命令は、必ずしも一般に透徹していなかった。それは交通不便の為めであった。且《か》つ透徹しても、彼等は必ずしも遵奉《じゅんぽう》せず、彼等独自の行動を逞《たくましゅ》うしたと言い、若《も》し問うべき責任があらば、山下その人でなくして、その部下に向って問えという事になっている。かくの如く、一方ではその責任を上官に帰し、他方ではその責任を部下に帰し、独り責任を逭《のが》るるは、山下丈《だ》けという事になるが、これで山下当人は、満足であるか如何。山下当人が、かかる弁護や証言をさせている所を見れば、当人自身の思い付きでないとしても、当人もこれで満足しているものと、見るより外はあるまい。仮りに事実果してその通りでありとしても、軍人には軍人精神なるものがある。殊《こと》に日本の軍人には、日本軍人精神なるものがある。自ら進んで、ある時は部下の失策を、ある時は長官の失策を、我が身に負う位の覚悟は、当然持つべき事である。しかるにその間際に於《おい》て、かかる挙動は、果して典型的皇軍の将軍として、衷心忸怩《ちゅうしんじくじ》たる所なきや否や。かかる事は、仏蘭西に於《お》ける大軍を擁して、普魯士《プロシア》軍に降《くだ》りたる、メッツ城の守将バゼーヌなどが為すべき事であって、バゼーヌならば兎《と》も角《かく》も、我が皇軍の典型的軍人としては、かかる紆《う》余《よ》曲《きょく》折《せつ》の道を採らんよりも、むしろ裁判の恥辱を受けるよりも、自決した方が、皇軍の面目に対して、賢明ではなかったかと思う。しかも人各々思う所があるから、我等は必ずしも、我等の注文を、山下その人に強うる訳ではない。ただ日本の典型的軍人としては、余りに吝《けち》臭く感ぜざるを得ないものがある。

更に我等は、我が皇軍は、到る処秋毫《しゅうごう》も犯さず、強きを挫《くじ》き弱きを憫《あわ》れむ皇軍の面目を、徹底的に発揮していたものと信じていた。ところが蓋《ふた》を明けて見たら、言語道断である。これも当初は、敵軍が事実を捏造《ねつぞう》して、我が皇軍を讒誣《ざんぶ》したものと思うていた。しかるにその事が、追々我が同胞の口より洩るるに至っては、最早やこれを否定すべき余地は無い。これは遡《さかのぼ》って支那事変にも、同様の証拠が、沢山挙がっている。何れもそれぞれその責任は、相手側の法廷で、裁くこととなるであろうが、何れにしても我が皇軍の面目は、全く地に墜ちたと、いわねばならぬ。日清日露両役に於《お》いても、反対側から見れば、相当文句の付くべき行動も、あったかも知れぬ。しかし大体に於ては、日本軍は実に立派な行動をした。殊《こと》に明治三十三年、北支に於ける義和団事件の如きに際しても、日本軍は、実に列国の軍中に在《あり》て、独り超然として、その特色を発揮していた。しかるに今や、財物は必ず掠《かす》め、婦女は必ず犯し、あらゆる乱暴狼藉《ろうぜき》を事としたという事になっては、大東亜聖戦なるものは、仮令《たとい》目的は聖戦であっても、切取《きりとり》強盗の山賊戦《さんぞくせん》にも劣る程のものであって、大東亜聖戦の名に対して、全く以て申訳がない。しかるにその事を、今日に至る迄《まで》、全く隠蔽《いんぺい》し、これ程の多くの言論機関があっても、またこれ程多くの報道員が、現場に出かけても、一行も一句も、それに言及する者の無かった事は、言論機関の罪か、将《ま》た言論機関をして、かくの如くならしめた者の罪か。何れにしても、今日に於ては、我が国民を挙げて、日本の軍隊を、所謂《いわゆ》る王者の義軍として、世界に誇るだけの勇気を持つ者は、一人もあるまい。

（昭和二十年十一月二十七日午後、晩晴草堂にて）

六八　皇室観念の大変動

八月十五日より只今に至る迄《まで》、未だ四ヵ月に満たず。しかるに日本は、総ての点に於《おい》て、四百年以上も逆転した。別《わ》けて皇室に関する思想に至ては、千年以上も、若《も》しくは日本国開闢《かいびやく》以来、未だ曾《かつ》て見ざる程度の、変動を来《きた》した。予は退隠の身で、世間には出ないが、ラジオ及び新聞等によって、これを観じ、これを察し、かつこれを知ることが出来る。如何なる皇室式微《しきび》の時代でも、万世一系の皇室の存在を、論議の焦点となす者はなかった。しかるに今日では、皇室制度の存廃は、日本臣民が公然論議の標題となっている。その結論が何れに在りとしても、かかる事は、開闢以来未曾有《みぞう》の事である。現に今日の司法大臣岩田宙造《いわたちゅうぞう》氏は、貴族院に於《おい》て、皇室制度存廃の論議は、刑法の取締るべき範囲に非ずと言明し、これが自由討議の問題たり得べきことを、明言している。幕府時代でさえも、廃帝の典故《てんこ》を、調査したりという風評を受けたる国学者は、その為めに暗殺せられた。廃帝というは、唯《た》だ当時の天皇に、御退位を願い奉らんとする丈《だ》けの事で、天皇制の存廃には、曾《かつ》て毫《ごう》も及《およ》んだ事はなかった。しかもその廃帝の噂さえも、世上の評判で、何等現実の問題はなかったと思う。しかるに今日では、日本の言論界にて、比較的穏健といわるる、毎日新聞社では、天皇制の問題を、懸賞論文で募り、朝日新聞では、更にそれに関する投書を、無遠慮に掲げている。ラジオに至っては、帝政存廃の討論会をも公開して、新聞にそれを掲載している。

ニューヨーク・タイムズの論説として伝えられたる所によれば、伊勢の斎主《さいしゅ》たる梨本《なしもと》宮《みや》や、陛下の助言者、近衛、木戸などが、逮捕命を受けたるからには、天皇の戦争責任追究も、皮一重であるといい、また日本の新聞「民報」には、既に皇室制度が、あらゆる軍閥財閥の巣窟であるから、先ず手をここに下さねばならぬ、即ち皇室制度廃止が、日本民主化の第一義であると、記している。これによりて見れば、日本人中にも、既にこの論が湧き出でたる事が判知《わか》るというように、論じているという事だ。この「民報」なるものは、恐らくは共産党の新聞であろうが、予は未だ見たこともない。しかし「民報」は見ないが、共産党は丸で天皇制を廃止する事が、彼等の天職ででもある如く、騒ぎ廻っている事丈《だ》けは、分明であるから、ニューヨーク・タイムズのいった事は、先ず日本の実情と見てよかろう。明治天皇が、国家有用の人物養成の為めに、御設け遊ばされたる帝大では、輿論《よろん》調査と称して、天皇制についての意見を、公募している。その結果によれば、天皇制存置者が八割、廃止者が二割という事であるが、天皇制存置論者の中にも、早く東京より京都に御帰還あって、昔通り世間とは隔離あらせられたい、などという者が少なくない。また天皇は役には立たぬが、長き習慣であって、今急に廃することは、国民の思想上動揺を来たすから、当分の間は、その権力を最小限度として、これを存置せしむるに如《し》かず、というような論がある。これは専《もっぱ》ら社会党のいう所であって、党外の者でも、それと大同小異の者が、今日では相当多い事は、予が疑いを容れざる所である。

若《も》し八月十五日以前に、上記の事を新聞にでも書いたものならば、当局の制裁を俟《ま》たず、民衆は直ちにその新聞社を焼打ちし、その記者に私刑を加えたことは、これを想像するに難くない。しかるに今は、それが尋常茶飯となっている。四ヵ月前の乱臣賊子《らんしんぞくし》は、今日に於《おい》ては、民主主義の急先鋒として、歓迎せられている。予も文人に生れ、孝明天皇、明治天皇、大正天皇より今上に至る、四朝を経たる老人であるが、かかる短かき時間に、かかる劇甚なる変化を見たることは、未だ曾《かつ》て無い。只《た》だ自分乍《なが》ら、天魔の為めに、無何有郷《むかゆうのきょう》に拉《さ》らえ行かれたのではないかと、自ら驚くばかりである。

これは何故であるか。覿面《てきめん》の原因は、マッカーサー司令部が、かかる雰囲気を醸《かも》し出したるものである。彼等の民主化は、常に一方に於ては、伊勢の神宮、他方に於ては、千代田城の皇居を、目標としている。大地主を征伐するとか、三井三菱を解体せしむるとかいう事では、彼等は満足は出来ない。彼等は神宮の尊厳を冒瀆するばかりでなく、皇室の神聖を、不神聖ならしむるべく、努力している。マッカーサーが陛下御訪問に際して、陛下に対したる態度そのものが、雄弁にこれを語っている。

しかしながら更に一歩を踏み込んで、国民が何故にこれを憤慨せず、これに詭随《きずい》し、これを歓迎し、これに雷同《らいどう》し、これに付和《ふわ》したるかというに、その一は、日本国民の、遺憾乍《なが》ら持ち前というべき、事大思想、若《も》しくは浮動性に、これ頼るといわねばならぬ。予は国民の、この軽佻浮薄《けいちょうふはく》なる態度を見て、憤慨どころか、むしろ泣きたくなる。しかし泣いても叫んでも、その事実は取消すことは出来ない。

しかしながら更に進んで考うれば、マッカーサーをして、無人の地を行くが如く、日本の思想界を、かく迄《まで》混乱動揺せしめたる所以《ゆえん》は、恐れ乍ら皇室自ら求め給《たも》うたものという事は、甚だ恐れ入《い》った事ではあるが、予は良心に対して、かく述べざるを得ざるものがある。昔は南朝の忠臣北畠親房《きたばたけちかふさ》は、「神皇正統記《じんのうしょうとうき》」に於《おい》て、鎌倉幕府が、彼が如く専横に趣《おもむ》きたるは、敢《あえ》て皇権を偸《ぬす》みたるものではない。王綱紐《おうこう》を解き、皇権地に墜ちたるが故に、これを拾うたるのみであるというた。これは洵《まこと》に親房の、公平なる史眼である。皇権に対する人心の動揺も、この筆法を以てすれば、半ば皇室が自ら求めて、かかる危殆《きたい》の地を作り給うたものと、申さねばならぬ。その理由は、細かに語るを要せず。第一は戦時に於《お》ける皇室の御態度。第二は戦争終局に際する皇室の御態度。第三は終局後に於ける皇室の御態度。この三者を一貫して考察すれば、一口に言うて、一も物にはなっていないのである。今仮りに、明治天皇をして、今日に在まさせ給うたとしたらば、果して今日の如き情態が現出することを、得べかりしや否や。これを思えば、思半ばに過ぎるものあらん。

（昭和二十年十二月十三日午前、晩晴草堂にて）

●読売報知社長に就任せる馬場恒吾氏宛の書状（宿所は横須賀市逗子桜山二二三七、平島氏方）

拝啓　予期ノ如ク小生モ愈々《いよいよ》巣鴨ノ別荘ニ赴クコトニ相成《あいなり》早速出掛クベキ処《ところ》　持病十月中旬以来再発近頃デハ余病併発、其為《そのた》メ三度ノ食事サエ不自由ニテ今尚才愚図々々致居《いたしおり》候《そうろう》　貴兄ノ読売社長御就任ハ心カラ欣《よろこ》ビ申候。第一ハ貴兄ノ為メニ、第二ハ読売ノ為メニ。正力氏ハ固《もと》ヨリ毀誉《きよ》相半バスル人デハアルガ其ノ奮闘力ト勉強ト気魄トハ新聞界ニモ珍ラシキ人物、折角《せっかく》同氏ガ築キ上ゲタル此《この》新聞ガ共産党ノ機関トデモナッテハ困ッタモノト心配罷在候処《まかりありそうろうところ》　貴兄ノ社長トナラレタル事ニテ大ニ安心致候。今日ノ世間デハ貴兄ノ自由主義ハ、或ハ保守主義ト誤解サレルカモ知レヌガ、何ハ兎《と》モアレ、是迄サエモ所信ニ向ッテ邁進セラレタル貴兄ハ今後モ同様ノ事ト確信罷在候。呉々《くれぐれ》モ御自愛祈上候。老生モ事志ト違イ最早死骸同様ノ身デアルガ、セメテ今度ノ法廷デハ、自分ノ所信丈《だ》ケハ正シク陳述致シ置キタイト存候。別ニ自分ノ罪ヲ軽減トカ、何トカ云ウ積リハ毛頭ナシ―元来罪トハ絶対ニ考エテ居ナイ―殺スモ活カスモ彼等次第デアルガ、小生ノ一生涯ヲ軍閥ヤ財閥ノ奴隷トシテ葬リ去ル事ハ余リニモ遺憾ニ付老生ハ貴兄モ定メテ御諒解被下候《くだされそうろう》通《とお》リ独白一己ノ立場カラ今日ニ至リタルモノニシテ、ソレ丈《だ》ケハ瞭《はっ》キリ弁明スル積リニ御座《ござ》候《そうろう》但《ただ》今日ノ新聞ハ何レモ老生ノ所見ニハ反対ノモノノミデ其ノ為メニ老生ノ陳述モ新聞紙デハ恐ラクハ黙殺セラルルデアロウト思ウガ、セメテ読売新聞ニ於テハ仮令《たとい》意見ハ反対デアルニセヨ、言ウタ丈ケノ事ヲ、其ノ一斑《いっぱん》ナリト御掲載願ワルレバ、洵《まこと》ニ本望ノ至ニ候。中上ゲタイ事ハ山々アレドモ病ノ為メニ之ニテ擱筆《かくひつ》、万々御亮察《りょうさつ》被下候《くだされそうら》ワバ幸甚。返ス返スモ貴兄ノ為ニ一陽来復ヲ賀シ併セテ幸運ヲ祈申上候

昭和二十年十二月十三日

頑蘇頓首

馬場仁兄

大人

前文ノ通リニ付已ヲ得ズ友人ノ代筆ヲ以テ申上候

六九　山下大将に死刑宣告

山下〔奉文《ともゆき》〕大将の裁判も、種々の経緯を経て、遂に死刑の宣告となり、それから上告や何かで、今尚《な》お執行延期中である。予は山下その人には、恩怨而《おんえんふたつ》ながら無く、全く一面の識もない。唯《た》だ彼れの風采を写真に見、その世間に好評判の軍人たることを、知っているばか

りだ。但《た》だ比律賓《フイリピン》の守衛は、戦局の大体に於《おい》て、尤《もつと》も重大なることを察し、激励の書簡に添えて、拙著『川上大将』一冊を贈った。陸軍省を経て送ったから、多分届いたるものと信ぜらるる。しかし彼がそれを一読したか否かは知らない。

山下の無能振りは、今度聯合軍司令部より発表したる『太平洋戦争史』に、全く暴露せられた。その結論に曰《いわ》く、『山下は日本の比律賓防衛の、最後の段階に、重要なる役割を果すことが出来た兵隊約十二万を、犠牲にしたのであった。嘗《かつ》て「マレーの虎」と謳われた山下奉文大将の無能は、直ちに曝露するに至った』と。これは相手側の批評であるから、固《もと》より割引きを要するは、当然であるが、予は未だ曾て、これを反証するだけの材料が見当らない。而《しか》してその無能振りであることは、山下自身がこれを証明している。

山下としては、せめて一死を以て、比律賓を失うた責に報ゆべきである。しかるに死する事さえの能力すらも持たなかった。無能といわずして、何をかいわんやだ。また法廷に於《お》ける山下の態度は、普通の人としては兎《と》も角《かく》も、我が皇軍の閫外《こんがい》に於《お》ける司令官としては、洵《まこと》に見下げ果てたる言動であった。せめて法廷で、「一切の責任は我れに在り」といえば、尚《な》お幾分か、彼れの最後の華を、飾ることが出来たろうが、彼は責任は彼れの上司たる寺内元帥に在りといい、また彼れの指揮に属せざる海軍に在りといい、彼れの指揮を奉ずるその部下が、随意の行動を為したといい、若《も》しくは交通不便の為めに、命令が貫徹しなかったといい、一切の責任を、自分以外上司、部下、部外及び敵に帰して、已れ一人は、何等責任はないものの如く主張した。彼自身が言語で如何なる程度まで主張したかは判からぬが、裁判一切の言論を総括すれば、この通りである。日本の士道では、ある時には上司の責《せめ》を已れに帰し、ある時には部下の責を已れに帰し、ある時には他人の責を已れに帰し、所謂《いわゆる》濡衣《ぬれぎぬ》を乾《ほ》さぬ所に、日本の士道なるものはあった。しかるに山下は、濡衣を乾すばかりではない。それを他の者に被《かぶ》せている。これでは日本の士道なるものは、全く皆無となって、殆《ほとん》ど問題にならぬ。しかるに、蓼喰《たでく》う虫も好きずきとあって、彼れの助命運動を試みるが為めに、銀座街頭で、請願書の署名を、勧進する者あるに至っては、実に世は様々といわねばならぬ。最早や日本には、士道なるものは、全く消散したというの外はない。

兵は詭道《きどう》なりという。また正を以て合し、奇を以て勝つという。されば欺《だ》ますという事は、兵法では、立派に公許されたる事であるばかりでなく、むしろ奨励せられている。けれどもこれは、専《もっぱ》ら敵に対する事であって、味方同士、仲間同士、内輪同士で、互に欺まし、互に詒《あざ》むき、互にペテンに掛《か》くるという事を、意味するものではない。しかるに如何に心得たのであるか、我が皇軍の首脳部は、敵を欺ますばかりでない。否なむしろ敵よりも、却《かえっ》て味方を欺ます事を、本領としているかの如く察せらるる。今回敗戦の一大原因は、実に皇軍の首脳部が、敵を欺ます事よりも、味方を欺ます事によって、遂に今日に至らしめたという事は、予が敢《あえ》て断言して憚《はば》からざる所である。彼等は皇軍として、国民総体を欺ますばかりでなく、軍としては、軍以外の文官を欺まし、軍としては、陸軍は海軍を欺まし、海軍は陸軍を欺まし、皇軍総体としては、国民一般を欺まし、まるで日本の軍隊は、詐欺を以て骨髄としているかの如く、思わるるものの如くなった。それは今度世に公けにせられたる『太平洋戦争史』が、これを語っている。戦時中は兎《と》も角《かく》、戦後の事であるから、今更《いまさら》事実以外に、特別なる懸引《かけひき》をする必要はない筈《はず》だ。例えば、昭和十七年六月のミッドウェイ戦争の如きは、我が海軍が一大打撃を受けたる敗戦で、これ以後海軍は、再び起つことが出来なくなった程の大損害を蒙むった。しかるに海軍では、所謂る知らぬ顔して、この事件を頬被《ほおかぶ》りして過ごし、纔《わず》かに側面的に、他の海戦の添え物として、少しくその機微を洩らしたに過ぎない。聞けば陸軍側などでも、その損害の程度が、これ程迄《まで》大であったという事は、全く知らず、知らされずにいたということだ。我が国民の如きは、最後までこれを知らざる者が、多数であったと思う。予の如きは、その海戦の結果が、重大であったという事だけを、ある人より耳にしたが、その程度については、一切知るを得なかった。一事が万事、その通りである。

そこで醜態を極めたるが、玉砕事件である。何処も玉砕、彼処も玉砕、日本の軍人は、一人たりとも、降伏したる者は無い。軍人ばかりではない。皇民一人も敵に降参したる者はないとは、我が大本営の報告であった。アッツ玉砕、ガダルカナル玉砕、サイパン玉砕、テニアン玉砕、硫黄島玉砕、沖縄玉砕、その他玉砕の数は山ほどあった。しかし今日となっては、化の皮が愈々《いよいよ》現われて来た。およそ靖国神社に祀られたる神様が、約四万一千人という程、また人間に逆戻りすることとなった。

生きていた〝英霊〟四万人

聯合軍調査・玉砕どころか好遇

英霊として神に祀られていた四万一千人以上の多くのものが現実に捕虜として太平洋各地に聯合軍の好遇を受けていることが聯合軍最高司令部民間情報教育局の調査で判った。その数は次の通りだが、終戦前までに捕虜になったもので終戦後のものは含まれず〝玉砕〟を伝えられたもののうちの捕虜の数である。

▽南太平洋（ニューギニア、ソロモン、モロタイ、その他）一九、八〇六▽中部太平洋（サイパン、硫黄島、その他）一七、四七二▽印度、ビルマ三、〇九七▽支那一、〇五九▽アリューシャン三〇、合計四一、四六四

なお英霊の復員に対しては復員省をはじめ各関係当局で復権手続を考究中であり、近くこれに対する省令が公布されるはず。

またこの頃新聞を見れば、この神様の復帰については、色々の記事がある。予はここに於《おい》て、口にまかせ、左の川柳を吐き出した。

玉砕の神は異郷で溝浚《どぶ》い
玉砕の神がひょっこり入来し
神様が今帰りたと戸を叩き
神様が人間となる歳の暮
出つ入りつ九段の社四捨五入
化けの皮剝がれてあとの寒さ哉

これは誠心誠意国家の為めに殉したる忠勇の士に対しては、冒瀆の嫌いあれど、仲間には随分我等の期待を裏切った者も少なくない。しからざるも、当局者が、故《ことさ》らに玉砕で国民を騙ましたる為め、偶然にも、かかる始末に立到ったる者も、沢山あるであろうと思う。いま試に新聞より左の一節を掲げて措く。

浮ばれぬ〝生きている英霊〟
復権へ近く省令を公布
外地部隊の復員が軌道に乗って各方面から将兵が帰還して来るにつれ種々の話題が生れて来るとともに我々としては見逃せない問題も起って来ている。最も大きなものの一つに〝生きている英霊〟がある。これは所謂玉砕部隊として発表され、戦死と確認して自宅に公報された兵隊のなかに最も多い。先日も硫黄島で玉砕戦死せるものと確認された胆部隊

〔第一〇九師団〕の兵五十名がひょっこり復員して来た。その人達の家族にとってはこの上もなく喜ばしいことである。だが、その本人達にとってはどうであろうか。グワム島の生残りとして先般復員した某氏は懐かしのわが家に辿りついてみると自分は戦死として公報され、戸籍上の抹殺は勿論《もちろん》のこと家督は実弟が相続しており、しかも自分の妻はその実弟に嫁して子まで生れていた。これは余りにも極端な実例かも知れぬが、こうしたことは〝生きている英霊〟にとっては十分あり得ることである。

千葉県の留守業務部でマリアナ、硫黄島、沖縄、比島、ビルマその他旧陸軍関係玉砕部隊の調査を専門に行っている第一、二調査課でもこの問題には全く頭を悩ましている。一部隊の指揮官以下全員玉砕の決意をもって敵陣中に殴り込みを敢行、その最後の報告が中央の大本営に通報され、その後全く連絡が杜絶えその地が敵に占領されたとき、個々の問題は別としてその部隊は潰滅したものとするのは常識である。大本営発表によって玉砕部隊が公けにされる、部隊所属の将兵の名が留守隊の名簿によって判明する、種々の状況から推してその兵は戦死したものと判断され自宅に公報が発せられるわけだ。その際当局としては正確を期するため調査に相当の努力と日数をかけるのであるが、遺族の生活保証ということを考慮に強く入れるため出来るだけ早く有利な条件で解決しようとして綜合的に戦死として公表する。

総員敵中に突入して行った場合なんとかして生き残ってくれるように希望することは従来の日本人の戦争観或いは道徳からは許されないことであったし、また考えないところであった。だからそこには少々無理があっても戦死と発表し自他ともにうなずけたのである。一面からいってこの考え方も今回のような問題を起す大きな原因となっている。

硫黄島、沖縄等発表と確認に期間的に短い場合はともかく、その他の場合敵側に潜入して帰らず捕虜となったものは相手側からその名が通報されて来るのが普通で、それによって生死が判明するのであるが、前述の観念からそうなった場合匿名を用いる傾向が多く、判り難いのが普通で、しかも現地にあってはその本人が乱戦にまぎれて帰って来ぬ場合は日本人の名誉常識として戦死と判断、かねて残してあった遺髪あるいは遺品を本人の遺骨または遺留品として内地に送付、戦死と発表して遺族に渡された。

また特殊の場合としてはレイテ上空で特攻として散華したと大本営発表された万朶《ばんだ》隊の佐々木伍長のような例もあったが、これなどは戦意を昂揚せしめんとして宣伝にいちはやく使わんとした当局及び当該指揮部隊の手落ちであったといえる。

その実情はともかくとして結果において〝生きている英霊〟の悩みは無籍者、生きた人間として生きて行く為の権利を剝奪されてしまっている人間の悲哀である。その責任の所在は自ら判明するとしても早急に決せられねばならぬのは彼等の復権への処置である。英霊として悲しむよりも人間としての喜びに生きたいのが彼等の希望である。復員省、留守業務部、地方世話部ではとりあえず彼等の戦死公報の取消しを行うとともに復権の手続を促進させるべく処置するとともに近日中にこれに関する省令を公布諸手続その他万全の策を取るようにし、また議会中に何等かの方法で〝生きている英霊〟出現の理由を釈明、一般にその罪《つみ》を詫びたいと希望している。

（「読売報知新聞」昭和二十年十二月十一日）

尚《な》お因《ちな》みにいうが、靖国神社も愈々《いよいよ》廃止となり、靖国廟宮と改名して、財団法人となって、引継ぐことになったという。洵《まこと》に浅ましき末世である。

（昭和二十年十二月十四日午前、晩晴草堂にて）

七〇　皇軍を愛せる予の幻滅

予は決して山下大将に対して、追窮の鋒先を向けんとする者ではない。しかし予《かね》て世評に、日本陸軍の典型的人物として上《のぼ》りたるこの人が、現在に於《お》ける態度が、余りに予の期待を裏切った為めに、只々《ただただ》慨歎の情に堪《た》えない。今仮りに日本が勝ち、比律賓《フイリピン》よりマッカーサー軍を逐《お》い払った場合に於《おい》て、山下大将は果して、その功は寺内元帥より、部下の諸部隊長に在《あ》り、また海軍に在りとし、自己には一切何等の功業なしとして、悉《ことごと》くその手柄を他に譲り、自分は単に無為無能の一人たるを以て、自ら満足すべきや。恐らくは然《しか》らざるべし。功は即ち己れこれに居り、責は即ちこれを人に分つという事は、日本の士道では、全く反対である。西郷南洲は「過を斉《ひと》しくしては、之《これ》を己れに沽《か》い、功を同じゅうしては、之を人に売る」と言うたが、何やら山下氏の態度は、それが逆となっているようだ。尚《な》お世間にも、我等と同様の考えを持っている者があるようだ。即ち左の一文の如きが、それである。

社説

山下裁判の教訓

山下大将裁判の結果、比島派遣のわが軍が冒した一大虐殺の真相が世界に明かにされた。それは天人倶《とも》に許さざる残虐無道の行為であった。おそらく東西の戦史に絶すともいうべき恐るべき蛮行である。彼等は常に武士道を云々し、また満洲事変この方、彼等は烏滸《おこ》がましくも皇軍と自称していたのである。仮りにも皇軍と名乗るわが派遣部隊によってこの蛮行が行われたのだ。

古えよりわが国には「窮鳥懐《きゅうちょうふところ》に入れば猟師も殺さず」という教訓が伝えられている。即ち敵と雖《いえど》も一度わが軍門に降《くだ》る以上慈愛を以て遇し、みだりに苛酷の所業に及んではならぬというにあって、ここにわが武士道の精神があり、武人の本分信条が宿されていたのである。然るに山下大将麾《き》下《か》のわが派遣部隊は、マニラその他の各地において、敵にあらざる無辜《むこ》の市民、何等抵抗の意も術をも持たない老幼婦女子に対して、苟《いやし》くも目に触るる者一人の生をも許さざるまでの殺戮を恣《ほしい》ままにしたのである。誰か、この蛮行の真相発表に接して戦慄しないものがあろう。皇軍なるものの正体は白日の下に暴露された。単にわが軍の不名誉たるに止まらず、日本の汚辱としてわれ等は深くこれを悲しまざるを得ない。しかも事はそれのみに止まらなかった。即ちこの裁判の証言に立った武藤中将以下の証人たちは、当時における通信連絡の不能を理由として一切の責任を現地の部隊に転嫁し、更に甚しきに至っては海軍部隊が命令に服せず蛮行の主体は海軍であると陳述しているのである。噫《ああ》。『一将功成って万卒枯る』といわれているが、いまや山下大将とその幕僚の一聯は世界環視の審判廷において、万卒を犠牲にし海軍を陥れて一将の助命を図らんとしたのだ。一戦場における陸海共同作戦に当って、どこに陸海軍の別があろう。ましてや山下大将は比島における総軍の最高司令官ではなかったか。

（後略・「読売報知新聞」昭和二十年十二月十三日）

予は悉《ことごと》くこれに同意するというではないが、兎《と》に角《かく》山下氏の態度を是認せざる点だけは、全く同一である。しかるに今更、その助命運動などをするという事に至っては、日本人は何処まで恥を知らざるものであるか。日本精神というものは、全く今日に於《おい》ては、失墜せられたるものと思うの外はない。

進駐軍の入来と共に、最初に比律賓《フイリピン》に於《お》ける日本兵の蛮行が、放送その他に依《よっ》て、激しく宣伝せられた。予はこれに対して、極めて不快の感を生じた。それは戦争そのものが、公然たる殺人免許の舞台である。それを彼是《かれこれ》いう筈《はず》はない。人殺しはお互様だ。これを蛮行といえば、米国は更に、より以上の蛮行をしている筈だと。しかるにその後比律賓より帰還したる、日本人の語る所によれば、米人の宣伝を裏書するばかりでなく、更にシンニュウを掛けたるものがある。これでは全く米人のいうた事が、真実である。予は元来、皇軍には無条件的に信頼したる者である。予は心から兵隊の愛好者である。軍人を見れば、何となく我が家族であるかの如き感じがする。即ち予の嫡子も、また嫡孫も、何れも海軍に赴かしめ、他の一孫は陸軍に赴かしめた。予は本来、富国強兵が出来なければ、せめて貧国強兵を望んでいた。しかるに我が皇軍が、かくまで腐っていたとは、実に思いがけなき事である。川柳に「泥坊を捕えて見れば吾が子なり」とあるが、今更我が皇軍の不規律、不節制、乱暴、狼藉《ろうぜき》には、元亀天正《げんきてんしょう》の野武士にさえ対して、恥ずべき行動を敢てしたる事実を見て、実に幻滅感転《うた》た深きを覚ゆ。幻滅という字は、全く予が今日の心境に、当てはまったものといわねばならぬ。予は新聞を読む際に、手当り次第に切り抜いて置いたが、その一、二をここに掲げて置く。

凄惨、目をおおう虐殺

母親の眼前に閃く愛児刺殺の剣光

犠牲実に二十数名

今書き綴る史実は先頃来鴨居収容所に到着した沖縄県国頭郡国頭村字鏡地知花春（二五）さんの口から語られたセブ島皇軍の一将校の行状であり、若き母親達の面前で愛児十数名を虐殺したという全世界の母性に対しても恥じねばならぬ血にまみれた狂わしい残虐行為の全貌なのである。

私は夫の善徳と共にパラオ島で船舶業を営んでいましたが昨年八月退避を命ぜられ夫と別れて姉のみつ子と子供の武男（八つ）静江（六つ）みよ子（三つ）正和（二つ）四人を連れセブ島セブ市に移りました。敵機の爆撃が甚だしくなるにつけセブ市から程遠からぬ天山に移りそこの陸軍貨物廠に勤めてミシンなどする傍ら日夜末子の正和を背負って兵隊や邦人と共に洞窟掘りをしていました。ところが四月六日に敵がセブ島に上陸するや軍は算を乱して山中に遁走、私達も邪魔にされながら青木大尉の指揮する貨物廠の部隊と一緒に道なき道をたどって行きました。ところが忘れもしない四月十六日の朝青木大尉は私達十数名の母親を集め「十歳以下の子供は作戦の支障になるから今晩処置する」といい渡されました。幼子二十数名のこの母親達は自分達の生命にかけても子供の生命を助けてくれと哀訴しました。私は四人のうちせめて一人でも助けてくれと、哀訴したのですが大尉は頑として許されず、その晩が来ました。私は四人のうち一人でも助けなければパラオに居る夫に会わせる顔がないので長男の武男だけこっそりと姉に頼んでジャングルに隠し他の三人の子を抱いてどうなるかと息を秘《ひそ》めていました。最後の晴着を心をこめて著《き》せた新しい衣服を着て喜びながらテント内に無心に寝ている二十数名の子供達は夜半に兵隊の手で起されました。そして飢に泣く子供達にとって夢に見たミルクがたっぷりと配られました。それから私共は銃剣でテント外に追い出され母親達は抱き合ってテントの様子を窺いました。一時間も経ったテントの中から「お母ちゃん」の叫びと共に泣き声が聞かれ呻き声が洩れて来ました。我を忘れて走り寄ろうとする母親の胸に擬された銃剣が星月夜にきらきらと輝き脂汗にまみれた兵隊の顔が悪鬼の如くはだかりました。夢魔の如き一夜が明けました。私共は既にテントに包まれている幼い霊に別れを告げて再び当てなき放浪の旅に上りましたが危うく命拾いをした武男は分隊長藤野軍曹の情ある懇願で見逃されたまま辛うじて助かった八人の子達と共に元気でジャングルの中を歩いているのが私にとって唯一の生命の綱でした。その母親にとって生命の綱が絶たれる時が遂に来ました。六月初めガドモン河で宿営した時に青木大尉が食糧不足を理由に浅間中尉の命令だといって残された最後の八人の子供の殺害を宣告しました。この時ばかりはパラオ島から私共と一緒に来て暴力をもって青木大尉の妾にされていた森口きいさんや、同行の兵隊までなんとかして助けてやってくれと口をきいてくれましたが命令違反だと兵隊さんは半殺しの目に遭う始末で、私共も遂に意を決して部隊を離れ自由行動を取ろうと相談中に見つけられ、泣き叫ぶ八人の子供は親の手から引き放され私共の眼の前で牛蒡剣で突き殺されました。走り寄ろうとする私共は兵隊の強い手で押えられたまま子供達はあっという間に穴の中へ投げ込まれ、急いで殺されたためか半殺しであった故か埋めた黒土の中から子供達の紅葉のような手が助けを呼ぶかの如く差し出されたではありませんか。無我夢中で私は兵隊の手を振切ってこの手でこの爪で掘りました。兵隊達も血の生々しい短剣を下げたまま呆然としていたようです。

そこで春さんは泣き伏してしまった。なおこの行為を行った青木大尉は広島工兵第五聯隊第十四方面軍貨物廠中南部比島支廠勤務で鹿児島県伊集院町の出身、現在ミンダナオ収容

——所に健在の由を付記して置く。（「静岡新聞」昭和二十年十二月）

これは日本人が日本人に加えたる残虐である。ここにも亦《ま》たその例がある。

ダバオからマニラから
怖いのは日本兵
避難民を襲い食糧、衣料強奪

米船チャールス・ハッピー号でダバオから十日浦賀に入港した邦人達は十一日午後浦賀桟橋から上陸したが、邦人達が記者に語った第一声は「恐しかったのは米兵でなく日本兵だった」と当時の回想を次のように語った。

私達は何れも二、三十年前に渡航、麻の栽培や農耕に従事していたのですが大戦勃発と同時に男は全部軍の設営作業に徴発された。主食は一日二百グラムより支給されず、栄養不良のため仲間は次々に倒れ剰《あまつさ》え避難のため仮小屋にいるわれわれの家を日本兵が襲《おそ》って食糧や衣料を掠奪《りやくだつ》した後、射殺したり片足や片手をもぎとられたり顔を銃剣で抉られたり、女子には暴行の限りを尽され生き乍《なが》らの地獄で、日本兵を見ると全く恐しくなりぞっと身の毛のよだつ戦慄を感じました。実際恐かったのは米兵ではなく日本兵でした。これに引かえアメリカ軍には終戦と同時に食糧は勿論《もちろん》菓子や煙草まで貰い、帰還の船の中では喰べきれぬほどの食糧や菓子、煙草を恵まれ少しは元気も取戻して還って来た。

本邦人同士にしてこの通りであれば、他に対してもまた同様というべきは、何人の常識でも、判定が出来よう。我等は余儀なくも『太平洋戦争史』の記事を信用せざるを得ないのである。

太平洋戦争史　7

狂気のマニラ殺戮　暴政、全比島を荒廃化

米軍ルソンに上陸

一月九日午前九時半七つの大護送船団はリンガエン湾に殆ど無抵抗裡に上陸した。日本軍はアグノ河の嶮しい両岸地帯に拠って抵抗するものと予想されていたが、実際は何の反撃にも遭遇しなかった。二十四時間の間に四回の主力の上陸が行われ、四哩の深さの橋頭堡を確立し五千呎の飛行場を占領し、山下が米軍の最後の一兵まで殲滅すると豪語したカガヤン渓谷の広大なる平野に進出した。かくてマニラへの進撃は始まった。

マッカーサー軍がルソンの平原を南下している時、ルソン島隣のミンドロ島及びマリンドケ島を基地とする米航空兵力はマニラを始めルソン島各軍事目標を思うままに爆撃し、次々に日本軍の防禦陣地及び砲兵陣地を破壊して行った。二月の初め更に南部ルソンに上陸した米軍はスビック湾を確保し、南北両方からマニラを挟撃し、これを脅威した米軍がマニラに向って進撃中に数多の劇的な出来事が起った。

聯合国の市民や捕虜が信ぜられぬような困難と残虐行為の下に収容せられていたカバナツアンやサントトーマス・ビリビット等の俘虜収容所に対しては特別攻撃隊の奇襲が行われた。捕虜や抑留者の解放によって抑留中あるいはコレヒドール島守備兵数百名に食を与えず収容所まで強制的に行進させた憎むべき所謂《いわゆる》一九四二年のバターンの死の行進において、日本軍守備隊から獣的な取扱いを受けた新事実が次々に明かになった。

マニラの残虐行為

二月十七日、米軍は兵力を集中しマニラ市街に突入し、マニラにおける戦闘は最後の段階に入った。押収した日本側の文書によって、山下の部下は市街において大会戦を予《かね》て計画し、美しいフィリピンの首都を完全に破壊しようとしていたことがはっきりしている。日本のテロリズムはパシグ河の南岸殊《こと》にパコ、エルミタ、シンガロン区では殆ど先例ない程のひどさであった。ここでは全滅の運命にあった日本兵の狂気の如き群は米国人であろうと比島人であろうと男、女、子供の区別なく、やたらに斬りまくり殺害するという残虐を敢てした。米国軍が迅速にマニラの北部に到達したので、日本軍は建築物を爆破し、放火し眼に入るものはすべてこれを破壊するに至った。

しかし市街の南部に於《お》いては全く様子を異にしていた。というのは掃蕩作戦は数日間拡張され日本軍はあらゆるコンクリート建のビルディングを小要塞と化しこれに立てこもったからである。暫くの間日本軍は「南京の強奪」にも劣らぬ血の遊びに耽った。信ずべき口供書や写真などは男女を問わず又年齢の如何を問わず一般民衆が双手を背に縛られ、重なり合って銃剣で刺殺されたことを示している。又或る者は逃れようとして機関銃の掃射を浴び、負傷者を助けようとした者はその途中射殺された。

二月二十四日、米軍は南部マニラから日本軍を掃蕩し、かくして比島の首都の戦闘は終了した。日本軍はマニラの無意味なる防衛に凡そ一万二千の海軍陸戦隊を失い、ルソン島の戦闘における最初の六週間において凡そ九万二千の損害を蒙った。マッカーサー将軍は二十五日、山下将軍の比島作戦の「運命は決まった」と宣告した。

日本軍完全に敗北

二月二十三日、米空挺部隊はコレヒドール島及びバターンを解放し、二月二十八日には第八軍がパラワン島に上陸し、三月五日にはルソン島付近の三つの島を占領し、マニラ港への海路を確保した。パラワン島の占領の際、脱走に成功した一人の捕虜の言によって百五十名の米軍俘虜の虐殺の報がもたらされた。彼の言は次の如くである。

「十二月に日本軍はミンドロに向う大護送船団があることを知った。彼等はこの護送船団が先ずパラワンに向うものと思い恐怖のため狂気の如くなり我々を一連の地下室に集め、頭からガソリンを注ぎ火をつけた。我々が外へ逃れようとすると彼等は機関銃を以て薙《な》ぎ倒した」

六月二十八日、マッカーサー将軍はルソン島戦闘の凡ての組織的抵抗は終ったと発表し、七月五日には「日本軍が従来蒙ったことのない最大の不幸」たるフィリピンにおける全日本軍の完全なる敗北を発表した。又マッカーサー司令部は九ヵ月間の戦闘において日本軍の損害は戦死四十二万六千七十、捕虜一万一千七百五十八及び莫大なる鹵獲品《ろかくひん》を得たと発表した。

しかしながら、比島の戦闘によって聯合軍は対日戦闘に他の収穫を得た。B29による空襲は日毎に頻繁さを加え、米陸軍は空母より発進する数百の艦上機を以て東京を攻撃し、米海兵隊は硫黄島及び沖縄島に上陸した。日本の「内線防禦陣」は打破られ、聯合軍は日本本土に対する最後の攻撃を準備した。（つづく）（「朝日新聞」昭和二十年十二月十四日）

要するに新たに徴募せられた者よりも、将校より兵に至るまで、所謂る職業軍人の方が、むしろより多く軍人精神を失墜し、武士道の常軌により多く背いたように察せらるる。今その例として掲ぐる所左の如し。

〝烏合の衆〟日本軍

帰還兵が語る「比島最後の日」

去る十六日帝国駆逐艦で二百名の引揚げ同胞と共に鹿児島に帰来した中村譲治一等兵並に元比島報道部員飯田清一両氏は勤務先の放送会館で比島邦人抑留者の状況を左の如く語った。なお飯田氏は六月二十五日より、中村氏は七月十三日より各々飢餓のため身体の自由を失いカンルバンの同キャンプに収容されていたものである。

カンルバンのルソン第一キャンプは砂糖きび畑をブルドーザで平坦にした六キロ四方許《ばか》り

の空地に建てられ、各々五千人余を収容する十五ほどのキャンプ集団から成り、煙草も一日十本を供与されている。食糧の配給は終戦前には収容人員が二万人位だったので良かったが、終戦後は山から多数の兵員が下りて来て人数も約十一万になったので一時大分配給は悪くなった。それでも一日米三百グラム、バタ、牛乳、肉、野菜、缶詰の汁などが支給されている。扱いは頗《すこぶ》る公正で殊《こと》に米軍軍医が寝食を忘れて半ば意識を失った下山の捕虜を治療してくれた。これ等の捕虜は多く飢餓のため歩行不可能で寝たままでいるのを米兵に担架で運ばれて来た者だったが、米兵は山の中で発見した日本兵で息のある者はすべて病院まで運びこんで来た。

目下ムンティンルパのキャンプには約四千人の病人が収容されている。その他医療設備はカンルバンにも一キャンプ集団に一つ宛《ずつ》ある。収容中の日本人は自治制度で炊事、キャンプの清掃などに当っているが、軍最高首脳部その他戦争犯罪者は別のキャンプに収容されている。

兵隊は一般に「だまされた」という感じを強く持ち高級将校を深く怨んでいる。兵隊が木の葉、木の根を食ったりしているのに、一部将校は米の飯を食い、また兵隊を前線に残して高級将校はどんどん逃亡してしまったためだ。現在収容所の人達の一番の希望は腹一杯飯を食いたいことと、終戦後の日本に自分達がどうして生きて行ったらよいかということだ。この意味で日本から米軍司令部を通じて送られる朝日、毎日、読売各紙は収容者に大歓迎である。

終戦前の状況は、食糧のない山の中にとじこもったわれわれにとっては飢餓と戦うだけでとても戦争どころではなかった。自分（飯田）のいた東方拠点では兵のうち九割は餓死し、一般邦人の千五百人は全滅した状態である。山中の部隊では兵隊がお互に射ち合って同僚の肉を食って命をつなぐというような、信ずべからざることさえ起った。
なぜこんな日本人として信じられぬような悲惨事が、わが同胞の上に起ったかを考えて見ると、まず第一には日本軍隊の教育が自分自身の良心で納得の行く秩序ではなく、牛馬のように命令に違反すれば叩かれ、無理な規律の下の秩序であったからだと思う。それで将校達が兵を前線に残して後退してしまった後は、支離滅裂全くの烏合の衆《しゅう》となって了《しま》ったのだ。

尚《な》お東條の収賄については、左の如く報告せられたれば、これだけは全く無根の事と察せらるる。

贈金の事実なし
三菱、東條大将との関係否定
【UP通信（東京）九日】三菱重工業会長郷古潔氏は聯合軍最高司令部最近の声明において同社が東條大将に一千万円を贈与したという事実を九日否定した。また三菱本社が東條大将に家を贈ったということをも否定した。右に関し聯合軍最高司令部のスポークスマン

――は、これに関する情報が司令部に入ったのは日本人筋からであった、それでこの情報の入って来た筋をもう一度点検していると言明した。

（昭和二十年十二月十五日午前、晩晴草堂にて）

七一　近衛公の服毒死に思う

昨日の放送に、近衛公爵が、毒を仰いで死んだという事を伝えた。所謂《いわゆる》今からでも晩《おそ》くはなかったということがこの事だ。ただ予としては、むしろその早くなかったことを憾《うら》むのみだ。予は本来近衛の同情者である。彼は日本の宰相として、殆《ほとん》ど総ての条件を具備している。至誠奉公の道を竭《つく》すには、何等の妨げもなき身分である。かるが故に出来得る限りこの人をして、輔弼《ほひつ》の大任を竭さしめたいと考えていた。しかしそれはやがて彼れの行動によって、幻滅し去った。かくて予は、近衛公爵には、ただ一の失望のみを剰《あま》し得た。日本を敗戦に導いた臣下の中では、右に東條あり、左に近衛ありというべきであろう。臣下中に於《おい》て責任者を挙《あ》ぐれば、この両人が横綱であることは、天下の公論である。しかるにその近衛公が、敗戦後第一内閣の副総理格に納まり、平気でいたことは、洵《まこと》にお目出たき至りである。彼はむしろこの無条件降伏の主導者であって、その事の成就したるを見て、これからが乃公《だいこう》の世の中であると、手の舞い足の踏む所を知らなかったであろう。彼は真っ先にマッカーサーを訪《おとの》うて、自己弁護を為し、それも一度ならず、二度であった。その他他の機関を通して自己弁護を為した事は、数うるに遑《いとま》なかったであろう。しかし様子が甚《はなは》だ面白くなかった為めに、あるいは支那に謝罪使として、赴かん事を運動し、あるいは憲法改正の問題を提げて、自らその役を買って出で、あるいは機会もあらば、新政党の首領ともなり兼ねまじき所であった。しかし彼れの従来の行動は、天知る、地知る、日本人知る、アメリカ人亦《ま》たこれを知る。遂に如何なる運動も策略も、利目《ききめ》がなかった。而《しか》して最後が即ちこの服毒自殺であった。しかしこのまま生存して法廷に出で、余計な弁護をしたならば、更に醜態の極みとなり、国の為めにも、自分の為めにも、最も不利不幸であったと思う。されば最後に於《おい》て自決した事は、晩《おそ》くはあったが、尚《な》お賢明であったと、いわねばならぬ。ここはさすがに近衛であると、いってもよかろう。

元来戦争の準備は、九分九厘まで、近衛及び近衛の内閣によって行われた。しかるに九分九厘の所で、彼は踏み留まった。かくて戦争中は、蒋《しき》りに戦争反対の運動を為し続けた。当初から戦争をせぬ積りならば、その準備を九分九厘まで、するべき理由はない。した以上は、それに向って全力を尽すべきである。しかし一所懸命にその準備をして、いざとなれば逃げ出すばかりでなく、その妨害をしたという事は、我等には到底了解が出来ない行動である。近衛をして弁護せしむれば、定めて何かの申訳はあるであろうが、要するに彼が戦争の原因を作ったる巨魁《きょかい》であり、同時にまた彼が敗戦の動機を作りたる巨魁である事は、彼れの行動が、明かにこれを示しているから、両乍《ふたつなが》らその責を免かるることは出来ない。今ここにかく言うことは、死屍に鞭打つが如く、甚《はなは》だ好ましからぬ事であるが、歴史家としては、かく判断するの外はない。

近衛が如何なる程度まで、ムッソリーニ、ヒットラーに私淑したるかは知らぬが、彼は慥《たし》かに国民再組織、一国一政党の考案を持ち、それが種々の経緯で、大政翼賛会は出で来ったのである。かかる会は、近衛の力でなければ、何人の力でも、容易に出来得べき事ではない。予は当初から国民再組織なるものに反対で、屢々《しばしば》その意見を、新聞に掲げた。独逸《ドイツ》や伊太利《イタリア》では、その必要もあろうが、日本では決してその必要はない。日本は本来既に、国民的組織は、出来上がっている。この上再組織をするという事は、却《かえっ》て国民を分離に導く事になる。所謂る屋上屋《おくじようおく》を架するものである。しかし遂にそれが行われた。しかし近衛は、折角《せっかく》自分でその家を拵《こし》らえたが、やがてはそこを逃げ出し、これを他人に明け渡した。三国同盟についても、亦《ま》た同様である。この事は、予などは、当時に於《おい》て、最もこれを希望したる一人である。当時の世界に於て、日本が世界に孤立するという事は、何よりも危険千万である。故に友を択べば英米か、独伊か、二者その外には無い。英米とは、ワシントン会議以来、あらゆる曲折を経て、支那事変に及び、殆《ほとん》ど既に事実に於ては、暗中に鎬《しのぎ》を削っている。されば日本が、その矜持を傷つけずして、同盟し得る国は、独伊以外にその国無しというべき時であった。かるが故に近衛のこの挙は、吾等は反対せざるのみならず、むしろこれを賛成した。しかし近衛は、自ら協約の主動者といわずんば、その内閣に於《おい》て、実行せしめたる首班であるに拘《かかわ》らず、やがてはその外相松岡を逐い出し、やがてはまた盛んに色眼を英米に遣かうようになった。彼は如何なる場合に於《おい》ても、二た足を踏んだ。いわば一方に靴を履《は》き、他方に下駄を履くという訳である。かくの如く近衛の新らしき物好きであり、同時に飽《あ》き性であり、計画家であり、同時に不実行者であり、殊《こと》に難局に遭えば、毎《い》つも逃げ出す事を、本色として、末は野となれ山となれというが如き、無責任者であった事は、彼れの最も大なる欠陥であったと言わねばならぬ。普通の個人ならば、是等の欠陥を持っていても、毒にも薬にもなる訳はないが、不幸にして近衛は、臣下としては、並びなき位地を、七百年来連続して、占めて来た。更に遡《さかのぼ》れば、天智《てんじ》天武《てんむ》の大織《たいしよくかん》冠鎌足《かまたり》公以来である。而《しか》して英語で所謂るブリュー・ブラッド（Blue blood）と称する通り、彼れの家の血液の中には、最も多く天潢《てんこう》の血液が、濃厚に混入している。彼れがこの頃爵位奉還を思い立ち、一平民とならんと申し出たるも、彼れの身から、その血液を取り去る事は出来ない。今日から見れば、彼が生れ乍《なが》ら、金の匙《さじ》を銜《くわ》えて、出で来《きた》った事は、彼れにとってばかりでなく、日本にとって、むしろ大なる不幸であったと、いわねばならぬ。

（昭和二十年十二月十七日午前、晩晴草堂にて）

七二　マッカーサー風、伊勢神宮に及ぶ

マッカーサー風は、遂に伊勢の神宮までに波及した。これは予ての宿謀《しゆくぼう》通り、我が日本精神を根絶し、国体の淵源《えんげん》を破壊せんとする為めであって、決して等閑《とうかん》の業ではない。一言にしていえば、日本精神の根基は、皇室に在り。皇室の淵源は、皇祖を祀《まつ》れる伊勢神宮に在り。伊勢神宮に向って、手を加えたるは、取りも直さず皇室に向って手を加えたる所以《ゆえん》であって、所謂《いわゆ》る人を射んとすれば、先ず馬を射よとの筆法である。洵《まこと》に恐ろしき心底《しんてい》といわねばならぬ。

如何なる時代に於《お》いても、曲学者は世に出でるものであり、過去に於《お》いては、今日に昔通りの祭政一致《さいせいいっち》を、実行せんとする曲学者があれば、今日ではまた、神道は一個の宗教であると明言して、これを国家より切り離さんとする曲学者がある。晴天でも、雨天でも、雪が降る日も、水が沸《に》え返る夏でも、時と場所を構わず、曲学者は繁昌するものである。予は過去に於て、祭政一致などという事を、今日に実行するべきものでないと考えていたが、同時に神道は、本来宗教でなくして、これは皇室と離る可《べか》らざる関係があり、従《よっ》て国家とは切離すべきものではない。勿論《もちろん》神道を標榜《ひょうぼう》して、大本教とか、金光教とか、黒住教とか、天理教とか、あるいはまた神習教とか、その他あらゆる宗派が出で来りたるも、それは神道の末梢神経であって、神道そのものは、決して宗教ではない。これは皇室が祖先を祀り給い、国民がその恩人を祀り、若《も》しくはその氏神として、その祖先を祀るものであって、これは宗教とか、宗派とかいうものの、関係すべきものでない。例えば伊勢の神宮には、神主でも、坊主でも、牧師でも、儒者でも、若くは無宗教者でも、皆な共に礼拝し、且つ礼拝すべきものである。また銘々の産土神《うぶすながみ》、若《も》くは氏神、鎮守神などというには、銘々が参詣することは勿論である。また出雲人が出雲大社に参詣するが如き、肥後人が阿蘇神社に参詣するが如き、その例である。日本の田舎を巡れば、如何なる山の奥にも、神社は在る。寺の無き所はあっても、神社の無き所はない。これは日本の民族として、神社は宗教といわんよりも、むしろ一のインスチチューションとして、民族の中から発生したるものである。この神社が、国民的精神を、長養することは、当然である。維新以前迄《まで》は、そうでなかったが、維新以後に至って、かくなったという事は、全く間違いである。例えば文永弘安《ぶんえいこうあん》の役《えき》に於ても、神社が如何に国民的精神を、発揮せしむるに、大なる役目を働きたるかは、明白である。日本の神社は、例えば和気清麿《わけのきよまろ》を祀《まつ》りたる護王《ごおう》神社の如き、楠公《なんこう》を祀りたる湊川《みなとがわ》神社の如き、外国でいえば、銅像とか、石像とか、若《も》くは記念碑とか、記念殿とかいう如きと、殆《ほとん》ど趣を一にしている。アメリカ人は今でも、バンカー・ヒルの記念碑を、またマウント・ヴァーノンに於ける国祖ワシントンの墳墓を保存し、且《か》つ相当の尊敬を払っているではないか。我等が湊川神社に詣するも、またそれと同様の意味である。若《も》しワシントンの墓に参詣する事が、宗教的礼拝ではないとすれば、日本人が神社に参詣するのも、亦《ま》た同様である。神道の名義の中に、伊勢の神宮を初め、一切の神社を挙げて、一網に宗教視するに至っては、事実を誣《し》うるも亦た太《はなは》だしきものと、いわねばならぬ。しかし米人は何であろうが、日本精神の淵源を叩き潰して、日本精神そのものを、根絶せしむれば、その目的は達する訳である。彼等はこれを宗教と称する方が、彼等にとって、都合が宜《よろ》しいから、宗教と称しているのである。しかるに日本の学者が、米人の為めに提灯を持つなどという事は、余りに呆れ果てた事と、いわねばならぬ。

我等の考えからいえば、日本の神官達は、大東亜聖戦に於《おい》て、相当に働らいたであろうが、我等の欲目から見れば、決して充分ではなかったと思う。しかしその不充分と我等が思う所を、アメリカ人は、却《かえっ》て国家の為めに、御用を勤めたからといって叩き潰された事は、神官にとっては、むしろ光栄の至りといわねばならぬ。論語に、孔子の門人子貢《しこう》が、告朔《こくさく》の餼《き》羊《よう》を廃せんというたが、孔子は賜《し》や爾《なんじ》はその羊を愛《おし》むが、我はその礼を愛むといって、これを許さなかった。日本の神社は、日本の歴史とは最も古き関係を持つものであって、今日に存する日本の旧家は、何といっても、神社について求むるの外はない。その神社には千年以上を数うるものが少なくなく、その神社に付属する神官の家も、亦《ま》た神社と殆《ほとん》ど同様の年代を持するものが少なくない。これらは実に日本に於《おい》ては、一種の国宝といわねばならぬ。アメリカ人としては、これを叩き潰すことが目的であれば、別に彼等に対して、議論の余地はないが、日本人がその御先棒となって、神道の征伐、神社の潰滅を計るが如きは、我等の最も不可解とする所である。

（昭和二十年十二月十八日午前、晩晴草堂にて）

七三　戦争犯罪人としての予

ある人曰《いわ》く、御老体にて、戦争犯罪人容疑者となられたる事は、御気の毒千万である。予答えて曰く、御同情は有難いが、自分には当然の事と思う。若《も》し予が召喚せられなかったならば、それこそ気の毒千万である。元来戦争犯罪人なるものを、戦後に追究する事の、是非得失は、姑《しばら》く措《お》き、苟《いやし》くも追究する以上は、予を取り落す事の、あるべき筈《はず》はない。予は何等軍機《ぐんき》には参与しなかったが、国民の士気を鼓舞奨励《こぶしようれい》する為め、若《も》しくは当局者を督励鞭撻《とくれいべんたつ》する為めに、聊《いささ》か微力を効《な》している。これは隠れなき事実であって、今更これを蔽《おお》い隠し得べきものではない。予は八月十五日以後は、既に自ら胸中に決する所がある。苟くも免かれんと欲するが如き、卑怯未練なる心底は、爪の垢ほどもない。ただ万一この容疑者から、取り残されたる際は、予に対する大なる侮辱と考え、予の胸中平かならざるものがあるべきは必然だ。しかるに今や仲間の一人に加えられて、いわば初めて一人前の男となった訳である。これは決して負け惜みでもなければ、強がりを言うでもない。予の心境としては今日の境遇は、所謂《いわゆ》る仁を求めて仁を得たり、また何をか恨みんというものである。ただ今日持病再発の為めに、このまま巣鴨に赴けば、法廷に立つ以前に、くたばるかも知れぬから、それでは折角《せっかく》容疑者として、召喚せらるる本意に背くから、姑く病を養うている次第である。

ある人曰《いわ》く、成程承って見れば、御尤《ごもっとも》である。しからば貴君は、この戦争には、大なる役目を働き給いしことであろう、如何。予曰く、実は大なる役目を働きたいと思うて、老骨に鞭うち、病軀を忘れ、一所懸命にやったが、不幸にして大なる役目を果すことの出来なかったことは、洵《まこと》に遺憾千万であった。自分は決して人を咎《とが》むるではないが、我が力の足らざる事を嘆ずるばかりである。端的にいえば、若《も》しこの戦争に、予が大なる役目を働らいたならば、今日の如き惨《みじ》めなる状態には、立到らなかったと信ずる。今日の状態を見れば、予がこの戦争に於《おい》て、貢献したる所の、太《はなは》だ貧弱であった事は、自から分明である。要するに東條、小磯、鈴木、何れの当局者も、予を適所に於て働かしめざるばかりでなく、殆《ほとん》ど予の意見を採用して呉《く》れなかった。されば予の声は、ただ野に向って呼ぶの声に過ぎなかった。所謂る言行われず謀用いられず、今更何の面目あって、戦争犯罪人などという立派な肩書を受くるかと、この点から考察すれば、衷心甚《ちゅうしんはなは》だ慚愧《ざんき》に堪《た》えぬものがある。

戦争中の大部分は、東條首相がその局に当った。彼は昭和十六年の十月から、十九年の七月迄《まで》である。小磯首相は十九年の七月から二十年の四月。鈴木首相が四月から八月、無条件降伏に至るまで、その局に当った。一言にしていえば、戦争の運命は、東條時代に定まったといっても、差支《さしつかえ》あるまい。この機会に於《おい》て、予と東條氏との関係を少しく語る必要がある。予が陸海軍の友人は、既に太古史に属し、しからざれば上古史に属している。最も親しかったのは、山縣〔有朋〕、大山〔巌〕、川上〔操六《そうろく》〕、桂〔太郎〕等にて、寺内〔正毅《まさたけ》〕より明石〔元二郎〕、宇都宮〔太郎〕等の連中は、年輩も略《ほ》ぼ同じく、その以後に至っては、何れも我等より一時代以下の人々であった。予は川上の部下であった、東條英教《とうじようひでのり》その人を知っている。彼は川上の部下の内でも、一種の論客として聞こえていた。川上門下はあらゆる軍の奇才異能を集めていたが、父東條も亦《ま》たその一人であった。東條首相はその子である。予は板垣陸相が、予を官邸に招き、晩餐を饗せられたる際に、次官であった東條英機その人の顔を、初めて見た。しかし彼は、何とか用事ありとて、中座して去った。しかし予は東條英機その人が、父の子であって、一種の風骨を持する軍人でありと聞いていた。予は日本の為めに、出来得る限り、立派な人物を発見し、彼をしてその所を得せしむる事を以て、国家に対する奉公の一と考えた。故に文武の官吏、在野の政党、その他社会あらゆる方面で、苟《いやし》くも毛色の異《かわ》ったる人間は、常にこれを物色し、微力ではあるが、出来得る限り、彼等をして、奉公の道を効《な》さしめん事を期した。打ち明けていえば、予自らは、それ程役に立つ人物でないから、せめてそれ等の人物を発見して、国家の御用に立たしめたいと期した訳である。東條の如きは、いわばその一人である。別の方面でいえば、中野正剛《なかのせいごう》の如きも、亦《ま》たその一人であった。

（昭和二十年十二月十九日午前、晩晴草堂にて）

『頑蘇夢物語』　五巻

七四　首相東條と予　(一)

兎《と》に角《かく》東條首相の美徳ともいうべき事は、非常なる勉強家である。また速断速決する。また何事も徹底的にやりつける。従来ただ総理大臣にならんが為めに、総理大臣となり、総理大臣となっては、ただ総理大臣の位地に居らんが為めに、居るという連中とは、聊《いささ》かその趣を異にしている。そこで予は東條大将に対しては、口広き言ではあるが、孺子《じゅし》教う可しという積《つも》りで、自分の意見は陳述し、且《か》つ忠告も試みた積りだ。しかしどれ程迄《まで》に予の言を容れたかは、疑問である。あるいは若干容れた事もあるかも知れぬ。例えば従来の首相は、主上《しゅじょう》に成《なる》べく政治について、聖慮を労し給わざらん事を期して、出来得る限り、政務を中上げない事とした。これは非常の謬《あやま》りである。閣下は一切の政務を、出来得る限り、主上に中上げ、主上をして、国家の政治と、全く遊離し給わざらん事を計らねばならぬ。また主上の左右に向って、決して秘密主義を保たず。知らすべき事は知らして置く必要があるというような事は、あるいは若干実行したようでもある。しかし例えば、この機会に乗じて、昭和維新の実を挙げ、明治末期以来、現代に至る迄の積弊《せきへい》を、根本的に一新し、天皇親政の実を挙ぐ可しとの意見などは、一切相手にはしなかったようである。しかし予は出来得る限り、この戦争を有利に導くべく、種々の意見を陳述したが、殆《ほとん》ど顧られなかった。予は素《もと》より何等東條その人に、求むる所なく、ただ国家の為めに人物を養成したいという考えで、東條首相の為めには、政治家の虎の巻とでもいうべき書籍一冊を編成し、これを贈った程である。予としては、余りに物好きであるようであるが、せめてこの人でも、国家の御用に立たしめたいという赤心から、彼より依頼せざる労を、自ら買って出でたのである。固《もと》より報酬を求むる為めでもなければ、ただ彼がこれを一読して、幾らか彼れの人物を、向上せしむる事を、唯一の報酬と考えていたのである。しかし果してこれを読んだか、否やさえも判からず。如何に良薬を盛っても、服《の》まなければ、効目《ききめ》のあるべき筈《はず》はない。

予は長き政界の、裏面に於《お》ける経験に於て、多くの日本に於ける人物を、知っている。山縣公などは、世間でも、徳川家康と称し、最も近付きにくき人であり、如何なる親しき者に向っても、その胸中の扉を、開いたことはないという噂であった。しかし予は山縣公から、別段信用せられたとは思わなかったが、相当の事迄《まで》は、話して呉《く》れた。桂公とは、同じ竈《かま》の飯を食う程であったが、世間では桂は嘘つきと評判したが、予は未だ曾《かつ》て、桂公から欺《だ》まされた事は、ないと思う。これに反し、東條首相は、予に対しても、恰《あた》かも議会の委員会に於て答弁でもするかの如き態度を以て接した。腹心を披《ひ》らくこともなければ、況《いわん》や赤心を他の胸中に置くこともない。その為めに、予は東條首相によって、何一つこれという軍国の大事を聞くことを得なかった。また予にも相当の自尊心があるから、強いてこれを聞かんことも、努めなかった。実を言えば、予も東條首相には、失望せざるを得なかった。それで最後は、その成行《なりゆき》に一任する外はなかった。もし東條首相が、予の言う事を聞いたならば、今少し東條内閣も、立派な事をすべきであった。しかし彼は、皇軍の緒戦の赫々《かくかく》たる戦勝に、自己陶酔し、一大錯覚を起し、急に自分を偉いものと考え、一躍大天狗となって、何人の忠告をも、聴き容れることも、出来なくなった。当初から偏窟狭隘《へんくつきょうあい》の人物であったから、それが大天狗となれば、その上は最早や、如何なる名医も、その天狗病を治すことは出来なかった。

世間では、予が東條内閣に便乗して、金儲けをしたから、吐き出せなどという、無礼なる書簡を、無条件降伏後、予に与えたる者がある。しかし予は未だ曾《かつ》て、東條内閣よりも、また東條首相その人よりも、何等得たるものはなかった。否な予の方から与えたるものはあったが、彼より受けたるものはなかった。予は今でも東條内閣に対しては、債権者であるという事を、確信している。若《も》し東條内閣が予に与えたるものありとすれば、東條内閣の時に、予は三宅雪嶺《みやけせつれい》翁と共に、文化勲章を受けた事であろう。しかし予としては、若し予に文化勲章を与うるべしとすれば、第一回第一号を以て、与えらるべきものであろうと思う。日本の文化に貢献したる者としては、予は福澤諭吉以後に於《おい》て、何人にも後れを取らぬと信じている。別に効能を中立つる必要はない。予が著作目録を見ても、また民友社から出版したる書籍目録を見ても、それ丈《だ》けで問題は判《はっ》きりする。しかるに第一回はおろか、第二回も看過し、第三回目に至って、予に文化勲章を与えられたる事は、何やら残肴零盃《ざんこうれいはい》を頂戴したるが如く、予は衷心《ちゅうしん》に於《おい》て、むしろ侮辱と考えていた。要するに、与えられぬ事も侮辱であり、与えられた事も侮辱であり、それをその上文句を言うて辞退すれば、更に尚《な》お侮辱で、侮辱の上塗をするから、予は黙ってこれを受け取り、何処にか仕舞込んで、今はその行方さえも、記憶から逸し去った。かかる訳であって、予は毫《ごう》もこれを以て、東條内閣の恩とは思っていない。固《もと》より東條氏も、これを以て予に恩を被する訳もなく、予も亦《ま》た恩を被る訳もない。

予は世間の人の如く、東條その人を憎む事は出来ない。彼れも彼れの立場としては、一個の愛国者であるという事を、予は今でも認めている。しかし彼は到底度《ど》し難《がた》き人物である。到底宰相の器ではない。予が彼を教育して、立派な宰相たらしめんと企てたのは、予が不明であり、予が微力であり、あるいは予が不智であるという事も出来よう。中野〔正剛〕対東條の一件の如きも、予は頗《すこぶ》る骨折った。ある時中野氏が、予を民友社に訪《おとな》い、自分も大政翼賛会に投じ、東條と妥協して、やって行こうと思うが、貴意如何と言ったから、予は今日は彼是れ国内にて相鬩《あいせめ》ぐ時ではない。貴兄も洋々たる前途を持っているからには、今日は己れを屈して、東條を訪問し、妥協をされたらば、結構であると答えた。その後中野の「戦時宰相論」が朝日新聞に出で、それが東條の怒りを招き、直接の厄難は朝日新聞にかかった。而《しか》して中野も東條一派から、目の敵《かたき》にせられて来た。予はこの事に就《つい》て、特に東條首相を訪い、中野と喧嘩する事は、決して首相の大を成す所以でない事を語りたるも、東條はただ、自分は中野に対して、何とも思っていないと言うだけで、少しも打解けたる所なく、表向き一遍《ぺん》の挨拶に過ぎなかったから、力及ばず帰った。予は必ずしも、中野を全く是とし、東條を全く非とする訳ではない。仮りに桂公をして、かかる場合に処せしむれば、恐らくは中野をして、死に到らしめざるのみならず、却《かえっ》て相当の働きを為さしめたであろうと思う。東條には、とても政治が解からない。而《しか》して自ら大政治家と思うていたから、そこに大なる錯覚があった。

東條失敗後は、予は必ず彼が何処かの司令官となって、第一線に赴き、軍人としての本分を、尽すであろうと、考えていた。しかるに彼は、そのまま用賀の私邸に退去した。予は頭《とう》山満《やまみつる》追悼会が、十九年十一月国士館で催されたから、出席の序《ついで》を以て、それより程遠からぬ、東條の邸を訪《おとの》う事とした。それは第一は、彼れも淋しく感じているであろうから、慰めてやりたいという気持ちと、次には彼が失脚を、彼自身は如何に見ているかという事を聞いて見たいのと、三には屢々《しばしば》世間の問題となった、東條の家なるものを、見たいという事であった。前以て約束していたから、東條一家に迎えられ、後にも先にも初めて東條と、その狭き、膝を容るるに足るような部屋で、東條夫人の給仕で、昼飯を共にした。勿論、主食である薩摩藷は、予が自ら携帯したるものを、予は喫したが、副食物には、何処からかの到来物とて、小鳥の漬け焼を馳走せられた。而《しか》して東條令嬢の手製だとて、帰りには、何かパン菓子のような物を贈られた。その以後は、杳《よう》として音沙汰を聞かず、八月十五日となったから、多分東條大将は、自決したであろう、若《も》しくはするであろうと、新聞を眺めていたが、少しもその様子が判らなかった。予は親しく面して、最後の忠告を試みたいと考えていたが、予もとても東京迄《まで》出掛くる身体でないから、せめて東條大将が、御殿場までやって来れば、予は御殿場に出掛けて、会見すべしといってやったが、それも何や彼やで行われず、ただ東條は飽《あ》く迄法廷に出て、意見を陳述するという事だと、いう丈《だ》けの事を聞き、それも今日となっては、一の方法であると考えていた。ところが九月に入て、急に東條の方から、愈々《いよいよ》自決の決心をしたから、遺言書を書いて呉《く》れ、その宛所は云々、その趣旨は云々というような事を、依頼し来《きた》った。そこで予は、これも亦《ま》た予に取って、何かの宿縁であろうと考え、疾《やまい》を力《つと》めて、直ちにその求めに応じた。しかしそれは、果して東條の手に渡ったか、渡らなかったか、使の者に渡した丈《だ》けで、その後の消息は、今ここに書くことは出来ない。而《しか》して偶然にも、東條も予も、亦《ま》た巣鴨の別荘に、同室とはいわぬが、同居することとなった。

（昭和二十年十二月二十一日午前、晩晴草堂にて）

七五　首相東條と予　㈡

尚《な》お東條と予の関係について、思い出す事がある。若《も》し東條氏が、予が彼に対して傾けたる好意に、酬《むく》ゆる機会があったならば、それは二回ある。第一は、予が「宣戦の大詔《たいしょう》」の述義を出版したる際に、その祝賀会の開催せられたる場合である。しかるに東條氏は、その催主が日日新聞社であったという理由の下に、最後まで引っ張って、遂に出席しなかった。第二は予が八十歳の祝賀会の際に、蘇峰会が主催となってやったが、それにも遂に出席しなかった。予が会合には、政治上に於《おい》ては意見の異同を問わず、あらゆる人が来会した。しかし東條氏は、二回ながら来なかった。別に不可抗力があって、その出席を拒んだのではない。これを見ても東條氏が、如何なる程度に、予を買《つ》っていたかが判かる。予は固《もと》より国家の為めに、総理大臣を教育し、指導せんことを力《つと》めたが、敢《あえ》てその報酬を望む者ではなかった。但《た》だ東條氏が、今少しく予を信用し、予にその胸襟《きょうきん》を打明け、相共に国家に尽瘁《じんすい》せん事を力めたならば、今少しく東條内閣も、立派な事をしたかも知れぬ。今から考えて見れば、予は殆《ほとん》ど無益に精神を費したものである。

小磯鈴木の二首相に対しては、別に多大の期待を属していなかったにせよ、随分予の言わんと欲する所を言い、尽さんと欲する所を尽した。しかし一言を以て言えば、全く無益に精神を費したものに過ぎない。大海に水を注ぎ込んだも同様である。今復た何をか言わんやだ。鈴木氏の如きは、予も彼氏が老人である為めに、特に同情を表し、正心誠意彼を援助したが、彼は徹頭徹尾予の好意を裏切り、必ずしも作為的に、予をペテンにかけた訳でもあるまいが、事実はその通りであった。予また何をか言わんやだ。予は彼も主権ある日本国最後の宰相として、挂冠《けいかん》と同時に、一死を以て君国に謝するであろうと、考えていたが、彼氏は平気で隠居の身となり、更にまた枢密院議長の椅子に座して、舞台に現れ来った。人各々心あり、我れまた何をかいわんやだ。

要するに、若《も》し当局者が予を信認し、予に手一杯の仕事をさせ、且《か》つ予が献言を聴き、同時に軍国の大事について、せめてその筋道なりとも、予に打明けたらんには、予は幾らか御奉公も、出来たであろうと思うが、一切それが出来なかった事は、今以て遺憾に勝《た》えない。況《いわん》や主上《しゅじょう》に拝謁《はいえつ》して、区々の忠貞を効《な》さんとするの志は、全く側近の社鼠城狐《しゃそじょうこ》の為めに、阻止せられて、遂にこれを達するの途《みち》なかりしに於《おい》てをや。されば折角《せっかく》働かんとしても、働くことが出来ず。遂に今日に至りたるものなれば、世間は恐らくは予を買被《かいかぶ》り、相手方も亦《また》同様に、買被っているかも知れぬ。さりとて予は、苟《いやし》くもその責任を、免かれんとする者ではない。ただ事志と全く違うているだけの事を、ここに明かにして措《お》くのみである。

（昭和二十年十二月二十二日午前、晩晴草堂にて）

●戦争犯罪容疑者裁判において弁護人たるべく牧野良三氏に依嘱せるについて松山常次郎氏に宛てたる書翰

眼痛力《つと》メテ執筆御推読ヲ乞《こ》フ

過日来度々《たびたび》御光臨万々謝々更ニ希《ねが》フ所ハ今一度牧野先生御同伴願ハレマシキヤ老生《ろうせい》昨今病勢劇甚今朝モ殆《ほと》ント箸ヲ下ス能ハス乍併《しかしながら》元気旺盛御安神被下度候《くだされたくそうろう》

老生ノ牧野先生ニ期待スル一事ハ苟モ免レントスルニアラス只《ただ》老生ノ志趣ヲ表明シ内外ニ向テ此ノ戦争ハ決シテ相手側及内地ノ雷同者側ノ所謂《いわゆる》侵略戦争軍閥財閥ノ野望戦争ノミニアラサル事相ヲ闡明《せんめい》シ我カ護国ノ鬼雄《きゆう》ノ為メニ其ノ冤《うらみ》ヲ雪《そそ》クニアリ。

且又《かつまた》老生トシテモ八十三年ノ幕ヲ卸《おろ》スノ尤《もっと》モ大切ノ一幕ナレハセメテ立派ニ六方《ろっぽう》ヲ踏《ふ》ンテ退《しりぞ》キタクソレニハ何ヨリモ老生ノ志趣カ歪曲セラレス誣罔《ふもう》セラレス光明正大ニ有《あり》ノ儘《まま》牧野先生ニヨリテ展開セラレンコトヲ祈求スル它《ほか》コレナク候《そうろう》

牧野先生モ政界ノ苦労人ナレハ老生ト志趣ヲ同一ニセサルマテモ少クトモ老生其物《そのもの》ヲ諒解セラルルニ相違ナク其ノ一点ヲ重点ト願上度候老生モ何《いず》レニセヨ余命幾許《よめいいくばく》モナク候得共《そうらえども》没分暁漢《わからずや》ノサーベルヤ唯利維図《エリート》金持ノ提灯持杯ト宣告セラレテハ極楽浄土ノ往生モ六《むつ》ケ敷《しく》候間老生ハ老生丈《ろうせいだけ》ノ持場モアレハ立場モアリ而シテ老生一個ノ見識ト責任トニヨリテ一生ヲ始終シタルコト丈《だけ》判明セハ其跡《そのあと》ハ生死《せいし》存亡不足論也《そんぼうろんずるにたらざるなり》

以上乍御手数《おてかずながら》牧野先生迄《まで》御内話或ハコノ拙書ヲ御内閲《ごないえつ》ニ供シ下サレテモ更《さら》ニ差支《さしつかえ》ナシ一ニ貴意次第ニ御取計《おとりはからい》被下度《くだされたく》候　艸々不一

昭和二十

臘月念四　　頑蘇

頓首

松山先生

梧右

東北行収穫見込如何御成功祈申上候

又拝

七六　大正天皇祭とクリスマス

今日は十二月二十五日、我等が大正天皇祭、彼等のクリスマスである。本月に入て以来、恐らくは今日ほどの好天気はあるまい。冬日の暖かなる陽《ひ》を一杯に受け、眼前に展開する相模伊豆の海を眺むれば、身も魂も霽《は》れ霽《ば》れする。しかし天然の環境はかくあっても、人間の環境は、極めて不愉快である。我等は正しくポツダム宣言の趣旨を信憑《しんぴょう》して、無条件降伏をしたというが、我等のいうポツダム宣言と、彼等のそれとは、全く内容が異って居る。予《かね》て屢々《しばしば》語った通り、彼等は日本国民を、滅絶せねば已《や》まぬ覚悟と決心とを持っている。ポツダム宣言では、日本国をも、日本国民をも、抹殺はせぬといったが、それは全くの嘘の皮である。抹殺をしないのは、ただ人間としての日本人である。日本人としての人間は、全く抹殺せられつつある。彼等は、我等が人間として存在するには、異議はない。しかし日本人として生存するには、大なる異議があり、その為めに彼是《かれこれ》文句をつけて、共産党を煽動して見たり、神道を滅絶して見たり、神社を侮蔑して見たり、皇室を赤裸にして見たりしているのである。古《いにしえ》のローマがカルタゴ人に臨んだる態度は、歴史上極めて残酷なるものであったが、米人が我等に莅《のぞ》む態度は、それに十倍している。彼等は日本人より、日本精神を奪い、国民的精神を奪い、日本人たる自覚を奪い、即ち日本人の魂その物を奪い尽さずんば、已まざらんとしている。それで日本国が存在しても、それは只《た》だ地理的名称に過ぎない。日本人が存在しても、それは只だ猿に比べれば、少しく気が利きたる人間としてのみである。これでは日本国抹殺以上である。日本国が抹殺されれば、皇室はその以前に抹殺さるべきは必然だ。しかし今日は、既に皇室が、我等の眼前に抹殺されつつあるではないか。今日のその皇室は、恐れ乍《なが》ら俎上《そじょう》の魚である。頭を切り、尾を切り、やがては皮を去り、身を削ぎ、遂にこれをこま切りにして、何とも判らぬ代物となすことは必然だ。およそ世の中に悲劇というものがあるが、今日の皇室ほど悲劇の太《はなは》だしきものはない。皇室自身が、今や悲劇そのものである。皇室を戴く日本国民亦《また》しかり。日本国固《もと》よりしかり。しかるに国民の総てとはいわぬが、その多くの者が、それに気付かず、却《かえっ》てアメリカ人の為めに金棒を担ぎつつあるは、実にこれ程より大なる悲劇はあるまい。日々刊行する日本国内のあらゆる新聞は、実に悲劇の脚本である。百年の後、あるいは予がこの言を、領解する者が、せめて一人位はあるかも知れぬ。

マッカーサーの名によって、あらゆる内政干渉は行われている。その内政干渉の方面は、あらゆる方面に渉《わた》っている。而《しか》してその智慧袋は何処にあるか。日本国民の中にある。獅子身中の虫ともいうべき、共産党を主とし、それを取り巻く、若《もし》くはそれに附和雷同《ふわらいどう》する徒輩は、今更《いまさら》の如くつまらぬ進言を、マッカーサー側に為し、それがマッカーサー指令となって、天降っている。その筋道は、海の水が蒸発して雲となり、その雲がまた冷たき風に遇うて、雨となるのと同様で、その次第順序は、我等の眼中には、立派に判かっている。さればある意味からいえば、今日日本の主権は、日本の内地に在る、獅子身中の虫共が、持っているといっても差支《さしつかえ》ない。ここに到って日本を殺す者は、ポツダム宣言そのものでなくして、むしろ日本人のある者等であると、いわねばならぬ次第である。

進駐軍の徒輩は、日本人を使用して、あらゆる日本滅絶の手段を企らみ、己れ等は手を濡らさずして、魚を捉《とら》うる途《みち》を考えている。その手段も亦《ま》た巧妙といわねばならぬ。彼等は言論の自由というが、何処に言論の自由がある？　総ての新聞は、ただ彼等に迎合し、彼等に阿諛《あゆ》し、彼等の手先となって、日本壊崩の役割を努めつつあるに過ぎない。今仮りに、予が一行でも、その所見を新聞に書いたならば、それは忽《たちま》ち、その新聞は発売を禁ぜられ、その記者は相当の制裁を受くることは明白だ。東條内閣と相距《あいへだた》る幾何《いくばく》ぞ。ただ両者の異なる点は、一方が是とする所は、他方がこれを非とし、他方がこれを是とする所を、一方がこれを禁ずるのみである。東條は、酒を飲んでは差支ないが、茶は飲むなといい、マッカーサーは、茶を飲んでは差支ないが、酒を飲むなというに過ぎない。殊《こと》に驚くべきは、宗教の自由といいつつも、また信仰の自由といいつつも、神道に向って迫害を加え、キリスト教を奨励するの傾向を示す事である。それよりも驚くべきは、日本人が昨日迄《まで》は、敬神愛国を唱えたる者が、急に神道の悪口をいい、放送などでは、クリスマスを、日本の国祭でもある如くいい、日本の古事記は、神話であって、信ずるに足らずといいつつ、今更西洋人さえも、これを信ずる者なき、耶蘇《やそ》は神であるとか、耶蘇が人類の為めに罪を贖い呉れたとか、白々しき話を放送せしめ、やがては主の祈りさえも、放送せらるる程である。元来日本人とは、是れ程貞操なき軽薄児であったか。しかも昨日迄は、皇室中心主義を唱えたる者共が、天皇制廃止などという事を、平気で口にするに至っては、開《あ》いた口が塞がらないとは、蓋《けだ》しこの事であろう。

（昭和二十年十二月二十五日午前、晩晴草堂にて）

七七　力即正義か

勝敗は強弱の問題である。正邪は善悪の問題である。何人も勝者常に正しく、敗者常に邪《よこし》まであるという者はない。ある場合には、それが反対である事が少なくない。即ち敗北者正しくして、勝利者邪しまであることがある。兎《と》に角《かく》強き者常に正し、所謂《いわゆる》西洋の諺のMight《マイト》 is《イズ》 right《ライト》ということは、全く人道に反する言葉であって、西洋人その人さえも、これを表向きに、承認する者はない。しかし道理は道理として、実際の世の中には、西洋ばかりでもなく、東洋でも亦《ま》た〝マイト・イズ・ライト〟、力即ち正義であるというような事が、実行せられている。即ち眼前日本対聯合諸国との関係、今少し適切にいえば、日本とアメリカの現在が、その通りである。

我等は日本の過失を、自覚するに吝《やぶさ》かではない。過失ばかりではない。更に一歩を進んで、罪悪を犯した事さえも、今日の場合、遺憾ながら認めざるを得ないものがある。しかしそれと同時に、負けたる日本が、総ての罪悪の持主であって、勝ちたる米国が、総ての善徳の持主であるという事は、余りに勝者の権利を、濫用したものといわねばならぬ。一方ではその美点のみを挙げ、他方ではその醜点のみを挙ぐれば、孔子や釈迦を悪人として、熊坂長範《くまさかちょうはん》や石川五右衛門《いしかわごえもん》を善人という事も出来る。今日聯合軍総司令部から、日毎夜毎に、色々説教は有り難いが、彼等自身は、よくも白々しく、よくも大胆に、我等に向って、日本人の罪を咎《とが》むるものと思う。耶蘇をして言わしむれば、爾等《なんじら》自ら罪を犯さざる者、先ずその石を投げよというであろう。また、爾等は己れの目に梁の横わるを気付かずして、他人の瞼《まぶた》の塵を払うなというであろう。如何にも苦が苦がしき極みである。

この頃はまた日本人の所謂戦争犯罪人なるものは、聯合諸国に向って、罪を犯したばかりでなく、日本国民に向って、罪を犯したものである。即ち日本国民の、父母にその子を失わしめ、妻にその夫を失わしめ、若《も》しくは子女にその父を失わしめ、まるで日本人が日本人を殺したというような罪を被せている。しかしこの戦《いく》さは、軍閥とか財閥とかが、平地に波瀾《はらん》を起した戦さでもなければ、また彼等が物好きに製造したる戦さでもない。もし十九世紀の下半より、二十世紀の上半に至る、百年間の世界史、特に日米両国の交渉史を、精読せざる迄《まで》も、その概略《あらまし》を知るに於《お》いては、必ずやこの戦争は、已《や》むを得ざるものである事を、認めざるを得ざるものがあるであろう。それは決して、日本側の歴史観ばかりではない。米国側の歴史観に於ても、亦《ま》た固《もと》より然《しか》るべきものがある。

予は近ごろ手許に在る、スタンフォード大学史学助教授トーマス・A・ベーレーの「セオドル・ルーズベルトと日米の危機」と題する一書を再読した。これは一九三四年に出版せられたるもので、今から十二年前の物であるが、これを読んでも、この戦争の早晩《そうばん》已む可らざる事は、殆《ほとん》どこの書の著者が、既にこれを予言しているといっても、差支《さしつかえ》なき程である。この書を読めば、日本が常に悪魔で、米国が常に天使であるという結論は、到底出来るものではない。今日世界第一の大有力国となり、ローマ帝国以上の覇威を、世界に振う米国人に取ては、この一書の如きも、熱冷しに読んで見たら、如何であると思う。これを読めば、日露戦争以後、米国が、日本が東亜に於ける一大勢力たらんとするを見て、頓《とみ》にその態度を一変し、焼き餅といわなければ、少くとも不安を感じて、それを抑え付けんとする気分を生じ、かくてその破綻は、太平洋岸の移民問題、学童拒否、人種的差別待遇等により、日本人の悪感を挑発し来《きた》れる事を、歴観している。而《しか》して最後の結論としては、曰《いわ》く、

「ルーズベルト時代は、米国と日本との関係が、一変するの時代を画した。アメリカがその極東の友好国に向って、若干の誘掖《ゆうえき》的好情を示した日は過ぎた。この十年間に、両国共世界的勢力として、擡頭し来《きた》った。而《しか》してその為めに、彼等の利害が、層一層衝突し始めた。この変局の不幸なる結果として、猜疑、嫉妬、または恐怖心を交えて、双方の間に生じ来った。日米間の黄金時代は、既に去った。縦令《たとい》人々が、両国の伝統的友好関係を強調し、何等心配の事もないように、語り做《な》しているも、最早や両国民の態度は、従前とは同一でない。また同一であることは、断じて出来ない。これは日本も米国も銘々成人となりたる為めに、払うべき代償である」

と。果然この代価を払うたが、不幸にして我等は、戦争その物が、悪くもなければ、罪悪でもなかったが、その行り方の拙劣《やや》の為めに敗北し、今や却《かえっ》て必然に生ずべき戦争その物までも、余計な戦争を我等が製造したものの如くに言い掛けられている。予は今日米国人が、今少し冷静になって、せめてこの一書でも、通読しては如何と思う。

七八　日本の国宝皇室

（昭和二十年十二月二十七日午前、晩晴草堂にて）

若《も》し日本に国宝というものがあらば、皇室がそれである。皇室は日本総てのもの、いわば日本そのものに比すべき、否な、より以上の宝である。皇室に比ぶれば、正倉院や法隆寺などは、物の数かはである。しかるに国宝とさえいえば寒地僻村の辻堂さえも、虫が食ったり、鼠が齧《かじ》ったりした古文書でも、乃至《ないし》は書画骨董の類に至るまで、国民を挙げてこれを尊重し、これを護持する事を、殆《ほとん》ど本能的に努めつつあるが、皇室となれば、最近殆ど関心せぬはまだしもの事、これを正面から打倒を叫びつつある、共産党はいうも更なり、五十歩百歩、殆どその提灯を持ちつつあるは、如何にも解し難き事である。

我が大衆は、余りに無邪気である。また無思慮である。余りにも雷同性、迎合性、諂諛《てんゆ》性に富んでいる。米国を初め聯合諸国が、皇室を目の敵とするは、日本の強味が、この一点に存することを、知っているからである。これを取り去った後《あと》の日本は、シャムも、ビルマも、ジャワも、別に日本と違った所はない。日本が亜細亜に於《おい》てといわず、むしろ世界に於て、その特色を発揮しつつあるは、畢竟《ひっきょう》万世一系の皇室あるが為めである。かくいえば世人は、予を目して、余りに頑蘇は難有屋《ありがたや》であり過ぎると嗤うかも知れぬが、白状すれば、予は決して難有屋ではない。日本の歴史を通覧し、その真髄を会得したる結果に於て、且《か》つ世界列国の歴史と、比較研究したる上に於て、且つ五、六十年間、実際政治の表裏を洞察し、且つ若干身を以て、これに当りたる経験によって、この結論を得たるものである。

この頃曲学阿世《きょくがくあせい》といえば、余りに買被《かいかぶ》った言葉かも知れぬが、兎《と》に角《かく》雷同性を惜気もなく発揮する、所謂歴史家なる者の中には、物識顔《ものしりがお》に、日本の紀元は、五六百年掛値があるとか、日本には多くの酋長が、割拠していたとか、皇室も亦《ま》たその酋長の一にして、それが漸次に、他を併呑し来たとか、また日本の皇室は、何等人民に、幸福を与えた事はない、却《かえっ》て雄略《ゆうりゃく》天皇とか、武烈《ぶれつ》天皇とか、暴虐の君主が居たとか、昔から誰でも知った事を、新発見の如く、喋べり立てている。而《しか》して彼等の所謂る、結論は何かといえば、つまり皇室の尊厳を冒瀆《ぼうとく》して、皇室を天上から引ずり下ろして、これを普通の人間となさんとするに外ならない。また尾崎行雄《おざきゆきお》氏の如きは、珍らしくも天皇陛下から、近頃御召を蒙り、御茶を賜わり、寛談を仰付られたる、人臣としては無上の光栄を忝《かたじけの》うしつつ、その場から去って間もなく、天皇陛下の為めに、死するなどという事は、奴隷根性である、今日の青年は何よりも先《ま》ずこの奴隷根性を、去らねばならぬと言っている。予は実にこれを聞いて、開《あ》いた口が塞《ふさ》がらない。人間も齢《とし》をとれば、よくもかくまで、老耄《ろうもう》をするものかと、予自身も聊《いささ》か自ら、警戒せねばならぬと考えた。

英国や米国でさえも、決してデモクラシー一点張ではない。彼等は主我的、我利的傾向を調節するに、キリスト教なるものを、持っている。欧米のキリスト教は、今日は従来程の勢力は無いとしても、尚《な》お社会の底流を支配している一大潜勢である。今日日本に何物か有る。皇室は実に、我が大和民族にとって、宗教以上の宗教である。いま日本よりこれを奪い去ったとしたらば、明日からの日本は、如何になるべきか。堕落して自暴自棄、遂に自滅するか。しからざれば、徹頭徹尾、仲間喧嘩をして、他国に併呑《へいどん》せらるるか。国家は勿論《もちろん》、恐らくは民族迄《まで》も、第二の猶太《ユダヤ》人となるであろう。しかも猶太人程の粘り気もなく、復讐心もなく、やがては自滅の外ないであろう。日本の歴史は、皇室の存在によって、日本国民が一致し得る事を示した。日本の歴史は、皇室あって、初めて日本が、その独立を保ち得べき事を示した。日本の歴史は、皇室によって、初めて再興し、三興し、復興し、所謂る歴史的断層なくして、継続ある事を示した。これらの大事実を無視して、雄略天皇や、武烈天皇を、手本に出して見たり、綏靖《すいぜい》天皇が、その兄弟を殺し給うた事実を挙げて見たり、後醍醐《ごだいご》天皇が、その皇子を殺し給うた事を挙げて見たり、あるいは徂徠《そらい》や春台《しゅんだい》どもが、当時の主上《しゅじょう》を、山城天皇と称したる事を、特筆して見たり、漸く忘れかけた福澤の、楠公権助論を、黴臭《かびくさ》き記憶から引出して来たりして、頻《しき》りに共産党の、金棒引きを為しつつあるは、如何にも片腹痛き事である。

ソ聯でも、英国でも、米国でも、自国の個性を維持するには、何れも一所懸命である。他国がそれに容喙《ようかい》を許さぬばかりでなく、その個性を護《まも》るについては、あらゆる努力を払っている。しかるに今日我国のみは、国民を殆《ほとん》ど挙げて、個性消滅に努力している事は、何たる気違染《じ》みたる事であろう。彼等はマッカーサーや、その部下どもの、吹く笛に踊って、自ら乱舞狂躍《らんぶきょうやく》、国家を遂に壊崩に導くことを知らぬとは、扨《さ》ても嘆かわしき次第である。

（昭和二十一年一月十二日午前、晩晴草堂にて）

七九　戦争に於ける皇室の御態度

如何なる歴史家が詮鑿《せんさく》しても、日本の皇室が、万世一系であるという事丈《だ》けは、打消すことが出来まい。二千六百年にせよ、若《も》しくは二千年にせよ、あるいは千九百年にせよ、時の問題は、出入りあったにしろ、神武天皇以来、今上皇帝に至る迄《まで》、百二十四代の皇統は、確かに連綿としている。是《こ》れ丈《だ》けでも、日本の一大国宝という事は、論を俟《ま》たない。しかるに今日我国に於て、共産党や、その提灯持ちは兎《と》も角《かく》も、一般の臣民の中に、殆《ほとん》ど皇室に対して、無関心はまだしも、中には怨嗟《えんさ》の声さえも発する者あるに至っては、洵《まこと》に意外千万といわねばならぬ。しかし翻《ひるがえ》って考えれば、これは恐れ乍《なが》ら主上及び主上を囲繞《いにょう》する皇室の方々に於ても、充分御反省あってしかるべき事と信ずる。正直の所が、日本が生きるか死ぬるかという戦争を為しつつある際にも、皇室は殆ど超然たる態度を執らせ給うた如く拝察せらるる。我等はここに「殆ど」という字と「如く」という字を、殊更《ことさら》に使用して置く。何となれば、主上の思召は、恐らくは我等臣民の見たる通りではなかったであろうからである。しかし国民の眼に映ずる点は、余りに皇室が国民と利害休戚《りがいきゆうせき》を異にしてい給うたかの如くに拝察せらるる。これが今日に於て、国民の心が、皇室より敢て離反したというではないが、今《いま》前に述べたる如き状態を現出したる、唯一とはいわぬが、主なる理由の一と信ぜらるる。

更中《さら》すも詮方《せんかた》なき事ではあるが、戦争中に、不肖予《ふしょう》の如きも、屢々《しばしば》拝謁を願うて、微衷《びちゅう》を効《な》さんと試みたのも、畢竟《ひっきょう》ここに、深く慮《おもんぱか》る所があった為めである。しかし、皇沢《こうたく》の民に入るや深く、皇徳の民に及ぼすや遠し、我が国民の大多数は、恐らくは九分九厘迄《まで》は、いざとなれば、皇室と別れる事は、欲しないであろうと思う。但《た》だ我等は、我が皇室が、マッカーサー進駐軍の顔色のみを見ず、今少し国民の心意気を亮察《りょうさつ》あらせ給わん事を、祈って已《や》まない。

これは大人気ない事ではあるが、我が皇軍の飛行機の元締ともいうべき、最重要の位地を占めたる、遠藤中将なる者については、曾《かつ》て記載したることもあった。しかし彼は、その海軍の同僚たる大西中将は、武士の恥を若干心得ていたものと見えて、自決したが、彼は蛙の面に水ばかりでなく、今日は曾《かつ》て敵国であった米国の将兵の、機嫌気褄《きげんきづま》を取る事に専念し、近頃は本土で叩き落されたる、敵B29飛行機被墜落者の、慰霊祭を営むなどといって、奔走しているという事を聞く。かかる場合に、誰れか一人位は、非難の文句も放つであろうと思うていたが、世間は全く無頓着《むとんじゃく》のようである。ところが昨日の新聞―朝日―に、左の如き投書が出でている。

遠藤中将へ

◇戦い酣《たけなわ》なる頃、飛行機不足を憂う国民を代表し新聞記者が、その不足原因を質問するや、憤然《ふんぜん》として「飛行機のことはこの俺《おれ》にまかせておけ」と答えた彼。神の心をもって彼の地に征った勇士らの醵金《きよきん》による手拭に厚顔にも「神風」と書き汚した彼。自分は敗戦直後その責《せめ》を思うて自刃するであろう彼を想い遥《はるか》にその冥福を祈ったのであるが、終戦後の彼は聯合国の記者団に平身低頭「余の航空兵器総局長官在任中の最も有《も》たざるものはその権限であった」などと嘯《うそぶ》き、また今度は日本で戦死したB29搭乗員の慰霊祭を行うため奔走中という。慰霊祭もよかろう。しかし彼の以前の地位立場が立場だけに、憤然とせざるを得ぬ。（東京・関某＝学生）

◇旧臘二十三日の「青鉛筆」欄の遠藤中将の言を読み、日本国民として悲しく感じました。閣下は嘗《かつ》て航空兵器総局長官として幾多の特攻隊を出動させ、人間として最大の犠牲を払わせておきながら、一度終戦となるや、一途に戦勝国に媚び諂《へつら》う態度は、忿怒よりもむしろ憐《あわ》れみを感ぜられました。戦時中日本で戦死したB29搭乗員の慰霊祭をやるということは美しい行為です。しかし国家のため陛下のため喜んで死地に飛んで行った特攻隊を、よもや御忘れではあるまい。軍閥のため戦死した不幸な人々の冥福を祈って下さい。重ねて言います。閣下のような胡麻摺《ごますり》的考え方は是非止めて下さい。（埼玉・金子某＝学生）

（「朝日新聞」昭和二十一年一月十二日「声」欄）

予はこれを読んで、聊《いささ》かこれある哉《かな》と思っている。彼は実に嘘で固めた男である。議会を欺き、国民を欺き、自らを欺いている。曾《かつ》て予が沖縄陥落の後、この上は敵を上陸せしめず、近海水際に於《おい》て、これを撃破せねばならぬという事を、彼は、否なそれよりもむしろ敵の基地に肉迫し、所謂る室に入て矛《ほこ》を奪うの、徹底的攻撃を加うべきであると、豪語した。而《しか》して世間もそれに追随して、流石《さすが》は遠藤中将は、尤《もつと》もなる意見を述べたと、讃称した。安《いずく》んぞ知らん、基地に肉迫する程の飛行機があったならば、何故にサイパンは失ったか。硫黄島は失ったか。沖縄全部は失ったか。今更総てを失うて、尚《な》お基地に肉迫するなぞという事は、余りに人を莫迦にしたる言葉ではないか。加之《しかのみならず》長距離飛行の四発機を作らんとしたる製作所に向って、それを中止せしめ、日本の飛行機は、一切これを近距離の防禦一方に定めたるは、誰れであるか。自ら敵の基地に迫るべき、飛行機の製造を禁じて置いて、肉迫せよというは、恰《あた》かも馬を繋《つな》いで、これに鞭うつの類である。世間は何も知らぬものと思うて、勝手な熱を吐き、今日でも尚お涼しき顔をして、世の中を立ち廻っている。かくの如き奴原《やつばら》こそ、真に汚れたる我が軍隊の標本といわねばならぬ。

（昭和二十一年一月十三日午前、晩晴草堂にて）

（以下、省略）

■年表・徳富蘇峰の生涯

西暦	年号	年齢	生涯と主な出来事
一八六三	文久三	一歳	旧暦一月二五日、父・一敬、母・久子の第五子長男として、熊本に生まれる。本名・猪一郎。徳富家は代々、肥後国葦北郡水俣郷・津奈木郷の惣庄屋兼代官を務めた豪農で、蘇峰はその第九代当主。
一八六八	明治元	六歳	弟・健次郎（蘆花）が生まれる。
一八七〇	明治三	八歳	父・一敬、熊本藩庁に出仕し、奉行所書記などを拝命、開明的な政策を立案施行する。年末、熊本市近郊の大江村に転居する。
一八七二	明治五	一〇歳	八月、熊本洋学校に入学するも、年少のため九月に退学させられる。
一八七五	明治八	一三歳	九月、熊本洋学校に再入学。一一月、新島襄が同志社英学校を創立。
一八七六	明治九	一四歳	八月、熊本洋学校閉鎖とともに退学。東京に遊学し、東京英学校（第一高等学校の前身）に通学するも、一〇月、同志社英学校に入学。以後、明治一三年五月に退学するまで新島襄らから学ぶ。一二月、新島より洗礼を受ける。
一八七七	明治一〇	一五歳	二月、西南戦争勃発。この時、「東京日日新聞」特派記者・福地桜痴の活躍に触発され新聞記者として身を立てる決意をする。
一八七九	明治一二	一七歳	一月、京都第二公会に所属し、新島のもとで教会活動を行う。
一八八〇	明治一三	一八歳	三月、同志社学級合併設置問題で学校幹事と対立する。五月、上京。八月、京都第二公会に退会申し出、九月、京都第二公会を除名される。一一月、新聞記者への志をはたせず、熊本に帰り捲土重来を期す。
一八八二	明治一五	二〇歳	三月、大江村の自宅を使い、大江義塾を開く。蘇峰が英語・歴史・経済・政治学を教授し、父・一敬が漢学を教えた。弟・健次郎も塾生第一号として入塾する。五月、『大江

			義塾雑誌』創刊。七月、上京。東京では中江兆民、福沢諭吉、田口卯吉らと会い、八月には箱根で板垣退助と面談、「板垣伯との会見記録」を記す。
一八八四	明治一七	二二歳	大江義塾、隆盛を迎え塾生数は一〇〇名を超える。九月、元熊本県典事・倉園又三の長女・ツル（静子）と結婚。後に四男六女をもうける。
一八八五	明治一八	二三歳	六月、『第十九世紀日本ノ青年及其教育』を刊行して注目される。これは後に田口卯吉が『東京経済雑誌』に転載する。
一八八六	明治一九	二四歳	七月、『将来之日本』の原稿をもって板垣退助を土佐に訪ね、その後上京して田口卯吉、大隈重信、陸奥宗光らに会う。九月、大江義塾を閉鎖する。一〇月、田口卯吉の経済雑誌社より『将来之日本』を刊行して大好評を博する。これを機会に一二月、一家をあげて熊本より東京の赤坂霊南坂教会近くに転居する。
一八八七	明治二〇	二五歳	二月、民友社を設立して『国民之友』を創刊する。創刊号は七五〇〇部、第一〇号より一万部に達する異例の売れ行きだった。蘇峰は二五歳にして社長兼編集長を務める。坪内逍遥、森鷗外、二葉亭四迷、内村鑑三、新渡戸稲造、安部磯雄、片山潜、金子堅太郎、中江兆民、新島襄、フェノロサら各分野超一流の論客を擁し、貴族的欧化主義、国粋主義を批判して、平民主義を唱えた。
一八八八	明治二一	二六歳	この年、新島襄を助けて同志社専門学校設立運動に奔走し、七月、外務大臣官邸での集会に参加。九月、森田思軒らと第一回文学研究会（後に文学会）を開催、以後、明治文壇最初の文筆家集団として毎月定期的に開かれ、坪内逍遥、森鷗外、幸田露伴らが出席。
一八八九	明治二二	二七歳	二月一一日、大日本帝国憲法発布。五月、弟・蘆花が上京して民友社に入る。この年、新聞発行の準備に尽力する。
一八九〇	明治二三	二八歳	一月、新島襄、逝去。二月、『国民新聞』を創刊。蘇峰は社長兼主筆、蘆花は社員とし

			て海外事情紹介を担当した。三月、長男・太多雄が誕生する。一〇月一一日、社説「第一国会の第一質議」のため『国民新聞』は発行停止に。藩閥政治を批判し、二八年末までに、発行停止処分を一〇回、通算一一三日間受ける。
一八九一	明治二四	二九歳	一月、深井英五（後に日銀総裁）が入社。三月、福地桜痴が『国民之友』に「幕府衰亡論」寄稿。五月、『国民叢書』の刊行開始。
一八九二	明治二五	三〇歳	八月、各元勲の入閣を条件に第二次伊藤博文内閣成立。元勲内閣として蘇峰が激しく批判したため、『国民新聞』が発行停止処分を受ける。この夏、家族で逗子海岸に避暑。
一八九三	明治二六	三一歳	一月より自由党と改進党の対立激化。蘇峰、政府に接近しはじめた自由党を強く批判する。国民叢書の『静思余録』が『第二静思余録』とあわせて二〇万部を超すベストセラーになる。
一八九四	明治二七	三二歳	八月一日、清国に宣戦布告、日清戦争始まる。九月、国民新聞社は広島に臨時支局を設置し、戦況を総力取材。国木田独歩の「愛弟通信」が好評を博す。
一八九五	明治二八	三三歳	四月一七日、日清講和条約調印。同月二三日、独仏露三国、遼東半島の清国への返還を勧告（三国干渉）。五月四日、伊藤内閣、遼東半島の放棄を決定する。後年、蘇峰は三国干渉、遼東半島放棄について、「道理が不道理に見事に打負けたる実物教育」とし、「力の福音に帰依したり」と『時務一家言』に記している。以後、ロシアに対する軍備拡張、富国強兵を唱道する。
一八九六	明治二九	三四歳	三月、両親のために逗子に土地を購入、一一月、完成した別荘を「老龍庵」と名付けて両親が転居（現、逗子市桜山）。五月、深井英五を伴い欧米巡遊のため横浜を出帆。香港、シンガポール、コロンボ、地中海を経てマルセーユ、ロンドンへ。以後、オランダ、ドイツ、ロシアを巡遊。一〇月には文豪トルストイを訪問して『国民新聞』『国民之友』に会見談を掲載。その後、ルーマニア、ハンガリー、オーストリア、イタリアを

			巡り、パリでこの年を送る。
一八九七	明治三〇	三五歳	一月、スコットランドを旅行する。五月、アメリカに渡り、ニューヨーク、ボストン、シカゴを巡って、六月、サンフランシスコへ。七月、帰国し、帝国ホテルにて帰朝歓迎会。八月、松方内閣の内務省勅任参事官に就任するも、変節漢との強い非難を浴びて、『国民新聞』『国民之友』などの部数が激減する。一二月、松方内閣総辞職、蘇峰も勅任参事官を辞職する。
一八九八	明治三一	三六歳	六月、第一次大隈内閣成立。九月、『国民之友』など三誌を『国民新聞』に合併する大改革を断行し、社員の三分の一を減らす。一一月、第二次山県内閣成立。蘇峰は松方蔵相、桂陸相などとの親密な関係を取材に生かし、『国民新聞』の声価を上げる。一一月、蘆花、「不如帰」を『国民新聞』に発表する。
一八九九	明治三二	三七歳	一月、勝海舟逝去。五月、共編にて『勝海舟』を出版する。この月、赤坂区青山南町（現、港区南青山）に五〇〇坪の邸宅を購入。また夏、逗子桜山の老龍庵近くに三〇〇〇坪の山林を購入する。
一九〇〇	明治三三	三八歳	一月、『国民新聞』が三〇〇〇号を達成。
一九〇一	明治三四	三九歳	一月、福沢諭吉、「痩我慢の説」を『時事新報』に発表して、勝海舟を批判。蘇峰は、「痩我慢の説を読む」を『国民新聞』に発表して反論する。六月二日、第一次桂太郎内閣成立。蘇峰、桂と会談し、内閣の援助を約束。以後、大正二年の桂の死に至るまで実際の政治に関与して『国民新聞』は御用新聞の批判を受ける。
一九〇二	明治三五	四〇歳	『国民新聞』に連載された蘆花の「黒潮」に蘇峰が干渉し、六月、中断。また同紙に寄せた蘆花の「霜枯日記」が部分的に無断削除されたとして、一二月、蘇峰・蘆花の関係が決定的に悪化する。
一九〇三	明治三六	四一歳	四月、『国民新聞』四〇〇〇号に達する。

一九〇四	明治三七	四二歳	二月一〇日、日本、ロシアに宣戦布告（日露戦争）。蘇峰、桂首相の依嘱により国論統一と国際世論への働きかけに協力する。また、外債募集のため高橋是清に同行、渡英していた日銀調査役で元社員の深井英五とたびたび情報を交換する。翌年九月の講和条約調印までに『国民新聞』は部数を約四倍に増加させる。
一九〇五	明治三八	四三歳	一月、旅順のロシア軍降伏。八月、ポーツマスで日露講和会議開催。九月五日、日露講和条約調印。日本は韓国保護権、南樺太および遼東租借権などを獲得したが、日比谷で開かれた講和反対国民大会に参加した民衆が暴徒化。講和条約に賛成した国民新聞社は群衆により焼き打ちされる。蘇峰は一ヵ月間泊まり込みで陣頭指揮をとったが、不買運動のため部数は激減、東京市内では半分に減った。一二月、桂内閣総辞職する。
一九〇六	明治三九	四四歳	一月、第一次西園寺公望内閣成立。五月から八月まで朝鮮、満州および中国視察旅行へ。六月、北京で袁世凱に会見する。
一九〇七	明治四〇	四五歳	四月、父・一敬が八六歳にして本郷教会で洗礼をうける。六月から七月にかけて東洋協会主催の講演で金沢、富山など北陸各地にて日露戦争後の政治と社会を説く。
一九〇八	明治四一	四六歳	五月、乃木希典・元大将（学習院院長）が来訪、心服していた松陰について蘇峰が著した『吉田松陰』の改訂増補版を要請。蘇峰は承諾して、一〇月には刊行される。七月、第二次桂内閣成立。一一月、『国民新聞』六〇〇〇号を達成。
一九〇九	明治四二	四七歳	五月、国際新聞協会発足し、蘇峰、副会長に就任。一〇月、伊藤博文、ハルビンで暗殺される。
一九一〇	明治四三	四八歳	五月、寺内正毅が韓国統監に就任。八月、韓国併合に関する日韓条約調印、寺内は初代総督に。九月、蘇峰は寺内の要請により『京城日報』監督の任を依嘱される。以後、大正七年に関係を絶つまで一年に二～五回、ソウルに赴く。
一九一一	明治四四	四九歳	一月一八日、大審院、幸徳秋水ら大逆事件の被告二四人に死刑判決。蘇峰を通じて蘆花

			は幸徳らの助命嘆願を桂首相に行うも、同月二四日、幸徳の死刑執行。八月二四日、桂の推薦により蘇峰、貴族院議員に勅任される。同月二五日、桂内閣総辞職。同月三〇日、第二次西園寺内閣成立。この年、『国民新聞』は発行部数一三万部で『時事新報』『報知新聞』と一、二を競っていた。
一九一二	明治四五 大正元	五〇歳	二月、蘇峰、同志社大学創立委員に就任。五月、同志社大学開校式に出席する。七月、大原孫三郎の要請により倉敷市で講演会。同月三〇日、明治天皇崩御し、皇太子嘉仁親王践祚、大正と改元。九月一三日、明治天皇大葬、同日、乃木将軍夫妻が殉死。世論は賛否にわいたが二二日、蘇峰は『国民新聞』で乃木将軍を称える。一二月五日、二個師団増設問題で西園寺内閣総辞職。同月二一日、第三次桂内閣成立。各地で憲政擁護大会が開かれる。
一九一三	大正二	五一歳	一月、政友・国民両党および万朝・時事・東日など新聞各社が憲政擁護運動を展開。同月二〇日、桂首相、新党組織樹立計画を発表し、翌日、議会に一五日間停会命令を出す。蘇峰、『国民新聞』に桂の新党を支持する記事を掲載し、反対派を「煽動政治家」と批判。二月五日、議会再開後に政友・国民両党が内閣不信任決議案を提出すると、再び五日間の停会命令。桂内閣排撃、憲政擁護運動が頂点に達し、同月一〇日、再開後の議会を取り囲んだ民衆は三度目の議会停会命令に憤激し、桂支持の新聞社や交番を襲撃、国民新聞社は御用新聞と非難されて二度目の焼き打ちにあう。同月一一日、桂内閣総辞職。一〇月一〇日、桂太郎死去。一一月、蘇峰は『時務一家言』を出版し、新聞事業に専念する決意を示す。
一九一四	大正三	五二歳	一月、シーメンス事件起こり、『国民新聞』は山本権兵衛内閣を激しく攻撃する。五月、父・一敬、九三歳で死去。八月、日本はドイツに宣戦布告して第一次世界大戦に参戦する。

一九一五	大正四	五三歳	三月、『世界の変局』を刊行し、日本は皇室中心主義で自力を養い、世界政局に備えるべしと主張する。一一月、大隈内閣の新聞人叙勲で、勲三等瑞宝章を受章。
一九一六	大正五	五四歳	一〇月、『大正の青年と帝国の前途』を出版、一〇〇万部を超えるベストセラーとなる。
一九一七	大正六	五五歳	九月、中国視察旅行に出発し、一二月、帰国。この間、張作霖、段祺瑞らと会見。九月、『杜甫と彌耳敦』を刊行する。
一九一八	大正七	五六歳	五月、『国民新聞』に「修史述懐」を発表して、七月より『織田氏時代』を連載。八月、富山に米騒動が起きて全国に波及。『国民新聞』で寺内正毅内閣の責任を追及し、以後、寺内の要請で引き受けた『京城日報』監督の任を退く。一二月、「近世日本国民史」一巻『織田氏時代　前篇』を刊行する。
一九一九	大正八	五七歳	一月、パリ講和会議開催。二月、母・久子が九一歳で死去。六月に「近世日本国民史」二巻『織田氏時代　中篇』、一〇月に同三巻『織田氏時代　後篇』を刊行する。一一月、長男・太多雄が松室美佐尾と結婚する。
一九二〇	大正九	五八歳	四月、伊勢大廟、桃山御陵、出雲大社に詣でる。帰路、神戸の貧民街で長年の救済活動にあたっていた賀川豊彦を訪問し、以後、援助する。この年、「近世日本国民史」四巻『豊臣氏時代　甲篇』と同五巻『豊臣氏時代　乙篇』を刊行する。
一九二一	大正一〇	五九歳	一二月、青山の邸宅の土地五〇〇坪を提供し、「平民大学」など社会教育の場とするため財団法人青山会館設立を発表。全国二万人より六〇万円の寄付金を集める。この年、「近世日本国民史」六巻『豊臣氏時代　丙篇』、同七巻『豊臣氏時代　丁篇　朝鮮役上巻』を刊行する。
一九二二	大正一一	六〇歳	一一月、青山会館建設のため、家族は大森山王の借家に転居し、蘇峰は逗子で国民史執筆を続ける。この年、「近世日本国民史」八巻『豊臣氏時代　戊篇　朝鮮役中巻』、同九巻『豊臣氏時代　己篇　朝鮮役下巻』、同一〇巻『豊臣氏時代　庚篇　桃山時代概観』

			を刊行する。
一九二三	大正一二	六一歳	五月、「近世日本国民史」の『織田氏時代』三冊と『豊臣氏時代』七冊に対して帝国学士院より恩賜賞を授与される。九月一日、関東大震災発生し、死者不明者一四万二八〇〇人。国民新聞社、民友社出版部も全焼する甚大な被害。再建のため、主婦之友社社長・石川武美が副社長に就任する。この年、「近世日本国民史」一一巻『家康時代　上巻　関原役』、同一二巻『家康時代　中巻　大阪役』、同一三巻『家康時代　下巻　家康時代概観』を刊行する。
一九二四	大正一三	六二歳	一月七日、清浦奎吾内閣成立。二月、石川武美の経営参加により馬場恒吾編集局長退社。五月、大森山王草堂が完成し、逗子より転居する。夏、国民新聞社の経営悪化し、再建のため副社長で乗り込んだ石川武美は退社。九月、次男・萬熊が死去。この年、「近世日本国民史」一四巻『徳川幕府上期　上巻　鎖国篇』、同一五巻『徳川幕府上期　中巻　統制篇』を刊行する。
一九二五	大正一四	六三歳	四月、青山会館開館し、五月、蘇峰が「歴史及び歴史家」を講演する。六月、帝国学士院会員に推薦される。この年、「近世日本国民史」一六巻『徳川幕府上期　下巻　思想篇』、同一七巻『元禄時代　上巻　政治篇』、同一八巻『元禄時代　中巻　義士篇』、同一九巻『元禄時代　下巻　世相篇』を刊行する。
一九二六	大正一五 昭和元	六四歳	三月、「歴史家としての頼山陽」を講演する。四月、国民新聞社新社屋完成し、移転。同月、社屋内の国民講堂落成記念に「新聞と文学」を講演。九月、西郷隆盛五十年忌を記念して国民講堂で「南洲先生の史的考察」を講演。一二月二五日、大正天皇崩御し、摂政裕仁親王践祚、昭和と改元。この年、再建のため東武鉄道・根津嘉一郎の出資を仰ぎ、国民新聞社を株式会社にして経営を委ねる。「近世日本国民史」二〇巻『元禄享保中間時代』、同二一巻『吉宗時代』、同二二巻『宝暦明和篇』を刊行する。

一九二七	昭和二	六五歳	九月、伊香保で療養中の蘆花、六〇歳で死去。青山会館で葬儀を行い、蘇峰が弔辞を読む。この年、「近世日本国民史」二三巻『田沼時代』、同二四巻『松平定信時代』、同二五巻『幕府分解接近時代』、同二六巻『雄藩篇』を刊行する。
一九二八	昭和三	六六歳	一月、宮中にて「神皇正統記の一節に就いて」を進講。三月、『国民新聞』一万三〇〇〇号を達成。五月、青山会館にて徳富蘇峰氏文章報国四十年祝賀会。一一月、勲二等瑞宝章を受章。一二月、共同経営者の根津嘉一郎との不和により、国民新聞社退社の決意を固める。この年、「近世日本国民史」二七巻『文政天保時代』、同二八巻『天保改革時代』を刊行する。
一九二九	昭和四	六七歳	一月、国民新聞社引退を表明する。「近世日本国民史」の『国民新聞』での連載は「水戸斉昭の所謂る密策」が最後となる。四月、大阪毎日新聞、東京日日新聞の社賓となり、両紙の朝刊で「近世日本国民史」の連載も再開される。この年、「近世日本国民史」二九巻『幕府実力失墜時代』、同三〇巻『彼理来航以前之形勢』、同三一巻『彼理来航及其当時』が刊行される。
一九三〇	昭和五	六八歳	二月、上田万年を会長に蘇峰会発足。本部は青山会館で全国四〇支部、会員数一万二〇〇〇名を数える。六月、姉・山川常子死去。この年、「近世日本国民史」三二巻『神奈川条約締結篇』、同三三巻『日露英蘭条約締結篇』、同三四巻『孝明天皇初期世相篇』を刊行。
一九三一	昭和六	六九歳	六月、蘇峰を会長に大日本国史会発足。九月九日、長男・太多雄死去。九月一八日、柳条湖事件起こり、満州事変始まる。一〇月、岡山で「世界に於ける日本帝国の使命」を講演。同月二九日、「歴史上より見たる肥後及び其の人物」を御前講演。この年、「近世日本国民史」三五巻『公武合体篇』、同三六巻『朝幕背離緒篇』、同三七巻『安政条約締結篇』、同三八巻『朝幕交渉篇』を刊行。

一九三二	昭和七	七〇歳	三月一日、満州国建国宣言。同月一三日、蘇峰翁古希祝賀会（会長・牧野伸顕）を帝国ホテルで開く。来会者千余名。同日、高松宮より有栖川宮奨学金が「近世日本国民史」にたいして下付される。七月、明治天皇二十年祭記念講演として「明治史上に於ける明治天皇」を全国放送。この年、「近世日本国民史」三九巻『井伊直弼執政時代』、同四〇巻『安政大獄　前篇』、同四一巻『安政大獄　中篇』を刊行。
一九三三	昭和八	七一歳	三月、日本が国際連盟脱退を通告。五月、浜松で「連盟脱退と国民の覚悟」を講演。この年より山中湖畔の貸別荘を避暑のため借り、「双宜荘」と名付けて夏を過ごすようになる。「近世日本国民史」四二巻『安政大獄　後篇』、同四三巻『桜田事変』、同四四巻『開国初期篇』を刊行する。
一九三四	昭和九	七二歳	二月、日本精神作興大会（大阪毎日・東京日日主催）で「非常時に対する吾人の覚悟」講演。同月、大阪毎日重役会において蘇峰が国民新聞社より籍を移した二名の元部下に対する解任決議があったが、三月になり蘇峰の強硬な抗議により撤回させる。この年、「近世日本国民史」四五巻『久世安藤執政時代』、同四六巻『文久大勢一変　上篇』、同四七巻『文久大勢一変　中篇』刊行。
一九三五	昭和一〇	七三歳	四月、来日中の満州国皇帝・溥儀と赤坂離宮で会見。一〇月、『中央公論』五十周年記念に「日本の近代史における英国と露国」講演。同月、同志社にて「新島先生と日本精神」を講演。この年、「近世日本国民史」四八巻『文久大勢一変　下篇』、同四九巻『尊皇攘夷篇』、同五〇巻『攘夷実行篇』を刊行。
一九三六	昭和一一	七四歳	二月、二・二六事件勃発。皇道派青年将校ら、斎藤内大臣、高橋蔵相らを殺害。五月、蘇峰、甲子園球場にて大日本国防婦人会員四万人に「大日本帝国の運命と日本女性の責任」を講演。一一月、帝国ホテルで蘇峰先生文章報国五十年祝賀会（近衛文麿会長）。この年、「近世日本国民史」五一巻『大和及生野義挙』、同五二巻『文久・元治之時局』、

			同五三巻『元治甲子禁門之役』を刊行。
一九三七	昭和一二	七五歳	七月、盧溝橋で日本軍と中国軍が衝突、日中戦争始まる。一二月一三日、日本軍が南京を占領する。南京事件。同月二二日、南京陥落記念放送で蘇峰が講演する。この年、「近世日本国民史」五四巻『筑波山一挙之始末』、同五五巻『内外交渉篇』、同五六巻『長州征伐』、同五七巻『幕長交戦』を刊行。
一九三八	昭和一三	七六歳	四月、国家総動員法公布する。一一月、蘇峰、「明治天皇を仰ぎ奉る」と題して三日連続で放送。この年、「近世日本国民史」五八巻『幕府瓦解期に入る』、同五九巻『倒幕勢力擡頭篇』、同六〇巻『長州再征篇』を刊行する。
一九三九	昭和一四	七七歳	二月、蘇峰、大阪毎日、東京日日新聞社より『昭和国民読本』刊行、発売三ヵ月で五〇万部突破。八月、独ソ不可侵条約調印。九月、ドイツ軍、ポーランド侵入。第二次大戦勃発。この年、「近世日本国民史」六一巻『孝明天皇御宇終篇』、同六二巻『孝明天皇崩御後之形勢』を刊行。
一九四〇	昭和一五	七八歳	六月、「近世日本国民史」の連載が一万回を達成。七月、第二次近衛文麿内閣成立。九月、日独伊三国同盟調印。一〇月、大政翼賛会発会式。この年、「近世日本国民史」六三巻『新政曙光篇』、同六四巻『大政返上篇』、同六五巻『皇政復古篇』を刊行する。
一九四一	昭和一六	七九歳	一月、東條陸軍大臣、「戦陣訓」示達。六月、大本営、対南方施策要綱決定。七月、日本軍、南部仏印へ進駐。八月、米国、対日石油輸出停止。一〇月、東條内閣成立。一一月五日、御前会議で帝国国策遂行要領決定。一一月八日、蘇峰、東條首相に新聞統廃合問題で意見具申。一二月一日、御前会議、対米英蘭開戦を決定。同月八日、対米英宣戦布告。同月一〇日、蘇峰、後楽園球場の国民大会（新聞通信社連合主催、参加者三万人）で「興亜の暁鐘」講演。この年、「近世日本国民史」六六巻『皇政一新篇』、同六七巻『官軍東軍交戦篇』を刊行。

一九四二	昭和一七	八〇歳	五月、蘇峰、日本文学報国会会長に就任。六月、ミッドウェー海戦で日本海軍四空母喪失。八月、米軍、ガダルカナル島に上陸開始。一二月、蘇峰、大日本言論報国会会長に就任。この年、『宣戦の大詔』、「近世日本国民史」六八巻『官軍東下篇』など刊行。
一九四三	昭和一八	八一歳	一月、『大阪毎日』『東京日日』合併し、『毎日新聞』になる。四月一八日、山本五十六連合艦隊司令長官戦死。同月二九日、蘇峰、文化勲章受章。五月、アッツ島の日本軍全滅。六月、熱海の晩晴草堂に移る。一〇月、中野正剛、自殺。その葬儀で蘇峰が弔辞を読む。一二月、第一回学徒出陣。この年、「近世日本国民史」六九巻『新政内外篇』、同七〇巻『関東征戦篇』、同七一巻『奥羽和戦篇』、同七二巻『奥羽戦争篇』、同七三巻『会津籠城篇』を刊行。
一九四四	昭和一九	八二歳	三月、日比谷公園での国民総決起大会（大日本言論報国会と各新聞通信社の共催）で蘇峰が「日清日露及大東亜聖戦」を講演。七月七日、サイパン島の日本守備隊が全滅。同月一〇日、蘇峰、「重大戦局に立ちて」を放送。同月一八日、東條内閣総辞職。一〇月、用紙欠乏のため「近世日本国民史」の毎日新聞連載を中止。この年、「近世日本国民史」七四巻『北越戦争篇』、同七五巻『奥羽平定篇』を刊行。
一九四五	昭和二〇	八三歳	二月一九日、米軍、硫黄島上陸。三月九～一〇日、東京大空襲。四月一日、米軍、沖縄本島上陸。八月六日、広島に原爆投下。同月八日、ソ連、対日宣戦布告。同月九日、長崎に原爆投下。同月一四日、御前会議でポツダム宣言受諾決定。同月一五日、日本、無条件降伏。蘇峰、終戦の玉音放送を山中湖畔・双宜荘で聞き、毎日新聞社社賓、大日本言論報国会会長の辞表を出す。同月一八日より、『頑蘇夢物語』の口述を始める。九月二日、日本、降伏文書に調印。蘇峰、自ら戒名を「百敗院泡沫頑蘇居士」と記す。一〇月、「近世日本国民史」の執筆を中止する。一一月、熱海の晩晴草堂に移る。一二月、A級戦犯容疑者に指名され晩晴草堂に蟄居。この年、「近世日本国民史」七九巻『法度

			制定篇　上』刊。
一九四六	昭和二一	八四歳	一月、蘇峰、三叉神経痛のため自宅拘禁に。二月、嫡孫・敬太郎に家督を譲る。また、貴族院議員、帝国学士院会員・帝国芸術院会員の辞表および勲二等、文化勲章の返上の手続きをする。八月一五日、戒名「百敗院泡沫頑蘇居士」を付す自らの位牌に香を焚き「一周忌」を弔う。
一九四七	昭和二二	八五歳	三月一八日、東京裁判法廷に提出した「法廷供述書」が却下される。四月、戦犯容疑者として財産差押え処分。九月、自宅拘禁を解かれる。一〇月、四男・武雄死去。
一九四八	昭和二三	八六歳	一一月七日、妻・静子、八二歳にて死去。この年、『敗戦学校―国史の鍵』、『国史随想―平安朝の巻』刊行。
一九四九	昭和二四	八七歳	一月、嫡孫・敬太郎、岩瀬芳と結婚。九月、多磨墓地の自らの墓誌に「百敗院泡沫頑蘇居士、平常院静枝妙浄大姉　待五百年後　頑蘇八十七」と揮毫。この年、『徳富蘇峰翁と病床の婦人秘書』が刊行され、話題となる。
一九五〇	昭和二五	八八歳	三月、熱海にて米寿の祝賀会。七月、米寿を記念した漢詩・和歌を収めた『残夢百首』刊行される。
一九五一	昭和二六	八九歳	二月、「近世日本国民史」九八巻を書き始め、五月に脱稿。同月、「近世日本国民史」九九巻を書き始め、一一月に脱稿。同月、「近世日本国民史」一〇〇巻を書き始める。
一九五二	昭和二七	九〇歳	四月一八日、公職追放解除される。同月二〇日、「近世日本国民史」一〇〇巻完成する。五月、最後の帰郷をはたす。途上、同志社を訪問して一〇〇万円寄贈。この年、『勝利者の悲哀』、『読書九十年』刊。
一九五三	昭和二八	九一歳	六月、「近世日本国民史」完成祝賀会（日比谷公会堂）に出席。一一月、同志社創立七十八周年記念式に出席。一二月、『源頼朝』（上巻）を刊行する。
一九五四	昭和二九	九二歳	一月、『源頼朝』（中・下巻）を刊行。三月二四日より毎週日曜日に、『読売新聞』に

			「三代人物史伝」を掲載する。一二月、熊本市、蘇峰を名誉市民にする。
一九五五	昭和三〇	九三歳	六月、水俣淇水文庫に一〇万円寄贈。一一月、同志社創立八十周年記念講演会で「諸葛孔明について」講演。
一九五六	昭和三一	九四歳	二月、NHKで「面影を偲ぶ――国木田独歩」を録音する。春先より、しばしば発熱する。
一九五七	昭和三二	九五歳	四月、逗子の「老龍庵」敷地内に建設中の文庫が完成し、「追遠文庫」と名付ける。九月一八日、弟・蘆花の思い出を放送する。一〇月、発熱、病状、日に日に深刻に。同志社への寄付目録を残す。一一月二日、熱海の晩晴草堂にて逝去する。同月八日、遺言によって赤坂霊南坂教会にて葬儀を執行する。

この年表の作成にあたっては、『明治文学全集34　徳富蘇峰集』（筑摩書房、一九七四年）所収の「年譜」（和田守氏作成）を主として参考にした。

解説

御厨　貴

戦後六十年が過ぎた。しかし未だに「戦後」は終わらない。くり返しくり返し〝あの戦争〟は、国の内外を問わず問題にされる。これだけ長く「戦後」が続くと、終わらない「戦後」についても国民の評価は変わらざるをえない。いわんや〝あの戦争〟においてをやだ。「戦後」を長く支配してきた歴史観に疑問符が付され、今や二〇世紀の日本の歩みに関しては、百家争鳴の趣なしとしない。若い世代について、一方で歴史離れが指摘されるとともに、他方で新たなナショナリズムの覚醒が想起される状況になりつつある。

いわば歴史のダイナミズムを実感することを、国民が欲し始めたちょうどその折に、超弩級の『日記』が、それこそ戦後初めてお目見えすることとなった。かの近代日本の言論人として勇名を馳せた徳富蘇峰が、百年後の日本のために遺したと言われる『頑蘇夢物語』と題する渾身の力をこめた『日記』の一作である。解説者は、四百頁を優に超える蘇峰の日記を、一気に一晩で読み終えた。あたかも蘇峰百年の気迫に一挙に寄り切られたの感がある。

折から、解説者の勤務する東京大学でも、文科系・理科系を問わず教養学部一・二年生むけに、「戦後史」をテーマとする「近現代史」なる講義を提供することとなった。蘇峰のこの『日記』は、恰好のテキストになるのではないか。その意味でも蘇峰の『日記』との出会いは運命的であった。

元より蘇峰研究者にとっても、この『日記』は垂涎の的であろう。言論人としての徳富蘇峰は、自ら認める如く、否それ以上に、悪評のみ高く、研究対象としても批難論難のために言及されることが、ごく普通に行われていたのだから。ちなみにある人物事典では「明治・大正・昭和の三つの時代に常に時流に乗って指導的役割を果たした言論人である」と評価されている。今なおこれが平均的評価と見なして差し支えなかろう。

もっとも数少ない蘇峰研究者が、膨大な数にのぼる蘇峰書翰及び蘇峰宛書翰の解読を通じて、蘇峰像の修正に努めつつあることも事実だ。それにしても百年近い蘇峰の生涯を貫く、万巻のと言ってもよいほどの膨大な著作群の全容を明らかにする作業は、未だ着手されていないと言っても過言ではない。この全容の解明をなしとげて初めて、蘇峰は近代史研究のタブーから解放されることになろう。

こうした、複層的ともいえる蘇峰の全体像に一挙に迫る恰好の作品として、この『日記』は姿を現わしたと言わねばならない。同時にそうであるからこそ、「戦後史」というより広いレベルに還元しての解釈を可能にすることとなった。そこで解説者は、「戦後史」の枠組の中に蘇峰の『日記』を位置づけ、これを読み進めるためのガイドラインを明らかにしたい。

まずもってこの『日記』は、通常の意味での日記ではない。戦後の混乱した生活の実態やGHQに左右される政治や経済の右往左往ぶりを書き記し、それに自らの印象を綴るといった、最近公刊が続く知識人たちの日記とは、およそ趣を異にしている。端的に言えば、「なぜ〝あの戦争〟に負けたのか」を、日々追究する試みに他ならない。だからこそ本書冒頭に、蘇峰は次のように書いている。「昭和二十年八月十八日、即ち、今上天皇御放送の後三日目の朝書き始む。これは順序もなく、次第もなく、ただ予が現在の心境に徂来する事を、そのまま書き綴ることとする。」(二〇頁)

蘇峰はここで自らの戦争責任を明確にする。毎日新聞社賓、言論報国会、文学報国会などすべての役職を退き、「かくて予が操觚《そうこ》者たるの六十余年間の幕は、これにて下ろした事となった」(二九頁)と記すのだ。

その上で〝あの戦争〟に全面協力した蘇峰は、その立ち場を少しも変えることなく敗戦に至るプロセスを検証していく。しかも今や自由な言論の公表を封じられた言論人としての自覚を持つ。そこで新聞や世論に現われる時々刻々の〝あの戦争〟に関する議論を「敵」と定め、その不当性を明らかにするといった方法をとる。およそ天下の議論は、すべて否定されねばならないのだ。では蘇峰の議論は、何から始まるのであろうか。まごうかたなく、それは「皇室」、「皇室中心主義」の確認からに他ならない。

「皇室」、「国家」、「国民」の三者を切り離すことなく、いわば三位一体と捉えることからの出発である。「皇室を離れて日本国の存在もなければ、日本国民の存在もない。同時に恐れながら、日本国家を離れ、日本国民を離れて、皇室のみが存在せらるる筈《はず》もない」（三四頁）と蘇峰は明快に説く。だから皇室の存続のためにやむなく降伏をしたという世に広められつつある敗戦論を、蘇峰は舌鋒鋭く退ける。「この戦争は皇室御自身の戦争であり、天皇御自身の戦争である」「一家が没落する時には、家長も当然没落せねばならぬ。国民と憂苦艱難を共にし給うところに、初めてここに皇室の有難味がある」（三六頁）と。

その上で蘇峰は「自分は議論をするではない。唯だ事実を語るのである」（四三頁）と述べて、天皇の意思と上層部の意思との相違に至る。当座は二・二六事件の青年将校による「君側の姦」という言い方を賢明にも避けつつ—もっとも天皇批判が強まれば強まるほど、「君側の姦」という表現も使わざるをえなくなるが—、「彼等は対外戦争と対内政争との相違を認めなかった」（四三頁）と断ずる。そしてそれは「対内政争には動《やや》もすれば皇室を捲込まんとする傾向あるに拘らず、対外戦争には、全く超然たる態度を執るに至ったのは、洵《まこと》に言語道断の至りといわねばならぬ」（四三―四四頁）との指摘に至る。解説者は、その後六十年余の時間の経過の中で明らかになった事実からして、蘇峰のこの時点でのこの指摘は、非常に的確であったと思う。さすがに明治期に政治に身を投じ、大正期以降歴史（『近世日本国民史』）を描くことに専念してきた蘇峰の眼力は鋭い。

蘇峰は九月に入って、いよいよ自らの敗戦論を展開することの意義をはっきりと見出す。それは首相以下東久邇内閣の「一億総懺悔論」に対する卒直な疑問からであった。蘇峰はこう言う。「しかしそれは、いわば一種の観念説であって、机上の空論たるに過ぎず。後世子孫にとっては、何等裨益《ひえき》する所はあるまいと思う」「失策をした時に、馬鹿とか鈍間《のろま》とか叱られたとて、何処が馬鹿であるか、何が鈍間であるかという事を、丁寧深切に語り聞かせねば、何の役にも立たず」（五九頁）と。

かくて蘇峰は「何故に敗戦したるかについて、一通り意見を陳述」（六〇頁）する試みに入るわけである。蘇峰は自らの叙述方法について、科学的に秩序整然と語るのではなく、「断片的に、思い出し引き出し語る積りであるから、これを物にするも、物にしないのも、聴く人の気持ち如何にある」（六〇頁）と、あらかじめ断わっている。さすが百戦練磨の言論人たる蘇峰は、自らの議論を受容するもしないも、それは百年先の日本人読者の気持ち次第であることを念押しし、「問答無用」の蘇峰嫌いはいざしらず、多少とも耳を傾けようとする人々にだけは分かってもらいたいとの執筆の心境を語っているに他ならない。

さて敗戦論の筆頭に蘇峰があげるのは、何と昭和天皇である。この議論は、一〇〇頁あたりまで続き、なおも時折触れられ、『日記』の興味深い論争点を構成している。〝あの戦争〟には「戦争に一貫したる意思の無きこと」「全く統帥力無きこと」（六二頁）が、日露戦争と比較すると明々白々となる。「我が大東亜戦争は、誰れが主宰したか。それは申す迄もなく、大元帥陛下であることは多言を俟《ま》たぬ。しかも恐れながら今上陛下の御親裁と、明治天皇の御親裁とは、名に於て一であるが、実に於ては全く別物である」（六三頁）と述べた筆の勢いの赴くまま、「仮りに明治天皇の御代であったとしたならば、満洲事変の如きは、断じて起らず」（六六頁）と断言する。ちなみに蘇峰は〝あの戦争〟を、満洲事変から敗戦まで と考えている。この点、いわゆる極東軍事裁判史観とぴたり合致するのは不思議だ。先まわりをして言えば、蘇峰の場合、本書を通じての天皇及び陸海軍・官僚・宮中批判の起点が、満洲事変にあるからであろう。

次いで蘇峰は単刀直入に昭和天皇のあり方に物申す。「極めて端的に申上ぐれば、今上陛下は、戦争の上に超然として在《い》ました事が、明治天皇の御実践遊ばされた御先例と、異なりたる道を、御執り遊ばされたる事が、この戦争の中心点を欠いた主なる原因であったと拝察する」（六九頁）と述べ、「恐れながら、予は客観的に、歴史家として、今上陛下について一言を試みて見たい」（六九頁）と宣言する。勤王家たる蘇峰にとって、天皇個人の聖人とも言うべき人格に何ら疑問の余地はない。要は天皇学の素養がありやなしやに関わるのであり、蘇峰はずけずけと次のように言う。「主上が博物学を御研究遊ばさるる事も、フレデリッキ大王が、詩を作るやら、笛を吹くやらの事を嗜《たしな》んだと同様、何等我等が彼是れ申す可きではない」「しかし天皇としての御研究、御学問、御嗜好は、決してこれらのものに限ったものではなく、またこれらのものではない。必ず他に存するものがあるべきだ」（七二頁）と。無論これらの問題の責任は、あげて輔弼の大官にあり、彼等の罪は「万死に当る」（七二頁）と付け加えることを忘れない。

さらに蘇峰によれば、一方で議会中心主義者は「敬遠主義で雲上に祭り上ぐるもの」（八三頁）であり、他方で現津神《あきつかみ》論者は「ただ天皇を雲の上に仰ぎ奉る」（八三頁）こととなり、「その動機は双方対蹠的であったとしても、その結果は同一」(八三頁)たらざるをえない。天皇の悲劇はまさにこの点にあるわけだ。かくて天皇学を正しく学ぶ機会がなかったがために、「今上天皇に於かせられては、むしろ御自身を戦争の外に超然として、戦争そのものは、その当局者に御一任遊ばされることが、立憲君主の本務であると、思し召されたのであろう。しかしこれが全く敗北を招く一大原因となったということについては、恐らくは今日に於てさえも、御気付きないことと思う」(八七頁)と蘇峰は、天皇の戦争指導に臨む姿勢を問題にする。

かくて蘇峰の敗戦論は次の一文に帰結する。「熟々《つらつら》開戦以来の御詔勅を奉読するに、宣戦の大詔にすら、その文句は動《やや》もすれば、申訳的であり、弁疏的であり、従《よっ》て消極的気分が勝っているようだ」「何れの文書を奉読しても、その御気持ちが、到底最後の、降伏の詔勅を予想し、予定し、前知したるかの如き感想を、起さしむるものある」「要するに戦争そのものが、至尊の好ませ給うところでなく、何れにしても、戦争を速かに切り上げる事のみに、軫念《しんねん》あらせ給うたることは、草莽《そうもう》の我等にさえも、拝察し奉ることが出来る」(八八―八九頁)と。

ここまでラディカルな天皇批判をする以上、皇室中心主義者たる蘇峰は、本書にもよく出てくる「諫争者《かんそう》」の気分を体現していたに相違ない。だからこそこれらの責任はすべて「君側の姦」にありと付け加えることにより、蘇峰は天皇個人ではなく君側を攻撃するという伝統的スタイルに則ることを忘れない。もっとも蘇峰が批判したこのような昭和天皇のあり方が、敗戦直前まで続いていたことは、天皇の侍従を勤めた徳川義寛の『徳川義寛終戦日記』（朝日新聞社）に明らかである。この日記の解説も担当した解説者は、ここで次のように書いている。「くり返すが宮中は『非常時』にあり『危機管理』を迫られていたのである。ところがこうした中にあって、天皇は水泳をたしなみ、月見を楽しむ。また寸暇を惜しんで生物学研究にうちこみ、正月には謡かるたの行事に変わることなく携わる。昭和天皇のこれら一連の何げない活動ぶりの中に、戦時においてなお平時をたぐりよせることのできる宮中のある種の余裕を見て、感嘆せざるをえない」と。蘇峰の敗戦論に則れば、以上の解説者の解説もまさに批判の対象となるに違いない。

ところで蘇峰の敗戦論の二番目の対象は、陸海軍にむかう。「しかし総体的にこれをいえば、何れも物にはなっていなかった。無責任で、不統一で、投げ遣《や》りで、不能率で、同時に不熱心で、不誠意で、凡《およ》そ有らゆる「不」の字を付け加えても、尚お足らぬ程である」（一〇四頁）と。特に敗戦前夜の陸海軍について蘇峰の議論は厳しい。「而して絶体絶命進退惟《こ》れ谷《きわ》まる瀬戸際まで、勝利勝利で国民を欺むき、引っ張って来た。而して愈々《いよいよ》駄目という時になっては、一番に弱音を吹いたのは、彼等である。而して国力が足らぬから、是非もないというた。もし初めから、国力が足らぬから是非もないといえば、何故に彼等は戦争を開始したか。それは敵から挑発したと答うるであろうが、敵が挑発しても、負けるという事を知っていたら、戦争を避ける方法も、あったかも知れぬ。」（一〇六頁）

蘇峰の議論の要点は、負ける戦争をなぜ戦ったかという点にある。彼がこの戦争を終始侵略戦争ではなく防衛戦争であり、仕かけられた戦争であると論じ、死中に活を求めて最後まで戦うことを主張していたことを考え合わせると、この指摘はなかなかに興味深い。なぜなら、先の天皇批判といい、この陸海軍批判といい、意外とも思えるほど蘇峰の筆致は、きわめて合理的な論拠を求めようとしているからだ。無論蘇峰の議論は決してそれに尽きるものではないが。すなわち蘇峰の一連の主張は、時に精神論に傾倒するかの如く非合理的要素を多分に含んでいる。たとえばこの後に続く、「侵略論批判」（一二九―一三四頁）、「人口論、地理学からする封じこめ批判」（一三五―一三九頁）は、「皇室中心主義のさらなる主張」（一三九―一四五頁）と相俟って、蘇峰の心情吐露に近い様相を呈してくる。もっとも蘇峰自身賢明にもある段階まで筆が及ぶとそのことにハッと気がつくのだ。だから次のように弁明をし、読者に自らの言論人としての業《ごう》の深さを、そこはかとなく分かってもらいたかったのではないだろうか。

「以上は頑張老人の熱に浮かされたる譫言《たわごと》である。何人も真面目に読む者もあるまい。しかし譫言は譫言として、言うからには、根も葉もない事を喋べったものではなく、予《かね》て肚《はら》の底に考えた事を、病熱に乗じて喋べり出したかも知れない。要するに、真面目に読むべきものでもなければ、真面目にその文句を捉えて、論議すべきものでない事だけは、改めてここに断わって置く。」（一四五頁）

しかしそうは言ってみたものの、やはり蘇峰の思いはつのるばかりでもある。そこでまた堰を切ったように議論は再開される。「朝鮮・台湾論」（一四五―一四九頁）もその一環とみなしてよいだろう。そして九月末から十月初になると、GHQの動きの活発化、さらには日本政府の対応の明確化など、現実の戦後政治との関数の中で、蘇峰の敗戦論は展開されていくことになる。「看板の塗替」（一四九―一五四頁）において、日本側の要路の人たちの変わり身の早さを嘆いた蘇峰は、返す刀でGHQによる日本の物的去勢より以上に危険な「日本の心的去勢」（一五四―一五六頁）に警鐘を鳴らしている。

そこでまた議論は再び天皇に戻る。これはおそらく、天皇の戦争責任問題が浮上してきたことによるものであろう。「畏れながら大元帥陛下も、殆どこの戦時中は、戦争には御関係があらせられないように、見受け奉った。畏れながら陛下の大元帥として御持ち遊ばさるる御稜威《みいつ》の、総てというではなく、大部分が二重橋の内に封じ込められていたことに恐察し奉る。」（一五七頁）

確かに昭和天皇は、〝あの戦争〟が始まって以来、宮中深くに封じこめられていた感がある（御厨「東京人としての昭和天皇」『江戸・東京を造った人々　文化のクリエーターたち』ちくま学芸文庫、参照）。蘇峰は君側の責任を時に口にしつつも、それが実は天皇自身の本意ではなかったかとの方向に、くり返し論ずるに連れて一歩を踏み出していく。そして蘇峰の筆致は、九月末の天皇のマッカーサー訪問により、怒髪天を衝く勢いとなった。「ただ今日これだけの御奮発を遊ばさるる程であったらば、大東亜戦争中に、二重橋以外に出御ましまし、親《みずか》ら大本営を設けさせられ、恰《あた》かも明治天皇の広島に於けるが如き、御先例に則らせ給うたならば、如何程それが戦争に影響したかという事を考え、洵《まこと》に恐れ入った事では

あるが、遺憾千万といわねばならぬ。」(一六一―一六二頁)

蘇峰は、幣原喜重郎や吉田茂が我が世の春の如くふるまうのは許せるが、つい昨日まで戦争に関与していた者が上も下も本意でなかったようにふるまうのを潔しとしない。だからこそ、また天皇のふるまいへの批判が強まってこざるをえないのだ。「恐れ乍《なが》ら大元帥陛下も、今日では万事東條がやったように仰せらるるが、宣戦詔勅の御発表になった前後に於ては、まさか一切御承知ないということでもなく、また必ずしも御反対であらせられたとは、拝察出来ない。若し御反対であらせられたとしたならば、かかる詔書に御名御璽《ぎょめいぎょじ》の据わるべき筈はない。宣戦媾和の大権は、至尊の大権中の重《お》もなる一である。まさかそれを御忘却あらせられたとは、拝察が出来ない。」(二一七頁)

さらに今一度蘇峰は、天皇の譲位問題の決着にからめて次のように述べている。「これは東條一任だ、朕が関知したる所でないと、仰せらるる事は、帝国憲法の真義に照らして、認めらるべき事ではない。日本の憲法では、かかる小刀細工は、承認せらるべきものではない。これらの手数を掛けんよりも、むしろこの際は御譲位の方が、御賢明の措置であるかも知れない」(二二八頁)と。何とここに至って、蘇峰はついに天皇を叱りつけるかのような雰囲気を醸し出している。これまた蘇峰によるきわめてラディカルな天皇批判以外の何ものでもありえない。

ここから蘇峰の筆の勢いは、世間でも話題にされ始めた軍の腐敗と堕落《だらく》に対する批判へとむかっていく。そもそも敗戦の責任をとって、一、二の例外(阿南陸相、大西中将)を除き、軍首脳が自裁しない事実に、蘇峰は釈然としなかった。そこで杉山元の自殺と東條英機の自殺未遂について、蘇峰はこう述べる（一八四―一八五頁）。「自分は陸軍の将官中で、最も感心しない一人が、杉山〔元〕元帥であった」が、夫人ともども立派に死んだことで、「世間も実は意外に思った。意外というは、杉山としては、出来が良かったという事である」と。ところが東條は未遂に終わってしまった。蘇峰の評価は以下の通り。「初めから死なぬ積りで、敵の法廷に引出され、堂々とその所信を陳述するも、亦た一の方法である。ただ彼が如く、その中間を彷徨したる事は、少くとも杉山元帥に比して、頗《すこぶ》る見劣りのする事を、遺憾とする。せめてこの上は、自ら法廷に出て、立派な振舞をして貰いたいものと思う。」

　蘇峰は、これ以外にはっきりと南方軍の板垣征四郎、フィリピン軍の山下奉文、仏印の寺内寿一などを自裁の対象にあげている（二〇六頁）。そうこうするうちに軍人の責任問題に加えて、陸海軍の腐敗の問題に焦点があてられる。蘇峰は次のように指摘している。「およそ我が陸海軍の将官級の人で、恩給を貰って、その上に民間事業会社の顧問とか、重役とか、あらゆる金儲けに関係していない者は、ないとはいわぬが、むしろ少ないというべきである。彼等は普通の商売人以上に、よく稼いでいる。また現役の連中でもこの点では相当のものである」（二〇七頁）と。こうした軍人の恒常的腐敗の上に、敗戦時には軍需品の山分けという末期的症状が示される。今一度蘇峰の言を引いてみよう。「兎《と》に角《かく》軍は、必要以上にあらゆる物資を取り込み、愈々終戦となれば、それを立派に返納するが当然であるのに、

しかすることをせず、宜《よ》い塩梅《あんばい》に、それを銘々が山分けして、その余瀝が、兵士に迄及んだものであろう。」(二〇九頁)

軍という組織は、こうして崩壊の一途をたどる。蘇峰はこれ以後も、新聞報道があるたびにその切り抜きにコメントを加える形で、「戦争の最後に於ける、彼等の振舞」(二七七頁)を批判し続けた。「軍人の火事場泥坊」(二八〇—二九一頁)は、蘇峰にとって「言語道断」の事態に他ならなかったからである。

あまつさえ「軍人精神の堕落」(二九一—二九八頁)、「国民は軍を買い被る」(三四一—三四五頁)、「山下大将に死刑宣告」(三五〇—三五八頁)、「皇軍を愛せる予の幻滅」(三五八—三七一頁)と、しばしば軍人精神のあり方に言及し、山下奉文のフィリピン残虐事件の公判における態度を例にとっている。「彼は頻《しき》りに自ら無罪を主張し、自分は全くそれに与《あず》かり知らなかったという事を、弁解している。」(二九一頁)「一方ではその責任を上官に帰し、他方ではその責任を部下に帰し、独り責任を遁《のが》るるは、山下丈《だ》けという事になるが、これで山下当人は、満足であるか如何」(三四三頁)と、蘇峰は問う。そしてGHQが発表した『太平洋戦争史』や新聞報道を論拠とし、割引いて評価する必要性を考慮しながらも、山下無能説を肯定する。その上で「日本の士道では、ある時には上司の責《せめ》を已れに帰し、ある時には部下の責を已れに帰し、ある時には他人の責を已れに帰し、所謂濡衣《ぬれぎぬ》を乾さぬ所に、日本の士道なるものはあった」(三五二頁)と説くのである。

蘇峰はここでまた天を仰いで嘆息する。「予は今ここに一大懺悔をする。それは我が皇軍を買被っていた事である」「しかし乍ら、これ程迄とは思わなかった。実に我が皇軍は、骨の髄まで、腐っていたではないか」（三〇二頁）。しかし蘇峰の一連の指摘は、戦後六十年をへた今、再び機能不全をおこしつつある官僚及び官僚的組織のあり方に、これまたピタリ当てはまるではないか。思いもかけず、ここでは蘇峰の議論のある面における普遍的妥当性を確認することにもなった。

蘇峰の敗戦論の第三のターゲットは、近衛文麿、木戸幸一、東條英機ら〝あの戦争〟に深く関与した政治家である。十月初めの、近衛が内大臣府出仕となり内大臣木戸幸一と相談の上、憲法改正を行なうとの報道に接して以来、蘇峰は舌鋒鋭く、この三者に迫ることとなった。

「抑《そもそ》も現在で、社鼠《しやそ》城狐《じようこ》の魁《さきがけ》というべき者は、近衛と木戸である。この両人が内外相応じ、表裏相照らし、遂に主上を眩惑《げんわく》し奉り、以て今日を来したものである。若し世に君側の姦というべきものがあらば、この両人が巨魁であらねばならぬ。初め東條の如きも、木戸と結託していたが、何時の間にか木戸に売られて、遂に果《は》かなき最期を遂げた。」（二四九頁）

「日本を敗戦に導いた臣下の中では、右に東條あり、左に近衛ありというべきであろう。臣下中に於て責任者を挙ぐれば、この両人が横綱であることは、天下の公論である。」（三七一頁）

近衛を間に、木戸と東條も円環状に結びつけられていることがわかるだろう。そこでこの三者に対する蘇峰の評価を順番にあげていこう。まず木戸について。「彼は後漢の朝廷に於ける十常侍の類で、実に虎の威を借る狐である。彼れ程の奸物は、明治以来未だ曾て、その比を見ざる所である。しかるに天下を挙げて、彼に一指を触るる者も無く、袞龍《こんりょう》の御袖《おんそで》に隠れて、勝手に威福《いふく》を逞《たくま》しくしつつあることは、実に恐れ入たる次第である」（二四九頁）。中国史と比較しながら、木戸の罪状を、蘇峰は抽象的に述べている。

　近衛については、西園寺公望（政治的養父）と近衛篤麿（血縁的実父）との対比において、あたかも列伝風にその政治家としての生涯を簡潔に論じた「近衛公に対する期待と失望」（三〇七―三二六頁）の一編が、六十年たった今日の眼から見ても、よくまとまっているし、言いえて妙である。少々長めではあるが、次に紹介しておこう。

「而してその成長したる近衛公は、ある時には篤麿公の政治的相続者であるが如く、ある時には西園寺公の政治的養子であるが如く、つまり実父と養父との間を、常に往来しているような傾向であり、その為めに近衛公の政治的生涯は、何れとも判断し難く、自由主義者から見れば、自由主義である如く、国権主義者から見れば、国権主義である如く、東亜的政治家であるかと思えば、世界主義者の如く、また世界主義者であるかと思えば、東亜主義者の如く、今日に至る迄、何人も近衛公の政治的戸籍を、確定し得る者はあるまい。」

「近衛公は、兎《と》に角《かく》初物好きである点は、実父にも養父にも見出し難き、その特色であろう。例えば国民再組織などというような事、若くは大政翼賛会などというような、団体を作る事は、近衛公が発案者でないとしても、皆なその実行者であった。また防共協定や、三国同盟も、近衛公の内閣時代に行われたものであることは、周知の通りである。これらの点からいえば、公はその養父西園寺公よりも、その父篤麿公の衣鉢《いはつ》を、継いだものといっても差支あるまい。しかし乍ら、いざとなれば公は必ず遅疑逡巡する。」「ここに近衛公の弱点といわんか、特色といわんか、殆《ほとん》ど実父にも、養父にも、見出し難き、一種の物がある。それは即ち六七分迄は平進し、軽進し、時としては猛進しさえもする。しかるにそれ以上となっては、du低徊《ていかい》遅疑、一歩は前に、一歩は後《しり》えに、遂に自ら途方に暮れる事が、屢々《しばしば》である。昭和十二年の支那事変の時がそれである。昭和十六年の日本対米英交渉の時が、それである。」

同時代人として近衛を月旦する蘇峰の一文は、『近世日本国民史』で鍛えた歴史家のまなざしをじっとこらし、一挙に近衛の全体像を捉えるべく書きおろした点において、「おみごと」の一語に尽きると言わねばならない。この立場から近衛を敗戦論の文脈において、次のように批判する。「若し近衛に咎《とが》むべき点があったとしたなら、彼は戦争遂行の献立を為しつつ、何故に自らその責に当ることを逃げたか。更に一歩を進めていえば、彼は何故に戦争中、戦争反対者側の、隠れたる首領となり、その遂行の勢力を分散せしめ、摩擦せしめ、消磨せしめ、一口にいえば、その遂行の妨害を、徹頭徹尾なしつつあったかという事である」(三二七頁)と。近衛のマッチポンプ的行動を、蘇峰は許し難いと断言するのである。ちなみに戦後、原田熊雄から近衛が帝国憲法の研究をしていると聞き、次のように蘇峰が述べたことは、まさに近衛の政治家としての資質を言いあてている。「帝国憲法の研究などは、学

者に一任してしかるべき事だ。近衛公に必要なるは、政治家の識見、抱負、胆略、手腕等である。」（三二九頁）

最後に東條である。蘇峰によれば、近衛よりは若干人間の評価という面で高い。「世間では東條大将のことを、悪玉の標本と見ているようだが、我等は左様には考えない。彼は比較的、腐敗したる日本の軍人としては、むしろ腐敗せざる一人であり、去勢せられたる日本の軍人としては、むしろ去勢せられなかった一人である。」「しかし軍国の大事を背負って立つ、大宰相としては、全く落第点以下である。東條その人を、敗戦の重大なる責任者とする事については、遺憾乍《なが》ら我等も不同意をいう訳には行かない。しかしその為めに、彼れの動機まで咎《とが》めて、心からの悪党と見做すは、事実に反している。」（三三二―三三三頁）

そこで明治以来実際に面識のあった軍人政治家と比べて、東條がいかなる人物であったかを、蘇峰は明快に説いている。「予は長き政界の、裏面に於ける経験に於て、多くの日本に於ける人物を、知っている。山縣公などは、世間でも、徳川家康と称し、最も近付きにくき人であり、如何なる親しき者に向っても、その胸中の扉を、開いたことはないという噂であった。しかし予は山縣公から、別段信用せられたとは思わなかったが、相当の事迄は、話して呉《く》れた。桂公とは、同じ竈《かま》の飯を食う程であったが、世間では桂は嘘つきと評判したが、予は未だ曾て、桂公から欺まされた事は、ないと思う。これに反し、東條首相は、予に対しても、恰《あた》かも議会の委員会に於て答弁でもするかの如き態度を以て接した。腹心を披らくこともなければ、況《いわん》や赤心を他の胸中に置くこともない。その為めに、予は東條首相によっ

て、何一つこれという軍国の大事を聞くことを得なかった。」（三八二―三八三頁）

山縣や桂と比較した場合、東條はやはり悪しき官僚の態度そのものであり、とても政治的軍事的リーダーシップを託するにふさわしくないことが分かってくる。

かくて蘇峰の「敗戦論」は、十二月蘇峰自らが、A級戦犯容疑者に指名され、新年を迎えたところで一まず巻をおくことになる。無論本書全体の迫力から分かるように、蘇峰自身はやがて来たるべき極東軍事裁判で、正々堂々真正面から日本の立場を述べる覚悟でいた。解説ではとり上げなかったが、こうした面での議論も本書にしばしば取り上げられているのは、言うまでもない。さらに、重光葵、鳩山一郎、馬場恒吾らに言及した箇所、毎日新聞との関係をふり返った箇所など、いずれも蘇峰らしくユニークで面白い。

筆のたつ八十歳を超えた言論人蘇峰の本領は、それでも〝あの戦争〟を敗北たらしめた原因論の追究に他ならない。昭和天皇、近衛文麿、東條英機、木戸幸一といった指導的人物に対する歯に衣きせぬ遠慮会釈なき批判は、右のラディカリズムが、時と場合によっては左のラディカリズムと同じ主張に導かれることを暗示している。戦後六十年、何となくすっきりとしなかった戦争責任論に、蘇峰は一つの道筋を示している。しかも戦後何十年もたってからではなく、まさに戦後史が始まるという同時代的視点に立って、自らの意見を正直に述べた点において、本書の価値はゆるぎなきものであると言えよう。

それにリズミカルで独得の調子をもつ文体もまた本書を読みやすくする効果をもっている。これを読んで蘇峰の魅力をあらためて確認することができた。「蘇峰さん、好きです」

と言ったら、彼は何と応答するであろうか。

六十一年目の〝終戦〟の日を前に。

（東京大学教授）

KODANSHA

本書の原本は、二〇〇六年七月に小社より刊行されました。

徳富蘇峰（とくとみ　そほう）

1863年、熊本県生まれ。名は猪一郎。1887年、民友社を設立、雑誌『国民之友』や『国民新聞』を創刊し、多大な影響を与えた。貴族院議員を経て言論人、歴史家として活躍。『近世日本国民史』で文化勲章受章。戦争中は大日本言論報国会会長。終戦後は公職追放をうけ熱海に蟄居。1957年、逝去。主著に『将来之日本』『大正の青年と帝国の前途』などがある。

講談社学術文庫

定価はカバーに表示してあります。

徳富《とくとみ》蘇《そ》峰《ほう》　終戦《しゅうせん》後《ご》日《にっ》記《き》
『頑《がん》蘇《そ》夢物語《ゆめものがたり》』

徳富《とくとみ》蘇《そ》峰《ほう》

2015年６月10日　第１刷発行
2021年９月22日　第２刷発行

発行者　鈴木章一
発行所　株式会社講談社
東京都文京区音羽 2-12-21 〒112-8001
電話　編集（03）5395-3512
販売（03）5395-4415
業務（03）5395-3615

装　幀　蟹江征治
印　刷　株式会社新藤慶昌堂
製　本　株式会社国宝社

ISBN978-4-06-292300-2

「講談社学術文庫」の刊行に当たって

これは、学術をポケットに入れることをモットーとして生まれた文庫である。学術は少年の心を養い、成年の心を満たす。その学術がポケットにはいる形で、万人のものになることは、生涯教育をうたう現代の理想である。

こうした考え方は、学術を巨大な城のように見る世間の常識に反するかもしれない。また、一部の人たちからは、学術の権威をおとすものと非難されるかもしれない。しかし、それはいずれも学術の新しい在り方を解しないものといわざるをえない。

学術は、まず魔術への挑戦から始まった。やがて、いわゆる常識をつぎつぎに改めていった。学術の権威は、幾百年、幾千年にわたる、苦しい戦いの成果である。こうしてきずきあげられた城が、一見して近づきがたいものにうつるのは、そのためである。しかし、学術の権威を、その形の上だけで判断してはならない。その生成のあとをかえりみれば、その根は常に人々の生活の中にあった。学術が大きな力たりうるのはそのためであって、生活をはなれた学術は、どこにもない。

開かれた社会といわれる現代にとって、これはまったく自明である。生活と学術との間に、もし距離があるとすれば、何をおいてもこれを埋めねばならない。もしこの距離が形の上の迷信からきているとすれば、その迷信をうち破らねばならぬ。

学術文庫は、内外の迷信を打破し、学術のために新しい天地をひらく意図をもって生まれた。文庫という小さい形と、学術という壮大な城とが、完全に両立するためには、なおいくらかの時を必要とするであろう。しかし、学術をポケットにした社会が、人間の生活にとってより豊かな社会であることは、たしかである。そうした社会の実現のために、文庫の世界に新しいジャンルを加えることができれば幸いである。

一九七六年六月

野間省一